PORTUGAL

Michael Müller

Text & Recherche   **Michael Müller**

Lektorat	Susanne Gumbmann
Fotos	Michael Müller
Cover	Judit Ladik
Karten	Gábor Sztrecska, Judit Ladik

ISBN 3-923278-32-2

© Copyright 1995, Verlag Michael Müller, Erlangen. Alle Rechte vorbehalten. Alle Angaben ohne Gewähr. Alfa Druck Göttingen.

Erweiterte und aktualisierte Auflage 1995

Inhalt

Anreise ...7

Mit dem eigenen Fahrzeug ...7
Routen ...7

Mit dem Flugzeug ...11

Linienflüge ...11
Charterflüge ...13
Mit der Bahn ...14
Mit dem Bus ...14
Trampen ...15

Reisen in Portugal ...15

Mit dem Auto ...15
Öffentliche Verkehrsmittel ...19
Mietautos ...21
Fahrrad ...22
Telefon ...22

Übernachten/Camping ...23

Essen & Trinken ...27

Die Küche der einzelnen Provinzen ...31
Getränke ...31
Cafés ...32

Reisepraktisches von A-Z ...33

Alleinreisende Frauen ...33
Baden ...34
Botschaften und Konsulate ...36
Einreisebestimmungen ...36
Geld ...38
Reisezeiten ...39
Informationen ...39
Klima ...39
Klimatabelle ...40
Öffnungszeiten ...40
Post ...40

Landestypisches ...41

Azulejos ...41
Fado ...42
Manuelistik ...42
"Portugiesische Mentalität" ...44
Saudade ...45
Stierkampf ...46

Portugiesische Landschaften ...47

Nordportugal ...48
Mittelportugal ...50
Südportugal ...50

Geschichte ...52

Nordportugal ...75

Braganza ...76
Viana do Castelo ...80
Rio-Cavado-Mündung ...83
Barcelos ...85
Gerêz-Nationalpark ...88
Braga ...91
Guimarães ...93
Amarante ...96

Porto (Oporto) ...98

Von Aveiro bis Lissabon 110

Aveiro	112	São Pedro de Muel	142
Caramulo	118	Batalha	143
Viseu	119	Tomar	144
Guarda	121	Santarém	146
Serra da Estrela	122	Fatima	148
Luso	125	Alcobaça	149
Mealhada	126	Nazaré	150
Wald von Buçaco	126	Óbidos	154
Coimbra	128	Peniche	156
Umgebung von Coimbra	138	Berlenga-Inseln	159
Figueira da Foz	139		

Lissabon 161

Die Altstadtviertel	165	Verbindungen	170
Praktische Informationen	169	Sehenswertes	183

Belém 186

Lissabons Riviera 190

Estoril	190	Cascais	192

Umgebung von Lissabon 194

Sintra	194	Queluz	199
Mafra	199		

Südlich des Tejo 200

Caparica	200	Palmela	203
Sesimbra	202		

Die Küste südlich von Lissabon 206

Sines	206	Vila Nova de Milfontes	208
Porto Covo	207		

Costa Vicentina 210

Alentejo 214

Elvas	216	Marvão	222
Vila Viçosa	218	Evora	223
Estremoz	219	Monsaraz	229
Portalegre	220	Beja	232
Castelo de Vide	221		

Algarve ...235

Vila Real de Santo António ...238	Albufeira ...266
Monte Gordo ...240	Carvoeiro ...273
Tavira ...244	Portimão ...277
Olhão ...249	Praia da Rocha ...280
Faro ...253	Serra da Monchique ...283
Loulé ...259	Lagos ...285
Quarteira ...261	Küste zwischen Lagos und Sagres ...292
Olhos de Agua ...263	Sagres ...293
Armação de Pera ...264	

Azoren ...296

Anreise ...297	Reisepraktisches und
Verbindungen ...299	Landestypisches ...300
	Geschichte ...302

Insel São Miguel ...305

Ponta Delgada ...306	Vale das Furnas ...318
Vila Franca do Campo ...311	Furnas ...320
Südostküste ...311	Der Westen der Insel ...321
Die Nordküste ...313	Die Vulkanseen Lagoa Azul
Ribeira Grande ...314	und Lagoa Verde ...322

Insel Santa Maria ...324

Insel Terceira ...327

Angra do Heroismo ...330	Westteil der Insel ...334
Insel westlich von Angra ...333	Das Inselinnere ...335

Insel Faial ...337

Horta ...337	Ponta dos Capelinhos ...345

Insel Pico ...347

Insel São Jorge ...349

Insel Flores ...350

Insel Corvo ...350

Madeira ...352

Wissenswertes ...352	Westlich von Funchal ...367
Geschichte ...359	Östlich von Funchal ...368
Funchal ...360	Nordküste ...371
Monte ...366	Porto Santo ...374

Verlagsprogramm	378
Kleines Sprachlexikon	386
Speiselexikon	392
Sach- und Personenregister	396
Geographisches Register	397

Was haben Sie entdeckt?

Haben Sie *die* Tasca mit wundervollen *petiscos* gefunden, das freundliche Albergo, den Top-Campingplatz, einen schönen Wanderweg?

Wenn Sie *Ergänzungen*, *Verbesserungen* oder *neue Tips* zum Portugal-Buch haben, lassen Sie es mich bitte wissen.

Bitte schreiben Sie an:

**Verlag Michael Müller
- Stichwort Portugal-
Gerberei 19
91054 Erlangen**

Regelmäßig den Ölstand kontrollieren – Rechercheteam bei der Anreise im spanisch-portugiesischen Grenzgebiet

Anreise

Mit dem eigenen Fahrzeug

Reisedauer drei Tage, reine Fahrtzeit ca. 30 Std. Gesamtstrecke z.B. Düsseldorf - Algarve: ca. 2.500 km.

Karten: Die besten Portugalkarten kommen von Michelin sowie RV-Verlag, Stuttgart (Maßstab 1:300.000).

Benzinpreise in DM pro Liter

	Normal	Super	Super, verbleit	Diesel
Frankreich	1,60	1,60	1,80	1,20
Spanien	1,35 (95 Okt.)	1,38 (98 Okt.)	1,38	1,10
Portugal	1,63 (95 Okt.)	1,67 (98 Okt.)	1,67	1,15

Routen

▶ **Von Nord- und Mitteldeutschland**: In jedem Fall ist die **Route über Paris** empfehlenswert. Vom Düsseldorfer Raum die belgische Autobahn Lüttich-Lille benutzen (gebührenfrei). Bis Bordeaux durchgehend

8 Anreise

Besonders in Portugal ist der Gasoleo (Diesel) im Vergleich zum Sprit recht preiswert

Autobahn, danach autobahnähnlich (drei- oder vierspurig) bis zur spanischen Grenze. Gebührenpflichtige Autobahn von San Sebastian bis Burgos; ab Burgos geradlinige, gut ausgebaute, vier-spurige Autovia durch das spanische Hochland, unter der Woche viel LKW-Verkehr.

Wegen der hohen spanischen Autobahngebühren lohnt es sich auch, bereits ab San Sebastian Landstraße zu fahren. Die Route ist kürzer und meistens dreispurig ausgebaut. Lohnender Zwischenstop in **San Sebastian** mit seinem alten, herrschaftlichen Stadtbild. Die Stadt liegt an einer tief ins Land reichenden Meeresbucht und erinnert, bei Sonnenschein, mit ihren Bergen und Sandstränden fast an Rio de Janeiro. Eine interessante, wenn auch zeitraubende Alternative ist die Route entlang der nordspanischen Atlantikküste über Santander - La Coruna - Vigo nach Portugal.

Autobahngebühren:	
Saarbrücken - Bordeaux:	ca. 120 DM
Lille - Bordeaux:	ca. 95 DM
San Sebastian - Burgos:	ca. 65 DM (ab Burgos *Autovia*)

▶ **Ab Süddeutschland**: *Gesamtstrecke Stuttgart - Lissabon ca. 2.500 km*, davon ca. 1.700 km Autobahn, der Rest zügig befahrbare Landstraßen. **Anreise über Mulhouse und Südfrankreich** nach Lissabon und zur Algarve. Stuttgart - Mühlhausen ca. 280 km, Mühlhausen - spanische Grenze (via Südfrankreich, Le Perthus) ca. 900 km, spanische Grenze - Portugal (über Madrid) ca. 1.150 km, Grenze - Lissabon ca. 230 km.

Autobahngebühren	
Mulhouse – span. Grenze La Jonquera	ca. 100 DM
La Jonquera – Zaragoza	ca. 60 DM; ab Zaragoza Autovia

Für Sparer: Parallel zur südfranzösischen Autobahn verläuft eine gut ausgebaute Landstraße, wegen des LKW-Verkehrs ist jedoch keine

Mit dem eigenen Fahrzeug 9

zügige Fahrweise möglich.

Wer die Südfrankreich-Route wählt, hat neben der Route über Rheintal - Mühlhausen - Lyon die fast ebenso schnelle, aber teure **Alternative via Schweiz**. Bis auf minimale, kürzere Stücke durchgehend Autobahn: zunächst über die neue Autobahn Würzburg-Stuttgart-Bodensee. Bei Konstanz über die Grenze in die Schweiz: Autobahn über Zürich - Bern - Genf - Grenoble. Ab Grenoble 19 km über gut ausgebaute Landstraße nach Valence an der Rhône-Autobahn.

▸ **Für Bayern und Österreicher**: Aus dem Raum München, Ober- und Niederbayern sowie nördliches Österreich geht die schnellste **Route ab München** zunächst via Landstraße **an den Bodensee** und ab Schweizer Seite **via Zürich** wie oben beschrieben. Eine Autobahnvignette für die Schweiz kostet allerdings 40 sfr (48 DM).

Für Kilometersparer: Kürzeste Anreiseroute, Grenze Mühlhausen - Braganca/Portugal: ca. 1.700 km. Route von Lyon durch die Auvergne nach Bordeaux. Die Fahrt ist anstrengender als über die Autobahnrouten; man durchquert eines der am wenigsten entwickelten Gebiete Frankreichs. Kurzes Autobahnteilstück von Thiers bis Clermont-Ferrand, ansonsten oft sehr kurvenreich, nur selten dreispurig ausgebaut.

Lohnender Zwischenstop bei **Puy de Dome**, einem ca. 1.500 m hohen "Felskopf" kurz nach Clermont-Ferrand, Auffahrtmöglichkeit mit dem Wagen. Auch kleine Wanderungen lohnen sich hier: verwitterte, mit Pinien überwachsene Vulkankrater, schwarzer Fels.

Verkehrstips Frankreich

• *Geschwindigkeitsbegrenzungen*: Innerorts 60 km/h; auf Landstraßen 90 km/h, bei Nässe 80 km/h; vierspurige Landstraßen mit Mittelstreifen 110 km/h, bei Nässe 100 km/h; Autobahnen 130 km/h, bei Nässe 110 km/h. Wer den Führerschein erst kürzer als ein Jahr besitzt, darf generell nur 90 km/h fahren.

• *Benzin*: Bleifrei (sans plomb) 95 Oktan und 98 Oktan. Wie auch Diesel und Super etwas teurer als in Deutschland.

• *Autobahngebühren*: Die angegebenen Preise entsprechen dem Stand 1994. Sie gelten für Pkw, auch mit Anhänger bis 500 Kilo, sowie Kleinbusse bis neun Personen; Motorradfahrer zahlen ca. 40 % weniger. Fahrer von Wohnmobilen/Transportern mit einer Höhe von über 1,30 m, gemessen an der Vorderachse, müssen mit Zuschlägen von 60-90 % rechnen; bei Anhängern über 500 Kilo und Wohn-, Falt-, Boots- und Klappanhängern sind etwa 50 % Aufschlag fällig. - Bezahlung der Gebühren mit gängigen Kreditkarten (Eurocard, Visa) ist möglich.

• *Unfall/Panne*: Polizeinotruf und **Rettungsdienst** Tel. 17; Pannendienst an Autobahnen über die Notrufsäulen, sonst Tel. 05089222.

ADAC-Notrufdienst (auch für Nichtmitglieder): Lyon (ganzjährig) Tel. 72/171222.

Spanien-Durchquerung

Zum magischen Olympiajahr 1992 wurden sehr viele neue Fernstraßen fertiggestellt. Zum Glück ist man auf Europas teuerste *Autopista* wenig angewiesen (ca. 15 Pfennig pro km) - die *Autovias*, ebenfalls vierspurig, sind noch kostenlos. Autopista vom Grenzort La Jonquera über Barcelona

10 Anreise

nach Zaragoza ca. 60 DM Gebühr. Weiter über die Autovia N 2 nach Madrid, dann Autovia N 5 Richtung Sevilla (Algarve) od N 90 nach Badajos (Lissabon).
Madrid: Autobahnumführung, auf die M 30 Norte einbiegen, bis Abzweigung Talacera N 4. Achtung: Einige Straßenkarten haben nur die Europakennzeichnung (E 4), die in Spanien ungebräuchlich ist.
Nach Madrid wird die Landschaft karstiger, waldlos und trocken. Die zum Teil verlassenen Dörfer passen sich mit ihrer ziegelroten Farbe völlig dem Lehmboden an. Gerade wegen dieser Menschenleere und Kargheit reizvoll.
Eine Alternative ist es, über *Bayonne* nach *San Sebastian* zu fahren und weiter wie oben beschrieben, entweder auf Landstraße oder Autobahn weiter nach Burgos.

Verkehrstips Spanien

- *Verkehrsverstöße/Strafen:* Wichtig zu wissen - die Strafen für Verkehrsvergehen liegen in Spanien weit höher als bei uns. So kostet Halten auf der Fahrbahn außerorts 400-800 DM; Geschwindigkeitsüberschreitung um mehr als 10 km/h 160 DM, danach gewaltige Steigerung. Radarkontrollen sind zwar relativ selten, wenn es einen aber erwischt hat, dann gibt's kein Pardon.
- *Höchstgeschwindigkeiten:* Innerorts 50 km/h, außerorts 90 km/h, auf autobahnähnlichen Straßen 100 km/h, Autobahnen 120 km/h. Mit Anhänger auf Landstraßen 70 km/h, auf autobahnähnlichen Straßen und Autobahnen 80 km/h. Eine spanische Spezialität sind Ampeln in Ortsdurchfahrten, die bei zu hoher Geschwindigkeit automatisch auf Rot springen.
- *Überholverbot*: 100 m vor Kuppen und auf Straßen, die nicht mindestens auf 200 m zu überblicken sind.
- *Abschleppen* durch Privatfahrzeuge ist verboten!

ADAC-Notrufdienst Madrid Tel. (91) 5930041, Barcelona Tel. (93) 4787878.

Autoreisezüge Paris – Madrid

Ab Paris fährt täglich der Autoreisezug *Puerta del Sol* nach Madrid. Abfahrt Paris Austerlitz um 18 h, Ankunft Madrid-Chamartin am nächsten Morgen um 10 h. Die Passagiere können entweder mit dem Autoreisezug oder mit dem Talgo-Express *Francisco de Goya* fahren.
Neueste Preisinformation und Reservierungen über *Französische Eisenbahnen SNCF*, Westendstr. 24, 60325 Frankfurt/Main (Tel. 069/728445), - Schweiz: Effingerstr. 31, 3001 Bern.

Preisbeispiele:
Auto inkl. Fahrer ca. 663 DM. Jede weitere Person ca. 172 DM
50 % Ermäßigung für Kinder von 4 bis 11 Jahren
Liegewagenzuschlag 40 DM pro Person

Grenzübergänge Spanien – Portugal

Kontrollen gibt es keine mehr. Somit sind auch die kleinen Übergänge durchgehend geöffnet. Anfang der 80er Jahre war sogar der Hauptübergang Lissabon – Madrid (Elvas/Badajos) von Mitternacht bis 6 h morgens geschlossen!

Elvas *(span. Grenzort Badajoz)*

Günstigster Grenzübergang für Mittel- und Südportugal (Lissabon/Algarve). In der Saison ist der Turismo (Touristeninformation und Hotelreservierung) von 8-23 Uhr geöffnet. *Geldwechsel* ist ebenfalls von 8-23 Uhr möglich. Übernachtungsmöglichkeit: Camping und Hotels in Elvas, ca. 10 km hinter der Grenze (siehe Elvas).

Vila Real de S.to António *(span. Grenzort Ayamonte)*

Über Südspanien, Andalusien an die Algarve (siehe Vila Real).

Vilar Formoso

Für die Anreise Mittelportugal/Coimbra. Die Schnellstraße ist inzwischen bis auf ganz wenige, kurze Abschnitte bis nach Aveiro fertiggestellt. Auch für Lissabonreisende eine Alternative zum Übergang Badajoz. Die Straßen in Nordportugal haben in den letzten Jahren erheblich bessere Beläge bekommen und sind zum Teil nicht wiederzuerkennen. Zumindest auf diesem Gebiet profitierte Portugal erheblich von EG-Mitteln.

Alcañices/Bragança

Für Nordportugal, Grenzort ist San Martin del Pedroso. Wenig befahren, sehr kurvenreich. Aber auch hier gibt es zum Teil schon eine dreispurige Schnellstraße.

Mit dem Flugzeug

Linienflüge

Vorteile dieser teuersten Anreiseart: Plätze sind kurzfristig zu bekommen, Änderung der Termine ist kostenlos, beliebig viel Flugunterbrechungen sind möglich. So läßt sich eine Reise nach Lissabon in Paris oder Porto unterbrechen, und beim Nachhauseflug kann man noch ein paar Tage Madrid einplanen.

Preise: Frankfurt - Lissabon und zurück kostet ca. 2332 DM. Etwas preiswerter ist der *Excursion Tarif*, bei dem kurzfristig gebucht werden kann, aber ein Sonntag zwischen Anreise und Rückflug liegen muß.

Sondertarife wie *Super flieg & spar* kosten ca. 800 DM ab Frankfurt; saisonabhängig. Der Flug muß bei diesem Tarif mindestens 7 Tage vor

12   Anreise

Bei TAP (Air Portugal) oder Lufthansa können Sie einen Linienflug buchen

Abflug gebucht werden, und zwischen An- und Rückreise muß ein Sonntag liegen. Umbuchungen vor Reiseantritt kosten ca. 100 DM. Eine Änderung der Reisepläne nach Antritt der Reise ist nicht vorgesehen.

Lufthansa
Täglich Flüge von Frankfurt nach Lissabon; täglich außer Di/Do nach Porto; Faro wird Do/Sa/So direkt angeflogen.
Condor, die Chartergesellschaft der Lufthansa, fliegt direkt nach Faro: Sa ab Düsseldorf, Mi/Sa ab Frankfurt, Mi ab Stuttgart.

TAP Air Portugal
Die portugiesische TAP bietet von folgenden Städten Direktflüge an: München - Lissabon (Di, Do, Sa), Hamburg - Lissabon (Mo, Fr), Berlin - Lissabon (Mi, So).
Von Frankfurt täglich mindestens ein Flug nach Lissabon und Porto. Keine Direktflüge nach Faro.

• *Adressen*:
Berlin, Europa Center, 11th floor, Tel. 2611687.
Düsseldorf, Berliner Allee 41, Tel. 3230737.
Frankfurt, Waldschmidtstr. 39, Tel. 40579100.
Hamburg, Gänsemarkt 21-23, Tel. 340434.
München, Karlsplatz 3, Tel. 598086.
Stuttgart, Kronenstr. 36, Tel. 294046.
Wien, Lugeck 1, Tel. 5133977.
Zürich, Konradstr. 68, Tel. 2713010.

Mit dem Flugzeug 13

Charterflüge

Praktisch alle Reiseveranstalter bieten neben den sogenannten *Pauschalarrangements* (Flug inkl. gebuchtem Hotel) auch das an, was man früher *Campingflug* nannte. Grund dafür ist die Vorschrift der IATA, der Luftfahrtbehörde, daß bei Buchung eines - zumeist preisgünstigen - **Pauschalarrangements** neben dem Flug am Zielort ein Hotel, eine Pension etc. mitgebucht werden muß.

Um sich diesen Bestimmungen zu fügen und trotzdem den günstigen Flugpreis anbieten zu können, kamen clevere Veranstalter auf die Idee, die Sache als **Campingflug** zu deklarieren. In vielen Prospekten sucht man vergeblich nach den entsprechenden Preislisten, doch jedes gute Reisebüro hält dazu Listen unter der Ladentheke bereit.

Grundsätzlich haben die Reiseveranstalter ab Heimatflughafen die niedrigsten Preise. Man spart also die Anreise zum weiter entfernt gelegenen Abflugsort bzw. den Aufpreis des Zubringerfluges. Besonders in der Nebensaison gibt es **Superspartarife** und kurzfristige **Sonderangebote**, wenn der Veranstalter erkennt, daß die Chartermaschine nicht voll wird. Bei einigen Reiseveranstaltern wird dieser Tarif **Ultimo Tarif** genannt. Die Reise kann erst eine Woche vorher gebucht werden, und erst drei Tage vor dem geplanten Abflugtermin bekommt man das O.k. Für Leute, die ihren Urlaub genau eingeplant haben, birgt diese Art aber ein zu großes Risiko.

Die **Chartergesellschaften Condor** (Lufthansatochter), **Hapag Lloyd**, **Aero Lloyd** und **LTU** teilen sich den großen Kuchen der Urlaubsflüge in den Süden. Sitzplatzreservierungen werden über Computer getätigt; allerdings sind zumeist nur die größeren Reisebüros an das System angeschlossen. Trotz dieser rationellen und kostensparenden Buchungsmethode unterbieten einige kleinere Tickethändler die Preiskalkulation der Reiseriesen **TUI** und **NUR**.

Abflughäfen der stark im Portugalgeschäft agierenden **Hit-Reisen** (hängt mit TUI zusammen) sind Frankfurt, Stuttgart, München und Berlin. Ab hier je einmal wöchentlich nach Faro/Algarve.

Preise: Nach Faro ab Frankfurt, Stuttgart, München, Berlin ca. 650 DM. In der Nebensaison ca. 25 % billiger. Bei Reisedauer über 28 Tagen ca. 35 % Preisaufschlag.

Nach Lissabon werden besonders günstige Kurzflugreisen (max. 4 Tage) von *Jet-Reisen* (Abflug Frankfurt oder Stuttgart) angeboten. Die Preise bewegen sich zwischen 600 und 700 DM.

Spezial-Reiseveranstalter für Portugal und die Azoren

Check-In, Am Herrengarten 30, 61169 Friedberg, Tel. 06031/62062. Großes Angebot an Azorenrundreisen, Fly & Drive etc. Auch Festland-Portugal im Angebot.

14   Anreise

Olimar-Flugreisen GmbH, Postfach 101225, Alter Markt 44, 50667 Köln, Tel. 0221/205900.

Fly & Drive

Flug und Mietwagen gleich in Deutschland zu buchen, lohnt sich. Man spart sich viel Ärger, da häufig auch schon in der Nebensaison die Wagen ausgebucht sind. Auch preislich ist es bei den meisten Veranstaltern günstiger als am Zielort. Der Reiseveranstalter **Plan Orion** bietet Portugalrundfahrten mit dem Mietwagen an; Unterkunft (meist Pousadas), Flug und Mietwagen werden von ihm gebucht.
Wer auf eigene Faust fliegt, siehe "Reisen in Portugal, Mietautos".

Reiserücktrittsversicherung

Für eine Gebühr von ca. 3 % des Flugpreises läßt sich das finanzielle Risiko abdecken, wenn man vor einer schon gebuchten Reise zurücktritt. Diese Versicherung greift aber nur bei Krankheits- oder Todesfall. Normalerweise fallen bei Stornierung 4 Wochen vor Reisebeginn ca. 75 DM, 3 bis 2 Wochen davor ca. 25 %, ab 6 Tagen bereits 60 % der Gesamtreisekosten als Stornogebühr an.

Mit der Bahn

Lohnt sich wegen der zeitraubenden Anreise und, verglichen mit den günstigen Flügen, der relativ hohen Preise vorwiegend nur für Leute unter 26 Jahren (wegen des günstigen **Transalpino-Tickets**) und für Leute, die länger im Land bleiben. Die Fahrzeit nach Lissabon beträgt ca. 36 Stunden. Bahnkarte Iberische Halbinsel siehe nächste Seite.

Preise: Twentourticket (bis 26 Jahre) Frankfurt - Lissabon ca. 290 DM, einfache Fahrt (keine Rückfahrtermäßigung). Unterbrechung der Anreise möglich (z.B. Paris, San Sebastian etc.). Sitzplatzreservierung erforderlich. Expreßzuschläge kommen noch zu dem Listenpreis dazu, z.B. Paris - Lissabon ca. 30 DM.

Mit dem Bus

Von Norddeutschland nach Portugal fahren 2x wöchentlich komfortable Reisebusse. In Zusammenarbeit mit **Europa Bus** bieten portugiesische Busunternehmen Fahrten nach Portugal an, die hauptsächlich von portugiesischen Gastarbeitern als preiswertes Transportmittel in die Heimat genutzt werden.

Abfahrtsorte sind Hamburg, Osnabrück, Düsseldorf, Bremen und Köln. Fahrtdauer ca. 40 Std., Preis ca. 260 DM (390 DM hin- und zurück). Buchung über **DER-Reisebüros** oder **Deutsche Touring** (Europa Bus -

Köln: Omnibusbahnhof Breslauer Platz, Tel. 0221/120044 - Hamburg: Adenauerallee 78, Tel. 040/249818).

Trampen

Lohnt sich bis zur spanischen Grenze, aber kaum weiter, da die Spanier nur ungern Fremde in ihren Wagen steigen lassen. Ich schaffte die Strecke Nürnberg - Paris - San Sebastian früher einmal in zwei Tagen ohne Pausen - dabei hatte ich unwahrscheinliches Glück. Ein zweites Mal, über Mühlhausen - Lyon - Perpignan, brauchte ich etwas länger.

In Spanien steigt man also am besten in den Zug, da man sonst oft nur seine Zeit in der prallen Sonne verschwendet.

In Portugal kann man wieder besser trampen. Es ist allerdings fraglich, ob sich das lohnt, da Busse und Bahn hier preiswert sind.

Reisen in Portugal

Mit dem Auto

Irritierend für die an "normale" deutsche Zustände Gewöhnten sind die *vielen Fußgänger*, die - auch nachts! - auf den Straßen zwischen den Ortschaften unterwegs sind. Ähnliches habe ich so ausgeprägt nur auf dem jugoslawischen Balkan in der Nähe der griechischen Grenze erlebt. Zwar laufen die Leute am Straßenrand, doch kann es trotzdem immer wieder Überraschungsmomente geben. Noch mehr aufpassen sollte man auf die unbeleuchteten zweirädrigen *Esels- und Ochsenkarren*, die ab und zu in der Dunkelheit auftauchen. Die Straßen in Portugal sind eben noch nicht völlig auf die motorisierten Blechlawinen eingestellt, wie dies in Mitteleuropa der Fall ist; Fußgänger und unmotorisierte Fahrzeuge haben immer noch gewisse Freiräume, die man respektieren sollte - man ist schließlich Gast.

Übrigens sind die *Landstraßen* im Norden des Landes manchmal noch mit Kopfsteinpflaster gepflastert. Bei Regen ist es daher ziemlich rutschig.

Noch ein Wort zum portugiesischen Verkehr: Schlangen von LKWs, die meist auch noch recht langsam fahren, sind leider keine Seltenheit; da die Straßen oft kurvenreich sind, kann man nur schlecht überholen – nicht wie so mancher Jungportugiese ungeduldig werden.

Die Großstädte *Lissabon* und *Porto* bieten zur Rush-hour das übliche Verkehrschaos, besonders auf den Ausfallstraßen. Auffallend sind die vielen Profifahrer: Taxis, Busse, Lastwagen, Vertreter etc. Sie kennen ihre Straßen genau und fühlen sich dementsprechend zu Hause, überholen deshalb gerne und oft.

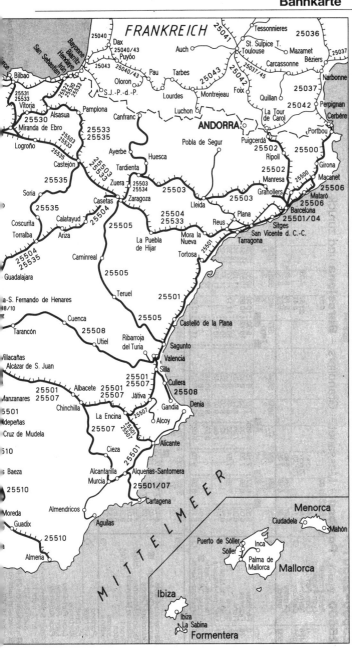

18 Verkehrsbestimmungen

Bei einigen Verkehrsschildern ist Phantasie angesagt

Pannenhilfe

Portugiesischer Automobilclub in Lissabon (Tel. 775475), Porto (Tel. 29273), Coimbra (Tel. 26813), Faro (Tel. 23034), Aveiro (Tel. 22571).

Reparaturen kommen billig, solange man keine Ersatzteile benötigt. Die Arbeitsstunde liegt bei ca. 50 DM, Ersatzteile sind achtmal so teuer wie zu Hause. Es lohnt sich, für diesen Fall den **ADAC-Schutzbrief** dabeizuhaben; schwierig zu beschaffende Teile werden dann per Luftfracht versandt und zollfrei eingeführt. Nach einer telefonischen Bestellung dauert es ca. drei Tage, bis die Teile am Flughafen eintreffen.

Besondere Verkehrsbestimmungen

Führerscheininhaber mit weniger als einem Jahr Fahrpraxis müssen am Heck des Fahrzeugs eine Plakette anbringen, die in den Büros der portugiesischen Automobilclubs erhältlich ist - Höchstgeschwindigkeit in diesem Fall 90 km/h.

Außerhalb der Ortschaften besteht **Anschnallpflicht**. Fahren ohne angelegten Sicherheitsgurt wird mit bis zu 100 DM geahndet.

Portugal, das Land der lockeren Verkehrssitten, in dem Anfang der 80er Jahre noch keine Promillegrenze existierte, beschritt den europäischen Weg. Die **Promillegrenze** wurde inzwischen auf 0,5 festgelegt, und die Strafen wurden drastisch erhöht. Ab 0,5 Promille 150 bis 1.000 DM Geldstrafe und 1 bis 6 Monate Führerscheinentzug; ab 0,8 Promille

Öffentliche Verkehrsmittel

300 bis 2.000 DM Geldstrafe und 3 Monate bis 3 Jahre Führerscheinentzug. Ab 1,2 Promille gilt Trunkenheit am Steuer als Straftat und wird mit bis zu 3.000 DM Geldstrafe und bis zu 5 Jahren Führerscheinentzug geahndet!

Höchstgeschwindigkeiten

Im Ort 60 km/h, PKW mit Anhänger 50 km/h
Landstraße 90 km/h, PKW mit Anhänger 70 km/h
Autobahn 120 km/h

Parken: Wer z.B. in Albufeira die Parkuhrzeit um 1,5 Std. überzieht, wird mit einer Kralle am Vorderrad immobilisiert. Angesagt ist dann ein 20minütiger Fußmarsch zum Rathaus (dem teuersten und mondänsten des Landes), um die umgerechnet ca. 20 DM an die Stadtkasse zu entrichten.

Geldstrafen: Bei einer Geschwindigkeitsüberschreitung bis 30 km/h ist eine Geldstrafe von ca. 100 DM fällig, bis 50 km/h ca. 200 DM, darüber ca. 350 DM. Raser, die auf Brücken geschnappt werden, haben die doppelte Strafe zu zahlen.

Alle Strafen müssen sofort bezahlt werden. Wenn Sie nicht genügend Bares dabei haben oder der Beamte sich weigert, einen Euroscheck anzunehmen, haben Sie eine Frist von 48 Stunden. Während dieser Zeit bleibt der Führerschein in Polizeigewahrsam!

Autoeinbrüche

In den Großstädten und an der Algarve leider keine Seltenheit, ansonsten kommt es kaum vor. Besonders der warme Süden lockt auch Nordeuropäer ohne Brieftasche und Skrupel - es müssen nicht immer Einheimische sein.

Möglichst kein Risiko eingehen, bewachte Parkplätze benutzen oder eine belebte Straße. Besser ist es, alles in den Kofferraum zu stecken - das Öffnen bereitet mehr Schwierigkeiten als das Einschlagen einer Scheibe, und außerdem weiß der Dieb dann nicht, ob sich das Öffnen lohnt.

Öffentliche Verkehrsmittel in Portugal

Flugzeug

Wegen der geringen Ausdehnung des Landes werden nur wenige Inlandsverbindungen angeboten. Auf den Hauptstrecken *Porto - Lissabon - Faro* allerdings bis zu 6x täglich. Die Hauptstrecken werden von *Boeing 737* und *727* bedient. Der Flugpreis Lissabon - Faro beträgt ca. 129 DM, Lissabon - Porto ca. 134 DM.

Die kleinen Provinzflughäfen werden mit *De Havilland Twin Otter* (19 Personen) und *Beechcraft King Air* (8 Personen) angeflogen. Wegen der geringen Platzzahl ist eine rechtzeitige Vorbuchung wichtig.

20 Öffentliche Verkehrsmittel

Bis Mitte der 80er Jahre fuhren in Portugal noch viele Mercedes-Benz 180 D Taxis (Baujahr um 1958)

Bahn

Schnelle *Expreßzüge* von Faro nach Lissabon und weiter nach Porto. Außer einer kleinen Nebenbahn bei Lissabon ist nur die Strecke Porto - Lissabon elektrifiziert. Die kleinen *Provinzbahnen* sind bummelig langsam.

Dafür ist die Bahn das billigste Transportmittel in Portugal, wenn kein Schnellzug mit Zuschlag benutzt wird. Preis Lissabon - Faro ca. 18 DM, Lissabon - Porto ca. 20 DM. Die *Zeitfahrkarten* für eine oder zwei Wochen sind unverhältnismäßig teuer und lohnen sich nur für Leute, die Tag und Nacht im Zug sitzen wollen.

Bus

Sehr dichtes Netz von Verbindungen, häufig bis ins kleinste Dorf. Die meist modernen Busse (Volvo-Chassis, Karosserie made in Portugal), gehören der staatlichen Busgesellschaft *Rodoviaria Nacional*. Nur im Norden des Landes, in Lissabon und an der Algarve gibt es einige kleine *Privatgesellschaften*, die mit etwas komfortabler ausgestatteten Bussen *Expreßdienste* unterhalten. Preise etwas höher als bei der Bahn.

Taxi

Eine Taxifahrt in Lissabon kostet meist nicht mehr als eine Fahrt mit der Frankfurter Straßenbahn. Die Preise sind deshalb so niedrig, weil das Taxi fast keiner Steuer unterliegt und das Lohnniveau der Fahrer durch die hohe Arbeitslosenzahl gedrückt wird. Dadurch ist das Taxi auch für viele Portugiesen ein übliches Dauerverkehrsmittel. Besonders in den Städten Porto und Lissabon gibt es derartig viele Droschken, daß am frühen Abend jedes zweite Fahrzeug in den Avenidas ein Taxi ist. In den kleineren Ortschaften warten die *taxistas* meist am Dorfhauptplatz auf Kundschaft.

Taxameter gibt es nur in den größeren Städten wie Porto, Lissabon und Coimbra. Vor der Fahrt darauf achten, daß der Fahrer die Zähluhr auf den Grundpreis einstellt (ca. 1 DM für die ersten 400 m, jede weiteren 200 m ca. 0,15 DM). Bei Gepäckstücken über 30 kg 50 % Zuschlag. Wegen der hohen Inflationsrate werden die Taxipreise oft mehrmals im Jahr angehoben. Um die dadurch fällige Umstellung des Taxameters zu umgehen, werden offizielle *Umrechnungstabellen* verwendet. Nur einmal versuchte ein Fahrer sein Glück mit einer selbstgefertigten "Spezial Touristentabelle", wobei der Endbetrag um 100 % höher als üblich ausfiel.

Da auf dem Lande und in kleineren Städten keine Taxameter vorhanden sind, peilt der Fahrer den Tarif über den Daumen - Fahrpreis am besten schon vorher ausmachen. Grundsätzlich kostet der gefahrene Kilometer ca. 2x 1 DM (Hin- und Rückfahrt werden berechnet), der Mindestpreis beträgt ca. 2,50 DM. Bei telefonischer Bestellung muß auch die Anfahrt bezahlt werden.

Üblich ist ein kleines *Trinkgeld* - bei diesen niedrigen Tarifen sollte das keinem schwerfallen.

Mietautos

Besonders wenn man zu mehreren reist, kann es billiger sein, einen Leihwagen zu nehmen, als mit dem eigenen Auto 3.000 km nach Portugal und zurück zu zuckeln. So kostet z.B. ein Opel Corsa in der *Hauptsaison* ca. 350 DM pro Woche, in der *Nebensaison* bis zu 35% Ermäßigung. Bei internationalen Autoverleihfirmen sind die Tarife im allgemeinen etwas höher anzusetzen. Tarife ohne Kilometerbegrenzung haben sich inzwischen durchgesetzt.

Vor Ort kann man Autos in Großstädten und Touristenorten mieten. Generell darf man erst ab 23 Jahren einen Wagen ausleihen; 1 Jahr Fahrpraxis ist Bedingung. Beim Studenten-Reisebüro in Lissabon werden Firmen vermittelt, die auch an Jüngere vermieten, inkl. 10 % Ermäßigung (siehe Lissabon). An der Algarve muß man sich zu den Büros durchfragen, die die gesetzliche Altersbegrenzung umgehen.

In den Preisen ist die *Haftpflichtversicherung* inbegriffen. Vollkaskoversicherung für ca. 12 DM pro Tag extra. Gewöhnlich ist beim Verleiher eine *Kaution* zu hinterlegen, die bei Ablieferung des Fahrzeugs zurückerstattet wird.

Fahrrad

Wer das Strandleben satt hat und die Natur intensiv erleben will, ist mit dem Fahrrad am besten bedient. Die Landbevölkerung empfängt Radler mit offenkundiger Sympathie: Zuerst einen etwas erstaunten Gesichtsausdruck, dann ein breites Grinsen, aufmunternde Zurufe und Klatschen erntet derjenige, der in den vielen Dörfern am Weg mehr oder weniger keuchend an den Einheimischen vorbeiradelt.

Ein ideales Radfahrland ist Portugal wegen des ständigen Auf und Ab und des Kopfsteinpflasters sicherlich nicht, doch wird man vieles erleben, was die Anstrengung wieder wettmacht. Vielleicht kommt ein Bauer mit Traktor vorbei, um schweißgebadete Touristen die nicht enden wollende Steigung mit hoch zu nehmen und bei der nächsten Dorftasca abzuladen.

Eigenes Fahrrad

Das eigene Fahrrad kann ohne große Probleme von zu Hause mitgebracht werden. Die superleichte Alu-Ausführung bringt's dafür aber sicherlich nicht, weil die Räder auf den extrem schlechten Straßen, Kopfsteinpflaster und Flickenteppichasphalt, stark strapaziert werden.

Per Bahn geht das Rad als unbegleitetes Reisegepäck sehr billig mit. Es sollte jedoch ca. 14 Tage vor der eigenen Reise losgeschickt werden, sonst muß man lange Wartezeiten in Portugal in Kauf nehmen. Sorgen über einen eventuellen Verlust braucht man sich in Portugal wenig zu machen.

Im Land kann das Rad im selben Zug als Gepäck aufgegeben werden. Man sollte dazu mindestens 30 Minuten vor Abfahrt am *Bagagem*-Schalter sein. In Vorortzügen (z.B. Lissabon - Cascais) Selbstverladung möglich. Kosten pro Fahrrad ca. 4 DM.
In den *Überlandbussen* werden die Drahtesel meist umsonst mitgenommen.

Per Flugzeug können Linienfluggäste ihr Fahrrad als begleitendes Fluggepäck abgeben, max. 20 kg! Lenker und Pedale müssen dafür abgebaut werden. Bei Charterflügen ist dies grundsätzlich auch möglich, vorher aber sicherheitshalber erkunden.

Fahrrad mieten

In den Badeorten an der Algarve kein Problem, in fast jedem Dorf gibt es eine Agentur. Preis pro Tag ca. 12 DM, pro Woche ca. 60 DM.

Auch **Motorroller** werden an einigen Orten vermietet, sind aber teuer - ca. 40 DM pro Tag für einen Vespa-Zweisitzer.

Telefon

Von Deutschland nach Portugal

Vorwahl Portugal: 00351. Preiswerter als umgekehrt. Durchwahl zu jedem Ortsnetz möglich. Ab 20 Uhr abends kostet die Minute derzeit 1,15 DM, samstags und sonntags 0,92 DM. Die Nummer des entsprechenden

Besonders in den touristischen Ballungsgebieten werden in den Sommermonaten provisorische Telefonämter aufgestellt

Ortsnetzes in Portugal bekommen Sie gebührenfrei von der internationalen Fernsprechauskunft.

Von Portugal nach Deutschland

Vorwahl BRD: 0049. Ferngespräche führt man am besten vom Postamt aus; an der Algarve bieten auch einige Tourismusbüros diesen Service. Bei Gesprächen vom Hotel aus kommen ca. 50 % Extragebühr von der Hoteldirektion dazu. Beim Postamt pro Minute ca. 2 DM.

Telefonzellen

Ziemlich rar in Portugal. Es gibt Automaten, die mit 25-Esc-Stücken gefüttert werden können. Viele wurden inzwischen auf *Credit Fone* umgestellt. Die dazu nötigen Plastikkarten zu ca. 7,50 DM und ca. 17 DM gibt's im Postamt oder am Zeitungskiosk. Problemlos ist das Telefonieren von Kaffeehäusern und Bars möglich, die das Schild *Telefono* über dem Eingang haben - das Telefon ist mit einer Zähluhr gekoppelt.

Übernachten/Camping

Hotelpreise sind durchwegs höher angesetzt als die der Pensionen. So entspricht ein Mittelklasse-Hotel mit einem oder zwei Sternen preislich etwa einer Drei-Sterne-Pension; in einer Pension dieser Klassifizierung

wird jedoch bereits einiges mehr geboten. Für ein Einzelzimmer kann man gewöhnlich ca. 20 % vom Preis fürs Doppelzimmer abziehen.
Nebensaisonpreise sind in touristischen Gebieten deutlich niedriger - speziell in teuren Hotels zahlt man bis zu 35 % weniger. Die von uns angegebenen Preise gelten für die Hochsaison, die meist nur von Mitte Juli bis Ende August geht. Außerhalb der Saison liegen die Preise zum Teil erheblich unter den genannten.
Besonders im Sommer ist eine Buchung anzuraten! Bei Billigpensionen ist ein schriftliches Vorbuchen nicht üblich, doch wer sichergehen will, sollte einige Tage vorher anrufen. Bei Vermietern von Privatzimmern ist Vorbuchen etwas schwieriger, da sie zur Sicherheit meist eine Vorauszahlung von 50 % per Postanweisung oder Euroscheck erwarten.

Hotel

Mit Sterne-System klassifiziert: Fünf Sterne bedeuten die höchste Stufe, ein Stern die niedrigste. Kontinentales Frühstück ist immer im Preis enthalten. In fast allen Hotels gibt es ein Restaurant. Der Preis fürs Doppelzimmer in einem mittleren Hotel bewegt sich zwischen 80 und 140 DM.

Pousada

Staatseigenes Hotel. Die meisten Pousadas wurden von Salazar errichtet, um den höheren Staatsbeamten und "-freunden" einen angenehmen Aufenthalt zu ermöglichen. Meist landschaftlich schön gelegen, häufig in historischen Gebäuden (Klöstern, Schlössern) untergebracht. Sie verfügen über Komfort und viele Annehmlichkeiten. Die Zimmer sind alle mit Bad, und Frühstück ist stets im Preis enthalten. Das Doppelzimmer kostet zwischen 150 und 250 DM. Mahlzeiten in den eigenen Pousada-Restaurants erhältlich - gehobene Preisklasse. Die maximale Aufenthaltsdauer beträgt fünf Tage. Ein Verzeichnis der Pousadas ist beim portugiesischen Fremdenverkehrsamt erhältlich.

Estalagem

Ähnlich wie Pousada, jedoch in Privatbesitz. Keine Aufenthaltsbeschränkung.

Albergaria

Hotelähnliche Vier-Sterne-Unterkunft ohne eigenes Restaurant, jedoch mit Bar und anderen Einrichtungen.

Pensão

Pensionen mit Sterne-System von eins bis vier. Frühstück im Preis inbegriffen. Außerdem kann im dazugehörigen Restaurant zu einem festgesetzten Preis à la carte gegessen werden. In einer Mittelklasse-Pension zahlt man fürs Doppelzimmer mit Dusche um die 60 DM, ohne ca. 50 DM.

Appartements

Residencial
Wie Pension, jedoch nur zum Übernachten, d.h. es wird meistens kein Frühstück serviert. Kein eigenes Restaurant.

Dormida
Auch **Casa de Hospedes** genannt. Billigste und einfachste Unterkunftsmöglichkeit, generell in den Städten. Sie wird von Arbeitern bewohnt, die auswärts wohnen, und hat daher auch wenig Pensionscharakter. Der Mietpreis ist oft wöchentlich festgelegt, in manchen Fällen wird auch "pro Stunde" abgerechnet. Tagespreis für Doppelzimmer ca. 30 DM.

Quarto Particular
Privatzimmer. Man findet sie meistens über das Tourist-Büro, oft auch auf der Straße, indem man von Vermietern angesprochen wird. Durchweg recht billig, oft mit Koch- und Waschgelegenheit. Familienanschluß ist im Preis enthalten.

Turismo de Habitacao
Eine neue, für Individualtouristen interessante Unterkunftsmöglichkeit. Nach schottischem Vorbild werden in alten Palästen, Landhäusern und Burgen Zimmer mit "Familienanschluß" vermietet. Die mit Abstand am besten ausgestattete Region ist die nördliche Provinz Minho. Man sollte sich mindestens einige Tage vorher anmelden, da oft nur vier bis sechs Zimmer zu vermieten sind. Preis pro Übernachtung ca. 100 bis 150 DM. Nähere Informationen über Turihab, Praca da Republica, 4490 Ponte de Lima, Tel. 058/942729.

Appartements
Appartements über deutsche Vermittlungsfirmen: Adressenliste über das Portugiesische Fremdenverkehrsamt Frankfurt erhältlich. Mit Farbprospekten kann man sich genauere Vorstellungen machen und entsprechend bereits in Deutschland buchen. Gehobene Preisklasse.

Appartements von portugiesischen Privatvermietern: Die meisten Tourist-Büros haben Listen, selten jedoch Prospekte. Man kann nur aufs Geradewohl buchen, was im Sommer jedoch nicht anzuraten ist. Buchung über die jeweiligen Tourist-Büros.

> **Warnung**: Leute, die sich in Portugal Land oder Häuser kaufen wollen, sollten vorsichtig sein. Es kam schon vor, daß dem vermeintlichen Hausbesitzer die Möbel abgekarrt wurden - ein Racheakt eines zweiten vermeintlichen Hausbesitzers. Besonders an der Algarve häufen sich die Immobilienskandale - Ferienhäuser haben plötzlich drei Besitzer. Vor einem Kauf sollte man beim deutschen Konsulat in Porto, Lissabon oder Faro Informationen über die Seriosität der einzelnen Immobilienmakler einholen. Zwischen der

> BRD und Portugal besteht ein Investment-Schutzabkommen - ausländischer Besitz kann nicht beschlagnahmt werden.

Camping

Camping-Ghettos wie an italienischen oder spanischen Badeorten mit bis zu 10.000 Stellplätzen, die auf mehrere, dicht nebeneinanderliegende Mammut-Campingplätze verteilt sind, gibt es in Portugal noch nicht.

Ein Campingurlaub lohnt sich besonders im *Norden* des Landes. Dort gibt es mehr und besser gepflegte Plätze als im Süden. Oft liegen sie in einem alten Stadtpark, wie z.B. in Porto, oder an einem malerischen Flußwinkel. Im *Süden* sind die Plätze dünngesät, häufig karg und schattenlos, was im Hochsommer nicht gerade angenehm ist. Die *Algarve* ist eher auf gutzahlende Hotelgäste eingerichtet. Besser ist das Angebot am Rande der Algarve, in *Monte Gordo* nahe der spanischen Grenze und in *Lagos* im Westen. Daß die Plätze in Küstennähe speziell im August überfüllt sind, braucht wohl nicht betont werden.

Wildes Campen wird im Norden und an der Westküste manchmal geduldet. Die offizielle Regelung besagt: nicht in Trinkwasserquellgebieten, nicht näher als 1 km vom nächsten Campingplatz entfernt, nicht an Orten oder Stränden, die von mehreren Leuten besucht werden, und keine Koloniebildung, d.h. mehr als 20 Personen im Umkreis von 300 m.

Die **Preise** variieren erheblich. So herrscht an der Algarve zwischen Lagos und Albufeira fast italienisches Preisniveau. Zwei Personen, Auto und Zelt kosten z.B. in Lagos (Porto Mos) ca. 17 DM. Im Norden ist es erheblich billiger, besonders auf städtischen Campingplätzen.

An vielen Plätzen ist der *Roteiro Campista* erhältlich, ein Taschenbuch, das über Preis, Lage und Ausstattung aller portugiesischen Campingplätze informiert. Die Mitnahme eines internationalen Campingausweises (*Carnet Camping International* oder *F.I.C.C.*, erhältlich bei den Automobilclubs) ist empfehlenswert. Wer eine Wohnung in Portugal nachweisen kann, sollte bei *Turicoop* in Lissabon, Rua Paxcal de Mele 15, 1. Stock, einen Nationalen Campingausweis beantragen (*Carta Campista Nacional*). Beide Ausweise berechtigen zum Teil zu erheblichen Rabatten.

Jugendherbergen (Pousadas de Juventude)

Die Jugendherbergen außerhalb der Städte liegen meist in landschaftlich sehr reizvollen Gegenden.

Zur Übernachtung ist ein *Jugendherbergsausweis* notwendig. Man bekommt ihn aber in jeder Herberge ausgehändigt. Eine Juniorenkarte kostet ca. 27 DM. Die Übernachtung kostet zwischen 10 und 15 DM, und man bekommt dazu noch ein frischgewaschenes Bettlaken. In einigen Herbergen kocht der Herbergsvater Mittag- und Abendessen für ca. 8 DM, oder es steht den Gästen eine kleine Küche zur Verfügung.

Im Sommer sind die Jugendherbergen oft überfüllt, deshalb, wenn möglich, vorbestellen.

• *Adressen*: **Areia Branca**, Lourinha (Beach), 50 Betten - **Catalazete**, Estrada Marginal, Oeiras (Beach), 84 Betten - **Sao Martinho**, Alfeizerao (Country Beach), 40 Betten - **Esposende**, Esposende Beach, 20 Betten - **Penhas da Saude**, Serra da Estrela, 144 Betten - **Beja**, Avenida Pedro Alvares Cabral 8. **Braga**, Rua de Santa Margarida 6, 60 Betten - **Coimbra**, Rua Henrique Seco 14, 80 Betten - **Faro**: Casa Centro de Alojamento - **Lagos**: Rua Lancerote de Freitas 50 - **Leiria**, Largo Cándido dos Reis 7 D, 36 Betten - **Portimão**, Lugar do Coca Maravilhas, 164 Betten - **Portalegre**, Antigo Convento de S. Francisco, 52 Betten - **Porto**, Rua Rodrigues Lobo 98, 53 Betten - **Vila Nove de Cerveiera**, Largo da Feira, 52 Betten - **Vila Real de S.^{to} António**, Rua Dr. Sousa Martins 40, 60 Betten - **Vilarinho das Furnas**, Parque Nacional do Geres, Sao Joao do Campo, 80 Betten.

Essen & Trinken

Die portugiesische Küche ist reich an Meeresfrüchten und Reisgerichten: Herrlich sind die riesigen Portionen Marisco-Reis nach Malandro-Art, ein nach Atlantik duftendes Reisgericht mit Herzmuscheln, rosig zarten Tintenfischen, Garnelen, Miesmuscheln und Krabben, getränkt mit dem fein abgeschmeckten Sud der Schalentiere - von der Geschmacksvielfalt vielleicht vergleichbar mit der französischen Bouillabaisse.

Portugal liegt am fischreichen Atlantik. Auf den Tisch kommt eine entsprechende Vielzahl von Meeresgetier, von teuren Gambas bis zum rindfleischähnlichen Thunfischsteak. Binnenländler, bei denen zu Hause oft tiefgefrorene Fischstäbchen auf dem Speisezettel stehen, sollten auf kulinarische Entdeckungsreise gehen - es lohnt sich!

Restaurants

Die Anzahl der Sterne und das Preisniveau lassen vielleicht auf englischsprechende Ober oder Seife und Handtuch auf der Toilette schließen - sie garantieren aber noch lange nicht einen lustvoll gefüllten Magen.

Voraussetzung für den Anspruchsvollen ist das richtige Restaurant und eine gewisse Kenntnis der Speisekarte. Durch Befragung von Einheimischen, Durchreisenden und ausländischen Touristen haben wir versucht, in den beschriebenen Orten die jeweils besten Restaurants unterschiedlicher Preisklassen zu finden - in fast allen Fällen wurden sie auch von uns getestet. Durch Koch- oder Besitzerwechsel können sich Preis und Leistung schnell ändern - für entsprechende Tips sind wir sehr dankbar. In den Beschribungen werden zum Teil Spezialitäten des Hauses erwähnt, die aber durch täglich wechselnde Speisekarten, in Portugal durchwegs üblich, nicht immer zu haben sind.

Trinkgeld ist üblich, insbesondere bei Touristen, die dem Ober meist eine längere Erläuterung der Speisekarte abverlangen.

28 Essen & Trinken

In Portugal trifft man häufig Barkeeper und Kellner, die ihren Beruf lieben

Da der Portugiese morgens gewöhnlich nur ein Butterbrötchen oder *Torrada* (gebutterten Toast) zu sich nimmt, sind Mittag- und Abendessen gleichermaßen Hauptmahlzeiten - man ißt warm. Aufgrund der bemerkenswert großen Portionen sind für die Genügsameren meist auch halbe Portionen, *meia dose*, erhältlich.

Fleischgerichte

Standardgericht ist das *Bife*. Es kommt im eigenen Saft gebraten und mit einem Spiegelei obenauf auf den Tisch. In den einfacheren Restaurants ist das Fleisch oft etwas zäh.

Fisch

Unsere Lieblingsfische sind *Robalo* (Seebarsch) und *Linguado* (Seezunge), die wohlschmeckend und einfach von Gräten zu säubern sind. Beste Zubereitungsart ist *na brasa*, über Holzkohle gegrillt. Fisch-*Caldeiradas* (Eintöpfe) sind Liebhabern deftiger Kost zu empfehlen.

Feinschmecker verzichten montags auf Meeresgetier, da die Fischer am Sonntag zu Hause bleiben. In der Hochsaison steigen die Preise für Edelfische um bis zu 40 % wegen der erhöhten Nachfrage. Einige clevere Restaurantbesitzer füllen deshalb vorher ihre Tiefkühltruhen mit Seezungen und anderen Edelfischen. Die Qualität leidet deutlich darunter: Der Fisch schmeckt labbrig und ist nicht mehr so hellweiß, wie er sein sollte.

Krustentiere

Nicht gerade billig - das Kilo Langusten kostet ca. 80 DM. Man sieht sie nur in den Restaurants und nie auf dem Markt. Sie werden hauptsächlich unter der Hand verkauft, da sonst eine "Luxussteuer" von 70 % fällig wäre.

Die **Langusten** sind in Europa schon fast ausgerottet. Zur Zeit werden die meisten aus südlichen Regionen (z.B. Mauretanien) eingeflogen. Nicht verwunderlich angesichts der Tatsache, daß eine Languste 60 Jahre braucht, um 1 kg Gewicht auf die Waage zu bekommen. Ecuador stellte gerade als erstes Land der Welt die Tiere unter Naturschutz.

Die meist 1 bis 2 Pfund schweren **Sapateiras**, Riesentaschenkrebse mit großen Zangen, werden in jedem besseren Restaurant zu ca. 35 DM das Kilo angeboten. Der Großteil kommt aus Zuchtanstalten Schottlands oder der Bretagne, wo sie innerhalb von drei bis vier Jahren schlachtreif gezüchtet werden.

Santolas, in "freier Wildbahn" aufgewachsene Meeresspinnen, stammen meist aus Portugal und werden von Tauchern erjagt. Im Restaurant kostet das Kilo ca. 50 DM.

Eine preiswerte Gelegenheit, den Geschmack von Hummer zu erleben, geben die **Percebes**, eine exotische Felsmuschelart, deren Form an einen schillernden Hühnerfuß erinnert; sie ist in vielen der kleinen Tascas erhältlich und eine gute Vorspeise.

Krebsjagd: Besonders an der Westküste ziehen die einheimischen Jungs nachts bei Ebbe auf Krebsjagd. Ausgerüstet mit einer starken Taschenlaterne, suchen sie in Wasserlachen an den Felsen. Sicherste Fangmethode ist, den Krebs am Finger festbeißen zu lassen - für Veteranen dieses Sports ist die vernarbte Fingerspitze gleichzeitig ein Zeichen ihres Mutes. Andernfalls ist ein schneller, mutiger Griff hinter die Zangen notwendig, ehe der recht flinke Krebs in der Felsspalte verschwindet.

Beilagen

Zu den Hauptgerichten werden meist Reis oder Kartoffeln, z.B. Pommes frites, gereicht. Gemischten Salat gibt's fast überall auf Bestellung. Gemüse verschwindet leider meist nur in der Suppe. Allein zum *Bacalhau* (Kabeljau) bekommt man oft unpassierte, gekochte Spinatblätter (schmeckt gut).

Snacks und "Petiscos"

Moderne Snackbars mit Aluminium- und Kunststoffeinrichtungen werden immer beliebter. Gewöhnlich führen sie eine große Auswahl an billigen Imbissen. Eine angenehmere Atmosphäre findet man in den kleinen *Tascas*, die *Petiscos* (Appetithappen) und öfters auch einfache *Almocos* (Mittagessen) und *Jantares* (Abendessen) anbieten. Nachfolgend werden einige gängige Snacks vorgestellt.

Der **Prego** ist der portugiesische Hamburger. Rindfleischstücke werden in einem würzigen Fleisch-Knoblauch-Sud gekocht und noch warm in einem Brötchen gegessen. Gütesymbol: Das gefüllte Brötchen wird abschließend nochmals in den heißen Sud getunkt. Die besten Pregos findet man in Großstädten, teils in speziellen Prego-Shops, während in Cafés oft nur zähes, aufgewärmtes Rindfleisch mit Brot serviert wird.

Codornizes, Wachteln, werden das ganze Jahr über gegessen.

Tosta mista, Schinken-Käse-Toast, gibt's überall und recht billig. Er ist auch eine gute Alternative zum Marmeladenbrötchen-Frühstück.

Tintenfischsalat ist ein kräftiger Mix aus Tintenfischstückchen, viel Petersilie und Olivenöl.

Frango, das Hühnchen vom Holzkohlengrill, schmeckt fast überall hervorragend. Besonders zu empfehlen in den kleinen *Churrasqueiras*, wo es gar nichts anderes gibt.

Gebäck und Süßes

Süße Teile sollte man nur in Cafés mit eigener Konditorei kaufen, sonst bekommt man Gebäck aus der Fabrik, wo mit übermäßigem Zuckergehalt der etwas fade Geschmack kaschiert wird. Die Unzahl der Konditoreien ist bezeichnend für die vernaschten Portugiesen.

Im allgemeinen sind die Backwaren sehr süß. Im Norden mag man die Verbindung von Eigelb und Zucker (*Ovos moles, Lerias, Pao-de-lo*), an der Algarve verwendet man viel Mandeln und andere Nüsse (Mandelgebäck, Marzipan). In ganz Portugal gibt es *Pasteis de Belem*, Rahmpastetchen, die jedoch am besten in Belem selbst sind, einem Vorort von Lissabon. In Lissabon aßen wir die besten Torten im *Café Suica*. Gute Eisdielen findet man selten.

Die Küche der einzelnen Provinzen

Die Geschmäcker der einzelnen Regionen Portugals sind sehr verschieden. In jeder Provinz herrscht eine eigene Eßtradition.

So lernt man vor allem im *Norden* völlig neue Geschmacksrichtungen kennen. Wie wäre es z.B. mit **Rojoes a moda do Minho**, gutgewürzten kleinen Schweinefleischstückchen, in Schmalz gebraten, dazu geronnenes Schweineblut, Leber, mit Grieß gefüllte Därme und als Beilage geröstete Kartoffeln?

Die Einwohner von *Porto* werden noch heute *Tripeiros*, Kuttelesser, genannt. Sie gaben früher das Fleisch an die Seefahrer und begnügten sich selbst mit den Resten. Heute ist das ehemalige Arme-Leute-Essen **Tripas a moda do Porto** eine Spezialität: weiße Bohnen mit Kutteln, Schweinebauch, Schweinsohren und gebratenen Blutwurstscheiben.

In der Provinz *Beira Litoral* läßt man sich allerlei Meeresgetier schmecken, das in der Lagune von Aveiro gefangen wird. Ein typisches Gericht ist **Caldeirada de enguias**, eine eintopfartige Aalsuppe.

Auch in der *Estremadura* kommen meist Fisch und Meeresfrüchte auf den Tisch. Wer gerne Breiartiges mit dem Löffel ißt, der versucht **Acorda de marisco**, eine dickmassige Brotsuppe mit viel Knoblauch, Muscheln und kleinen Krabben.

Im *Alentejo* findet man in jedem Restaurant eine Suppe, die, wie der Name schon besagt, bezeichnend für die Provinz ist: die **Sopa Alentejana**, Fleischbrühe mit viel Weißbrot, einem Ei, Knoblauch und kräftig Petersilie.

Weil sie so gut schmeckt, ist die **Cataplana** ein Muß an der *Algarve*: Muscheln im eigenen Saft mit Knoblauchwurst, gut gewürzten Schweinefleischstückchen, Zwiebeln, Petersilie und einem Schuß Weißwein, alles zusammen in einer fest verschlossenen Kupferpfanne gedünstet.

Dennoch gibt es ein Nationalgericht: **Bacalhau**, Kabeljau, eingesalzen und in der Sonne getrocknet. Es gibt um die 100 verschiedene Zubereitungsarten, wobei der Kabeljau manchmal fast unkenntlich auf den Tisch kommt: in Öl gebraten, mit Teig überbacken, zerrieben und mit Schmalz zu kleinen Bällchen geformt, die fritiert werden etc. Durch diese Vielfalt von Gerichten mit gleichem Grundstoff findet auch derjenige, der das Fleisch des Bacalhau nicht so schätzt, seinen bevorzugten Leckerbissen.

Getränke

Bei den Getränken stehen natürlich die Weine an erster Stelle. Portugal hat als viertgrößter Weinproduzent der Welt keinen Mangel daran.

Wein

Aus den bekannten Weinbaugebieten von Bucelas, Colares, Dac und Douro gibt es gute Weiß- und Rotweine. Man findet hier immer etwas für den eigenen Geschmack. Die preiswerteren Sorten kommen aus dem Alentejo, sind aber keineswegs zu verachten.

Probieren sollte man unbedingt den **Vinho Verde**, *Grünen Wein*. Er wird noch vor der vollen Reife geerntet und bekommt so einen besonders leichten und erfrischenden Geschmack. Ein wenig perlende Kohlensäure sorgt für Spritzigkeit. Vinho Verde ist meist weißer Wein, es gibt aber auch rote Sorten. Der Alkoholgehalt hält sich mit höchstens 11,5 % in Grenzen.

Sehr beliebt sind süße Weine, von denen der **Portwein** weltbekannt wurde. Seine Trauben wachsen im oberen Dourotal an horizontal gespannten Drähten. Die Stöcke sind kurz geschnitten, die Wurzeln aber bis zu 10 m lang. Für diesen Wein gelten die ältesten und strengsten

Weingesetze der Welt, und staatliche Prüfungen garantieren die Qualität. Zum Teil werden die Trauben auch heute noch mit den Füßen gestampft. Während früher die über 500 l fassenden Fässer auf Weinschiffen nach Porto gebracht wurden, übernehmen das heute Tanklastwägen. Dort wird der Wein mit Weinbrand versetzt (siehe auch unter Porto). Die Ausfuhr darf nur von Porto aus erfolgen.

Schnaps

Besonders gut ist der *Medronho-Schnaps*. Er wird hauptsächlich an der Algarve verkauft, da er im dortigen Monchique-Gebirge hergestellt wird. Die kleinen Früchte wachsen auf dem wilden Erdbeerstrauch. Da die Ernte sehr arbeitsintensiv ist, wird er fast nur von Bauern zu Hause gebrannt; vor dem Frühstück getrunken, nennen in die Algarvios *Mata Bicho*, was soviel wie Wurmtöter heißt.

Billig ist der *Aguardente* oder auch *Bagaso*. Ein farbloser Weinbrand, gut als Apéritif, aus der zweiten Pressung der Weintrauben.

Außerdem gibt es guten Brandy (bekannteste Marke *Maciera)* und diverse *Liköre* aus Mandeln, Honig, Früchten, die, wer so etwas mag, unbedingt probieren sollte.

Bier

Es gibt etliche nationale Brauereien, aber auch *Tuborg* wird in Lizenz gebraut. Üblicherweise in 0,33-l-Flaschen abgefüllt, kostet die Flasche in der Kneipe zwischen 1 DM und 1,50 DM. Gut schmeckt das *Sagres*-Bier, da es nicht zu süß ist.

In vielen Kneipen wird *Faßbier* ausgeschenkt, das besser als Flaschenbier schmeckt und außerdem billiger ist. Da an der Flasche Bier mehr verdient wird, kommt normalerweise immer eine Bottle auf den Tisch, es sei denn, man fragt nach *Cerveja de pressao* oder *Cerveja de barril*.
• <u>Preise</u>: Ein *Imperial* oder *Fino*: 0,25 l ca. 1 DM. Eine *Caneca*: 0,45 l, ca. 1,60 DM. Uma giraffa: 0,75 l, gibt's nur in wenigen Bars, ca. 2,50 DM.

Cafés

Portugal besitzt eine ausgeprägte Café-Kultur. Bei einer *Bica* (kleiner schwarzer Kaffee) wird stundenlang geschwätzt, studiert oder werden Geschäfte besprochen. Anders als in Deutschland sind die Cafés in Portugal bis zum späten Abend geöffnet.

Besonders schön sind die *Old Time Cafés* in den Städten, die gerne von älteren Herren besucht werden (siehe Lissabon, Coimbra etc.). In den modernen Cafés treffen sich mit Vorliebe die jungen Mädchen zu einem Nachmittagsschwatz.

Der Kaffee kommt meist aus Afrika und ist tiefschwarz. Sein Geschmack unterscheidet sich beträchtlich von dem in Deutschland veredelten Kaffee.

Ein Auszug der verschiedenen Kaffee-Milch-Mischungen: *Garroto* oder *Pingo* ist Bica mit Milch, *Carioca* wurde halb mit Wasser verdünnt, *Cafe con leite* besteht aus je einem Kännchen Kaffee und Milch, *Galao* bedeutet 0,2 l Milchkaffee, und *Cevada* ist Malzkaffee.

Tascas

Diese kleinen Tavernen findet man auf Schritt und Tritt. Im düsteren Interieur stehen große Weinfässer voller rotem Bauernwein, dem *Carrascão*. Der Wein ist so naturrein, daß man beim Trinken den Mund etwas verzieht. Besser schmeckt er als *Trácado*, mit Zitronenlimonade gemischt. Beobachtet man die Leute am Tresen, so stellt man fest, daß die kleinen Gläser in einem Schluck geleert werden.

Zu essen gibt es meist nur Kleinigkeiten, wie belegte Brötchen (*Prego*) und gegrillte Sardinen.

Weine und andere Kleinigkeiten – die Tasca

Wir haben uns öfters unseren eigenen Fisch vom Fischmarkt mitgebracht und von der Wirtin braten lassen. Dazu sollte man aber vorher Bescheid sagen!

Reisepraktisches von A-Z

Alleinreisende Frauen

Auch wenn Portugal nicht mit dem äußerst patriarchalischen Spanien verglichen werden kann, so ist doch nicht zu übersehen, daß man sich in einem südlichen Land befindet. Generell hat der Mann das Sagen, und Frauen gehören hinter den Herd. Zwar gibt es eine "emanzipierte" weibliche Gesellschaftsgruppe, d.h. die meisten Ehefrauen von Lehrern, Rechtsanwälten etc. sind berufstätig, obwohl sie es in materieller Hinsicht nicht nötig hätten. Doch ins ehemals ausschließlich Männern vorbehaltene Café trauen sich auch heute nur eine Handvoll Frauen, und das auch erst seit ein paar Jahren.

Die Schwierigkeiten für alleinreisende Frauen beginnen bei der Zimmersuche. Sehr viele Inhaber und Inhaberinnen billigerer Pensionen

Badespaß an der Südküste

winken sogleich ab, wenn eine Frau nach einem Zimmer fragt. Zu zweit ist es da schon einfacher. Auch ist es nach wie vor ungewöhnlich, daß Frauen alleine essen gehen, geschweige denn abends in ein Café oder eine Bar. Allgemein gilt, daß sich alleinreisende Frauen an der Algarve leichter tun, da bereits genügend Touristinnen "Vorreiterinnen" spielten, ebenso in Lissabon, Coimbra und Porto.

Trampen ist möglich, doch nur mutigen und gewappneten Frauen zu empfehlen. Von stärkeren Belästigungen haben wir noch nichts gehört. Ansonsten muß eine Frau eben die Ohren vor dem ewigen Zischen und Pfeifen verschließen.

Baden

Baden ist an der ganzen 800 km langen Küste möglich, je nach Laune an der etwas rauheren Westküste am Atlantiks oder im südlichen Mittelmeerklima. Die Atlantikstrände werden durch Ebbe und Flut immer wieder natürlich gereinigt, was beim Mittelmeer fehlt.

Eine ganze Reihe von Seebädern ist entlang der Küste entstanden. Kleine versteckte Badebuchten gibt es ebenso wie kilometerlange Sandstrände. Oft kann man auch an Flußmündungen geeignete Badebuchten entdecken.

Aufpassen muß man beim Schwimmen an der *Westküste*, da dort die Brandung oft recht hoch sind. Am besten nur dort tiefer ins Wasser gehen, wo schon andere baden!

Für den Badeurlaub besonders geeignet ist die Küste der Algarve, die nach Norden durch die Serra de Monchique geschützt ist und daher heiße, niederschlagslose Mittelmeersommer zu bieten hat. Als eine beliebte Urlaubslandschaft ist die Algarve deshalb alljährlich im Juli und August mit Touristen überfüllt. Lange Sandstrände im Osten, steile Felsküsten mit bizarren Klippen und Sandbuchten im Westen machen den Reiz dieser Küste aus.

In den unzähligen Felsbuchten lassen sich sehr gut längere Schwimmtouren durchführen. Aufpassen sollte man wegen der Klippen, die manchmal unter Wasser verborgen sind; bei längeren Schwimmausflügen

Baden 35

Taucherbrille mitnehmen. Wenn man bei Felsen an Land gehen will, ist es am besten, sich in Rückenlage zu nähern, mit den Füßen voran - so spürt man schnell Hindernisse unter Wasser und kann sich auch leicht wieder abstoßen.

Generell gilt die Regel im Wasser: nicht leichtsinnig sein!

Peixe Arana: Der Spinnenfisch ist ein guter Speisefisch, der allerdings unangenehm werden kann. Er vergräbt sich gerne im Sand, und wenn man drauftritt, spritzen die spitzen Stacheln ein leichtes Gift in den Fuß. Diesen Fisch gibt es überall am Mittelmeer. Als Gegenmittel reinigen die Fischer die Wunde mit Essig und *Pedra de veneno*, der Schale einer Felsenmuschel, die auf die Wunde gelegt wird und das Gift heraussaugt. Vor allem bei Ostwind, wenn das Wetter sehr heiß ist, kommt der Fisch in Strandnähe. Gefahr besonders bei Ebbe, wenn man weit hinauslaufen kann. Aber keine Angst, der Fuß schwillt nur für ca. 24 Std. an und schmerzt. Ohne Abhilfe kann es jedoch länger dauern, bis die Schwellung abklingt.

Die Wassertemperaturen sind an der portugiesischen Westküste durchwegs niedriger als im Mittelmeer. Im Sommer liegen die Temperaturen bei ca. 18 Grad, an der Algarve natürlich höher (siehe Klima).

Weil die ultraviolette Strahlung der Sonne vom Wasser stark reflektiert wird, ist es vorteilhaft, die Haut zu schützen. Bei Einheimischen sahen wir, wie sich z.B. die Mädchen beim Warten auf den Bus eine Zeitung vors Gesicht hielten.

Nacktbaden

Der Autor hat das Ende der 70er Jahre im Spiegel abgedruckte Foto noch deutlich vor Augen, auf dem Polizisten mit Gummiknüppeln auf nacktbadende Sonnenanbeter eindreschen. Inzwischen hat sich die öffentliche Meinung stark gewandelt, aber das entsprechende Gesetz, das formaljuristisch die Einrichtung von FKK-Zonen gestattet, wurde bisher nicht in Kraft gesetzt, obwohl es bereits 1988 vom Parlament verabschiedet wurde. Halboffizielle FKK-Strände gibt es im Norden in Afife bei Viana do Castelo, auf den Sandbänken der Ostalgarve (Cabana, Cacelas, Ilha Armona) und bei Lagos in vielen kleinen, versteckten Klippenbuchten.

Schnorcheln und Tauchen

An den Felsküsten der Algarve bieten sich gute *Tauchmöglichkeiten*. Insbesondere im Küstengebiet zwischen Lagos und Cap Vincente sollen noch einige unentdeckte Galeeren auf dem Meeresgrund liegen - vor der Salemaküste wurde eine entdeckt. Die Küste fällt bei den Kliffs steil auf ca. 8 bis 10 m Wassertiefe ab; danach sanft abfallender, sandiger

Meeresgrund mit Fächerkorallen, Langusten und Tintenfischen.

Schnorcheln ist überall erlaubt. Zur Unterwasserjagd darf nur der Handspeer benutzt werden. Gejagt werden dürfen Schalentiere und Tintenfische. Die Tintenfische sind mit dem Speer nur schwer zu erwischen; man muß diese Fleischfresser mit dem Haken aus ihren Höhlenverstecken ziehen. *Finger weg von Muränen!* Diese schlangenartigen Viecher werden bis zu 2 m lang, ihre Bisse können gefährlich werden. Sie schmecken nur gebraten.

Um *Preßluftflaschen* ausleihen zu können, braucht man den Grundschein des internationalen Tauchclubs. Flaschen können bei Tauchclubs und bei jeder Feuerwehrstation aufgefüllt werden.

Vor den portugiesischen Küsten ist jegliche *Unterwasserjagd* mit Atemgerät verboten. Fische haben meist keine Angst vor Flaschentauchern und wären daher mühelos zu erlegen. Besonders die Grundfischarten könnten bei dieser Fangmethode schnell dezimiert werden; andere Fischarten wandern einfach ab.

Botschaften und Konsulate

BRD

Botschaft in Lissabon, Campo dos Martires da Patria 38, Tel. 3523961.
Generalkonsulat in Porto, Avenida da Boavista 5004, Tel. 6102337.
Honorarkonsulat in Faro/Algarve, Avenida da República 166, Tel. 22050.

Österreich

Botschaft in Lissabon, Rua das Armoreias 70, Tel. 3874161.
Generalkonsulat in Porto, Praca Humberto Delgado 267, Tel. 2084757.
Honorarkonsulat in Portimão/Algarve, Tel. 416202.

Schweiz

Botschaft in Lissabon, Travessa do Patroncinio, Tel. 3973121.
Konsulat in Porto, Rua de Gondarém 1427, Tel. 6189706.

Einreisebestimmungen

Zur Einreise genügt Personalausweis oder Reisepaß; ein Visum ist nicht erforderlich. Als Tourist ist man zu einem dreimonatigen Aufenthalt berechtigt. Danach kann bei der Einwanderungsbehörde verlängert werden; die Bearbeitungszeit dauert bis zu zehn Tagen.

▶ **Zoll**: Im privaten Reiseverkehr innerhalb der EU unterliegen Waren zur eigenen Nutzung keinerlei Beschränkungen. Bei Rauchwaren und Spirituosen gehen die Zöllner von folgenden Richtmengen aus: 800 Zigaretten, 200 Zigarren oder 1 kg Tabak, 10 Liter Spirituosen, 20 l sogenannnte Zwischenprodukte (z.B. Campari, Portwein, Madeira, Sherry), 90 Liter Wein und 110 l Bier. Eine Überschreitung ist im Einzelfall

Einreisebestimmungen 37

möglich, wenn nachgewiesen wird, daß auch diese große Menge nur für den privaten Gebrauch bestimmt ist (Hochzeitsfeier etc.). Also: Leute ohne Raucherhusten und Leberzirrhose könnten bei größeren Mengen an der Grenze Probleme bekommen.

Keine Freimengen für Jugendliche unter 17 Jahren.

Für Schweizer gilt: 200 Zigaretten, 100 Zigarillos oder 250 g Tabak, 1 Liter Brandwein oder 2 Liter Wein.

▶ **Auto**: Sie brauchen einen Führerschein und den KFZ-Schein. Eine grüne Versicherungskarte ist empfehlenswert. Das Fahrzeug muß auf den Benutzer zugelassen sein. Ansonsten brauchen Sie eine vorher in Deutschland beglaubigte Vollmacht vom Besitzer. Zur Beglaubigung sollte das vom ADAC zur Verfügung gestellte Formular genügen. Manche Polizisten be-

Grenzwächter bekommt man innerhalb Europas seltener zu Gesicht

stehen auf einer von einem portugiesischen Konsulat übersetzte und beglaubigte Ausfertigung!!

Überhaupt herrscht in Portugal seit Jahren Konfusion und Gereiztheit zwischen Ausländern und Polizei. Besonders die Zollfahndung (Guarda Fiscal), die seit der Liberalisierung des EU-Warenverkehrs nicht mehr so ausgelastet ist, macht zum Teil regelrecht Jagt auf im Ausland zugelassene Fahrzeuge. Die Bestimmung gilt in allen EU Ländern: temporär darf für maximal 6 Monate ein Fahrzeug in einem fremden Land unterwegs sein. Wer länger damit herumfährt, begeht Steuerhinterziehung (KFZ- und Einfuhr- bzw. MWSt). Da an den Grenzen nicht mehr kontrolliert wird, hat die Polizei vor Ort natürlich Nachweisprobleme wegen des Zeitraumes. Deshalb wurde letztes Jahr die Bestimmung eingeführt, daß sich der Tourist bei der Zollstelle an der Grenze od. spätestens am Urlaubsziel eine vorübergehende Einfuhrbescheinigung besorgt (z.B. Zollamt Faro).

▶ **Hunde od. Katze**: Tollwutschutzimpfung (mindestens 30 Tage, höchstens 1 Jahr vor Einreise). Auch ein unmittelbar vor Einreise erstelltes amtstierärztliches Gesundheitszeugnis ist nötig.

Geld

Zahlungsmittel ist der **Escudo**. Stand derzeit: 1 DM = 100 Escudos. Jährlich verliert der Escudo durch die hohe Inflation von ca. 12 % an Wert gegenüber der DM. Als Escudokürzel wird das Dollarzeichen $ verwendet, auf Schecks ist als Kürzel ESC einzutragen.

Kleinster Geldschein zu 100 $, größter 10.000 $ (wird weniger verwendet; manchmal gibt es Schwierigkeiten beim Wechseln oder Bezahlen). Münzen gibt es von 1 $ bis zu 200 $; die alte 25-$-Münze hat inzwischen ausgedient. 1.000 $ entsprechen im Sprachgebrauch *um conto*.

Geldwechseln: Wegen des höheren Kurses erst in Portugal empfehlenswert. Es lohnt sich höchstens bei einer Einreise am Wochenende, einen kleinen Betrag an Escudos mitzunehmen, wenn an den spanischen Grenzübergängen die Banken geschlossen sind. Nach derzeitigem Stand der Dinge führt man möglichst keine Escudos aus, weil sie nur mit hohen Verlusten - und nur Scheine, keine Münzen - in Deutschland rückgetauscht werden.

Reiseschecks und Euroschecks: Die bekannten Reiseschecks, wie z.B. American Express, und Euroschecks werden in jeder Bank problemlos eingelöst. EC-Schecks können sowohl zur Bargeldbeschaffung bei Banken (max. 30.000 Esc) als auch zum Teil bei Hotels und Restaurants zur Zahlung größerer Rechnungsbeträge benutzt werden (allerdings Scheckgebühren).

> Mit Euroscheckkarte und Geheimnummer kann zumindest in Städten und auch an der Algarve Bargeld von **Bankautomaten** besorgt werden. Der Haken dabei ist nur, daß beim Abhebevorgang der *Multibanco* beim Zentralcomputer in Lissabon anruft, was bei den ständig überlasteten Telefonleitungen oft unmöglich ist.

Ein kleiner Bargeldschatz lohnt sich, um auch am Wochenende an einer Hotelrezeption oder im Restaurant kleine Beträge einwechseln zu können. 50-DM-Scheine und 100-DM-Scheine können in Großstädten auch an den neuen Geldwechselautomaten getauscht werden.

Geldanweisungen: Von Deutschland kann man sich innerhalb von 24 Stunden Geld durch telegraphische Postanweisung überweisen lassen. Am sichersten hauptpostlagernd nach Lissabon, aber auch zu jedem größeren Ort in Portugal möglich. Auf der Überweisung muß der eigene Name angegeben sein. Die Auszahlung erfolgt bar in Escudos.

Information 39

Reisezeiten

Günstige Bademonate sind natürlich Juni, Juli und August. Da um diese Zeit ganz Nordeuropa Urlaub macht, sieht es ähnlich aus wie in den Mittelmeerbadeorten: volle Hotels und Campingplätze. Die schönsten Reisemonate sind dagegen April/Mai und September/Oktober, wenn die Sommerhitze nicht im Land hängt und die Badeorte nicht überlaufen sind. Baden ist besonders im Herbst noch möglich, da das Meer erst langsam abkühlt. Sehenswert ist übrigens die Mandelblüte im Januar/Februar an der Algarve und die Weinlese in den Weinanbaugebieten des Nordens.

Die **Algarve** wird überwiegend von Deutschen, Engländern, Holländern und natürlich Portugiesen besucht, der **Norden** dagegen stärker von Franzosen und Spaniern. Die Portugiesen haben von Mitte Juli bis Ende September Schulferien und ab Mitte Mai Semesterferien. Spanier kommen im Juli und August, Franzosen trifft man hauptsächlich im August an.

Informationen

Für Auskünfte jeglicher Art stehen Ihnen die portugiesischen Touristikämter zur Verfügung in **Frankfurt** (Schäfergasse 17, Tel. 069/234094), **Wien** (Stubenring 16/3, Tel. 15132670) und **Zürich** (Badener Str. 15, Tel. 2410011).

Klima

Das ausgeprägte atlantische Klima bringt nördlich von Lissabon an der **Küste** nicht zu heiße Temperaturen im Sommer und milde Winter, meist nicht unter dem Gefrierpunkt. Eine ideale Gegend für Leute, die sich nicht von der Sonne braten lassen wollen. Im **Landesinneren** herrschen stärkere Temperaturunterschiede - die Sommer sind kurz und heiß, die Winter streng. Hier fallen auch die meisten Niederschläge, von November bis Januar; Wintersport ist in der Serra da Estrela möglich. Anders **südlich von Lissabon**, insbesondere an der Algarve: Hier herrscht bereits typisches Mittelmeerklima vor, lange, heiße Sommer sind charakteristisch; der Frühling beginnt bereits im Februar.

Die **Wassertemperaturen** sind an der portugiesischen Westküste im Atlantik durchwegs niedriger als im Mittelmeer. Im Sommer liegen die Temperaturen bei ca. 18 Grad. Für die Algarve zeigt unsere Tabelle Mittelwerte. Die Temperatur ist stark vom Wind abhängig: Bei Südwestwind treibt warmes Oberflächenwasser an die Küste, bei Nordwind wird das Oberflächenwasser ins Meer getrieben, und kalte Tiefenwasser strömen von unten nach. Die Wassertemperatur variiert daher im Hochsommer an der Algarve zwischen 19 und 22 Grad. Westlich von Lagos macht sich auch schon der kühlere Nordatlantik bemerkbar; er senkt die durchschnittliche Temperatur um bis zu zwei Grad.

40 Reisepraktisches von A-Z

Die lokale Wettervorhersage ist nicht immer zuverlässig

Klimatabelle

	Januar/März		April/Juni		Juli/Sept.		Okt./Dez.	
	Luft	Wasser	Luft	Wasser	Luft	Wasser	Luft	Wasser
Lissabon	17,1	14,9	21,8	17,5	26,3	19,5	17,2	16,1
Algarve	17	15,9	22,4	19,4	27,3	22,6	17,7	17
Azoren	17	17,2	19,7	18,8	23,9	22,2	19,4	20,5
Madeira	19,4	18,7	21,8	20	24,9	22,7	21,3	21,4

Öffnungszeiten

Banken

Montags bis freitags von 8.30-15 Uhr. In den größeren Städten gibt es Geldwechselautomaten, an denen Tag und Nacht 50-DM- und 100-DM-Scheine getauscht werden können.

Geschäfte

Normalerweise von 9-13 und 14-19 Uhr, samstags nur vormittags geöffnet. Sonntags geschlossen. Ausnahmen sind die großen Geschäftszentren, die täglich von 10-24 Uhr offen haben.

Post

Briefe brauchen ca. fünf Tage nach Deutschland.

Der Bahnhof S. Bento in Porto ist gänzlich mit Azulejos ausgeschmückt

Landestypisches

Azulejos

Wichtiger Bestandteil der portugiesischen Kunst und Kultur sind die Azulejos, bemalte Kacheln oder Fliesen, die man im ganzen Land an und in verschiedensten Bauwerken findet. Bahnhöfe, Rasthäuser, Postgebäude sind damit ebenso gekachelt wie Kathedralen, Klöster und reiche Bürgerhäuser aus früheren Zeiten. Ganze Zimmer kann man damit ausstatten, wobei azulejogekachelte Badezimmer besonders beliebt sind.

Im 14./15. Jh. fand diese Art der Kachelmalerei ihren Weg von Spanien nach Portugal; ursprünglich ist sie arabisch-maurischer Herkunft. Bis zum 18. Jh. blieb sie eine echte Kunst - viele Kacheln wurden mosaikartig zusammengesetzt und ergaben so prachtvolle, monumentale Wandgemälde. Im Zeitalter der Massenproduktion wurden die ehemals handbemalten Kacheln jedoch durch maschinell hergestellte Produkte verdrängt. Heute gibt es wieder einzelne Werkstätten, die sich in der Kunst des Handbemalens versuchen - die Kacheln sind aber relativ teuer.

Fado

Im Fado, dem Schicksalsgesang, äußert sich die *Saudade* der Portugiesen. Ursprünglich von schwarzen Sklaven in Brasilien als Ausdruck ihres Schmerzes gesungen, wurde der Fado schließlich von portugiesischen Seeleuten in ihre Heimat gebracht. In Lissabon wurde er dann lange Zeit in den Armenvierteln gesungen; in anrüchigen Kneipen war er von Matrosen, Stadtstreichern, unglücklichen Liebhabern und anderen wehmütigen Gesellen zu hören.

Im 19. Jh. fand der Fado dann auch in den bürgerlichen Salons Anklang; nunmehr gesellschaftlich anerkannt, wurde er in der Gegend von Lissabon kultiviert und verfeinert. Heute hört sich der Gesang für unsere Ohren eigenartig an - klagende Zwischen- und Halbtöne, sehr viele verschiedene Tonhöhen von ganz tief bis ganz hoch, viel Molltöne und arabische Elemente.

Der Fado ist Ausdruck eines Gefühls von Emphase und echt empfundenem Schmerz, der die Portugiesen für kurze Zeit jenseits der materiellen Unterschiede verbindet. Der Diktator Salazar wollte übrigens den Fado verbieten lassen, aus Angst vor seiner angeblich zersetzenden Wirkung auf das Volksempfinden. Die Sänger stammen heute aus allen Schichten. Oft singen auch Mädchen und Frauen mit dem traditionellen schwarzen Tuch um den Schultern.

Wenn man Fado hören will, sollte man nicht in die üblichen Fado-Touristenlokale gehen. Dort kommt meist nicht die richtige Stimmung auf, weil die Besucher nur teilnahmslos herumsitzen und die Musik nicht mitempfinden. Außerdem sind diese Lokale oft erheblich teurer als die einfachen, von Portugiesen besuchten. Es empfiehlt sich, in ein verstecktes Fadolokal zu gehen, wo keine Fremden zu finden sind. Wenn dann die Stimmung, sprich die Traurigkeit, steigt, singen auch die Gäste mit. Immer wieder stellt sich ein Gast neben den Sänger und singt ein paar Strophen mit. Oft entstehen dabei improvisierte Texte; man führt eine Art gesungenen Dialog, bis einzelne Gäste feuchte Augen bekommen.

Die Texte besingen oft unglückliche Liebe, vergangene Zeiten, soziale Mißstände bei den Armen oder Sehnsucht nach besseren Zeiten. Neben der Bevölkerung Lissabons pflegen besonders die Studenten der Universitätsstadt Coimbra den Fado, der dort melodischer und weniger hart als in Lissabon klingt. An der Algarve ist der Fado weniger populär. Die dortigen Fadolokale sind hauptsächlich auf Touristen zugeschnitten, für Ausländer ebenso wie für die Lissabonner Landsleute, die gerne an der Algarve Urlaub machen.

Manuelistik

Die sogenannte Manuelistik wurde nach König Manuel (1495-1521) benannt und stammt aus der großen Zeit Portugals im 15. und 16. Jh., als

Manuelistik

von dort aus erstmals die großen Weltmeere befahren und überseeische Entdeckungen wie der Seeweg nach Indien und Amerika gemacht wurden. Die Künstler, Baumeister und Abenteurer kamen damals voll neuer Phantasien und Ideen zurück. Sie hatten vieles gesehen und verarbeiteten diese neuen Elemente in einem phantastischen Baustil.

Zwar blieb die herkömmliche Gotik dabei immer noch Grundlage, doch wurde sie mit künstlerischen Formen aus aller Welt angereichert und überladen. Orientalische Ornamentik wurde mit Motiven aus der Fabel- und Pflanzenwelt sowie vielen irrationalen Elementen verquickt - die strenge gotische Ornamentik platzte plötzlich aus allen Nähten, fand sich in bizarrer Gesellschaft wieder.

Besonders ozeanische Elemente wurden einbezogen: Algen, Muscheln, Schnecken, Korallen, Tierköpfe und anderes mehr, das man auf den langen Seereisen eingehend hatte betrachten können. Manche Kunstwerke im Manuelinischen Stil wirken wie muschelbewachsene "yellow submarines", die in einem buddhistischen Heiligtum gelandet sind.

Die Manuelistik ist eine eigenständige Kulturleistung der Portugiesen, geschaffen im Überschwang des Gefühls, die Welt gehöre ihnen. Er ist, wenn man so will, der Surrealismus der Gotik.

"Portugiesische Mentalität"

Wie das Land einen eigenen, von Spanien verschiedenen Charakter besitzt, unterscheidet sich auch der Portugiese grundsätzlich vom Spanier. In seiner ganzen Art ist er gelassener und zurückhaltender als der stolze, leidenschaftliche Spanier. Auffallende Gestik und übertriebene Gebärden wird man in Portugal nur selten finden - vielmehr wird Wert darauf gelegt, die Form zu wahren. Oft spürt man eine gewisse Schicksalsergebenheit, die das "weiche" Wesen des Portugiesen prägt - in der Literatur über Portugal wird dies leider oft bis zur Unerträglichkeit breitgewalzt.

Bemerkenswert ist übrigens, daß Portugal als erstes europäisches Land 1867 die Todesstrafe abgeschafft hat. Auch in der Sprache spiegelt sich der weiche Charakterzug wieder. Besonders auffallend ist die portugiesische Höflichkeit. Selten wird man einem Portugiesen begegnen, der nicht versucht, auf eine Frage erschöpfend Antwort zu geben. Immer wieder kommt es vor, daß man z.B. ein Stück des Weges begleitet wird, wenn man sein Ziel nicht findet. Doch Zeit muß man haben in Portugal. Nicht alles wird schnell und sofort erledigt; *amanha* heißt hier das Zauberwort - übersetzt bedeutet es eigentlich "morgen", in der Realität kann es jedoch genauso übermorgen oder in drei Tage heißen. *Paciência* - Geduld, Gelassenheit, warten können - das gehört zum Portugiesen ebenso wie seine Schicksalsergebenheit und Melancholie, die man *saudade* getauft hat.

Melancholie

Saudade

Dieses kaum zu übersetzende Wort bezeichnet die wehmütige Grundstimmung der Portugiesen, die man häufig wahrnimmt. Zwar können auch Portugiesen heiter sein, doch fühlt man nirgendwo so stark wie in Portugal diese nicht eindeutig zu definierende Mischung aus Wehmut, Einsamkeit und Schicksalsergebenheit.

Ein wichtiger Grund dafür ist die Vergangenheit Portugals. Gerne weisen die Portugiesen traurig auf die einstmalige Größe und Bedeutung ihres Landes hin, auf die Zeit, als die Erforschung der Welt durch die überseeischen Entdeckungen in Portugal ihren Anfang nahm. Die Portugiesen gehörten damals zu den führenden Völkern Europas. Reichtum und Ruhm konnten aber nicht lange gehalten werden, vielmehr hatte man bald alle Hände voll zu tun, gegenüber Spanien die Unabhängigkeit zu wahren. Bis auf 60 Jahre ("O captiveiro dos sessenta anos!") gelang dies zwar, der Verfall der Machtstellung war jedoch nicht mehr aufzuhalten. Gleichsam als letzter Akt des Niedergangs wurde Lissabon 1755 von einem Erdbeben gänzlich zerstört.

So ist heute die Melancholie im Lande zu finden durch die Erfahrung, daß nicht alles erreichbar und auch das Schöne vergänglich ist, daß Leiden und Unfreiheit zum Dasein gehören. Nicht zuletzt deswegen konnte sich hier 40 Jahre lang eine Diktatur behaupten.

Stierkampf

Im Gegensatz zu Spanien und Südamerika wird in Portugal der Stier beim Kampf niemals getötet - im Gegenteil, es kommt gerade darauf an, möglichst wenig Blut zu vergießen. Diese Regelung wurde im 18. Jh. eingeführt, als ein Adliger von einem Stier getötet wurde. Die Kämpfe beginnen in der Regel am späten Nachmittag, wenn die Arena durch den Sonnenstand in eine Schatten- und eine Sonnenseite geteilt ist. Die billigsten Plätze sind in der Sonne.

Vormittags hat man oft Gelegenheit, die Kampfstiere in ihren Ställen zu bewundern. In der Vorführung am Nachmittag wird dann meist mit sechs verschiedenen Stieren nacheinander gekämpft. Der Kampf auf dem Pferd ist dabei der wichtigste, adlige Tradition hat sich hier erhalten.

Der Stier wird von den Calveiros nur von vorn angegriffen. Ein spannender, fast sportlicher Wettkampf zwischen Reiter, Pferd und Stier beginnt, wobei der Reiter versucht, Pfeile, die nach und nach kürzer werden, in den Nacken des Tieres zu stoßen, um ihn noch mehr zu reizen. Danach müssen die *Forcados* (Forkenträger) den Stier ohne Waffen auf den Boden zwingen - gegenüber den grausamen Praktiken der spanischen Matadore eine humane Art des Kampfes. Einer springt dem Stier zwischen die Hörner, die anderen helfen von den Flanken, und einer packt ihn am Schwanz.

Wenn das geschafft ist, kommt das für den Neuling unerwartete Ende. Indem nämlich mit Kuhglockengeläute mehrere Arbeitsochsen in die Arena geführt werden, wird der gerade noch wilde, tobende Stier wieder zum Rindvieh! Leicht verwirrt steht er da - vermutlich kommen ihm jetzt wohl Gedanken an die heimatliche Weide, an seine Stier- und Ochsenfreunde, und so trottet er bereitwillig mit seinen Artgenossen hinaus.

Eine originelle Variante des Stierkampfes wird in *Vila Franca de Xira*, ca. 30 km nördlich von Lissabon, alljährlich Ende April und Anfang Oktober durchgeführt. Aus dem traditionellen Stierzuchtgebiet Alentejo werden eine Menge Stiere in das Städtchen gebracht und dort in die engen Gassen getrieben. Vor ihnen laufen die mutigsten Männer der Gegend und versuchen, sich vor der anstürmenden Rinderhorde in Sicherheit zu bringen. Die Gassen sind dabei mit festen Gattern abgeriegelt, die Schaufenster mit Planken stierfest vernagelt.

Der ganze Wettlauf geschieht dann in furchtbarer Panikstimmung. Chaos und Gebrüll überall. Wenn die Stiere kommen, versuchen einige ängstliche Läufer und überraschte Zuschauer, die Bretter an den Häusern hinaufzuklettern und dort außer Reichweite den Ansturm vorbeirauschen zu lassen; manchen gelingt es, andere fallen vor die tobende Meute, Durcheinander, wilde Knäuel von Rindvieh und Menschen, blaue Flecken, Knochenbrüche und Schlimmeres kommen vor. Die Zuschauer

Tiefgrüne Grasteppiche auf den regenreichen Azoren

können lachen - das Ganze wirkt unheimlich komisch, die Angst der vorbeisausenden Männer, die wütenden Tiere, ein herrlicher Spaß! Zum Mitrennen gehört Mut, nachher gibt's dafür viel zu erzählen - bis zum nächsten Jahr!

Portugiesische Landschaften

Portugal ist anders als Spanien. Man merkt das gleich, wenn man von Zentralspanien zum Grenzübergang kommt. Nach der endlosen Eintönigkeit der Hochebene von Kastilien mit ihren riesigen Ackerflächen und kahlen Steinwüsten, in denen sich nur ab und zu einsame Dörfer vor der Sonnenglut verstecken, taucht man in das Einflußgebiet des Atlantiks ein, d.h. es gibt wieder Grün, und zwar überall! Eine Erholung für das Auge, fast übergangslos eine abwechslungsreichere Landschaft: Berggipfel und wilde Bachtäler, verschiedenartige Wälder, besonders Pinien und Eukalyptusbäume wachsen hier, immer wieder einzelne Baumgruppen, dazwischen gelbblühender Ginster und duftende Heide.

Die Felder sind kleiner, urbar gemachte Landstücke sieht man jetzt inmitten der natürlichen Landschaft, die Dörfer mit ihren weißen Häusern setzen Kontraste zum Grün... Poetisch angehauchte Individuen sprechen gerne vom Gegensatz der kargen, harten Landschaft Spaniens zu dem mehr anschmiegsam-weichen Landschaftsbild Portugals.

Darüber kann sich natürlich jeder seine eigene Meinung bilden, Tatsache ist jedenfalls, daß der Pflanzenwuchs wegen des nahen Atlantiks viel üppiger ist. Der allmähliche Höhenabfall in Portugal von der Grenze zum Meer hält die Fruchtbarkeit bringenden Niederschläge von Spanien ab - der Garten Portugal! Besonders im Norden regnet es im Winter recht ordentlich, nach Süden und ins Landesinnere nehmen die Niederschläge ab - zu sehen an der entsprechenden Verbreitung der Vegetation.

Auffallend sind die Höhenunterschiede innerhalb des Landes! Während im Norden weite Hochflächen vorherrschen, die nur von Tälern unterbrochen werden, ist der Süden hauptsächlich von tiefliegenden Ebenen bestimmt (Höhenniveau südlich des Tejo unter 500 m), besonders ausgeprägt an den Ufern der Flüsse und an den Küsten.

In Mittelportugal verläuft ein Ausläufer der spanischen Kordilleren, die *Serra da Estrela*, mit ihren 2.000 m die höchste Erhebung Portugals (Wintersportmöglichkeit). Die Serra trennt Portugal in zwei Teile und bildet gleichzeitig die Klimascheide zwischen atlantischem und mediterranem Klima.

Die Küsten sind hauptsächlich flach und haben oft kilometerlange Sandstrände - nur im westlichen Teil der Algarve findet man die oft bewunderten bizarren Felsküsten.

Portugal ist zwar nur etwas länger als 550 km und nur 200 km breit, doch landschaftlich und klimatisch so unterschiedlich, daß es den verschiedensten Urlaubsbedürfnissen entsprechen kann.

Nordportugal

Minho

Berg- und Hügelland, größte Höhen im Osten mit 1.300 m, nach Westen zum Atlantik hin abfallend. Im Gegensatz zum rauheren, gebirgigen Osten der Provinz ist der Westen von den feuchten Seewinden beeinflußt. Deshalb reiche, vielfältige Vegetation - Wein, Getreide (besonders Mais) und Obst. Viel Kleinbesitz auf dem Land, Dörfer und Einzelgehöfte mit kleinen Feldern und Gärten. Der Minho wird auch die Gartenlandschaft Portugals genannt. Größte Bevölkerungsdichte in Portugal, die Einwohner sind oft noch stark traditionell gebunden.

Douro Litoral und Douro Alto

Die kleinste Provinz Portugals, südlich vom Minho. Sie ist nach dem Fluß Douro benannt, der sie durchquert. Viel Weinanbau (Porto!) im Flußtal. Das Hinterland ist hügelig, an der Küste gibt es aber lange Sandstrände.

Portugiesische Landschaften 49

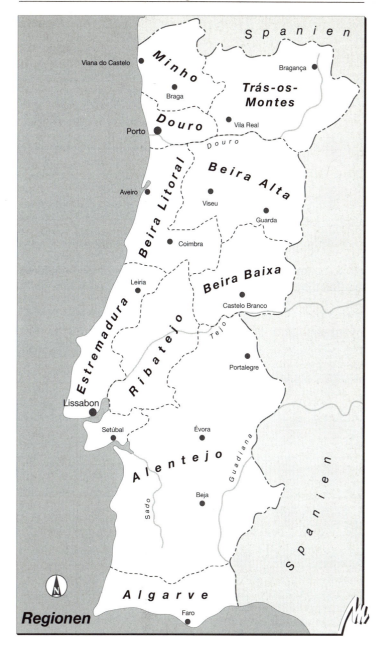

Regionen

Tras-os-Montes ("hinter den Bergen")

Die östliche Fortsetzung des Minho und der Douro-Provinzen. Ziemlich trockenes Hochplateau mit Weideflächen, unterbrochen von Berg- und Hügelketten und tief eingeschnittenen Flußtälern. Wenig ausgleichende Meeresluft - ausgeprägt heiße Sommer und kalte Winter. Getreidefelder, Eichen und Eßkastanien bestimmen oft das Landschaftsbild.

Mittelportugal

Die Landschaften der Beira

Beira Alta, Beira Baixa und Beira Litora liegen zwischen Douro und Tejo. Das Küstengebiet ist die Beira Litora, eine lange Ebene mit kilometerlangen Sandstränden. Dazu viele Lagunen, besonders an den Flußmündungen. Bei Aveiro reichen viele Wasserarme weit ins Land hinein. Beira Alta und Beira Baixa sind zwei ausgesprochen bergige Landschaften im Hinterland. Sie werden durch das höchste Gebirge Portugals, die Serra de Estrela, getrennt. Die Portugiesen sehen hier den Ursprung ihres Landes, die Bewohner können ihre Abstammung bis in vorgeschichtliche Zeiten zurückverfolgen. Widerstand gegen die Römer durch das lusitanische Hirtenvolk (siehe auch Geschichte).

Estremadura

Die Küstenlandschaft, die sich von Lissabon nach Norden erstreckt. Hügelig, teilweise steile Abfälle zum Meer, aber auch etliche Sandstrände. Vielfältiger Anbau, besonders Obst und Wein.

Ribatejo

Die Landschaft nördlich und südlich des Tejo. Herzstück der äußerst fruchtbaren Provinz ist das Anschwemmungsgebiet des Flusses. Anbau von Obst, Gemüse, Wein und die großen Reisfelder Portugals. Nördlich des Tejo geht die Ebene in die Hügel der Estremadura über, südlich beginnen die weitausgedehnten Weideflächen, die zur riesigen Ebene des Alentejo überleiten. Pferde- und Kampfstierzucht.

Südportugal

Alentejo

Südlich des Tejo. Endlose Ebenen, dazwischen kleine Dörfer. Nur wenig Regen, heiße Sommer. Viel Getreideanbau, Wälder mit Kork- und Steineichen. Nach der Revolution wurde hier viel Großgrundbesitz verstaatlicht. Als aber die Produktion zurückging und der Einfluß der Lin-

Portugiesische Landschaften 51

Raue Westküste mit gischtgepeitschten Stränden

ken schwächer wurde, gab man viel Grund an die alten Besitzer zurück. Der Alentejo hat die höchste Auswanderungsquote Portugals. Noch immer ist die Bevölkerung sehr arm.

Algarve

Abschirmendes Gebirge, die Serra da Monchique, nach Norden. Viel Obstanbau: Feigen, Mandeln, Apfelsinen, Zitronen, Johannisbrot, Ölbäume. Fast schon ein Stück Nordafrika; die über 500jährige arabische Herrschaft (Mauren von 700 bis 1300) hat das Land in kultureller und architektonischer Hinsicht geprägt; die Bevölkerung ist dunkelhäutiger als im Norden. Auffallend sind die vielen Ausländer, die hier wohnen; insbesondere Engländer haben sich hier Villen gebaut (viele Golfplätze) - die langjährige Abhängigkeit Portugals von England hat ihre Spuren hinterlassen.

Geschichte

Die "Vorportugiesen"

Es wäre etwas verfehlt, die Geschichte und insbesondere die Frühgeschichte Portugals vom heutigen Standpunkt aus zu betrachten, denn bis zum 12. Jh. existierte "Portugal" nicht. Nachweisbar lebten in dieser Gegend Ureinwohner seit 7000 v. Chr. Die Menschen, die sich hier in der sogenannten Steinzeit mit Jagen und Sammeln von Eßbarem am Leben erhielten, waren alles andere als Portugiesen.

Die eigentliche Geschichte Portugals beginnt erst im Mittelalter, als 1143 die Grafschaft *Portucale* von den umliegenden Herrschern als selbständiges Königreich anerkannt wurde. Doch die ersten Spuren von Menschen reichen natürlich weit zurück: Sicherlich über 30.000 Jahre alt ist der legendäre Muschelhaufen, der bei dem Dorf *Muge* im Flußtal des Tejo gefunden wurde und als Hinweis auf eine prähistorische Siedlung gilt, was jedoch wohl nur für Spezialisten von Interesse ist.

Interessanter wird es dann in der Jungsteinzeit (Neolithikum), ab 5000 v. Chr., aus der die sogenannten Dolmengräber stammen. Diese Gemeinschaftsgräber bestehen aus riesigen Gesteinsquadern, die oft im Rechteck aufgestellt und mit Steinplatten bedeckt wurden. Nach der Vielzahl dieser Gräber zu urteilen, war damals schon einiges los. Fundorte sind z.B. *Barrosa* bei Vila Praia de Ancora, bei *Crato* im Alentejo und bei *Amarante*.

Erwähnenswert sind auch die vorrömischen befestigten Hügelsiedlungen, die aus der Zeit bis 500 v. Chr. stammen und *citanias* oder *castros* genannt werden. Reste solcher Wohnstätten sind in Braga zu sehen: *Castro de Sabroso* und *Citania de Briteiros*.

Seit 2000 v. Chr. wurde *Portugal* zur Drehscheibe für die verschiedensten Völker und Stämme, von den Germanen über die Römer bis zu den Arabern. Sie alle zählen zu den Vorfahren der heutigen Portugiesen. Diese selbst leiten ihre Herkunft von den Lusitaniern ab, einem frühen, kriegerischen Bergvolk, Teilstamm der Keltiberer, die den eindringenden Römern lange erfolgreich Widerstand leisteten. Als erste in der langen Reihe der sich ausbreitenden Stämme kamen jedoch die Ligurer in das am Atlantik gelegene Land. Es folgten die Iberer, dann die Kelten, aus denen zusammen die sogenannten *Keltiberer* wurden. Dann waren da noch die Mittelmeervölker, die Phönizier und die Griechen, beide auf Handel aller Art spezialisiert - Nach einer alten Sage soll Lissabon von Odysseus gegründet worden sein!

Der Diana-Tempel in Evora

Die Römer

Die Phönizier, vielleicht besser unter dem Namen Karthager bekannt, konnten die Griechen schließlich vertreiben, gerieten jedoch mit den Römern in einen gewaltigen Konflikt, der die ganze westliche Hälfte des Mittelmeerraums in Mitleidenschaft zog: die sogenannten *Punischen Kriege*, 1. Punischer Krieg von 264-241 v. Chr., 2. Punischer Krieg von 218-201 v. Chr. In deren Verlauf drangen die Römer bis nach Spanien vor und besetzten die ehemaligen Herrschaftsgebiete der Karthager. Den Westen und Norden der Halbinsel ließen sie zunächst in Ruhe. Nach der heutigen Zeitrechnung schrieb man gerade das Jahr 206 v. Chr.

Die Lusitanier

Doch nun wurden die Lusitanier im Gebiet des heutigen Portugals aktiv. Es kam zu einem ständigen Grenzkrieg mit den Römern, bei dem jahrzehntelang hart auf hart gekämpft wurde. Hier setzte erstmals der Nationalstolz der Portugiesen ein: *Viriatus*, einer der lusitanischen Häuptlinge, konnte fünf römische Feldherren besiegen und war in den unwegsamen Berggebieten zwischen dem heutigen Spanien und Portugal jahrelang Alptraum der Römer. Er schaffte es, die vereinzelt lebenden lusitanischen Stämme gegen die Römer zu vereinen und der Weltmacht erbitterten Widerstand entgegenzusetzen.

Erst 139 v. Chr. konnte Viriatus hinterhältig ermordet werden. Portugal wurde bis in den Norden besetzt. In der portugiesischen Überlieferung wurde Viriatus ein echter Volksheld, ähnlich Herrmann dem Cherusker bei den Deutschen. Für die Römer dagegen war er ein dahergelaufener Viehdieb - so verschieden können die Meinungen sein! Doch obgleich Viriatus und seine Anhänger sicher keine Portugiesen waren, zeigte sich schon damals eine gewisse Eigenständigkeit des Gebiets im Westen der iberischen Halbinsel.

Die Römer machten sich natürlich mächtig breit, wie überall, wohin sie kamen. Sie bauten ein Straßensystem auf, änderten die Besitzverhältnisse und schröpften die neuen Provinzen, wo sie nur konnten. So konnte Cäsar im Jahr 60 v. Chr. mit den erbeuteten Mitteln aus Lusitanien seine hohen Schulden bezahlen und sich dadurch den Aufstieg zum römischen Konsul finanziell sichern.

Ganz so durchforstet wie die östlichen Bereiche der Iberischen Halbinsel wurde das lusitanische Gebiet allerdings nicht. Von den römischen Bauwerken ist daher in Portugal nicht mehr allzuviel erhalten. Übrigens wurden die meisten der heutigen größeren Ortschaften zur Römerzeit oder noch früher gegründet.

Bauwerke: Der *Diana-Tempel* in *Evora*, der Hauptstadt der Provinz Alentejo, wurde im 3. Jh. v. Chr. errichtet. Heute stehen noch 14 korinthische Säulen, zwischen denen früher Mauern hochgezogen waren, die die Säulen vor dem Verfall bewahrten. Die *Römische Brücke* in *Chaves* (Provinz Trás-os-Montes, westlich von Braganza) wurde unter Kaiser Trajan (98-117) erbaut und führt mit ihren 16 Rundbögen über den Fluß Tamega.

Ausgrabungen: Bei *Condeixa-a-Velha*, südlich von Coimbra, einige Kilometer südöstlich des römischen Conimbriga. Nördlich von Faro an der Algarve sind die Ruinen von Ossonoba, heute *Milreu*. Desweiteren ist das *Archäologische Museum* in *Lissabon* zu empfehlen. Es ist in einem Flügel des Jeronimos-Klosters in Belem untergebracht und zeigt hauptsächlich Fundstücke aus der lusitanischen und römischen Periode, aber auch aus anderen Epochen zurück bis zur Steinzeit (geöffnet 10-17 Uhr).

Die Germanen

Die römische Befriedung hatte ein halbes Jahrtausend Bestand - doch nichts währt ewig! Für die landhungrigen Germanenheere, die seit Ende des 4. Jh. über die römischen Befestigungswälle (Limes) in Mitteleuropa stürmten, stellten auch die Pyrenäen kein Hindernis dar. Ab 410 begannen sie, in Spanien einzudringen. Verschiedene, teilweise bunt durcheinandergewürfelte Germanenhorden besetzten Teile der Halbinsel.

All diese Gruppen fein säuberlich namentlich zu trennen, ist nicht ganz einfach, denn meistens hatten sie sich bereits auf ihren Wanderungen stark miteinander vermischt. Man kann jedoch in etwa festhalten, daß sich im Norden Portugals jenseits des Douro die Sueben festsetzten, im Süden dagegen Alanen, Wandalen u.a. Gegen diese Eindringlinge wurden bald die Westgoten, die sich in Südfrankreich niedergelassen hatten, von den Römern zu Hilfe gerufen. Dies hatte aber zur Folge, daß sich schließlich die Westgoten über die ganze Halbinsel ausbreiteten und sich allein die Sueben noch behaupten konnten. Unter König *Leowiglid* wurden dann auch die Sueben um 600 von den Westgoten in ihr großes Reich integriert. Doch ihr Eigenwille blieb anscheinend dennoch ungebrochen.

Die Araber

711 kam dann das Ende des westgotischen Reiches, das durch ständige Reibereien zwischen den Adligen und durch soziale Unruhen stark geschwächt war. In einer Art Blitzkrieg fielen die arabischen Mauren über die Enge von Gibraltar in das morbide Reich ein und eroberten in Windeseile große Teile der Iberischen Halbinsel. Nur über den Douro konnten sie nicht in die bergigen Gebiete des ehemaligen Suebenstaates vorstoßen, wohin sich Westgoten und Sueben zurückgezogen hatten.

Damit hatte ein weiteres Kapitel in der wechselhaften Geschichte Portugals begonnen: die Araberherrschaft. Zwar konnten sich die Mauren jahrhundertelang in Spanien und Portugal halten, doch nahm der Widerstand gegen sie ständig zu, bis schließlich um 1300 die letzten Reste arabischer Herrschaft auf der Iberischen Halbinsel ausgelöscht wurden. In den Randgebieten und Gebirgen, die von den Mauren nicht so stark kontrolliert wurden, gab es von Anfang an Zentren des Widerstands. Hier entwickelten sich allmählich neue, selbständige Herrschaftsgebiete.

Wichtigster dieser neuen Herrschaftsbereiche wurde das *Königreich Leon*, das in Nordportugal in dem schon erwähnten Gebiet der Sueben entstand; später kam Kastilien dazu und es entstand das Königreich Leon-Kastilien. Von hier aus nahm die *Reconquista* ihren Lauf, die Rückeroberung der von Mauren besetzten Gebiete. Immer wieder wurden Vorstöße in das besetzte Land im Süden unternommen. 790 konnte Lissabon erobert werden, bis 850 waren Mittel- und Nordportugal wieder gänzlich von Arabern befreit. Der Prozeß der Wiedereroberung wurde vor allem durch die Streitigkeiten unter den verschiedenen arabischen Gruppen begünstigt.

Portugal

Nun wurde der Name Portugal erstmals aktenkundig. *Portucale* (Hafen von Cale) nannte man den Landstrich zwischen Minho und Douro, der jedoch rechtlich noch vom Königreich Leon abhängig war.

Selbständig wurde die Grafschaft Portucale erst im 11. Jh., als die Araber eine neue Offensive starteten. Im Zuge des Wiederstandes gingen Hilferufe des Königs *Alfonso* von Leon (und Kastilien) nach ganz Europa. Eine wahre Kreuzzugsbegeisterung entbrannte, und etliche Adlige kamen, um gegen die "Ungläubigen" zu kämpfen, darunter auch *Heinrich von Burgund*, der die Tochter von Alfonso heiratete und dafür die Grafschaft Portucale und die bisher eroberten Südgebiete (Grafschaft Coimbra) erhielt.

Doch die Unabhängigkeit konnte erst der Sohn Heinrichs erringen, *Alfonso Henrique*. 1143 erkannte der König von Leon-Kastilien das neue Königreich von Portugal an. Dies war die Geburtsstunde Portugals, wie in Guimares am Marktplatz nachzulesen ist (siehe auch Guimares).

In Portugal ist von den Westgoten wie auch von den Mauren baulich wenig kunsthistorisch Interessantes erhalten. Aus westgotischer Zeit gibt es zwei Kirchen in Nordportugal: *Sao Pedro de Balsemao* bei *Lamego* und *Sao Frutuoso* bei *Braga*. Die Mauren bauten ihre größten Kunstwerke in Spanien zu der Zeit, als Portugal (mit Ausnahme der Algarve) bereits zurückerobert war. In der Serra da Estrela kann man im Dorf *Lourosa* eine dreischiffige Kirche mit den maurischen Hufeisenbögen bewundern; allerdings kannten bereits die Westgoten diese Bögen. Die Kirche ist im sogenannten *mozarabischen* Stil, einer Mischung aus christlichen, vorromanischen und arabischen Formen. In Südspanien findet man diese Architektur häufiger.
Am Rande: Die Algarve wurde erst 1250 von den Christen zurückerobert. Die lange Besatzungszeit durch die Mauren hinterließ bis heute ihre Spuren: Der leicht afrikanische Einschlag der Bevölkerung und die typischen Häuser- und Kaminformen sind nicht zu übersehen.

Das Mittelalter

Die burgundischen Könige in Portugal

Von 1128-1385 stellten die Burgunder die Herrscher im neuen Staat Portugal; bis 1250 wurde das ganze heutige Portugal von den Mauren "befreit". Für die Bevölkerung bedeutete der Herrschaftswechsel allerdings keine allzu große Veränderung. Die Araber hatten den Christen gestattet, ihren Glauben beizubehalten, weil sie für jeden Christen eine Kopfsteuer einforderten.

Nachdem der Papst die Selbständigkeit des neuen Staates und sogar die Errichtung eines Erzbistums Braga gebilligt hatte, mischte das Haus Burgund kräftig mit, wenn es um territoriale Streitigkeiten ging. So kam es immer wieder zu Auseinandersetzungen mit dem spanisch-kastilischen Reich, das den größten Teil der Halbinsel einnahm. Nach

Das Mittelalter 57

vielen größeren Grenzkonflikten wurde 1267 im Vertrag von Badajoz die Grenze zwischen Spanien und Portugal festgelegt und 1297 noch einmal verändert. Damit standen Portugals Grenzen fest, wie sie heute noch existieren.

Innenpolitische Entwicklung
Die ganze innenpolitische Entwicklung darzustellen, würde zu weit führen, deshalb in aller Kürze:

Nach den jahrzehntelangen Kriegen gegen die Mauren ging es nun vor allem darum, das Land wirtschaftlich gesunden zu lassen. Die Landbewohner und die Städter profitierten davon, während der Adel und die Kirche in ihrer Macht beschnitten wurden.

Unter dem Nachfolger von Alfonso Henrique, *Sancho I.*, wurde das verwüstete und entvölkerte Land wiederbesiedelt; neue städtische Zentren wurden angelegt. Damit wurde die Wirtschaft (Ackerbau, Handel) angekurbelt, während Adel und Klerus mit den sogenannten *Ritterorden* in Schach gehalten wurden, die zur Befreiung der Mauren ins Land geholt worden waren. Wichtigster Orden war seit dem 14. Jh. der *Christusritterorden*.

König *Dinis* führte diese Politik fort. In der Ständeversammlung, der *Cortes*, war nun auch der dritte Stand, das Besitzbürgertum, vertreten; der Landbesitz der Kirche wurde drastisch eingeschränkt. Portugiesisch wurde Landessprache. 1290 Gründung der ersten Universität in Lissabon, später Verlegung nach Coimbra.

Unter König Dinis' Sohn *Alfonso* brach in Portugal die Pest aus - ein harter Rückschlag, der noch durch den Bürgerkrieg Alfonsos mit seinem Sohn Pedro verstärkt wurde. Die traurige Geschichte, die über diesen Streit erzählt wird, ist weiter hinten unter Coimbra nachzulesen.

Der Nachfolger *Fernando* verstrickte sich in Kämpfe mit Kastilien, die mehrere Invasionen der Spanier in Portugal zur Folge hatten. Als schließlich eine Tochter Fernandos, verheiratet mit dem spanischen König, Erbansprüche auf Portugal stellte, war höchste Alarmbereitschaft geboten. Man wählte schließlich den Großmeister des Ordens von Avis, *João*, zum neuen König. Die darauf folgenden, heftigen Angriffe der Spanier wurden zurückgeschlagen, hauptsächlich in der großen *Schlacht von Aljubarrota* am 14. August 1385. Trotz zahlenmäßiger Überlegenheit wurden die Spanier mit Hilfe einiger englischer Truppen völlig geschlagen (seit den 70er Jahren hatte Portugal einen Freundschaftsvertrag mit England abgeschlossen, der jahrhundertelang gültig blieb). Damit war für Portugal die Voraussetzung geschaffen, sich von den Spaniern ab- und dem Meer zuzuwenden - die überseeische Expansion konnte beginnen!

Romanik

Mit der burgundischen Kultur, die durch Heinrich von Burgund und seine Anhänger im 11. Jh. nach Portugal gebracht wurde, verbreitete sich auch die romanische Kirchenbaukunst, die praktisch in allen katholischen Ländern Europas Fuß faßte. Allerdings sind die portugiesischen Kathedralen und Klöster lange nicht so pompös und mächtig gehalten wie z.B. die französischen Kirchenbauten. Sie wurden eher einfach und wuchtig gestaltet und dienten oft als Wehrkirchen mit Verteidigungsmöglichkeiten wie Zinnen etc.

Kirchen: Die schönste Kirche ist wohl die Kathedrale von *Coimbra*, die ca. 1150/75 kurz nach der Wiedereroberung von den Arabern errichtet und daher als eine Art Festung ausgebaut wurde. Sehenswert sind auch die Kathedralen von *Porto* und *Braga*, wovon letztere als Vorbild für die übrigen romanischen Kirchen Portugals diente.

Klöster: In *Travanca* bei Porto gibt es ein Benediktinerkloster mit Figurenkapitellen. Im nordportugieschen *Aguiar* ist das Kloster Santa Maria sehenswert.

Ein Beispiel für die weltliche Romanik ist das Rathaus von *Braganza*.

Gotik

In Portugal ist die Gotik gar nicht so weit von der Romanik entfernt. Oft haben Bauwerke Stilmerkmale aus beiden Epochen. Im allgemeinen unterscheidet sich die Gotik aber von der Romanik durch die nach oben strebenden Formen und die wesentlich stärkere Ausschmückung der Kirchen mit Ornamenten, Skulpturen etc.

Kirchen: Die Klosterkirchen von *Alcobaça* sind ein Werk der sogenannten *Zisterziensergotik*, beeindruckend durch Einfachheit und Klarheit der Linien. Aus der Hochgotik stammt die Klosterkirche von *Batalha*, die wesentlich reicher geschmückt ist. Auch die Klosterkirche von *Tomar* als größte Klosteranlage Portugals und die Kathedrale von *Evora* sind sehenswert.

Burganlagen: Interessant sind auch die vielen alten Burganlagen Portugals, die aus dem 11. bis 16. Jh. stammen. Sie wurden hauptsächlich im Osten des Landes als Schutz gegen äußere Feinde errichtet. Eine der schönsten steht in *Leiria*; sie wurde im 12. Jh. gegen die Mauren erbaut. Außerdem gibt es Burganlagen in *Guimaraes*, der Wiege Portugals, sowie in *Braganza*, *Obidos*, wo die große Maueranlage fast vollständig erhalten ist, *Sintra*, *Beja* u.a.

Das Zeitalter der Entdeckungen (1415-1560)

Das Meer hatte die Portugiesen schon immer gelockt. Nebenan das feindliche Spanien, ringsherum der riesige Atlantik - was lag da näher, als die Expansion über das Meer zu suchen, um dem Druck des übermächtigen Nachbarn gewachsen zu bleiben.

So wurden die Portugiesen zum Vorreiter im *Zeitalter der Entdeckungen*. Der Stolz der Portugiesen auf ihre Nation beruht fast ausschließlich auf den Leistungen, die aus dem kleinen Portugal im 15. Jh. einen Staat machten, der bei der Aufteilung der Neuen Welt ein gewichtiges Wort mitzureden hatte. Portugal stieg damals aus dem Nichts zu einer Weltmacht empor. Doch durch die Konzentration aller Kräfte nach außen vergaß man die Schwierigkeiten im eigenen Lande; das eigene Vermögen wurde weit überschätzt, und so fiel in kurzer Zeit das ganze, groß angelegte Kartenhaus wieder in sich zusammen.

Begonnen hatte der Aufstieg Anfang des 15. Jh. unter dem bereits oben erwähnten *João*. Portugal hatte sich damals mit England verbündet und mit Spanien einen längerfristigen Friedensvertrag geschlossen. Auch

Die Ankunft von Kolumbus in Lissabon, nachdem er Amerika entdeckt hatte

Geschichte

die Finanzen standen günstig, da die Krone zu Investitionen bereit war und die Macht des Adels zurückgedrängt worden war. Einer der Söhne *Joãos, Heinrich der Seefahrer,* gründete 1415 eine Seefahrerschule in Sagres (siehe auch Sagres) und organisierte die ersten Entdeckungsfahrten. Anfangs schwärmten nur kleine Schiffe mit wenigen Mann Besatzung aus. Doch im Laufe des 15. Jh. witterten die Kaufleute das große Geschäft mit Waren aus fernen Ländern und stiegen in die Finanzierung ein.

Einerseits wollte man das geheimnisvolle Afrika erforschen, andererseits einen Seeweg nach Indien finden, um dort den einträglichen Gewürzhandel betreiben zu können, ohne mit den Türken im östlichen Mittelmeer in Konflikt zu geraten. Der Glaube an die unermeßlichen Schätze Afrikas trieb die Expeditionen dazu, immer weiter vorzustoßen; allmählich tasteten sie sich an der Küste Afrikas entlang nach Süden. Die Seefahrer waren noch dazu auf der Suche nach dem sagenumwobenen, christlichen *Priesterkönig Johann,* dessen riesiges Reich in Zentralafrika vermutet wurde. Mit seiner Hilfe wollte man die Araber einkreisen. Die anfangs recht kleinen Unternehmungen gründeten Handelsniederlassungen an der Küste Afrikas. 1488 umrundete *Bartolomeus Dias* endlich die Südspitze Afrikas, das Kap der guten Hoffnung. Kurz vor der Jahrhundertwende konnten die Portugiesen schließlich bis Indien vorstoßen, später sogar noch bis China.

Eine andere Fahrtrichtung war nach Westen, direkt hinein in den gefahrvollen Atlantik, über den man damals ebenfalls Indien erreichen zu können glaubte. Um 1500 wurde dann Brasilien entdeckt, das später Portugals größte Kolonie werden sollte. So hatte man schließlich unendlich viele Entdeckungen gemacht und freies Land gefunden bzw. Eingeborenen Land weggenommen. Die Stützpunkte der Portugiesen waren in der ganzen Welt verstreut.

Nun kamen die Schätze ins Land: Gold aus Afrika, Gewürze aus Asien. Es sah so aus, als würde Portugal bald zu den reichsten Völkern der Erde zählen. Lissabon gehörte zu den bedeutendsten Städten der zivilisierten Welt und hatte den wichtigsten Hafen Europas. Eine rege Bautätigkeit setzte ein. Der Hof förderte Kunst und Wissenschaft. Unter *Manuel I.* (1495-1521) brachten portugiesische Bauleute die größten Kunstwerke in Portugal hervor; sie kreierten einen vollkommen eigenständigen Stil in der Baukunst, die *Manuelistik.* Nach einer kurzen Phase des Aufschwungs setzte jedoch der Rückschlag ein: Während die riesigen Gewinne aus den Kolonien in die Häfen kamen, verfiel das eigene Wirtschaftsleben im Hinterland - die Landwirtschaft und die handwerkliche Produktion.

Die Manuelistik

An die große Zeit Portugals erinnern heute noch die einzigartigen Bauwerke, die im ganzen Land im Manuelinischen Stil errichtet wurden (siehe auch Landestypisches, Manuelistik). Die bedeutendsten sind nachfolgend angeführt.

Das *Hieronymitenkloster* in *Belem* wurde 1502 wahrscheinlich auf Grund eines Gelübdes von Manuel gebaut. Er schwor, an der Stelle einer alten Seefahrerkapelle ein Kloster errichten zu lassen, wenn Vasco da Gama von seiner Fahrt nach Indien heil zurückkehrt. Das Kloster ist mit dem ganzen verschwenderischen Reichtum der Entdeckerzeit ausgestattet und vielleicht das bedeutendste Kunstdenkmal Portugals. Die Klosterkirche Santa Maria ist besonders wegen ihrer manuelinischen (Süd-)Portale sehenswert. Dazu der großartige Kreuzgang im Norden der Kirche, mit vielen Ornamenten und Skulpturen.

Der *Turm von Belem* gilt als eines der Wahrzeichen Portugals. Er wurde zum Schutz der Mündung des Tejo gebaut, massiv und dreistöckig. Lange Zeit diente er als Gefängnis, heute ist er Erinnerungsmal an die Entdeckungsfahrten, die oft von hier ihren Ausgang nahmen.

Das berühmte Fenster des Kapitelsaals der *Christusritterburg* in *Tomar* ist überladen mit Ornamenten - eines der ausdrucksvollsten manuelinischen Kunstwerke!

Die *Unvollendeten Kapellen* (Capelas Imperfeitas) in *Batalha* bei der Klosterkirche sind ebenso bemerkenswert wie der herrliche Kreuzgang des Klosters.

Im Zusammenhang mit der Manuelistik setzte sich auch die Renaissance in Portugal durch. Wichtigster Bau aus dieser Epoche ist wohl die Kirche Nossa Senhora da Conceicao in *Tomar*, Mitte 16. Jh.

Immer häufiger tauchten zu dieser Zeit die Azulejos, bemalte Kacheln, in der portugiesischen Kunst auf (siehe auch Landestypisches, Azulejos). Sehenswert ist z.B. der Palast von *Sintra*, Sommerresidenz der portugiesischen Könige, deren Innenausstattung teilweise mit Azulejos vorgenommen wurde (bis in das Barock hinein).

Über den großen Investitionen für die Entdeckungs- und Handelsunternehmungen war der Ausbau des eigenen Landes sträflich vernachlässigt worden. Die Landwirtschaft produzierte nicht genug, und so mußte Getreide eingeführt werden, was einen Teil der großen Kolonialgewinne auffraß. Die inneren Landesregionen waren nicht mehr attraktiv für die Landbevölkerung; es herrschte Hunger, eine große Landflucht war die Folge. Die Städte waren den eintreffenden Massen natürlich nicht gewachsen; eine Emigrationswelle nach Spanien begann.

Geschichte

Portugal hatte Anfang des 16. Jh. nur etwas über eine Million Einwohner. Zu einer Besiedelung der Kolonien reichte dies nicht, daher konnten hauptsächlich die kleinen Niederlassungen bestehen bleiben. Nur Brasilien wurde kolonisiert - mit Negersklaven aus Schwarzafrika. Portugal war zu dieser Zeit der größte Sklavenumschlagplatz Europas (siehe auch Lagos).

Das Gold aber, das aus Afrika und Asien hereinkam, floß ins Ausland ab, da die portugiesische Wirtschaft inzwischen ganz auf Import eingestellt war. Die Staatsschulden stiegen, die Krone konnte nicht mehr investieren - Ende des 16. Jh. war kein Geld mehr da. Die Kolonisierung der Welt war damit für Portugal beendet. Es verlor ab 1550 nach und nach viele der neuen Besitzungen in Afrika und Asien. Nur Brasilien blieb erhalten sowie Gebiete in Schwarzafrika, wo Portugal leider bis ins 20. Jh. Gewalt ausübte. Am verheerendsten wirkte sich die absolute Niederlage des portugiesischen Heers gegen die Araber in Marokko aus. Im Sommer 1578 wurden 60.000 Portugiesen niedergemetzelt - für Portugal die größte Niederlage aller Zeiten.

> Joãos Enkel *Sebastian*, der damalige König, verschwand spurlos - die Sage verhieß, er werde bald darauf wiederkommen und die Niederlage rächen. Dieser Glaube faßte starke Wurzeln im portugiesischen Volk: Seitdem tauchten immer wieder falsche Sebastians auf, um die Macht an sich zu reißen. Aber der echte kam nicht mehr wieder...

Die "Sechzig Jahre"

Portugals Macht war mit der Niederlage in Marokko endgültig gebrochen. Spanien faßte die Gelegenheit beim Schopf und annektierte 1580 endlich das Land des verhaßten Nachbarn. Damit war die Katastrophe perfekt. Nachdem das kurzlebige Weltreich so gut wie zerschlagen war, fiel nun auch noch die Heimat in die Hand des Feindes; etliche Portugiesen flohen auf die Azoren und konnten sich dort noch zwei Jahre lang verteidigen. Bis heute ist die Erinnerung an diese furchtbare Zeit nicht erloschen. Manche Portugiesen trauern noch immer "ihrer großen Zeit" nach, die so plötzlich endete. Hier sind die Wurzeln der vielbeschorenen *saudade* zu suchen (siehe Landestypisches). Wahrscheinlich läßt sich auch der lange diktaturähnliche Zustand unter Salazar und Caetano mit dem aus diesen Zeiten gebrochenen Selbstbewußtsein der Portugiesen in Verbindung bringen.

Die "Sechzig Jahre" unter der Knute Spaniens wurden für die Portugiesen sehr hart. Sie mußten mit den Spaniern in den großen Krieg gegen England ziehen, in dem 1588 mit der Spanischen Armada auch die portugiesische Flotte vernichtet wurde. Dazu kamen die hohen Steuerforderungen der Spanier, die das Land ausbluten ließen. Die letzten überseeischen Stützpunkte gingen an die Engländer und Holländer verloren.

Ihr herrisches Verhalten wurde den Spaniern jedoch zum Verhängnis. In einer großen Verschwörung, in die auch Frankreich verwickelt war, vereinbarten die Portugiesen den Aufstand gegen ihre Besetzer. 1640 brach er los, und da die spanische Krone gerade mit Unruhen im eigenen Land zu kämpfen hatte, zog sie ihre Truppen aus Portugal hinter die Grenze zurück. Die schmachvolle Zeit der Besetzung war damit vorbei.

Die Dynastie der Braganzas

Die einen wühlen in Gold – die anderen im Dreck

Der Herzog von Braganza wurde während des erfolgreichen Aufstands gegen die Spanier zum neuen König von Portugal gewählt. Damit gelangte eine neue Dynastie an die Macht, die sich bis zum gewaltsamen Sturz Manuels II. im Jahre 1910 halten konnte.

Portugal konnte 1668 endlich von Spanien das Zugeständnis der Unabhängigkeit erringen, nachdem es sich einige Male erfolgreich gegen neue Okkupationsversuche spanischer Armeen hatte verteidigen können. Zwei Jahrzehnte später wurden in Brasilien große Goldvorkommen entdeckt, und wieder flossen ungeheure Reichtümer nach Portugal - Brasilien war ja noch immer Kolonie.

> Überhaupt profitierte Portugal noch bis ins 19. Jh. hinein vom Wirtschaftsaufkommen Brasiliens. Der ständige Strom von Gütern aus der Überseekolonie wurde gleichzeitig zum Vorwand für die herrschenden Schichten Portugals, die längst überfälligen Wirtschaftsreformen immer wieder verschieben. Gold und Diamanten ermöglichten es dem königlichen Hof und den Adelskreisen, in Saus und Braus zu leben und ständig aus dem Vollen zu schöpfen, während das Land und die Landbevölkerung immer ärmer wurden. Portugal wurde damals zum Armenhaus Europas und war auf dem besten Wege, den Anschluß an die Moderne zu verpassen.

Zum Prozeß der Verarmung kam die immer stärker werdende Abhängigkeit von England, dem man sich politisch und wirtschaftlich völlig angeschlossen hatte. Besonders nachteilig wirkte sich der 1703 geschlossene *Methuenvertrag* aus, der den Import von Textilien aus England im großen Stil zuließ, während Portugal als Gegenleistung Wein, insbesondere Portwein, ausführen sollte. Dieser Vertrag legte die portugiesische Wollindustrie lahm. Doch schließlich kamen die Reformen doch noch mit *Marques de Pombal*, der 1750 zum Außenminister berufen wurde.

Marques de Pombal ging als überzeugter Anhänger des aufgeklärten Absolutismus sogleich daran, hart durchzugreifen: Kirche und Adel wurden etlicher Privilegien beraubt. Gleichzeitig erfolgte eine systematische Förderung der Wirtschaft des eigenen Landes und der Kolonien, während der Einfluß Englands zurückgedrängt wurde. Der Zufluß von Gold und Luxusartikeln wurde unterbunden, Brasilien wurde planmäßig kolonisiert, Verwaltung und Universitäten wurden reformiert - es wehte ein frischer Wind!

Am 1. November 1755 zerstörte jedoch ein gewaltiges Erdbeben ganz Lissabon. Verheerende Schäden in der Stadt und unzählige Tote waren zu beklagen - der ganze aufgeklärte Kontinent Europa war erschüttert. Doch in einem enormen Gewaltakt wurde Lissabon unter der Leitung Pombals erstaunlich rasch wieder aufgebaut; damals entstand das exakte Schachbrettmuster der Straßen in der Altstadt Baixa, das noch heute unverändert besteht.

Nach dem Rücktritt Pombals ging die alte Mißwirtschaft genauso weiter wie vorher. Pombal hatte versucht, die Macht der Krone zu stärken - das Bürgertum hatte er dabei übergangen. Doch die Krone dachte nicht so verantwortungsvoll, wie Pombal es gerne gesehen hätte. Ihr war die Macht nur ein Mittel, den eigenen Luxus zu vermehren. So fand das gänzlich entmachtete Bürgertum in der Zeit der großen Französischen Revolution auch nicht die Kraft, revolutionären Elan zu entwickeln. Portugal blieb in den alten Zuständen stecken.

Entsetzlich waren die Folgen der Koalition mit England gegen das nachrevolutionäre Frankreich unter Napoleon. Die ganze Iberische Halbinsel kämpfte mit Hilfe Englands (unter Wellington) gegen die Napoleonischen Truppen.

Das portugiesische Königshaus floh 1807 nach Brasilien und verbrachte dort die nächsten Jahre. Portugal wurde in den Jahren 1808-1810 zum Schlachtfeld, die Bevölkerung wurde furchtbar dezimiert. Nach der Vertreibung der Franzosen blieben die Engländer als Besatzungsmacht in Portugal - jetzt hatten die Portugiesen ihren "Big Brother" sogar im eigenen Land, und er blieb bis 1820.

Barock

Die Barockbauweise kam während der 60jährigen Besetzung durch die Spanier nach Portugal. Doch der allgemeine Niedergang des Landes verhinderte eine größere Entfaltung. Erst mit dem Gold aus Brasilien bot sich den adligen Potentaten die Möglichkeit, sich so richtig auszutoben und Geld für Prachtbauten zu verschwenden - besser hätten sie wohl den Ausbau ihres Landes betrieben... Auch die Kirchenherren hatten an dieser "Bauwut" regen Anteil. Überall im Land entstanden prunkvolle Paläste, Kirchen und Klöster.

Bezeichnend für diese Art des repräsentativen Bauens ist der Klosterpalast von *Mafra*, ca. 50 km von Lissabon gelegen. Er sollte das größte Bauwerk Portugals werden und sogar den Escorial bei Madrid übertreffen. Die ganze Sache wurde dann aber so kostspielig, daß die Staatsfinanzen durcheinander gerieten. 50.000 Arbeiter

> waren seit 1717 an dem Riesenbau beschäftigt. Wenn man eine Führung mitmacht, bekommt man allerlei gigantische Zahlenspielereien wie 4.500 Türen und ebensoviele Fenster etc. zu hören. Schön sind der Park und die riesige Bibliothek mit ihren fast 40.000 Bänden.
>
> Erwähnenswert sind die zahlreichen barocken Holzschnitzwerke, in erster Linie an vergoldeten Altaraufsätzen und ganzen Altarwänden in zahlreichen Kirchen. Mit ihren vielen Ausschmückungen sind sie sehr prunkvoll gestaltet.
>
> Im Palast von Pena bei *Sintra* aus dem 19. Jh. hat man mangels eigener Originalität alle möglichen Baustile verarbeitet, die es bis dahin in Portugal gegeben hat. Das Ergebnis ist sehr originell und unbedingt sehenswert!

Vom 19. Jahrhundert bis in die Gegenwart

1820 werden die Engländer endlich vertrieben. Gleichzeitig wird eine liberale Verfassung entworfen, die den Adel entmachten und den Bürgern endlich mehr Mitspracherecht geben soll mit einer Art Parlament, Gewaltenteilung etc.

Doch die liberalen Vorkämpfer, die durch den Putsch gegen die Engländer an die Oberfläche gespült worden waren, wurden bald wieder von den alten Machthabern im Zaum gehalten. Als sich im Zuge der allgemeinen Wirren die Kolonie Brasilien von ihrem "Mutterland" lossagte und ihre Unabhängigkeit erklärte, hatten die Erzkonservativen Portugals sofort wieder Oberwasser.

Die Zahlungen aus Brasilien hörten sofort auf; dies wurde natürlich den Liberalen in die Schuhe geschoben. Die Verfassung von 1822 wurde wieder außer Kraft gesetzt! Die Liberalen zogen sich auf die Azoren zurück und bauten dort eine Armee auf (siehe Azoren, Geschichte). Die Restauration ermöglichte es den reichen Großgrundbesitzern, riesige Mengen Land zu erwerben. Das verschärfte die sozialen Gegensätze zwischen den zahllosen Armen und den wenigen Reichen noch mehr.

Die wirtschaftliche Lage Portugals war durch den Abfall des reichen Brasiliens hoffnungslos geworden; die Auswanderungsquote von Portugiesen nach Übersee wuchs im Laufe des 19. Jh. beständig. Die alten Machteliten wurden nach und nach vom neureichen Großbürgertum abgelöst, das durch die Enteignung der Kirche von ihrem enormen Grundbesitz profitierte und durch Bodenspekulation große Reichtümer an sich raffte. Die Krone spielte das Spiel mit, und das Land versäumte den industriellen Ausbau, der so typisch für die Nationalstaaten im 19. Jh. war.

In der ersten Hälfte des 19. Jh. erschütterten immer wieder Verfassungskämpfe und bürgerkriegsähnliche Zustände das Land. Die alteingesessenen Fleischtopfbesitzer konnten ihre Machtposition jedoch noch wahren. Die zweite Hälfte des Jahrhunderts wurde von bürgerlichen Politikern geprägt, die den guten Verdienst in der Staatspolitik witterten. Doch zur wirtschaftlichen Gesundung des Landes trug der Trend zum Republikanismus nicht bei. Die Staatsverschuldung wuchs und wuchs, niemand unternahm etwas dagegen, der Zustand wurde allgemein als chaotisch betrachtet. Nun wurde der Ruf nach dem starken Mann immer lauter, der Ordnung in das Durcheinander bringen sollte.

Unter dem Eindruck außenpolitischer Mißerfolge kam es zu den ersten diktaturähnlichen Zuständen. Doch der monarchiefreundliche Ministerpräsident Franco griff hart durch, der Widerstand gegen das Königshaus wuchs. Im Februar 1908 wurden König *Carlos* und sein Sohn, der Thronfolger war, auf dem Praça do Comercio in ihrer Kutsche erschossen. Es folgten zwar noch einige Kabinette, und ein anderer Thronfolger bestieg den Thron, *Manuel II.*, doch die Monarchie war nicht mehr zu retten.

Im August 1910 nahm die Revolution ihren Anfang, ausgelöst durch die Ermordung eines angesehenen Republikanerführers durch einen offensichtlich Geisteskranken. König Manuel dankte ab.

Die Republik

Die Republik erfüllte nicht die in sie gesetzten Hoffnungen. Eine Unzahl von Splitterparteien sah den Hauptzweck der Politik darin, sich bis aufs Messer zu bekämpfen. Einig war man sich nur im Kampf gegen die katholische Kirche und gegen die Monarchie. Das brennendste Problem, die Sanierung der zerrütteten Staatsfinanzen, wurde nicht gelöst.

Die Inflation galoppierte, der Staat machte weiterhin Schulden, wo er nur konnte. 1916 trat Portugal in den Krieg gegen das Deutsche Reich ein, widerwillig, von England dazu genötigt. Die portugiesischen Divisionen fielen in Frankreich ein. Daraufhin putschte die Armee, wie schon 1820, und eine Militärregierung wurde gebildet.

Doch die Republik konnte sich nicht konsolidieren. In ihrem 16jährigen Fortbestand gab es an die 50 Regierungen, die es alle nicht schafften, Portugal aus der Dauerkrise herauszumanövrieren. Das Militär, das sich seiner Macht immer stärker bewußt wurde, stand seit Anfang der 20er Jahre nicht mehr hinter der Republik. Am 28. Mai erhob sich die Garnison von Braga, maschierte nach Lissabon und setzte den letzten Ministerpräsidenten der Republik ab. Es folgte eine Militärregierung ohne Konzept, die nur dem "Unsinn" der Republik ein Ende setzen wollte. Sie berief sich auf den Nationalismus, doch das genügte nicht für eine Sanierung der Finanzen.

Salazar 67

Da trat zum ersten Mal der Mann in Erscheinung, der für fast 50 Jahre die Führung Portugals übernehmen sollte, *Antonio de Oliveira Salazar*, Professor für Nationalökonomie in Coimbra. Er wurde 1928 zum Finanzminister ernannt, als der Plan des Staatspräsidenten in Portugal zunehmend auf Widerstand stieß, mit Hilfe eines großen Darlehens vom Völkerbund die Finanzen zu sanieren. Salazar traute sich das auch ohne Unterstützung des Auslands zu. Damit war die kurze Phase Portugals als Republik vorbei, der Parteienstreit hatte eine sinnvolle, zielstrebige Politik verhindert. Die Reaktion war, wie so oft in der Geschichte, der Ruf nach dem starken Mann!

Salazar

Salazar bescherte den Portugiesen das unmenschliche und ungerechte System der Diktatur - ein düsteres Kapitel der portugiesischen Geschichte. Fast 50 Jahre konnte sich dieser harte, unbeugsame Mann, der in seiner kompromißlosen Art oft als "unportugiesisch" empfunden wurde, mit Hilfe einer skrupellosen Geheimpolizei, der *PIDE* (aufgebaut unter Mitarbeit der Gestapo), an der Macht halten.

Makaberer Höhepunkt der Politik unter Salazar und gleichzeitig der sinnbildliche Tropfen, der das Faß zum Überlaufen brachte, war der sinnlose Buschkrieg in den übriggebliebenen afrikanischen Kolonien seit Anfang der 60er Jahre, der den Sturz des Regimes zur Folge hatte.

Nur ein Argument könnte man für Salazar in die Waagschale werfen: Er hat es in der Anfangsphase seiner Herrschaft geschafft, Portugal aus dem wirtschaftlichen Chaos zu führen und es finanziell unabhängig vom Ausland zu machen. Das kann jedoch auf keinen Fall die anachronistischen politischen Zustände seiner Ära rechtfertigen, um so weniger, als die finanzielle Sanierung Portugals auf lange Sicht nicht glückte.

Der Weg aus dem Chaos - die Stabilisierung

Salazars Grundkonzept war, keine weitere Verschuldung Portugals an das Ausland zuzulassen, wie es in der Vergangenheit gerne von den portugiesischen Politikern als Ausweg aus dem drohenden Staatsbankrott praktiziert worden war. Salazar begann seine politische Karriere als Finanzminister mit nahezu unbeschränkten Befugnissen. Diese Vollmachten hatte er bekommen, weil er bei den führenden Militärs einen sehr guten Ruf hatte und außerdem niemand sonst für diesen verantwortungsvollen Posten verfügbar war. So hatte er freie Hand, was die Portugiesen schnell zu spüren bekamen. Die Mittel, mit denen er arbeitete, waren äußerste Härte gegenüber dem bis dahin üblichen Behördenschlendrian und eine konsequente Einsparungspolitik. Dies war neu für Portugal - bisher hatten die führenden Leute ihre Macht dazu genutzt, sich zu bereichern. Rigorose Stellenkürzungen, Gehaltsminderungen und Verwaltungsreformen jagten einander - und auf einmal war wieder Geld da! Im Endeffekt hatte aber der kleine Mann die

Zeche zu zahlen. Salazars Politik war großkapitalfreundlich, denn Portugal brauchte die Investitionen. Die Sozialleistungen hingegen wurden großenteils gestrichen, die Steuern für Kleinverdiener erhöht und dergleichen mehr. Die Reichen wurden also bevorzugt, die Armen immer ärmer.

Die Diktatur
Gleichzeitig wurde dieser Zustand durch das Mundtotmachen der oppositionellen Kreise zementiert, durch Entdemokratisierung und die Errichtung eines Polizeistaats. 1932 wurde Salazar Ministerpräsident und legte mit einer scheindemokratischen Verfassung den Grundstein zum sogenannten *Estado Novo*, dem *Neuen Staat*, mit dem die Diktatur praktisch legalisiert wurde: Ständestaat, keine politischen Parteien außer der Einheitspartei, keine Bürgerrechte. Ein beliebtes Mittel, diesen Zustand zu stabilisieren, wurde der großangelegte Wahlbetrug. Zudem hatten nur Portugiesen mit einem bestimmten Mindesteinkommen das Wahlrecht; bis in die 60er Jahre waren das nicht mehr als 15 % der Gesamtbevölkerung. Wem das nicht paßte, der fiel der PIDE in die Hände, und das waren nicht wenige. Pressezensur und Spitzelwesen, Konzentrationslager und Folter, das waren die Säulen des Staates unter Salazar. Viele Portugiesen verschwanden auf immer hinter Zuchthausmauern.

Die Verfassung des Estado Novo
Laut Verfassung übte der *Staatspräsident* die Staatsgewalt aus; in Wirklichkeit war es immer Salazar in seiner Funktion als Ministerpräsident, der das Sagen hatte. Anfangs wurde das Staatsoberhaupt noch durch das wahlberechtigte Volk bestimmt, später durch "zuverlässige" Wahlmänner, damit keine Panne passieren konnte. Der *Ministerpräsident* bestimmte die Richtlinien der Politik und war dem Parlament nicht verantwortlich. Die *Nationalversammlung* konnte keinen Einfluß auf Regierungsbildung und Politik nehmen. Gesetze wurden meist durch Regierungserlasse eingeführt. Zudem konnte die Versammlung auch noch jederzeit vom Staatspräsidenten aufgelöst werden. Gewicht hatte allenfalls noch der sogenannte *Staatsrat*, der den Staatspräsidenten unterstützen sollte und aus 15 "zuverlässigen" Mitgliedern bestand. Neben der Nationalversammlung gab es eine streng hierarchische und nach außen abgeschirmte *Ständekammer*, eine korporative Vereinigung der Berufsgruppen. Damit konnte Salzar die Arbeiterschaft unter Kontrolle halten. Es gab nur die *Einheitspartei* (Uniao Nacional), aus der die Abgeordneten der Nationalversammlung gewählt wurden. Abweichende politische Gruppierung wurden verfolgt, z.B. durch die Parteimiliz (Legiao Portuguesa), die eng mit der PIDE zusammenarbeitete.

Opposition gegen Salazar und seine Mitläufer gab es in Portugal von Anfang an aus den Reihen des Militärs sowie von den republikanischen Politikern und Intellektuellen. Doch da die Zensur funktionierte, hörte man in den anderen europäischen Ländern nicht viel davon. Viele Gegner des Regimes mußten für Jahre oder gar Jahrzehnte aus Portugal emigrieren. Ernsthaft gefährdet war das Regime praktisch nie, außer bei der Präsidentenwahl 1958, bei der der Oppositionspolitiker *Humberto Delgado* fast 30 % der Stimmen bekam. Auch bei dieser Wahl verlief die Manipulation der Stimmen erfolgreich - Delgado hatte vermutlich viel mehr Stimmen bekommen; einige Jahre später wurde er von der PIDE ermordet.

Allerdings gab es immer wieder Unruhen, Streiks und Demonstrationen, 1937 sogar ein Attentat auf Salazar. Doch die Zersplitterung und Uneinigkeit der oppositionellen Kräfte, die von ganz rechts bis ganz links kamen, verhinderten einen Umsturz. Erst der afrikanische Krieg brachte die Kraft, die sich bisher abwartend im Hintergrund gehalten hatte, zum Aufstand: das Militär.

Das Scheitern Salazars

Die wenigen konservativen Reichen Portugals sollten das Land wirtschaftlich beherrschen - das war die Grundidee Salazars, die dem System, wie es in den Entwicklungsländern Lateinamerikas vorherrscht. In Portugal zählten zu diesem Kreis etwa 150, die die Macht kontrollieren sollten. Aber in ihrem Bestreben, die Interessen dieser Kapitalgeber zu schützen, versäumte es die Regierung, die Reformen in Angriff zu nehmen, die für eine Weiterentwicklung Portugals in Richtung moderne Agrar- und Industrienation dringend notwendig gewesen wären.

So zeigte sich beispielsweise auf dem Agrarsektor in den 50er und 60er Jahren immer deutlicher, daß eine Bodenbesitzreform hätte durchgeführt werden müssen. Die wenigen Großgrundbesitzer, die den Löwenanteil des Bodens in den Händen hatten, sträubten sich jedoch gegen Reformen wie z.B. die Nutzung brachliegender Landstücke aus ihrem Besitz - vielfach wurde der Boden tatsächlich überhaupt nicht landwirtschaftlich bearbeitet, sondern diente den Reichen als Sommersitz oder privates Jagdrevier. Die halbherzig durchgeführten Regierungsmaßnahmen konnten von vornherein nicht erfolgreich sein, und so wurde die rückständige Agrarstruktur ein Hemmschuh, der sich finanziell bald stark bemerkbar machte. Eine Enteignung des Großgrundbesitzes wurde erst nach dem Umsturz von 1974 durchgeführt. Ein weiteres Problem war die in den 60er Jahren immens steigende Auswandererzahl von Arbeitern nach Mitteleuropa. Das Ausland konnte wesentlich höhere Löhne zahlen als es in Portugal jemals möglich war, und so wanderten an die 2 Millionen Portugiesen nach und nach ab, davon allein 160.000 im Jahre 1968, bei einer Gesamtbevölkerung von weniger als 10 Millionen.

Zwar nahm die Industrialisierung endlich in Portugal ihren Lauf, doch mit den niedrigsten Löhnen in ganz Europa. Das System Salazars war den Anforderungen der Zeit nicht mehr gewachsen. Das Großkapital floß nun teilweise wieder ins Ausland, und die roten Zahlen im Staatshaushalt nahmen langsam wieder überhand - das Finanzgenie Salazar hatte seinen Höhepunkt überschritten. Portugal war und blieb das Armenhaus Europas mit einer rückständigen Wirtschaftsstruktur, Niedriglöhnen, mit fast 40 % Analphabeten, der höchsten Kindersterblichkeit und der geringsten Lebenserwartung in Europa. Und das Regime versuchte, diesen Zustand zu schützen und zu konservieren.

Der Krieg in den Kolonien

Und dann kamen - für viele überraschend - die Unruhen in den Kolonialgebieten Afrikas. Damit wurde die letzte Phase der Diktatur eingeläutet, die sie nicht überleben sollte. Seit langem gärte es in den schwarzen Kolonien Portugals. Der angestaute Haß der schwarzen Einwohner entlud sich Anfang der 60er Jahre in drei Zentren: 1961 in Angola, 1963 in Guinea und 1964 in Mozambique. Die Portugiesen wurden in langwierige Buschkriege gezogen, die militärisch kaum zu gewinnen waren, aber den Staatsetat jahrelang erheblich belasteten.

Die afrikanischen Freiheitsbewegungen, wie z.B. *FRELIMO*, bemühten sich dagegen um den Aufbau einer intakten Infrastruktur und um Rückhalt bei der Zivilbevölkerung. Gleichzeitig vermieden sie es, große Entscheidungsschlachten auszutragen, und so konnten sie sich jahrelang halten. Bei den portugiesischen Afrikakämpfern wurde die Stimmung dementsprechend schlechter. Europa und die Welt wurde auf den sinnlosen und oft grausamen Kampf der Armee aufmerksam, und die UN legten Beschwerde beim Regime ein wegen der offensichtlichen Unterdrückung der Afrikaner. Der Krieg zog sich bis in die 70er Jahre hin und belastete den Staatsetat jährlich mit etwa 50 %. Er überlebte auch Salazar, der 1968 fast achtzigjährig starb. Damit wurde die Frage der Nachfolge akut!

Caetano

Als Professor Caetano, langjähriger Mitarbeiter Salazars, Ministerpräsident wurde, hofften viele auf eine Phase der Liberalisierung. Doch nach einigen Ansätzen in diese Richtung, wie z.B. der Milderung der Pressezensur und Vertretung der Kolonien im Parlament, wurde klar, daß die eingeschliffenen Machtverhältnisse zu stark waren. Die bisherige Clique von einflußreichen Wirtschaftsleuten bestimmte weiterhin den politischen Kurs Portugals. Auch der Krieg ging weiter, denn einige Leute verdienten gut daran.

1973 war es dann soweit: Einige der ranghöchsten Militärs hatten endlich erkannt, daß der Krieg in Afrika trotz der sturen Haltung der Regierung militärisch nicht zu gewinnen war und nur dem Profit einiger weniger diente. Der bekannteste Vertreter dieser Militärs wurde *General Antonio de Spínola*. Hinzu kam die immer heftiger werdende antiportugiesische Kampagne in Europa. Die portugiesische Armee wurde brutaler Übergriffe auf die afrikanische Bevölkerung bezichtigt, und das Regime bekam empfindliche außenpolitische Schlagseite.

Der Umsturz

Die Nelkenrevolution

Im Februar 1974 erschien in Lissabon das Buch *Portugal und die Zukunft*, verfaßt von Spínola. Er vertrat darin die Auffassung, daß der Kolonialkrieg für Portugal nicht zu gewinnen und schädlich für das Land sei. Die ganze Kolonisierungsidee wurde als falsch bewertet. Natürlich wurde Spínola sofort aus seinem Amt entlassen; der Startschuß für die sogenannte Bewegung der Streitkräfte, *MFA - Movimento das Forças Armadas*, war damit jedoch gegeben. Getreu der portugiesischen Tradition war es wieder einmal die Armee, die den Umsturz am 25. April 1974 bewerkstelligte. Jahrzehntelang hatte sie die Diktatur geduldet, doch nun fiel binnen weniger Stunden das ganze Kartenhaus zusammen - die Armee zeigte, wer die eigentliche Macht im Lande war.

Kurz nach Mitternacht spielte der Rundfunk das verbotene Revolutionslied *Grandola, vila morena* und gab damit das Startzeichen für den Putsch. Überall im Lande setzten sich Truppen in Richtung Lissabon in Bewegung. Zufahrtsstraßen, Regierungsgebäude, Rundfunkanstalten, öffentlich Plätze etc. wurden besetzt, und nach ein paar Stunden war alles gelaufen. Die Soldaten machten Jagd auf die Angehörigen der Geheimpolizei, doch etliche konnten sich nach Spanien absetzen. Das Großkapital versuchte noch in letzter Minute, Geld außer Landes zu bringen - einige Koffer voller Escudos konnten auf dem Flugplatz abgefangen werden. Aber der gänzlich unblutige Putsch war erfolgreich gewesen - der *Abril em Portugal* hatte begonnen!

Tagelang feierte man den Beginn der neuen Ära. Spínola wurde vom MFA zum Chef der siebenköpfigen Militärjunta ernannt und kurz darauf zum Staatspräsidenten. Eine provisorische Regierung wurde eingesetzt, das Militär aber behielt die Macht in Händen. Sofort leitete man ein Programm in die Wege: Vorbereitung freier Wahlen innerhalb eines Jahres, Bürgerrechte, Auflösung der Geheimpolizei, Freilassung aller politischen Gefangenen, Beendigung des Krieges in Afrika.

Doch bald stellten sich Differenzen ein. Spínola war rechtsgerichtet, während die MFA in der Mehrheit kommunistisch war. Man war sich zwar darüber einig gewesen, das Regime Salazars abzuschaffen, aber nicht darüber, wie es weitergehen sollte. Spínola konnte sich nicht durchsetzen. Das Ruder übernahm eine Linksregierung, die von der MFA gelenkt wurde. Schon im Mai wurden Verhandlungen mit Guinea, Mozambique und Angola eingeleitet, die den ehemaligen Kolonien die volle Unabhängigkeit brachten. Im Juli wurden die Linken bereits wesentlich gestärkt durch die Ernennung des MFA-Oberst Goncalves zum Ministerpräsidenten. Spínola mußte wieder zurückstecken.

72   Geschichte

Den endgültigen Sieg der Linken verursachte jedoch Spínola selbst durch seinen dilettantischen *Nelkenputsch* am 11. März 1975. Die schlecht organisierte Militärrevolte wurde im Keim erstickt. Spínola, der Held der portugiesischen Revolution, mußte nach Brasilien emigrieren.

> Die MFA wurde durch die geglückte Niederschlagung des Rechtsputsches wesentlich gestärkt. Sie sah sich selbst als Garant der Revolution und behielt deshalb auf drei bis fünf Jahre die Macht in Händen, um sie später einmal in gesicherter Lage den Parteien zu übergeben. Ein sogenannter *Revolutionsrat* mit 28 Mitgliedern, ausschließlich aus den Reihen der Militärs, wurde als oberstes Führungsgremium aufgestellt. Die politischen Parteien mußten sich diesem System beugen, wenn sie nicht Gefahr laufen wollten, verboten zu werden. Sie wurden von der MFA mit Mißtrauen beobachtet. Nach den Vorstellungen der Offiziere der MFA sollte Portugal ein sozialistischer Staat werden. Noch im März 1975 wurden deshalb Banken, Versicherungsgesellschaften und Schlüsselindustrien verstaatlicht.

Die Agrarreform

Ein Schwerpunkt der neuen Regierungspolitik wurden die von vielen seit Jahren ersehnten Agrarreformgesetze, die im Sommer 1975 eingeleitet wurden. In mehreren Gesetzen versuchte man von März 1975 bis Januar 1976, die ungenutzten Ländereien der Großgrundbesitzer für die Bebauung zugänglich zu machen.

> Es wurden diejenigen Eigentümer enteignet, die Teile ihres Besitzes hatten brachliegen lassen. Insbesondere im Alentejo wurden die Enteignungen im großen Stil durchgeführt. Hier waren 90 von 100 Bauern bisher besitzlose Landarbeiter gewesen, die sich als Tagelöhner auf den ausgedehnten Latifundien der Grundherren verpflichten ließen. Mehr als 5 bis 10 DM pro Tag ließ sich damit nicht verdienen.
> Im Zuge der Reform wurde etwa 1 Million Hektar anbaufähiger Boden an die Landarbeiter vergeben. Es bildeten sich an die 400 landwirtschaftlichen Kooperativen, die der Macht der Großgrundbesitzer etwas entgegensetzen wollten. Wenn überhaupt irgendwo, dann zeigte sich hier in der Bildung der Produktionsgemeinschaften so etwas wie revolutionärer Elan. Viele ausländische Besucher statteten ihnen in den 70er Jahren Besuche ab.

Doch wie auf der ganzen Linie, so wurde auch im Agrarbereich die Revolution wieder begraben. Die bürgerliche Mitte konnte sich nach den ersten nachrevolutionären Wirren wieder gegenüber den Linken durchsetzen. Zu diesem Wechsel der politischen Richtung trug auch die chaotische Wirtschaftslage in Portugal bei, die nach dem Putsch für Unruhe sorgte. Zum einen waren da Inflation, Preiserhöhungen, Abzug von ausländischem Kapital aus dem linkslastigen Land etc., zum anderen stiegen jedoch die Löhne ganz immens, womit es das Billiglohnland Portugal schaffte, den Anschluß an Europa zu bekommen.

Noch 1975 zeigte sich der neue Trend in den Wahlen. Die MFA erlebte ihren ersten Mißerfolg: Die meisten Portugiesen entschieden sich gegen die Kommunisten - und damit gegen den MFA - und befürworteten die Errichtung einer parlamentarischen Demokratie. Die Parteien der Mitte wurden nun mit großen Beträgen vom Ausland unterstützt, die Wirtschaftshilfe der EG und der USA stieg mit Millionenbeträgen ein.

Pferdegespanne sind in Portugal auch heute noch ein alltägliches Bild

Zwischen 1976 und 1987 waren insgesamt elf Regierungen an der Macht. In diesem Zeitraum wurden unter Ausschluß der kommunistischen Partei alle möglichen Konstellationen von Mehr- und Minderheitsregierungen ausprobiert. 1984 beendete schließlich eine erste Verfassungsrevision die Existenz des Revolutionsrates. Er wurde durch ein wesentlich gemäßigteres Verfassungstribunal ersetzt. Außerdem wurde auf Drängen der Wirtschaft die Gründung privater Banken und Versicherungen erlaubt. Die MFA war bereits vorher aufgelöst worden. Der Sozialdemokratischen Partei PSD des Ministerpräsidenten *Cavaco Silva* gelang es 1987 erstmals, eine absolute Mehrheit zu erringen. Aufgrund zahlreicher Bestechungsskandale war der Rückhalt der Regierung in der Bevölkerung inzwischen jedoch beträchtlich gesunken. Dennoch gelang es der PSD, zusammen mit den Sozialisten die für eine zweite große Verfassungsänderung notwendige Zwei-Drittel-Mehrheit zusammenzubringen. So wurden 15 Jahre nach der Revolution 1989 die letzten revolutionären Errungenschaften aus dem Grundgesetz gestrichen: Die Staatsbetriebe wurden reprivatisiert, die arbeitnehmerfreundliche Arbeitsschutzgesetzgebung wurde auf den europäischen Binnenmarkt

Geschichte

Den motivierten Wahlkämpfern der Kommunistischen Partei gelingt es nicht, nennenswerte Stimmengewinne zu verbuchen

zugeschnitten; der Begriff Agrarreform wurde aus der Verfassung gestrichen, das noch in Staatsbesitz verbliebene Land soll in den kommenden Jahren den Kooperativen entzogen und in private Hände zurückgegeben werden.

Der langsame Tod der Agrarreform begann bereits Ende der 70er Jahre mit Gesetzen, die die Höchstgrenze für privaten Grundbesitz immer weiter nach oben verschoben und so die Grundlage für eine Enteignung der Kooperativen bildeten, die zum Teil mit Polizeigewalt vertrieben wurden. Diese Maßnahmen und der autoritäre Regierungsstil Cavaco Silvas haben die innenpolitische Stimmung wieder etwas angeheizt. Im März 1988 gelang es den beiden großen zentralen Gewerkschaftsverbänden zum ersten Mal, ihre Mitglieder zu einem gemeinsamen Generalstreik zu mobilisieren. Seitdem vergeht kaum eine Woche, in der nicht Transportarbeiter oder sogar Banker in den Ausstand treten. Nachdem die Sozialdemokraten bei den Europawahlen 1989 große Verluste hinnehmen mußten, gewannen sie trotzdem 1991 mit knapper Mehrheit die Parlamentswahlen.

Wirtschaftlich wurde das kleine Land durch die gegenwärtige Rezession weniger gebeutelt als der große Bruder Spanien. Obwohl die Lohnstückkosten in Osteuropa noch niedriger als in Portugal liegen, wird fleißig investiert. Alleine 50 % des gesamten von ausländischen Investoren transferierten Kapitals kommt aus der Bundesrepublik.

Nordportugal

Die abwechslungsreichste Gegend von ganz Portugal: wildromatische Gebirgslandschaft, saftig grüne Wiesen und Weinberge, dazwischen eindrucksvolle Königsburgen, von denen aus man die Mauren immer wieder aus dem Süden des Landes vertrieb.

An der Grenze zu Spanien einsames Gebirgsland mit wenig Vegetation und riesigen Granitquadern rechts und links der Straße. Die Portugiesen nennen die Provinz *Trás-os-Montes*, was "hinter den Bergen" bedeutet. Wegen der Abgeschiedenheit blüht hier der Aberglaube - so haben die meisten Bauernhäuser spitze Ziegel auf dem Dachfirst, damit sich keine bösen Geister aufs Haus setzen können.

> Besonders aus dieser armen Gegend wanderten im letzten Jahrhundert viele junge Burschen nach Brasilien aus, um das Glück zu suchen. Einige schafften es, kamen zurück und bauten sich prächtige Villen, die gar nicht so recht in die Landschaft passen.

Ganz anders das Landesinnere, die "Gartenprovinz" *Minho*, ein hügeliges, sehr fruchtbares Gebiet mit intensiver Landwirtschaft. Zwischen Waldstreifen liegen ausgedehnte Weinberge und Obsthaine mit Oliven-, Orangen-, Apfel- und Kirschbäumen. In den Flußtälern malerische Bauerndörfer mit kalkweißen Kirchen und dunkelgrauen Granitsteinhäusern ohne Kamin - der Qualm kann durchs Dach abziehen. Im Haus befinden sich unten die Viehställe, darüber wohnt der Bauer mit seiner Familie. Die Provinz Minho ist die am dichtesten bevölkerte Region des Landes, trotzdem haben die größeren Ortschaften noch provinziellen Charakter.

> Auf dem Land ein Kirchweihfest mitzufeiern, ist ein unvergeßliches Erlebnis. Die Heiligenprozession ist nur das Vorspiel zum ausgelassenen Bauertanz am Abend. Die Mädchen ziehen dazu ihre alte Festtagstracht an und legen ihre schönen Filigranketten um.

Die *Küstenregion* ist an den meisten Stellen noch wild und unverdorben. Kleine Fischerdörfer liegen inmitten einer pinienbewachsenen Dünenlandschaft. Es gibt lange Sandstrände mit hoher, gischtschäumender Brandung. Zum Baden ist das Wasser mit seinen ca. 18 Grad im Sommer fast schon zu kalt, außerdem aufpassen wegen der hohen Brandung! Gut sind die geschützten Buchten an Flußmündungen zum Baden geeignet. Die bekanntesten Badeorte sind *Viana do Castelo* und *Povoa de Varzim*, zwei der wenigen nordportugiesischen Seebäder, die deutsche Reiseveranstalter im Programm haben.

Die wichtigste Hafenstadt ist das geschäftige *Porto* an der Mündung des

Douro. Besonders sehenswert sind dort die Portweinkellereien und die malerische Altstadt.

Braganza

Hauptstadt der Provinz Trás-os-Montes. Wie wenig das Gebiet entwickelt ist, zeigt sich an den fehlenden Industrieanlagen und Fabrikgebäuden, die sonst alle größeren Städte Nordportugals umsäumen.

Dafür eine angenehm verschlafene Atmosphäre, jeder kennt jeden - auch durch die Lage Braganzas weitab vom Schuß bedingt. Spürbar wird hier allerdings ein leichter spanischer Einfluß - die Leute gestikulieren beim Reden stark mit den Armen und kramen sogar stolz ihre Spanischkenntnisse zusammen.

In der Geschichte spielte Braganza eine wichtige Rolle. Im Jahr 1187 erhielt die Stadt von König Sancho I. den *Freibrief*. Im gleichen Jahr erbaute er die *Cidadela* (Stadtburg), heute noch gut erhalten und sehr sehenswert. Ab dem 15. Jh. Sitz des Herzogs- und späteren Königsgeschlechts der Braganzas. In den 60er und 70er Jahren gingen viele Familien nach Frankreich und Deutschland. Mittlerweile sind die ersten wieder zurückgekehrt und haben sich moderne Einfamilienhäuser an den Stadtrand gestellt.

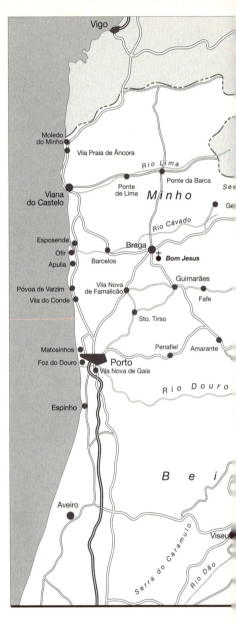

Braganza 77

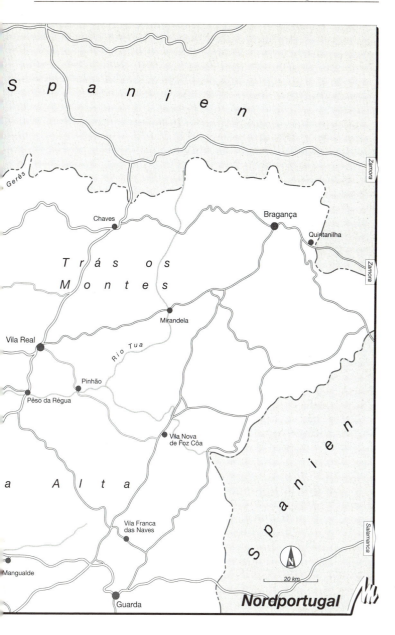

Nordportugal

Information Verbindungen

- *Information*: Avenida Cidade de Zamora, Tel. 073/28273. Öffnungszeiten: Mo-Fr 9-12.30 und 14-17 Uhr, Sa 10-12.30 Uhr.
- *Verbindungen*: **Bus**: 10x täglich nach Porto (6-7 Std. Fahrzeit), 12x täglich via Viseu und Coimba nach Lissabon, 2x täglich nach Guimarães. Tickets und Abfahrt bei den Reiseunternehmen *Novo Mundo* und *Cabanelas*.

Bahn: Wenn man viel Zeit hat, ist die Fahrt mit dem Zug von Mirandela nach Porto unbedingt zu empfehlen. Der Zug fährt ab Mirandela. Eine alte Schmalspurbahn kriecht das enge Tua-Tal entlang und schlängelt sich am Rio Douro bis nach Porto. Die Portweinberge sind zum Greifen nahe.

Flugzeug: Mo, Mi, Fr nach Lissabon und Di, Do nach Porto. Flughafen-Info: Tel. 073/381656.

Verbindung **nach Spanien** nur über die Straße. Busse fahren bis zur Grenze, von dort auf der anderen Seite Anschluß.

Übernachten

Pousada de S. Bartolomeu, Estrada de Turismo, Tel. 331493. Eine der moderneren Pousadas, auf einer Anhöhe am Ortsrand gelegen. Von den Zimmern schöner Blick auf den Ort und das alte Schloß. DZ mit Bad ca. 120 DM.

Hotel Braganza, Praça Cavaleiro Ferreira, Tel. 331579. Moderner Bau im Zentrum, Zimmer mit Balkon und Blick auf den Hauptplatz und nach hinten auf das Kastell. DZ mit Bad ca. 100 DM.

Pension Tulipa, Rua Dr. Francisco Felgueiras 8-10, Tel. 331675. Sr. Raimundo spricht gut Deutsch und hält seinen inzwischen zum kleinen Hotel herangewachsenen Beherbergungsbetrieb in Schuß (insgesamt 30 Zimmer, alle mit Bad). DZ ca. 50-60 DM, 3 Personen ca. 60 DM, inkl. Bohnenkaffee zum Frühstück. Ruhige Seitenstraße im Zentrum (Zimmer nach vorne mit kleinem Balkon).

Albergaria Santa Isabel, Rua Alexandre Hercolano 67, Tel. 331427. Hübsche, bequeme Zimmer mit Doppeltüren, kleinem Flur und sauberem Bad mit Wanne. Ein Teil der Zimmer ist sehr eng; die zur Vorderfront sind bedeutend größer, aber auch etwas lauter. Eigene Bar. DZ mit Bad ca. 65 DM.

Residencial Cruzeiro, Travessa do Hospital Velho 72, Tel. 331634. Neubau im Zentrum, modern eingerichtete Zimmer. DZ mit Bad und Frühstück ca. 40 DM.

Pension São Roque, Zona da esta Costa, Tel. 381481. Ebenfalls zentral gelegener Neubau. DZ mit Bad und Frühstück ca. 45 DM.

Pension Pocas, Rua dos Combatentes da Grande Guerra 200, Tel. 331899. Zimmer meist geräumig, mit viel Licht, Holzfußboden und älteren Möbeln, kleiner Tisch. Einige Zimmer im dritten Stock mit großer Terrasse zum Hauptplatz. DZ ohne Bad ca. 25 DM, EZ ca. 15 DM.

Camping

6 km außerhalb an der Straße nach **Portelo**. Provisorischer Campingplatz am Flußufer des Rio Sabor, an einer Staustufe des städtischen Wasserwerks (Bademöglichkeit). Sanitäre Anlagen sind vorhanden.

Etwa 10 km außerhalb in der *Aldeia de Gondesende* gibt es einen weiteren Campingplatz: **Cepo Verde** - mit Schwimmbad ca. 12 DM pro Person.

Essen

Arca do Noe, Av. do Sabor. Mittelklasse-Restaurant in der Nähe des Turismo. Gute Auswahl an Fisch und Meeresgetier. Spezialität ist *Arroz de marisco malandro* (Marisco-Reis nach Schlendrian-Art), den man 30 Min. vorher bestellen muß. Dann kommt ein äußerst üppiger Reistopf auf den Tisch, mit Riesengarnelen, Krabben, verschiedenen Muscheln, Tintenfischlein etc., alles in einer hervorragenden Sauce.

Vila Praia de Ancora 79

Leider zuviel zum Aufessen. Das Ganze kostet für 3 Personen ca. 40 DM. Freitags geschlossen.

O Manel, Rua Orobio de Castro 27 (beim Markt). Gutbürgerliches Restaurant, einfacher Speiseraum im ersten Stock. Typische Trás-os-Montes-Küche, mittlere Preise. Ausgezeichnete *Espetada*, die zuvor in würziger Sauce eingelegt wurden. Von einer Portion werden locker zwei Leute satt, kostet ca. 12 DM. Sonntags geschlossen.

La 'em Casa, Rua Marques de Pombal. Jeden Tag einige Spezialgerichte (z.B. Curryhuhn oder Fisch in Zwiebelsauce). Hauptgerichte 11 DM. Montags geschlossen.

Speisen wie der Herzog persönlich kann man im **Solar Bragancano** am Praça da Sé. Casa tipica mit vielen üppigen Leuchtern, Blumen, verschwenderischem Kristall, klassischer Musik, antiker Holzdecke. Das Menü für 18 DM ist wunderbar. Das Lächeln der Kellner auch!

Sehenswertes

Im Kastel aus dem 12. Jh. liegt kurioserweise innerhalb der Burgmauern eine kleine Häuseransammlung. Die Bewohner führen ein eigenes abgeschirmtes Leben. In jedem Haus jault ein anderer Sender aus dem Radio, und die Kinder verprügeln sich gegenseitig.

Im Turm befindet sich ein **Militärmuseum** mit Waffen und Uniformen bis zu den angolanischen Buschkriegen, geordnet nach Jahrhunderten. Auch ein Foto des *angolanischen Freiheitskämpfers Gungunhana* kann man dort besichtigen.

Öffnungszeiten: 9-12 und 14-18 Uhr, donnerstags geschlossen.

Der **Pranger** neben dem Kastell mit seinem eigenartigen, schweinsförmigen Steinsockel diente übrigens nicht zum Aufhängen der Leute. Vielmehr wurden die Übeltäter hier angebunden, gefoltert und dem Gespött der Öffentlichkeit ausgesetzt.

Im **Museum** kann man sich vor allem regionale Produkte anschauen (Kunsthandwerk, Münzen etc.). Montags geschlossen. Untergebracht im ehemaligen Gerichtsgebäude an der Rua Abilio Deca.

Feste und Festivals

Der große **Bauern- und Volksmarkt Feira das Cantarinhas** wird vom 2. bis 4. Mai im Zentrum der Stadt abgehalten. Aus der ganzen Umgebung kommen Leute zum Ein- und Verkaufen. Auf dem Viehmarkt bieten Bauern rosige Ferkel und knochige Mulis feil, außerdem gibt's Kleidung, Möbel und allerlei zum Essen und Trinken.

Kleinere Märkte mit Viehmarkt am 3., 12. und 21. jedes Monats.

Mitte August ist **Stadtfest**. Tagsüber gibt es Prozessionen und andere religiöse Darbietungen, abends Tanzveranstaltungen, Folklore etc.

Vila Praia de Ancora

Kleiner Badeort an einer Bucht, durch den die Nationalstraße führt. Die Strandpromenade wird von niedrigen Häusern gesäumt und vermittelt idyllischen Dorfcharakter. Am nördlichen Ende liegen neben der Strandfestung einige bunt angemalte Fischerboote mit flatternden

Wimpeln im Sand. Am südlichen Strandende reicht der Wald fast bis ans Wasser. Im Sommer kommen viele einheimische und ausländische Badegäste hierher. Vor der Saison werden dazu eilig einige Diskotheken, Sommerrestaurants und Bars auf Hochglanz gebracht.

- *Information*: Avenida Ramos Pereira, Tel. 911384.
- *Übernachten*: **Hotel Meira**, Rua 5 de Outobro 56, Tel. 911111. Etwas exklusives Hotel mit Diskothek, Pool und Bar. Die 42 Zimmer haben alle Bad. EZ ab ca. 30 DM, DZ ab ca. 50 DM. Das komplette Menü für Hausgäste kommt auf ca. 22 DM.

Die **Pension Sereia da Gelfa** wurde zur Zeit der Recherche renoviert.

- *Camping*: Etwa 1 km außerhalb gelegen, beim Dorf **Gelfa**, an der Hauptstraße nach Viana. Nur 200 m vom nächsten Bahnhof entfernt. Preis für zwei Personen, Auto und Zelt ca. 15 DM.

Moledo do Minho

Kleines Dorf mit weißgekachelten Häuschen in den rechtwinkelig angelegten Straßen. Man merkt hier schon die Nähe Spaniens. Nördlich vom Dorf ein duftender Pinienwald neben dem Strand, in dem im Sommer auch wildes Camping von den freundlichen Dorfpolizisten geduldet wird.

Ein Fußweg durch den Wald führt an die schmale Mündungsbucht des Rio Minho 1 km weiter nördlich. Landeinwärts breitet sich der Fluß binnenseeähnlich aus; dort besteht die Möglichkeit zu baden. Das gegenüberliegende Ufer gehört bereits zu Galizien. Vom Strandende aus, neben der Mündung, fahren im Sommer kleine Boote auf die alte Festungsinsel in der Mündungsbucht.

- *Übernachten/Essen*: **Pension Ideal**, Av. Eng. De Sousa Rego, Tel. 721505. Einzige Pension im Ort. Doppelstöckiges, weißgekalktes Haus neben dem Bahnhof, 33 Zimmer. EZ ohne Bad kostet ca. 20 DM, DZ mit Bad ab ca. 50 DM. Im dazugehörigen Restaurant zahlen Hausgäste fürs komplette Menü ca. 10 DM.
- *Camping*: **Orbitur-Campingplatz** mit einigen **Bungalows** in einer Lichtung des Pinienwaldes. Viel Schatten. Liegt direkt an der Mündungsbucht des Minho, ca. 100 m vom Dünenstrand entfernt. Der Weg von der Nationalstraße ist beschildert. Preis für zwei Personen, Auto und Zelt ca. 15 DM.

Viana do Castelo

Ein schönes Küstenstädtchen, eingezwängt zwischen bewaldeten Hügeln und dem Rio Lima. Mittelpunkt von Viana do Castelo ist der malerische Praça da República, umgeben von reichverzierten Hausfassaden und einem plätschernden Schalenbrunnen in der Mitte des Platzes. Die alten Kaufmannshäuser und das Rathaus, aus Granitquadern zusammengebaut, entstanden während der Entdeckerzeit und zeugen vom Reichtum dieser Epoche.

Das Wohlleben fischten sich die Einheimischen damals in Form von Kabeljau an der nordamerikanischen Küste. Mit ihren alten Fangschiffen waren die Fischer oft monatelang auf See, als einzige Abwechslung beim Mittagstisch gab es gelegentlich salziges Pökelfleisch. - So

Viana do Castelo 81

erzählte uns schmunzelnd der alte Diesel-Seebär, den wir im Café an der Mole trafen, während er seine Bica schlürfte.

Viana do Castelo ist interessant wegen seiner Folklorefeste. Das Fest der *Nossa Senhora da Agonia* wird drei Tage gefeiert und ist die farbenprächtigste Feier der Provinz mit Umzügen, Jahrmarkt und viel Essen und Trinken. Zum Teil kommen die Bauern und Fischer der Gegend per Ochsenkarren nach Viana, gekleidet in der seit Generationen ererbten Tracht, die Frauen behängt mit silbernen Filigranketten. Veranstaltet wird das Fest am dritten Augustwochenende oder auch an dem Wochenende, das dem 20. August am nächsten liegt.

Information Verbindungen

- *Information*: In der Rua Hospital Velho, Tel. 058/822620 oder 058/24971. Früher eine Herberge für Pilger, später nutzte man das Gebäude als Krankenhaus. Öffnungszeiten: Mo-Sa 9-12.30 und 14.30-18 Uhr, So 9.30-12.30 Uhr.

- *Verbindungen*: Ins Landesinnere zum malerischen Dorf *Ponte de Lima*, 23 km flußaufwärts (schöner Ausflug). Gut ausgebaute **Küstenstraße** nach Porto. **Busse** täglich nach Porto, Povoa de Varzim, Braga. Station der **Bahnlinie** Porto - Valenca, spanische Grenze - Monaco.

Übernachten Camping

Hotel de Santa Luzia, Monte de Santa Luzia, Tel. 828890/1. Top-Hotel auf dem Stadthügel, mit Swimmingpool, Tennisplatz etc. Der 100-Betten-Palast stammt aus der Jahrhundertwende und wurde prächtig restauriert. DZ mit Bad kostet ca. 160 DM.

Viana Sol Hotel, Largo Vasco da Gama, Tel. 828995/7. Betritt man dieses unscheinbare Haus mit einer typischen Fassade des letzten Jahrhunderts, kommt man in eine andere Welt. Weitläufige Lobby, die zur Bar führt, Licht fällt durch das *Atrium* mit Glasabdeckung von oben herein. Verstärkt wird dieser Effekt noch durch eine Kristallspiegeldecke. Im Anbau überdachter Pool, Sauna, Squash. Für die 110 DM, die das DZ kostet, findet man nicht so schnell etwas Gleichartiges.

Residencial Rali, Av. Alfonso III 180, Tel. 829770. Modernes, vierstöckiges Haus an der Durchgangsstraße. Von einigen Zimmern Blick auf den S.ta Luzia Hügel, aber nicht zum Meer. Eigenes Hallen- und Freibad. Die Zimmer mit großer Fensterfront, alle mit Bad. DZ ab ca. 75 DM.

Residencial Laranieira, Rua General Luis do Rego 45, Tel. 822261. In Schuß sind die Zimmer, aber im dritten Stock (unterm Dach) tröpfelt das Warmwasser nur, auch wenn der Hahn ganz aufgedreht ist. Sonst empfehlenswert. DZ mit Waschbecken ca. 50 DM, mit Bad ab ca. 65 DM.

Residencial Magalhaes, Rua Manuel Espregueira 56, Tel. 823293. Altes verwinkeltes Haus, einige Zimmer sind recht geräumig. Zentrale Lage. DZ ohne Bad ca. 37 DM, mit Bad ab ca. 50 DM.

- *Camping*: **Orbitur** auf der anderen Seite vom Fluß, ca. 3 km außerhalb von Viana do Castelo. Der Platz liegt ca. 300 m landeinwärts vom *Cabedelo Badestrand*, versteckt in den Dünen in einem kleinen Wäldchen. Zweigeschossige, pyramidenförmige **Holzhütten** zu vermieten (bieten Platz für vier Personen). Preis für zwei Personen, Auto und Zelt ca. 15 DM.

Essen

3 Potes, Beco dos Fornos. Die Sitzordnung ist vorgeschrieben, auch wenn der Rücken gerne eine Stuhllehne hätte. Sehr nette Ober. Das Lokal ist außerdem ein wahrer Augenschmaus: von der rustikalen Holzdecke baumeln Kalebassen und

82   Nordportugal

dicke, bauerngeräucherte Schinken. Wenn dann kurz darauf als Vorspeise und Appetithappen glasiger Schinken auf den Tisch kommt, denke ich an "heute nur 99 Pfennige". Der Seebarsch war sehr gut, innen schön saftig, medium done. Menü ca. 18 DM.

Snack Bar Boccalino, Rua S.to Antonio 120. Kleine, saubere Speisebar. Kleine Teller mit *Bife*, Frites, Reis und zwei Salatblättern für 6 DM.

Tunel, Rua dos Mahovos 3. Bescheidenes Familienrestaurant. Das Essen ist gut und billig. Es gibt vor allem Minho-Küche sowie einige Standardgerichte.

Café/Restaurant Dolce Vita, gleich gegenüber dem Turismo eines der nettesten Cafés von Viana. Angenehme Atmosphäre draußen auf dem kleinen Platz.

Sehenswertes

Interessantes **Stadtmuseum** am Largo de S. Domingos mit einer großen Sammlung von Töpferwaren, außerdem Möbel, Gemälde etc.

Monte de Santa Luzia: Die Wallfahrtskirche auf dem Berg stammt erst aus dem 20. Jh. und soll eine Nachbildung des Pariser Sacré Coeur sein. Von hier aus hat man eine tolle Sicht auf Viana. Auf den Hügel führt eine Seilbahn (cable car) hinauf, die ca. 100 m rechts hinter dem Bahnhof abfährt. Die Fahrzeit beträgt einige Minuten.

Einkaufen

Wenn man ein wenig im Wust des riesigen *Mercado de Artesanato* kramt, der eigentlich ein vollgestopfter Ramsch-Kunsthandwerk-Teppich-Getränke-Supermarkt ist, findet man schon brauchbare und billige Artikel, z.B. Wollpullover und Keramiksachen. Als Attraktion befindet sich außen ein Käfig mit einem exotischen Tiger. Der Markt ist täglich geöffnet. Adresse: Rua de Monserrate (Ausfahrtsstraße nach Velacna), an der letzten Kreuzung vor Ortsende.

Baden

Schöner Badestrand ca. 6 km nördlich bei den Dörfern **Afife** und **Carreco**. Wegen des hügeligen Hinterlands bläst der Wind nicht so stark. In Afife gibt es die günstige *Pension Compostela* gleich neben der Durchgangsstraße.

Hauptbadestrand für Viana ist der **Cabedelo Beach** auf der anderen Flußseite beim Campingplatz, eine langgestreckte saubere Badebucht mit breitem Strand und Dünen mit Pinienwald dahinter.

Rio-Cavado-Mündung

Die Sandbank an der Mündung versperrt dem Rio fast den Abfluß ins Meer und unterbricht dadurch die sandige Küste nur wenige hundert Meter. Die Gegend ist flach wie ein Kuchenblech, mit prächtigen Pinienwäldchen südlich des Flusses. Reizvoll sind die kleinen Flußdörfer im Landesinneren. Der Tourismus beschränkt sich fast ausschließlich auf die Halbinsel Ofir an der südlichen Uferseite.

Esposende

Kleiner Ort am Nordufer des Rio Cavado. Der Strand mit kleiner Villenkolonie und Restaurant ist mehr als 1 km entfernt. Im Sommer transportiert ein Traktor mit angehängten Wägelchen die Touristen dorthin. An die Küste baut man Wellenbrecher, um die heranrollenden Wogen zu zähmen.

- *Information*: Avenida da Marginal.
- *Verbindungen*: **Busse** nach Porot, Viana do Castelo und Barcelos. Nächste **Bahnstation** in Barcelos.
- *Übernachten*: **Suave Mar**, Av. Eng. Arantes e Oliveira, Tel. 965445. Modernes, doppelstöckiges Hotel mit Swimmingpool im *Atrium*. Zimmer alle mit Balkon, ansonsten recht eng. Einfache Möblierung. Strandnähe. DZ mit Badewanne ca. 110 DM.

Im Nachbardorf **S. Bartolomeu do Mar** werden am Kirchweihtag, 23. August, die kleinen Kinder in das frische Atlantikwasser getaucht. Der alte Brauch soll die Kleinen vor Halskrankheiten und Stottern schützen.

Fao/Ofir

Ein mit Pinien bewachsender Küstenstreifen am südlichen Flußufer des Rio Cavado, mit feinen Sandstränden. Fao ist ein einfaches Bauerndorf an der Verbindungsstraße Porto - Viana do Castelo, das nichts Außergewöhnliches zu bieten hat. An den mehrere Kilometer vom Dorf entfernten Strand stellten eifrige Architekten drei Erste-Klasse-Hoteltürme in den Sand. Sehr zum Ärger der Villenbesitzer, die hier schon früher waren.

- *Verbindungen*: Häufig **Busse** zwischen Ofir - Fao - Esposende.
- *Übernachten*: **Hotel Ofir**, Av. Raul de Sousa Marins, Tel. 981383. Fahrradvermietung. Touristenkolonie mit 400 Betten, Tennis etc. DZ ca. 120 DM.
- *Camping*: Schattiger Platz in **Ofir**. Nach Ortsausgang Fao in Richtung Porto erst am Dorfkrankenhaus vorbei und dann rechts abbiegen. Preis für zwei Personen, Auto und Zelt ca. 7,50 DM.
- *Essen*: **S. Cristovao**. Das Restaurant liegt etwas außerhalb, an der Straße nach Porto (ca. 2 km links Shell-Tankstelle). Portugiesische Spezialitäten, obwohl der Besitzer aus Angola stammt. Spezialitäten: *Coelho a Madragoa*, Kaninchen in Weinsauce mit Bratkartoffeln,

84 Nordportugal

durchschnittliche Preise, zum Nachtisch *Rabanadas*, eine Art "Arme Ritter" aus alten Brötchen.

Rita Fangueira, Rua Azevedo Coutinho. Besser als das S. Cristovao. Sauberes, einfaches Restaurant im Dorf. Der Speisesaal liegt im ersten Stock - Blick über den Dorfplatz zum Fluß. Preiswert.

Bar de Fao, an der Straße Ofir - Fao. Schattig gelegen, üppig im Stil der neuen Zeit.

▶ **Ausflüge:** malerische Winkel und kleine Dörfer flußaufwärts des Rio Cavado, zu Fuß oder mit dem Wagen (siehe Karte).

Barca do Lago: malerisches Flußdorf, ohne Restaurants oder Pensionen, nur ein paar Krämerläden und Tascas. Gute Bademöglichkeit auf der anderen Flußseite an der Sandbank. Die Wassertemperatur beträgt im Sommer ca. 18° C. Hier zum Teil auch wildes Camping unter hohen Eukalyptusbäumen möglich.

Marachoão: blauleuchtende Flußlagune inmitten üppiger, unberührter Waldlandschaft. Beliebter Ort für Liebespaare. Es läßt sich schön auf einer alten Hochwassersperrmauer entlangspazieren.

Apulia

Ein sympathisches Dorf, das allerdings nicht auf Tourismus eingestellt ist. Am nördlichen Dorfausgang stehen ehemalige Bootshäuser und Windmühlen, die jetzt als Wochenendhäuser dienen. Dort gibt es auch zwei kleine Tavernen mit wohlschmeckenden gegrillten Sardinen und anderem Fischzeug. Im alten Dorf wohnen hauptsächlich Fischer und Seetangsammler, die den Bauern die Meerespflanze als Dünger verkaufen.

In einem alten, etwas heruntergewirtschafteten Hotel werden billige Zimmer mit Blick aufs Meer vermietet. Trotz der fehlenden Aufnahmekapazitäten ist es hier im August proppenvoll mit urlaubenden Portugiesen. Der lange, breite Strand ist sauber und einladend.

- *Übernachten*: **Residencial San Remo**, Av. da Praia 45, Tel. 053/981585/6. Liegt im Dorf an der Hauptstraße. Modern eingerichtete, saubere Zimmer mit Radio und Telefon. Einige mit Veranda. Im Sommer sollte man vorher reservieren. DZ mit Bad ca. 40 DM.
- *Essen*: Ca. 1,5 km außerhalb am Weg nach Ofir liegen etwa 6 empfehlenswerte Tavernen nebeneinander, schon von weitem erkennbar durch die "Rauchzeichen" der monströsen Holzkohlegrills. Exzellenten *Arroz de marisco* bei **Cabana**. Die Preise für Meeresfrüchte sind hier niedriger als sonst.

Póvoa de Varzim

Der größte Touristenort nördlich von Porto. Die lange Strandpromenade mit etlichen Hochhäusern ist wenig einladend. Der Ort besitzt eine größere Fischereiflotte und Konservenfabriken. Das Hinterland ist sehr zersiedelt. Zentrum ist der verkehrsumtoste Platz am Hafen und das Viertel beim Spielcasino.

- *Information*: Avenida M. de Albuquerque, Tel. 052/624609.
- *Feste*: Berühmt und deswegen leider ziemlich überlaufen sind die **Festas da Nossa Senhora da Assuncao**, jährlich Mitte August.

Vila do Conde

Hübscher Fischer- und Badeort an der Flußmündung des Rio Ave. Das alte Ortszentrum liegt etwas landeinwärts (ca. 800 m) am Fluß. Am malerischen kleinen Hafen, der von einer blasenförmigen, weißgekalkten Kirche (17. Jh., arabisch) überragt wird, stehen kleine Werften, in denen Fischkutter zusammengezimmert werden. Im Ort kleine Plätze und fast mittelalterliche Gassen.

Sehenswert ist das *Santa Clara Kloster*, ein klotziger Bau aus dem 18. Jh., der das ganze Dorf überragt. Hier liegt Prinz *Dom Alfonso Sanches* in einem reichverzierten Sarkophag begraben.

Der "Badeort" von Vila do Conde liegt außerhalb, an der Strandpromenade. Hier gibt es noch kein Hotel. Appartementblocks, Wochenendhäuser und unbebaute Grundstücke wechseln sich ab. Das touristische Wachstum beschränkte sich, zum Glück für Vila do Conde, auf den Nachbarort Póvoa de Varzim. Die bisher gemachten Zugeständnisse an die wachsende Reiselust der Portugiesen konnte der Ort recht gut verkraften.

- *Information*: Im Ort, Rua 5 de Outubro, Tel. 642700. Hier auch eine kleine kunsthandwerkliche Ausstellung; Frauen zeigen, wie sie weben und klöppeln (im Ort gibt es seit 1912 eine Schule dafür).
- *Übernachten*: **Hotel Estalagem do Brasão**, Av. Coronel Alberio Graca 14, Tel. 624016. Moderner Bau im alten Dorf, etwas im alten Stil gehalten (halbvergitterte Fenster). DZ ca. 70 DM.
Manco d'Areia, Billigpension am Praça da República 84, Tel. 631748.

Barcelos

Ruhiges Provinzstädtchen mit Atmosphäre. Zentrum des nordportugiesischen Kunsthandwerks. Das Dorf liegt in einer fruchtbargrünen Landschaft am ausgewaschenen Flußbett des Rio Cavado. Am Ufer hängen Trauerweiden weit übers Wasser.

Von Barcelinhos ("Klein-Barcelos"), dem Dorf am anderen Ufer, hat man den besten Blick auf Barcelos und die Ruinen des *Braganza-Palastes* oberhalb der gotischen Flußbrücke. Etwas weiter oben liegt das Dorfschwimmbad an einer der Sandbänke. Mit Balken und einem Laufsteg grenzte man ein Stück Fluß ein, um nicht von der Strömung mitgerissen zu werden.

Am besten fährt man an einem Mittwoch nach Barcelos, um am nächsten Morgen auf dem donnerstäglichen *Wochenmarkt* herumstöbern zu können. Um den Brunnen am Campo da República verkaufen die Handwerker der Gegend Töpfergeschirr, geflochtene Körbe, Möbel, Schnitzereien und gewebte Wandteppiche. Populäre Portugalmitbringsel sind die Figürchen der Marschmusikanten und der grellfarbige Hahn, den man überall in Portugal bekommt, allerdings teurer als hier. Im

86 Nordportugal

Lissabonner Hilton-Shop war z.B. eine einfarbige Tierfigur fast sechsmal so teuer wie auf dem Markt von Barcelos.

> Der **Barceloshahn** erinnert als bunte Tonfigur in jedem Souvenirshop an eine Legende aus dem 14. Jh. Demnach kam ein galizischer Pilger durch Barcelos. Unglücklicherweise fahndete der Dorfpolizist seit Wochen nach dem Schuldigen einer Untat. Auch dem Richter kam der suspekte Galizier gerade recht; er machte kurzen Prozeß - in der Schlinge sollte der vermeintliche Täter sterben. Vor der Hinrichtung deutete der Todeskandidat auf die von ihm verweigerte Henkersmahlzeit und wimmerte: "Dieses knusprige Hähnlein wird meine Unschuld auskrähen." Als der Brathahn dann wirklich krähte und heftig mit den Flügeln schlug, machte die Falltür schon "flop". Dem Galizier rettete jedoch der verklemmte Henkersknoten das Leben!

Information Verbindungen

- *Information*: Largo Porta Nova, im Turm, Tel. 053/811882. Geöffnet: Mo-Sa 9-12.30 und 14-18 Uhr, donnerstags durchgehend.
- *Verbindungen*: **Busse** nach Viana do Castelo, Esposende, Porto, Braga und Ponte de Lima.
Bahn: Station der Minho-Linie (Porto - Valenca, spanische Grenze - Monaco).

Übernachten

Albergia Condes de Barcelos, Av. Alcaides de Faria, Tel. 811061. Modernes, zehnstöckiges Hochhaus zwischen Bahnhof und Altstadt, ca. 10 Min. vom Zentrum. Geräumige Zimmer mit Imitationen von Antikmöbeln. Die Zimmer an der Vorderfront haben große Balkons zur Straße hin. DZ mit Bad ca. 90 DM.

Pension Arantes, Av. da Liberdade 32-36, Tel. 811326. Interessantes Treppenhaus mit Azulejokachelung und Steinstufen. Ordentliche, ruhige Zimmer mit Blümchentapete, teilweise Teppichboden, einige mit mehreren Betten. Die Zimmer im zweiten Stock sind einfacher und billiger. Freundlicher Vermieter. DZ ohne Bad ca. 35 DM, mit Bad ca. 50 DM.

Pension Bagoeira, Av. Dr. Sidonio Pais 57, Tel. 811236. Geräumige Zimmer, leider nur wenige mit großen Doppelbetten. Gemeinschaftsbad. Am schönsten ist Zimmer Nr. 2 mit zwei Riesenbetten, auch von vier Personen benutzbar (für ca. 55 DM). Ansonsten zahlen zwei Personen ca. 50 DM (ohne Frühstück).

Essen

Turismo, Esplanada do Turismo. Gepflegtes Restaurant oberhalb vom Fluß mit durchgehender Fensterfront an zwei Seiten, schöner Blick. Minho-Küche, Hauptgerichte um die 15 DM, zu manchen Gerichten gibt's Kartoffelpüree.

Bagoeira, Av. Dr. Sidonio Pais 57. Typisch portugiesische Küche. In der verräucherten Eßhalle kann man dem Koch auf die Finger schauen, da die Küche nur durch den Tresen abgetrennt ist. Das Essen ist billig und gut, Hauptgerichte ca. 8 DM, dazu gibt's derbes Schwarzbrot.

Fuma, Largo da Madalena 105, 5 Min. vom Zentrum Richtung Esposende. Viele gegrillte Sachen vom großen Holzkohlerost am Eingang. Hauptgerichte ca. 7,50 DM. Spezialität: Hähnchen, ein halbes kostet ca.

Barcelos 87

4 DM. Im Obergeschoß befindet sich ein Restaurant. Montags geschlossen.

Tasca Gilvicente, Rua Jesus da Cruz 10, in der Nähe von der Igreja do Senhor da Cruz. Recht einfach. Das Speisezimmer im ersten Stock liegt gleich neben der Küche. Günstige Preise.

Dom Antonio, Rua D. António Barroso (in der Fußgängerzone). Drei gemütliche kleine Speisesäle mit Wänden aus Ziegeln und Bruchstein. Leckere Gerichte aus der Region. Hauptgerichte ca. 9 DM. Es gibt auch halbe Gerichte für den kleinen Hunger, medio doce.

Confeitaria Salvacao, ebenfalls Rua D. António Barroso. Wer gerne süß ißt, findet nicht wieder hinaus aus dem jugendstileingerichteten, reich mit Azulejos geschmückten Café. Große Auswahl an Doce Regionals (Süßwaren), dazu ein Gläschen Portwein, wunderbar ...

Sehenswertes

Kunsthandwerkszentrum im Turm am Largo da Porta Nova.

Handgeknetete Kunstwerke in Galegos

Es sind viele Sachen zum Verkauf ausgestellt, besonders Töpferware. Die Preise niedriger als in den Läden. Öffnungszeiten: täglich von 9.30-12 und 14-18 Uhr, donnerstags durchgehend geöffnet.

Neben der Polizei (GNR) findet man einen alten Kaufmannsladen mit viel Jugendstilschmuck, kleinen Fächern, alten Waagen... Für Durstige gibt es auch etwas zu trinken.

Töpferdörfer Galegos S. Martinho, Sta. Maria und Manhente

Die Dörfer liegen ca. 5 km außerhalb an der Straße nach Prado. Fast jede Familie hat eine eigene Töpferwerkstatt - die Konkurrenz ist groß. Die berühmtesten Töpfer sind Sr. Misterio, Sr.a Rosa Cota und die 1977 verstorbene Sr.a Rosa Ramalho. Letztere lehrte jedoch ihrer Nichte das Handwerk von der Pieke auf, und in deren Werkstatt in S. Martinho (Wegweiser lauten noch auf Rosa Ramalho) kann man sehen, wie flink die Hände gehen. Die surrealistischen Figuren in den Ladenregalen sehen aus wie die gemalten Gestalten von Hieronymus Bosch. Beliebtes Darstellungsmotiv von *Julia Ramalho* sind die sieben Untugenden in Form von Tiermenschen. So kriechen z.B. der *Wut* Schlangen aus dem Rachen, und würgend drückt sie kleine Männlein an ihren Körper, denen die Zunge heraushängt.

Jugos (Zugjoche) sind schön geschnitzte Holzbretter, mit denen die Ochsen vor den zweirädrigen Karren gespannt werden. Auf dem Markt muß man dafür gut 40 DM hinlegen. Am wertvollsten sind "antike" Bretter aus Hartholz, die Bretter vom Markt sind meist aus Fichtenholz geschnitzt und nur zur Dekoration geeignet. Eine Schnitzerwerkstatt gibt es im Dorf *Carvalhal*, ca. 4 km außerhalb in Richtung Braga. Inhaber ist Armenio Coalho. Er arbeitet fast eine Woche an einem Brett; wenn Zeit ist, schnitzt Armenio auch Möbel.

Gerêz-Nationalpark

Eine interessante Variante der Portugaleinreise führt durch den Nationalpark Serra do Gerêz. Sie hat landschaftlich mehr zu bieten als die Route am Rio Minho entlang. Das Gebirge von Gerêz ist eine unberührte Landschaft mit dichten Wäldern und tief eingeschnittenen Tälern. Die Vegetation ist sehr vielfältig, in manchen vom Wind geschützten Tälern herrscht ein Mikroklima mit Pflanzen, die nirgendwo sonst in Portugal zu finden sind.

Es gibt uralte Eichen mit einem Stammdurchmesser von fast zwei Metern, und zwischen den Bäumen wuchert Farnkraut und Moos. Mit etwas Glück sieht man halbwilde Ponies (die Herde umfaßt ca. 70 Tiere), die im Norden des Parks leben. In den kristallklaren Flüssen und Stauseen kann man nach Forellen angeln. Leider muß man wegen eines Angelscheins erst nach Vieira do Minho (liegt ca. 25 km südlich von Gerêz) fahren. Gegen eine Gebühr von ca. 5 DM bekommt man dort die Angelerlaubnis für die ganze Saison.

Das einzige größere Dorf im Park ist das Thermalbad **Gerêz**, das sehr schön in einem bewaldeten Tal liegt. Der Ort begann um 1910 zu wachsen, als Ärzte die Mineralquelle mit heilendem Wasser anpriesen und das erste Hotel entstand (Hotel Ribeira).

Information *Verbindungen*

• *Information*: im Säuleneingang am nördlichen Dorfausgang an der Avenida Manuel Ferreira da Costa, Tel. 391133. Öffnungszeiten: täglich von 9-12 und 14-17 Uhr, samstags bis 18 Uhr, sonntags nur vormittags.
Allgemeine Informationen zum Park: **Delegaçao do Parque** (Parkverwaltung), oberhalb von der Pension Baltasar. Öffnungszeiten: 9-12.30 und 14-18 Uhr, am Wochenende geschlossen.

• *Verbindungen*: **Bus**: Ca. 4x täglich nach Braga. Kein Bus über die Grenze nach Spanien. Der Grenzübergang *Portela do Homem* ist nur vom 1. Mai bis 31. Oktober geöffnet.
Auto: Eine einsame, der Natur vollkommen angepaßte Straße ("Öko-Straße") führt von Moldeo do Minho entlang der *Serra da Agra* ins Landesinnere. Kürzester und lohnenswerter Weg nach *Gerêz* geht über Caminha - Paredes de Coura -

Gerêz-Nationalpark 89

Arcios - Vila Verde. Besonders das erste Drittel des Weges ist dünn besiedelt; dichte grüne Laubwälder wechseln sich mit exakt eingefaßten Weiden und Äckern ab.

Übernachten

Hotels und Pensionen sind sich in Ausstattung, Preis etc. sehr ähnlich, da sie alle mehr oder weniger zur gleichen Zeit und als reine Touristenunterkünfte entstanden. Nachfolgend trotzdem einige Vorschläge:

Pousada de São Bento, Caniçada Enatur, Tel. 647190. Ca. 15 km südlich von Gerêz bei Canicada gelegen, sehr hoch am steilen Hang über den Stauseen. Mit Weinreben bewachsene Granitgebäude. Von den meisten Zimmern hat man eine sehr schöne Sicht in die bewaldeten Täler und die Stauseen. Swimmingpool vorhanden. DZ mit Bad ca. 150 DM.

Pension Central Jardim, Av. Manuel Francisco da Costa, Tel. 391132. Gegenüber von den Heilquellen gelegen, daher viel von Heilungssuchenden besucht. Einfache, etwas sterile Zimmer, teilweise mit kleiner Sitzbadewanne. Zimmer in zweiten Stock (ohne Bad) haben ältere, stilvollere Möbel. DZ ohne Bad ca. 55 DM, mit Bad ca. 65 DM.

Pension Baltasar, Av. Manuel Francisco da Costa (oberhalb von den Heilquellen), Tel. 391131. Drei-Sterne-Pension im Familienbetrieb. Altes Granithaus, einfach möblierte Zimmer, dekoriert mit selbstgehäkelten Deckchen der Hausfrau. Die Zimmer mit Bad sind recht geräumig, die anderen sehr klein. Alle mit Heizung. Freundliche Vermieter. DZ ohne Bad ca. 30 DM, mit Bad ca. 35 DM. Im Restaurant ißt man preiswert und gut portugiesische Hausmannskost.

Pension Da Ponte, Rua da Boavista, Tel. 391121. Auf der anderen Bachseite. Einfache Zimmer mit Holzfußboden, zum Teil mit kleinem Balkon. Ständige Begleitmusik ist das starke Wasserrauschen vom Fluß. DZ ohne Bad ca. 30 DM, mit Bad ca. 50 DM.

Am Barragem Caniçada liegen viele einfache **Residenciales**. Die Zimmer sind oft preiswert, 20-30 DM, und mit Seeblick.

Außerhalb des Dorfes *Campo da Gerêz*, an der Hauptstraße, liegt das einfache **Café Stop**, wo auch einige Zimmer vermietet werden. Gute Brotzeitmöglichkeiten - es gibt *Broa* (dunkles, festes Maisbrot) und *Presunto*, auch einige warme Gerichte. Der Inhaber verkauft selbstgeschleuderten Honig.

● *Jugendherberge*: Einfaches Haus in wunderschöner Umgebung gelegen. Insgesamt 138 Betten. Es werden Mahlzeiten serviert und Fahrräder verliehen. Adresse: **Vilarinho das Furnas**, Parque Nacional do Gerêz, **São João** do Campo, 4840 Terras do Bouro, Tel. 351339.

Camping

1 km talaufwärts von Gerêz liegt ein Campingplatz. Zwei Personen, Zelt und Auto ca. 7,50 DM. Vom 1. Mai bis Ende Oktober und zwei Wochen an Ostern. Wild campen ist offiziell im ganzen Park verboten. Es gibt insgesamt vier mit minimalen sanitären Einrichtungen ausgestattete Plätz, wo man sein Zelt aufschlagen kann. Sie sind in den Karten der Parkverwaltung verzeichnet, allerdings meist nur zu Fuß zu erreichen.

Daneben existieren **Berghütten** mit je 4 Doppelzimmern, Gaskochern, heißer Dusche, in denen man sich für ca. 50 DM einmieten kann. Allerdings sind sie meist schon Wochen vorher ausgebucht. Reservieren kann man bei der Tourist-Info in Gerêz.

Essen Nachtleben

Santa Comba, am Anfang des Dorfes rechts, hinter der Snack Bar Pedra Bela. Wirkt innen eher wie ein Wohnzimmer, alte massive Anrichte, an der Wand hängen kitschig bedruckte Teppiche. Gut zubereitete Speisen zu durchschnittlichen

Preisen. Spezialität: *Arroz de malandro* (Reis nach Schlendrian-Art), ein gemischter Reistopf mit Hühnerfleisch. Der Liter Vinho Verde (rot) vom Faß kostet nur knappe 2 DM! Für ca. 20 DM sind hier auch vier muffige, alte Zimmer zu vermieten.

Novo Sol, Av. Manuel Francisco da Costa, am Dorfanfang. Einfaches, etwas kahles Familienrestaurant mit Durchschnittsgerichten und -preisen. Das Beefsteak, das wir probierten, war von recht guter Qualität, kam mit Reis, Kartoffeln, Pickles und einer großen Salatplatte. Dafür zahlten wir ca. 9 DM.

Das einzige **Pub** im Dorf hat nur am Wochenende und durchgehend im Sommer geöffnet. Etwas gehobener Preis, viel von Touristen besucht. Liegt am Ortseingang rechts.

Die **Café-Bar Toca do Javali** ("Wildschweinbau") wirkt in ihrer typischen Strandhüttenkonstruktion in den Bergen etwas deplaziert. Ansonsten ist sie aber recht gemütlich; schön ist es im Sommer, wenn man draußen sitzen kann. Liegt ebenfalls am Dorfanfang an der Hauptstraße.

Wandern

Quer durch den Park führen Wanderwege durch die schönsten Waldlandschaften. Die längsten Routen sind Tagesmärsche über 15-20 km. Eine **Wanderkarte** gibt es für ca. 4 DM bei der Delegação do parque; außerdem halbwegs brauchbare Karten auf dem Campingplatz für ca. 2,50 DM. Im Forst- und Touristenbüro verteilen außerdem jeweils drei Personen großzügig Prospekte, wissen aber ansonsten recht wenig Bescheid.

Sehr hübsch ist die Strecke von *Albergaria* im Norden bis zum *Stausee Vilharinho da Furrna* und weiter zum Dorf *Campo do Gerêz*. Während der Sommermonate kann man diesen Weg nur zu Fuß zurücklegen. Der Stausee wurde 1970 aufgestaut und begrub eines der typischsten Dörfer der Gegend unter sich. Die ca. 50 Familien lebten sehr isoliert und hatten deswegen viel Zusammenhalt. In einem großen gemeinschaftlichen Backofen wurde Brot gebacken. Heute leben die Bewohner über die anderen Dörfer des Parks verstreut, manche gingen auch nach Braga. Ähnlich jedoch ist das mittelalterliche Dorf Campo do Gerêz. Die unverputzten Häuser sind aus dunklen Granitquadern zusammengeschichtet, der Kuhstall befindet sich unterhalb der Wohnung (Fußbodenheizung). Die schmalen Dorfgassen sind durch einen Baldachin aus Weinreben gegen die Sonne geschützt.

Im Sommer gibt es verschiedene Ausflugsbusse, die jedoch nur ab einer bestimmten Personenzahl fahren. Abfahrt bei der Parkverwaltung.

Sport

Reiten: In Viveiro de Vidoeiro, ca. 1 km nördlich von Gerêz, werden ca. 20 Pferde vermietet. Die Gäule haben um die 14 bis 20 Jahre auf dem Buckel. Ausritt mit mindestens drei Personen und nur mit Führer. Mit ca. 9 DM ist die Reitstunde recht billig.

Baden: modernes, beheiztes Schwimmbad am oberen Ortsausgang in einem hübschen, dichtbelaubten Park. Bei Albergaria hat sich im Fluß ein schöner, natürlicher Pool gebildet, zum Sonnen große Steinquader, und alles ist von üppigem Grün umgeben. Wassertemperatur im Sommer ca. 15° C, etwas frisch für durchgeschwitzte Wanderer!

Heilkuren: Das Mineralwasser von Gerêz wird vor allem von Leuten geschluckt, die es an den Nieren oder der Galle haben. Das Wasser ist verschreibungspflichtig, die "Trinkgebühr" von ca. 40 DM schließt drei Arztbesuche mit ein. In der Säulenwandelhalle gibt es dazu weißbefrackte Schwestern, die die an Felsen herunterrieselnde Quelle "bewachen".

Braga

Eine geschäftige Kleinstadt mit Industriesiedlungen am Stadtrand und einem Erzbischof. Im Zentrum viele kleine Parks.

Besonders schön der *Jardim S.ta Barbara* mit blühenden Blumenbeeten und dem zackigen Gemäuer der alten Bibliothek daneben. Bei Sonnenschein stellt das Café am Platz Tische in den Park, und man kann gemütlich Kaffee trinken.

In Lissabon spöttelt man über die fromme Stadt wegen *Bom Jesus*, dem heiligen Berg am Stadtrand, den viele Pilger per Knie erklimmen. Die Frömmigkeit zeigt sich auch in einer Statistik: In Braga besuchen 60% der Bevölkerung regelmäßig den Gottesdienst, im Gegensatz dazu steht Beja (Alentejo) mit 3%!

Sehenswert ist insbesondere die **Sé-Kathedrale**, ein romanischer Bau aus dem 12. Jh.; spätgotische Vorhalle mit zierlichen Figuren, an der Choraußenwand die "Milchmadonna" (Nossa Senhora do Leite), die das Jesuskindlein stillt. Im Kirchenmuseum geschnitzte Chorstühle, bestickte Talare etc.

Auch dem **Palacio dos Biscainhos** sollte man einen Besuch abstatten. In den Untergeschossen des schön restaurierten Adelspalasts am Praça Municipal sind eine bescheidene Volkskunstausstellung und ein alter Reitstall untergebracht, im ersten Stock wertvolle antike Möbel und Wandgemälde. Öffnungszeiten: 9.30-12.30 und 14-17.30 Uhr, montags geschlossen.

Information Verbindungen

- *Information*: Praça de República, Ecke Avenida Central/Avenida Liberdade, Tel. 053/22550. Geöffnet: Mo-So 9-19 Uhr.
- *Verbindungen*: **Bus**: nach Porto, Guimarães, Barcelos, Viana do Castelo, Gerêz (Nationalpark).
Bahn: Endstation einer kleinen Nebenbahn, Züge nach Monçao und Porto.

Übernachten Camping

Hotel João XXI, Av. João XXI 849, Tel. 22146/7. Kleines Zwei-Sterne-Hotel am Stadtrand, an der Avenida nach Bom Jesus. Gemeinschaftsraum mit offenem Kamin. DZ mit Bad ca. 100 DM, mit Dusche ca. 85 DM.

Hotel Sul-Americano, am heiligen Berg Bom Jesus, Tel. 676615. Preiswertes Hotel (ein Stern), alte, saubere Zimmer

mit Bad und kleinem Balkon zum Kirchplatz (ca. 70 DM), ohne Bad zum grünen Steilhang hinter dem Haus (ca. 55 DM).
Hotel do Elevador, ca. 5 km außerhalb, Bom Jesus, Tel. 676611. Am Berghang inmitten des üppig grünen Bom-Jesus-Parks gelegen, toller Blick. Das Hotel wurde Ende der 60er Jahre für Pilger gebaut, steht aber meist leer. Zimmer geräumig, meist mit Balkon, dekorative Möbel. DZ ca. 110 DM.
• *Jugendherberge*: 60 Betten, Rua de S.ta Margarida 6, Tel. 73917.
• *Camping*: am Stadtrand neben dem Stadion (Straße nach Guimarães). Ziemlich klein, terrassenförmig, im unteren Teil sehr schattig. Von Juni bis September voll. Bademöglichkeit nebenan im städtischen Schwimmbad. Preis für zwei Personen, Auto und Zelt ca. 7 DM.

Essen

Inacio, Campo las Hortas (Rua Francisco-Sanches). Gemütlicher Speiseraum mit alter Holzdecke und gemauerter Granitwand. Viele Spezialitäten: *Pescada* (Schellfisch) mit Zwiebelsauce (ca. 9 DM), *Bife na cacarola* mit pikanter Sauce, Scheibe Schinken, Ei und Röstkartoffeln, *Entrecote grelhado na chaopa* (auf dem Blech gegrillt), zum Nachtisch Soufflé.
Bem-me-quer ("Maßliebchen"), liegt neben Inacio. Nicht ganz so gemütlich, niedriger Speiseraum mit einer Tischreihe pro Wand. Hier bekommt man auch den Zwiebel-Pescada, allerdings erst ab ca. 10 DM.
Casa Grulha, Rua dos Biscainhos 93, am Campo las Hortas. Kleiner Raum mit Wohnzimmeratmosphäre, gekocht wird im Eck auf einem holzbeheizten Herd, der kräftig den Raum aufheizt. Hauptgerichte ca. 6,50 DM, es gibt meist auch *Cabrito assado* (gebratene Ziege).

Papagalo, am Praça Municipio. Einfache Bar mit kleinem Restaurant im Obergeschoß, freundliche Besitzer. Für den Preis von ca. 7 DM gutes *Bife*, nach Wunsch mit Zwiebel-Paprikasauce ("Molho").
Taverna da Quinta da Juste, am Campo Novo. Man trinkt den frischen, tiefroten Wein, der hier besonders frisch und fruchtig schmeckt, aus der Schale. Dazu gibt es kleine Stockfischkuchen (*Bolho do bacalhau*).
Snack Bar Favorita, Rua dos Chaos 139, ca. 200 m vom Turismo entfernt. Preiswerte, schnelle Gerichte im ersten Stock über der Pastelaria. Schmaler, wenig gemütlicher Raum mit langer Bar und einer Reihe von Tischen parallel dazu. Dienstags geschlossen.
Café A Brasileira, Largo do Barao do S. Martinho. Das originelle Kaffeehaus liegt im Herzen von Braga. Immer voll und voller Leben.

Einkaufen Feste

Jeden Dienstag für die Handwerker und Gemüsehändler Markt am **Largo de São João**, am unteren Ende der Avenida da Liberdade.

Am 22. Juni **Kirchweihfest von São João** mit Folklore und Festumzug.

Bom Jesus

Vielbesuchter Wallfahrtsberg, ca. 5 km südlich von Braga. Seit Jahrhunderten in Kirchenbesitz, wuchert der Wald ungestört vor sich hin, üppige Vegetation, schön für Spaziergänge. Es besteht die Möglichkeit, Tennis zu spielen. Am Fuße des Bergs beginnt eine Treppe zur 1.500 Stufen höher gelegenen barocken Wallfahrtskirche.

Man kann aber auch mit der wassergetriebenen Kabelbahn hochfahren: Die obere Kabine wird mit Wasser gefüllt und zieht bei der Talfahrt die untere hoch. Das Wasser wird oben am Berg aus einem kleinen Teich gezapft - pro Fahrt werden 3.500 Liter benötigt! Oben können auch Ruderboote gemietet werden.

Bom Jesus ist für echte Wallfahrer die erste Etappe der "Bergtour". Noch einmal 200 m höher liegt eine weitere, moderne Wallfahrtsbasilika. Kranke lassen sich vom Dorf Bom Jesus von einem Pferd hinauftragen.

Verbindung: Den Wagen läßt man am besten stehen und fährt mit der Bahn hoch. Busverbindung mit Braga: *Bom Jesus* steht angeschrieben, alle halbe Stunden ab dem Largo Carlos Amarante.

Guimarães

Im hügeligen Waldgebiet der Serra de Santa Catarina gelegen. Am Ortsrand moderne Textilfabriken und billig gebaute Wohnblocks. Innerhalb der alten Stadtmauer herrscht trotz einiger bunt dekorierter Schaufenster mittelalterliche Atmosphäre.

Die geschäftige Altstadt ist Zentrum und kein verlorenes Lissabonner Alfama-Viertel, für das nur noch die Touristen Interesse zeigen. An der alten Mauer am Hauptplatz steht in Portugiesisch geschrieben: "Hier wurde Portugal geboren". Wahrscheinlich passierte es aber oben im Schloß, als sich *Alfonso Henriques*, Graf der kleinen Provinz Minho (Portucale), wieder einmal mit seiner kastilischen Verwandtschaft stritt und beschloß, sich selbständig zu machen. Sein kastilischer Vetter konnte das natürlich nicht dulden und belagerte mit seinen Mannen die Stadt. Doch der Graf versprach Besserung und beschwichtigte seinen Cousin, bis dieser wieder abzog. Der Hader dauerte jedoch weitere 16 Jahre, bis Alfonso Henriques 1143 die Unabhängigkeit zugestanden bekam. Die Kreuzritter halfen ihm später, das heutige Portugal von den Mauren zu "säubern".

Information Verbindungen

- *Information*: neben Praça Toural an der Alameda S. Damaso, Tel. 053/412450. Geöffnet: täglich von 9.30-12.30 und 14-17 Uhr, Juli bis September bis 19 Uhr. Eine zweite Tourist-Info gibt es am Praça da Santiago.
- *Verbindungen*: **Auto**: Mit dem eigenen Wagen nach Porto am schnellsten über Farmalicao, ab dort eine gut ausgebaute Verbindungsstraße nach Porto und Braga. Viele Fabriken in dieser Region (z.B. Grundig, Zeiss), viel LKW-Verkehr.
Bus: Häufig Busse nach Porto (meist via Farmalicao), Braga, Povoa de Varzim und Amarante.
Bahn: Der Ort liegt an der Eisenbahnlinie Porto - Trofa - Santo Tirso - Fafe.

Übernachten

Pousada da Oliveira, Rua S.ta Maria, Tel. 514157. Wurde 1980 in einem alten Granitgebäude eröffnet. Warme Einrichtung in Aufenthaltsräumen und Zimmern durch dicke Teppiche und viele moderne Bilder. DZ mit Bad ca. 170 DM.
Pension São Mamede, Rua de São Goncalo 1, Tel. 513092. Kleine Drei-Sterne-Pension in einem Betonblock. Empfehlenswert, aber die 13 Zimmer sind

Nordportugal

oft ausgebucht. EZ ohne Bad ca. 32 DM, DZ ohne Bad ca. 45 DM, mit Bad ca. 60 DM.
Pension Imperial, Alameda Resistencia ao Fascismo 11, Tel. 515163. Zwei zusammengebaute alte Häuser mit vielen Zimmern und verwinkelten Fluren. Die Zimmer: picobello sauber, teilweise mit Minibalkons zum kleinen Park hin. DZ mit Badewanne ca. 45 DM, ohne Bad ab ca. 30 DM. Ein passables Restaurant liegt im ersten Stock.
Residencial das Trinas, Rua das Trinas 29, Tel. 517358. Liegt sehr zentral, saubere Zimmer, alle mit Bad. EZ ab ca. 30 DM, DZ ab ca. 50 DM.
Mehrere **billige Dormidas** in der Rua Egas Moniz, parallel zur Alameda. Sie haben teilweise einen "anrüchigem" Touch, aber es gibt Zimmer zu Sparpreisen.

Camping

Auf dem **Wallfahrtsberg Penha**, 6 km außerhalb, terrassenförmige Anlage am bewaldeten Berghang. Gemeinschaftshaus für Gäste mit offenem Kamin und Swimmingpool davor. Preis für zwei Personen, Auto und Zelt ca. 4,50 DM. Am Wochenende viele Portugiesen am Berg, zum Picknick oder zum Beten in der Basilika.
Schönes Hotel in der Nähe vom Campingplaz (**Hotel Penha**, DZ ab ca. 45 DM). In der nahegelegenen **Pension** mit gutem Restaurant bekommt man schon ab ca. 37 DM ein DZ mit Bad. Auf der Bergspitze gepflastertes Plateau mit sehr schöner Aussicht. Von Guimarães fährt im Sommer alle 30 Min. ein Bus den Berg hinauf. Abwechslungsreicher Fußweg zurück ins Tal.
Camping auch in **Taipas**, einem kleinen Dorf mit Thermalquellen und Kurhotel. Liegt nur 7 km nordöstlich von Guimarães. Der Platz liegt in einer bewaldeten Flußniederung neben dem öffentlichen Dorfschwimmbad und ist mit ca. 4 DM noch etwas billiger.

Essen

Ein Tip für Durchreisende ist das **Restaurant Iris** in *Farmalicão*. Kurioserweise an der *Galp*-Tankstelle an der Abzweigung nach Porto im Ort. Sr. Salazar, der große Diktator, pflegte dort zu speisen, sein Stammtisch rechts hinten wird von der Wirtin, wenn möglich, von anderen Gästen freigehalten. Die Preise sind gesalzen, aber das Essen ganz gut, das Menü ca. 20 DM.
Jordao, Av. D. Alfonso Henriques. Renommée-Restaurant von Guimarães. Großer Saal mit 100 Tischen und gedämpfter Musik. Bekannt für die kalten Wurst- und Fleischleckerbissen (*Acepipes especiais*). Das Menü für ca. 28 DM beinhaltet Suppe, Portion Acepipes especiais, Hauptgericht und Nachspeise. Montags geschlossen.
Solar da Rainha, Rua da Rainha 133. Freundliche, aufmerksame Bedienung. Dem Koch kann man auf die Finger schauen. Hauptgerichte für ca. 11 DM.
Nicolao, Praça Toural. Kleines Mittelklasse-Restaurant, wohin die Textilingenieure ihre englischen Geschäftspartner führen. Guter, schneller Service, schmackhaftes Essen in großen Portionen. Hauptgerichte um die 8 DM. Empfehlenswerte Omelettes.
Vira Bar, Alameda S. Damaso. Pizzeria, viele gute Salate. Nicht teuer, Pizza ab ca. 5 DM. Gepflegtes Restaurant (Kat. 1) im Obergeschoß, ca. 1 DM teurer.
Pastelaria Egas Moniz, Rua Alfredo Guimarães, am Ende der Rua Egas Moniz. Hier gibt es leckeres süßes und salziges Gebäck. Zu empfehlen ist der Wikkelkuchen mit Mandelfüllung (ähnlich wie Marzipan), *trança da amendoa*.

Einkaufen

Wegen der vielen Textilbetriebe bekommt man günstig Bekleidung und Schuhe. Der Großteil der Produktion geht ins Ausland, die Qualität ist deshalb ganz gut.

Guimarães 95

Bei *Bercel*, Rua Padre Borges 29, gibt es preiswerte Jeans mit Webfehlern für ca. 35 DM.

Antik- & Ramschladen von Manuel Silca neben einem Bestattungsinstitut in der Rua Camoes 65. Das ganze Haus und die Schuppen dahinter sind mit alten Sachen vollgestapelt, selbst der Balkon quillt schon über. Preise durchwegs günstiger als in vergleichbaren Läden in Porto.

Sehenswertes

Die alte **Königsburg** von *Alfonso Henriques* auf dem Hügel oberhalb der Altstadt. Ältester Teil ist der Burgfried, der 996 nach der normannischen Invasion erbaut wurde. Leider kann man die Burg nicht betreten, nur die Mauern sind noch gut erhalten.

Etwas unterhalb der Burg steht der **Palast der Herzöge von Braganza**. Er stammt aus dem frühen 15. Jh. In den Gemächern stehen wuchtige Möbelstücke aus der Ritterzeit, an den Wänden wertvolle Gobelins. Die Atmosphäre vermittelt eine gute Vorstellung vom damaligen Herrschaftsleben. Besuchszeit: täglich von 9-17.30 Uhr, montags geschlossen.

Sehenswert ist das **Museum Alberto Sampaio**, angelegt in einem ehemaligen Kloster, das im 10. Jh. von der galizischen *Prinzessin Mumadona* gegründet wurde. Am robusten, romanischen Kreuzgang liegen die sehr stilvoll dekorierten Ausstellungsräume. Zu sehen sind sakrale Kunstwerke, Porzellan, Gold- und Silberschmiedearbeiten. Öffnungszeiten: täglich von 10-12.30 und 14-19 Uhr, montags geschlossen.

Mittelalterliches Flair in der **Rua Santa Maria**, allerdings etwas für den Tourismus inszeniert. Die dicken Pflastersteine der Gasse sind sauber wie geleckt, in den ehemaligen Herrschaftshäusern befinden sich jetzt teuere Antiquitätenläden.

Echter und lebhafter geht es in der ärmlichen **Rua Egas Moniz** zu, die parallel zur Alameda verläuft; jeder zweite Hauseingang verbirgt dort eine Tasca. Es hallt nur so von Kindergeschrei und Hundegebell. Hölzerne Balkons kleben an den Hauswänden, davor hängt permanent Wäsche an den Trockenleinen.

Fest

Am ersten Augustwochenende; am besten ist jedoch der Montag danach, wenn die Leute mit selbstgemachten Puppen, Instrumenten und allem Interessanten, was sie finden können, durch die Straßen ziehen.

Citania de Briteiros

Das Trümmerfeld einer frühen keltischen Siedlung liegt ca. 10 km nördlich von Guimarães. Gegründet wurde das Dorf wahrscheinlich 500 v. Chr., bewohnt war es bis ins 4. Jh. Die runden Fundamente der Häuser ragen noch etwas aus dem Boden, auf der Gasse zum Hügel hinauf ist noch das Originalpflaster mit klobigen Steinen zu sehen. Oben stehen zwei rekonstruierte Häuser mit spitzem Strohdach - einige hundert dieser Häuser standen einst hier.

Der Minho war schon vor Ankunft der Römer dicht besiedelt, bekannt sind über 50 solcher Siedlungen. Wer die Siedler waren, ist ungewiß. Es wird über Ligurer, Kelten oder Lusitaner gerätselt. Auf Tonscherben sind Namen wie Albinus Mommo oder Rasinius zu finden.

Amarante

Im grünen Tal des trägen Tamegaflusses. Viele fahren über die neue Betonbrücke am Dorf vorbei, weil es so klein ist. Aber gerade das ist so reizvoll an Amarante.

Besonders schön sind die alte Granitbrücke hoch über dem Fluß und die mit Ahorn und Trauerweiden bestandene Uferallee. Von den Balkons der Häuser könnte man glatt in den Fluß springen und mit den Dorfjungen um die Wette schwimmen. Im Ort gibt's wenig Hektik, man kann so richtig ausspannen. Schöne Wanderungen am Fluß entlang, durch üppig grüne Vegetation. Am südlichen Flußufer, nur einige 100 m flußabwärts, liegt der *Parque Florestal*, ein dichter Waldpark, in dem man überall das Rauschen des Flusses hört, wenn nicht gerade August ist und auch dieses Fleckchen von touristischer Hektik erfaßt wird. Für wenig Geld kann man sich ein Ruderboot ausleihen und den Rio hinaufpaddeln.

Information *Verbindungen*

- *Information*: Rua Alameda Teixeira de Pascoes (portugiesischer Schriftsteller), Tel. 025/432259.
- *Verbindungen*: **Bus**: mehrmals tägl. nach Vila Real, Porto, Guimarães und Lamego.

Auto: Nach Porto ist die Strecke am Rande der Serra de Marao und dann am Douro-Ufer entlang unbedingt empfehlenswert. Die kurvenreiche Straße führt durch schöne Wälder, fast immer mit dem Fluß im Blickwinkel.

Bahn: Auch Bahnverbindung nach Porto.

Übernachten *Camping*

Pousada São Goncalo, auf etwa halber Strecke zwischen Vila Real und Amarante, im Herz der Serra do Marao (Höhe 1.415 m), Tel. 461113. Liegt sehr schön an einem bewaldeten Berghang. Das DZ (kleine Suite) ca. 130 DM.

Hotel Silva, Rua Candido dos Reis, Tel. 432110. Das schönste Hotel im Dorf, aber Zimmer zur Flußseite verlangen – wegen der schönen Aussicht von der Terrasse. Hübsche Möbel. Die Zimmer zur Straße sind recht laut, besonders wegen der Bauernbuben, die gerne nachts durch die engen Dorfgassen fegen. DZ mit Badewanne ca. 45 DM, ohne Bad ca. 35 DM.

Ca. 20 km südlich, bei dem Dorf **Tabuado**, kann man kleine Häuschen in einem **Bungalowdorf** mieten. Einfache Einrichtungen, je 2x 2 Betten, Dusche, Kochnische, Eßtisch im Inneren. Essen kann man auch in dem dazugehörigen nachgebauten Kastell nebenan. Davor befinden sich Swimmingpool und Tennisplatz. Im

Amarante 97

Sommer finden Musikveranstaltungen und Parties statt. Tagespreis pro Bungalow ca. 75 DM. Adresse: Torre de Nevoes, den Beschilderungen im Dorf Tabuado folgen, Tel. 531755.

• *Camping*: Schöner Campingplatz am Fluß, Bademöglichkeit.

Essen

Zeda Calcada, Rua 31 de Janeiro 79. Gepflegtes Restaurant im Ort, gehobene Preisklasse. Terrasse zum Fluß.

O Valete, Rua 5 de Outubro. Gutes Mittelklasse-Restaurant mit typischer Minho-Küche. Großer Speiseraum, sehr sauber, aber nicht steril. Breite Fensterfront zum Fluß. Hauptgerichte um die 11 DM, leckere Mandelküchlein vorne im Café.

Lucitania, Rua 31 de Janeiro. Mit Blick auf den Fluß, typisch portugiesisches Essen wie Stockfisch mit Kichererbsen für ca. 8 DM.

Adega Regional Kilowatt, Rua 31 de Janeiro. Hier baumeln Schinken, Lorbeerblätter und geräucherte Würste von der Decke. Den frischen roten Wein trinkt man auf das Wohl von S. Goncalo, der aus der hintersten Ecke gut gelaunt herüberschaut. Unbedingt den Schinken probieren!

Café Lailai, Rua 31 de Janeiro. Leckere Früchtekuchen (*torta de frutas*). Man kann draußen auf der Flußterrasse sitzen und den Frauen beim Wäschewaschen zusehen.

Dolceria Marcos, Rua 5 de Outubro. Café mit großer Terrasse, sehr ruhig, wunderschöner Blick ins Grüne und auf den Tamega-Fluß.

Sehenswertes

Im **Museum** hinter der S. Goncalo-Kirche sind sehenswerte Gemälde des Portugiesen Amdaeu de Sousa Cardoso (1887-1918) ausgestellt. Er stammt aus Amarante und war mit Braque und Modigliani befreundet. Öffnungszeiten: täglich 9.30-12.30 und 14.30-17.30 Uhr, sonntags nur bis 13 Uhr.

Feste: Am 10. Januar wird der **Geburtstag des S. Goncalo** gefeiert. Er ist der Schirmherr des Dorfes, und die Feierlichkeiten sind noch Überbleibsel eines heidnischen Fruchtbarkeitskultes.

Am ersten Samstag im Juni findet eine Art **Jahrmarkt** mit Volksmusik und einer Prozession statt. Bei dieser Gelegenheit bieten die Bäcker des Dorfes eigens angefertigtes Gebäck in Penisform an. Die älteren Damen erröten und schauen auf die Seite, wenn sie an den betreffenden Ständen vorbeigehen. Die verwegeneren Burschen schenken die "Süßigkeiten" ihrer Angebeteten.

Porto (Oporto)

Wichtigste Industriestadt von Portugal. Die Fabriken stehen meist außerhalb der Stadt und fallen dem Besucher wenig ins Auge. Der relativ große Wohlstand der Einwohner zeigt sich an den zähen Blechlawinen in der Innenstadt, die alten Hausfassaden stehen jedoch noch.

Am interessantesten ist die *Altstadt* im engen Dourotal. Die mittelalterlichen Altstadthäuser stützen sich gegenseitig, um nicht einzufallen. An den Fassaden kleben grün berankte, schmiedeeiserne Balkons, davor flattert die aufgehängte Wäsche im Seewind. In den Gassen unter den Granitarkaden findet man Gemüsehändler und einfache Tavernen.

Früher mußten die Händler jeden Winter ihre Lager ausräumen, wenn der Fluß in einer Flutwelle seinen Schlamm herausrülpste. Seitdem Wasserkraftwerke am oberen Flußlauf stehen, ist er ruhiger geworden. Über den Fluß spannt sich neben der Altstadt die zweistöckige *Luis-I.-Brücke* (1886).

Auf der anderen Flußseite liegt der Ort *Vila Nova de Gaia*. Dort wird in Lagerhallen und Kellern der starke Portwein gemischt und gelagert. Im Fluß ankern alte Segelkähne, mit denen früher der Most herangeschafft wurde. Die Weinberge liegen nämlich 100 km stromauf, bei *Pinhao*. Heute legen Tanklastzüge die Strecke zurück. Die Kähne dienen nur noch als Fotomotiv und Werbefläche.

Der Portwein

Dem Portwein wird bei der Gärung Branntwein zugesetzt; dadurch wird sein Alkoholgehalt stärker (ca. 20 %) und er behält einen hohen Fruchtzuckergehalt. Der junge Portwein ist dunkelrot und wird *full* genannt. Bei längerer Lagerung wird er heller, *ruby*, um zuletzt zum *tawn* zu reifen. Es gibt süße, *doce*, und herbe, *seco*, Sorten. Ein guter Exportartikel ist der Port schon seit 200 Jahren. Vornehmlich wurde er nach England verschifft.

Die Weinkellereien können besucht werden. Zwecks Verkaufsförderung werden Besucher durch die Keller geführt, so mancher Hahn wird dabei zur Kostprobe geöffnet. Wem eine Führung noch nicht reicht, der kann insgesamt 55 verschiedene Port-Kellereien besuchen. Am lohnenswertesten ist der Besuch bei Ferreira am westlichen Ende der Kaiserstraße. *Ferreira* entstand im Kreuzgang eines ehemaligen Klosters. Hier ist der alte Herstellungsprozeß noch am ehesten nachzuvollziehen. Daneben liegt ein Bootssteg mit *Douro-Rundfahrten* zu jeder vollen Stunde. Sonntags und meist auch samstags (Nachmittag) sind die meisten Kellereien geschlossen. *Càlem* hat am Samstag geöffnet, die *Real Companhia Velha* auch am Sonntag von 8-13 Uhr.

Porto 99

Stadtpanorama

Information Verbindungen

• *Information:* Rua Clube Fenianos 25, neben dem Rathaus, Tel. 312740. Öffnungszeiten: Mo-Fr 9-19 Uhr, Sa 9-16 Uhr, So 10-13 Uhr.
Praça Dom João I, Tel. 317514. Täglich geöffnet von 9-19 Uhr, Sa 9-16 Uhr, So 10-14 Uhr.
Das **Goethe-Institut** liegt in der Rua do Campo Alegre 276.

• *Verbindungen:* **Auto**: Viel Verkehr, besonders nach 17 Uhr. Zentrales Parkhochhaus in der Rua de Goncalo Christovão.
Bus: In Porto gibt es mindestens zehn verschiedene Busbahnhöfe (oft kleinere Privatunternehmen), die meisten liegen im Zentrum. Am besten im Tourist-Info vorbeischauen, die Damen haben komplette Fahrpläne der Buslinien.
Bahn, Porto hat drei Bahnhöfe:
- *S. Bento*, im Zentrum, neben Praça Liberdade. Züge nach Norden, Aveiro, ins Landesinnere. Der Bahnhof steht auf den Grundmauern eines Klosters und ist wegen seiner üppigen Auskleidung mit Azulejos sehr sehenswert.
- *Campanha*, ca. 4 km außerhalb. Eilzüge aus dem Süden (Lissabon). Bei Zugankunft meist sofort Anschlußzug nach S. Bento oder per Bus Nr. 35 ins Zentrum.
- *Trindade*, im Zentrum hinter dem Rathaus. Lokalzüge nach Vila da Conde, Guimarães, Santo Tirso etc.
Flugzeug: Flughafen ca. 15 km nördlich der Stadt; Tel. 9482141. Die TAP fliegt täglich nach Frankfurt. Zweimal die Woche Lufthansa-Direktflug nach Frankfurt. Busverbindungen: nach der Ankunft von Flugzeugen fährt ein Transferbus ins Zentrum; Linienbus Nr. 56 ab Jardim do Cordoaria, von 7-21 Uhr ca. zwei Verbindungen pro Stunde. Geldwechselmöglichkeiten auch sonntags.

Konsulate

Deutschland: Avenida da Boavista 5004, Tel. 6102337. Öffnungszeiten: Mo-Fr 9-12 Uhr.

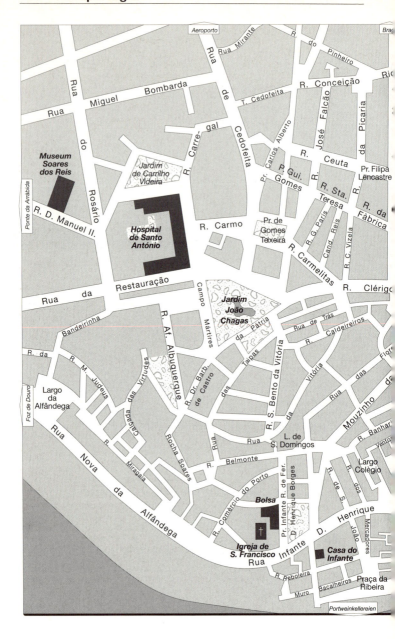

Porto 101

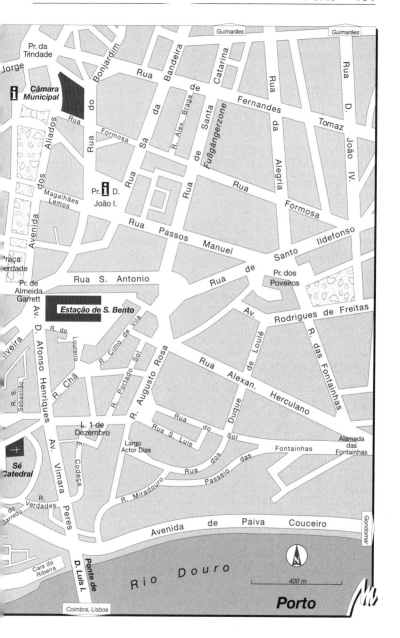

102 Nordportugal

Österreich: Praça Humberto Delgado 267, Tel. 2084757.
Schweiz: Rua de Gondarém 1427, 5°E, Ala S, Tel. 6189706.

Übernachten

Albergaria Miradouro, Rua da Alegria 598, Tel. 570717. Schicke Unterkunft in den drei oberen Stockwerken eines 13-stöckigen "Wolkenkratzers". Sehr geschmackvolle Zimmer mit dunklen Stofftapeten und einem Strauß frischer Blumen. Besonders empfehlenswert die Eckzimmer mit den Endnummern 7 und 4: große Fenster mit niedrigem Sims - toller Blick über die Stadt. DZ ca. 100 DM.

Grande Hotel do Porto, Rua Santa Catarina 197, Tel. 2008176. Altes Hotel, gepflegt, mit altem Charme nur noch in den großzügigen Salons. Zimmer etwas langweilig, weder alt noch modern, zweckmäßig mit kleinem Schreibtisch für zwei Personen. Doppeltüren, Bad mit großer Wanne. Mitten im Zentrum, ruhig (Fußgängerzone). DZ ca. 95 DM.

Hotel Infante de Sagres, Praça D. Filipa de Lencastre 62, Tel. 2008101. Luxushotel, Baujahr 1951, schlichte Fassade mit kleinen Fenstern, zentral gelegen. Zimmereinrichtung aus der Bauepoche, gediegen. Zwei unterschiedliche Zimmergrößen zum gleichen Preis - in dieser Preisklasse könnte man mehr Platz erwarten. Aufwendige Salons, dicke Teppichböden und bunt bemalte Glaswände im Treppenhaus. DZ ca. 150-300 DM.

Residencial Rex, Praça da República 117, Tel. 2004548. Die "königliche" Residenz von Porto, eine alte Stadtvilla, mit großen Schlaf- und Badegemächern. Größtenteils Doppeltüren. Von der Straße abgewandten Räumen wunderbarer Blick auf die Stadt. Parkmöglichkeit hinter dem Haus. DZ mit Bad ca. 80 DM.

Pension Vera Cruz, Zentrum, Rua Ramalho Ortigao, Tel. 323396. Gepflegt; ansprechender, kleingemusterter Teppichboden und Blümchentapete, geräumige Badezimmer. In den oberen Stockwerken eines Geschäftshauses, ruhige Zimmer nach hinten hinaus. DZ ohne Bad ca. 60 DM, die Suite für drei bis vier Personen ca. 90 DM.

Pension Pao de Acucar, Rua do Almada 262 (zentral gelegen), Tel. 2002425. Ältere, gepflegte Zimmereinrichtung, massive Möbel, gebohnerter Parkettfußboden, Schreibtisch, relativ geräumig. DZ ca. 60 DM, mit Frühstück.

Pension Escondidinho, Rua Passoa Manuel 135 (zentral gelegen), Tel. 2004079. Geräumige Zimmer mit gewachsten Holzfußböden, recht abgenutzte Möbel, meist mit kleinem Schreibtisch, Telefon. DZ mit Wanne ca. 75 DM.

Pension Belo Sonho, Rua Passoa Manuel 186 (zentral gelegen), Tel. 2003389. Preiswert, einfaches Mobiliar, Telefon, Bad mit Dusche. DZ ca. 42 DM, ohne Bad ca. 32 DM.

Pension Estoril, Rua Cedofeita 193, Tel. 2002751. Mit Flaggen behängtes altes Stadthaus neben Boutique. Gartenterrasse. Geräumige Zimmer, teilweise mit Balkon, zur Straße hin etwas laut. DZ mit Dusche ca. 40 DM, für drei Personen ca. 50 DM.

Pension Portuguesa, Trav. Coronel Pacheco 2, Seitenstraße der Rua dos Martires da Liberdade, Tel. 2004174. Altes Stadthaus mit sauberen, geräumigen Zimmern, ein paar mit kleinem Balkon, manche nur mit Waschgelegenheit. DZ mit Dusche ca. 45 DM.

Residencial Portofoz, Rua do Farol 155, Tel. 6172357. In den beiden oberen Stockwerken eines viergeschossigen Neubaus. 7 von insgesamt 20 Zimmern mit Blick zum Meer und Zugang zu einer Veranda. Das Meeresrauschen übertönt den Verkehr, der zwei Häuserzeilen weiter vorne an der Promenade vorbeiführt. DZ mit Bad ca. 90 DM.

Hotel Boa Vista, Esplanada do Castelo 58, Tel. 680083. Französisch aussehendes Gebäude in U-Form mit zwei Seitenflügeln. Am Eingang ein Plätscherbrunnen. Geräumige, saubere Zimmer, teils mit Balkon und Blick aufs Kastell, in sehr ruhige Lage. Im Erdgeschoß befindet sich eine Hausbar. DZ mit Bad ca. 130-140 DM.

● *Jugendherberge (Pousada)*: Rua Rodrigues Lobo 98, Tel. 6065535. Ca. 20 Min. zu Fuß vom S. Bento Bahnhof entfernt (Richtung Krankenhaus), in einer kleinen Nebenstraße. Von S. Bento mit

Porto 103

Bus Nr. 2, 20 und 52. Gepflegt und sauber. Etwa 50 Schlafplätze, pro Übernachtung ca. 17 DM. Lange Wartezeit beim Duschen. - Für Frauen gibt es nur einen Baderaum mit zwei Duschen, für Männer zwei mit insgesamt acht Duschen. Öffnungszeiten: Mo-Fr 9-12 und 14-24 Uhr. Am Wochenende und an Feiertagen von 10-18 Uhr geschlossen.

Camping

Camping Prelada, Rua do Monte dos Burgos, am Stadtrand, in der Nähe der Ausfallstraße nach Braga, Tel. 812616. Der Campingplatz ist empfehlenswert, da er in einem Park mit Springbrunnen, Wasserteichen und einer hohen Mauer nach außen liegt. Der Park war früher in Privatbesitz des Grafen Meneses und wurde im 18. Jh. angelegt. Anfahrt vom Zentrum mit Bus Nr. 6 ab Sa da Bandeira (Nähe Bahnhof S. Bento) oder Praça Liberdade, alle 10 Minuten bis 21 Uhr, Fahrzeit ca. 15 Minuten; von 21-24 Uhr Bus Nr. 50 oder 87 ab Praça Liberdade, jede volle oder halbe Stunde je eine Linie.

Essen

Portucale, Rua da Alegria 598, Tel. 2007861. Das renommierteste Restaurant in Porto, Luxuskategorie, im Ort das einzige mit einem Michelin-Stern. Liegt im 13. Stock eines Hochhauses - Blick auf die Stadt. Menü pro Person ca. 35 DM.
Schräg gegenüber eine **Pizzeria/ Crêperie**. Gemütliche Atmosphäre trotz des diffusen Lichts, Jugendstilbilder an den Wänden. Crêpes und Pizze ab 7 DM; es gibt auch Eis.
Tripeiro, Rua Passos Manuel 191 (zentral gelegen). Drei kleine Speiseräume mit weißem Rauhputz. Große Auswahl an Fisch- und Fleischgerichten. Spezialität: *Bife a tripeiro* (Steak in einer pikanten Sauce aus Senf, Portwein etc.) für ca. 19 DM. Gedeck inkl. Oliven, kleiner Würstchen, Brot, Käse kostet 2 DM extra. Fazit: Für den gehobenen Preis könnte etwas mehr

Touristisch, aber trotzdem empfehlenswert – die Restaurants in den Granitarkaden am Fluß

104 Nordportugal

geboten werden.
Casa Boa Genta ("Haus der guten Leute"), Av. Serpa Pinto 162. Einfach, aber nett ausstaffiertes Fischrestaurant in Portos Hafenstadt Matosinhos. Hier gibt es nur Fisch, gegrillt oder gekocht, meist vom Inhaber selbst gefangen, riesige Portionen. Die Fische sind so frisch, wie die Augen klar sind, und liegen im Tresen auf Eis. Sie können "Ihren" Fisch selbst auswählen. An Wochenenden geschlossen.

Marisqueira dos Pobres, Avenida Serpa Pinto 37, Matosinhos. Hier essen "die Armen" ihre Meerestiere, frisch und billig. Für ca. 10 DM gibt es einen Teller Krabben.

Standard Bar, Rua Infante D. Henrique 43 (am Platz der Börse, unten). Ganz früher ein kleiner Pub, seit 50 Jahren ein Restaurant - die Einrichtung blieb. Klein, gemütlich, preiswert. Omelettes in verschiedenen Versionen nehmen den halben Platz der kurzen Speisekarte ein. Ansonsten Broteintopf mit *Bacalhaus* (Acorda), Schnitzel; mit Abstand teuerstes Gericht ist das zarte *Bife* für ca. 14 DM. Sonntags geschlossen.

Antunes, Rua Bonjardim 524. Typische Minho-Menüs, modern renoviert. Eng um die Mittagszeit, flotte Bedienung - an der Bar geht's schneller. Hier aß Günther Grass sein Lieblingsgericht, Kutteln (*Tripas*) - ruhig mal probieren. Gut schmeckt die *Costelada panada*, paniertes Kotelett, mit saftigem Bohnenreis für ca. 12 DM, eine Riesenportion; gebratenes Hähnchen bekommt man schon für ca. 10 DM. Sonntags geschlossen.

▶ _Restaurants in der unteren Altstadt_ am Fluß (Ribeira) an den alten Schiffskais. Fast alle Restaurents wurden (sehr malerisch) in die Granitarkaden der alten Uferstraße eingebaut, viel von Touristen frequentiert.

Bebobos, gemütlich klein, besonders im ersten Obergeschoß unter dem Granitgewölbe; gehobene Preisklasse. Spezialitäten: *Pescada a nosso gosta* (fritierter Schellfisch, versteckt unter einem Berg von Herzmuscheln, Petersilie und Tomatensauce) für ca. 18 DM; *Arroz de Buchelo* (diverse Sorten Schweinefleisch in Rotwein und Knoblauch) für ca. 15 DM. Ein Muß: der Eier-Portwein-Mix *Bebobos*. Durch ihn kam das Restaurant zu seinem Namen ("bebe ovos" = trink Eier!). Der frühere Wirt saugte die Hühnereier roh aus der Schale und kam so zu diesem Spitznamen.

Chez Lapin, preiswerter als "Bebobos", originell-einfach eingerichtet, sehr familiär. Spezialität ist gefüllter Tintenfisch (*Lulas recheados*).

Porta Larga, einfach, deftige Hausmannskost, mit Öl wird nicht gespart. Hauptgerichte kosten ca. 10 DM. Spezialität: *Savel de escabeche* (marinierter Maifisch) für Bratheringliebhaber, wird kalt serviert.

Café Majestic, in der Haupteinkaufsstraße Santa Catarina 120. Das stilvollste Café, das wir in Portugal kennen. Hier verkehren eher Männer. Einrichtung noch original im Stil der 20er Jahre (1922), Holz, Leder, Spiegel. Sonntags geschlossen.

Café Imperial, schräg gegenüber des Majestic, Hausnr. 149. Modern eingerichtet, hier gibt's gutes Gebäck.

Das beste Café am Cais da Ribeira ist das **Miradouro** mit seiner riesigen Auswahl an süßen und salzigen Spezialitäten; ungemütlicher Speisesaal im ersten Stock.

Nachtleben

In den Szene-Kneipen und Diskotheken liegt die Info-Zeitschrift *Metro* aus, die ausführlich über Konzerte und sonstige Veranstaltungen informiert.

Couve Funda, Jazzkeller am östlichen Ende der Ribeira. Fast immer Live-Musik, ca. 7,50 DM Mindestverzehr.

Café Pinguim (Bar, Diskothek und Café in einem, auf mehreren Ebenen), **Meia Cave** (Diskothek) und **Aniki-Babo**: liegen alle in den kleinen Gassen um den Praça da Ribeira.

Griffen's, im Shopping-Center Brasilia in Boavista. Diskothek mit lockerem Ambiente.

Bacalhau, Neonbar mit dreißig alten Fernsehern, von denen - zum Glück - kein einziger funktioniert.

Café Buondi, in Foz de Douro am Praia de Luz. Strandcafé mit Kerzenlichtern in Felsspalten. Treffpunkt der jungen Szene - sehen und gesehen werden ist angesagt.

Ein sehenswerter Platz zum Verweilen – das Café Majestic

Einkaufen

Gute Einkaufsmöglichkeiten für Bekleidung und Schuhe, große Auswahl in den Läden der Rua Santa Catarina, der Fußgängerzone.

Porto ist berühmt für seine **Filigranarbeiten**. Die meisten Schmuckläden findet man in der Rua das Flores. Die Silberwerkstätten liegen außerhalb von Porto, in *Gondomar*.

Gute Auswahl an 100- und 50prozentigen **Schafwollpullovern** am Cais da Ribeira im *Casa das Cestinhas*. Freundliche Bedienung und faire Preise.

Lederwaren wie Taschen, Koffer, Jacken und Westen in der Rua Bonjardim 364, in der Nähe vom Turismo. Große Auswahl, aber nicht ganz billig.

Vandoma-Markt: jeden zweiten und vierten Sonntag im Monat, 8-13 Uhr. Bunter Straßenmarkt unterhalb der Kathedrale, entlang der Rua de Dom Hugo. Viel Ramsch, Antiquitäten.

Zwiebelmarkt: Dieser wohl interessanteste Markt in ganz Nordportugal findet an einem Samstag Ende August in *Maia*, ca. 10 km außerhalb von Porto, statt. Die Bauern der Region kommen, um sich mit einem handgeflochtenen Strohhut und einer neuen Kette für die Milchkuh einzudecken. Natürlich gibt es auch eine Menge Zwiebeln, deren Qualität in ganz Portugal gerühmt wird.

Sehenswertes

Praça da Ribeira: Unterhalb der stählernen Doppelbrücke an den alten Hafenkais, im ältesten und verfallensten Stadtviertel, zeigt sich Porto am malerischsten. Hier bieten Fischerfrauen Neunaugen, Alsen und Sardinen an, daneben stehen die vielfarbigen Gemüsestände mit dösenden Verkäuferinnen. Eine interessante Perspektive bietet sich von der *Rua de Cima do Muro* ("Straße auf der Mauer"), die auf den Arkaden verläuft. Bei früheren Hochwassern war sie die letzte Zuflucht der Bevölkerung. In die Bögen der Arkaden wurden in den letzten Jahren kleine Restaurants und Souvenirläden eingebaut.

Der Duque da Ribeira – *höchstpersönlich vor seinem "Kiosk"*

Neben dem Haus Nr. 20 findet sich die rußgeschwärzte *Reliefdarstellung der Französischen Invasion 1809.* Die Bevölkerung floh damals in Panik über den Fluß - Napoleon kam vom Norden. Die Schwimmbrücke aus miteinander vertäuten Booten konnte die Menschenmasse nicht tragen und brach - die halbe Stadt drängte nach und schob die Menschen in die Flut. 2.000 Menschen ertranken. Dem Relief werden Wundertaten zugeschrieben. Eine Kerzenspende oder das Einwerfen eines 100-Escudo-Scheines in den Opferstock soll gehegte Hoffnungen erfüllen. Die Einheimischen nennen das Bild heute noch wehmütig *as alminhas*, die "Seelchen".

In der Arkade dahinter hat *Deocleciano Monteiro Duque da Ribeira* (Herzog vom Kai) sein "Kontor". Er ist ein vielgeehrter und über Porto hinaus bekannter Mann, der auch schon mal mit dem Staatspräsidenten Eanes nebenan bei *Bebobos* zu Mittag aß. Er ist der Flußwächter (geb. 14. März 1902); seine Tätigkeit beschränkt sich nicht allein auf den Verkauf von Spendenkerzen. Nach eigenem Bekunden war er während seiner 56 Jahre langen Laufbahn 50mal Lebensretter und 500mal Leichenfischer. Ein Monument zu seinem Gedenken ist bereits fertiggestellt und steht im Rathaus. Man streitet sich nur noch um den Aufstellungsort. Des Duques großer Wunsch ist, es noch zu Lebzeiten zu Gesicht zu bekommen.

Bolsa, Rua da Bolsa. Börsenpalast aus dem Jahre 1844. Hier werden auch heute noch Wertpapiere gehandelt. Von außen eine kühle Fassade, innen umso reicher ausgeschmückt. Im Ballsaal glitzert es nur so vor Gold und arabischen Stuckarbeiten. Der Fußboden im Nebenraum aus verschiedenfarbigen Hölzern wirkt so plastisch, daß man fast stolpert. Öffnungszeiten Mo-Fr 9-12 und 14-17 Uhr, von Juni bis September auch Sa 10-17.30 Uhr sowie So 10-12 und 14-17 Uhr.

Igreja São Francisco, gleich neben der Börse, genannt "die goldene Kirche" wegen der überschwenglichen Golddekoration im Inneren aus dem 17./18. Jh. Die Kirche selbst ist im gotischen Stil erbaut und stammt aus dem 13. Jh.; sie gehörte früher zum Franziskanerkloster nebenan. Aufführungsort für klassische Konzerte. Küster mit Schlüssel ist meist nebenan in der Kapelle. Öffnungszeiten: Di-Sa 9-17 Uhr.

Sé-Kathedrale, romanischer Stil (1120); auf den wuchtigen Türmen wurden zwei kleine Kuppeln angebracht. Im Inneren wirkt die Kirche kahl. Schöner Kreuzgang aus dem 14. Jh. mit vielen Azulejogemälden, welche Szenen jüdischer Hochzeitslieder aus der Zeit König Salomons zeigen. Vor der Sé steht noch die Prangersäule der kirchlichen Justiz, die bis ins 15. Jh. ihren "Dienst" tat. Öffnungszeiten: 9-12 und 15-18 Uhr.

Casa de Infante, Rua da Alfandega in der Altstadt am Fluß. Das Haus stammt noch aus der Zeit Heinrichs des Seefahrers (Infante Dom Henrique) und ist heute eine städtische Galerie mit wechselnden Ausstellungen. Öffnungszeiten: Mo-Fr 9-12 und 14-17 Uhr.

Museum Soares dos Reis, Rua D. Manual 2. Nationalmuseum in einem alten Palast aus dem 18. Jh., enthält Keramik, archäologische und religiöse Kunstwerke, moderne und antike Gemälde und Skulpturen. Benannt nach dem Maler und Bildhauer Soares dos Reis, von dem ein Großteil der Innendekoration der Börse stammt. Öffnungszeiten: 10-12 und 14-17 Uhr, montags geschlossen.

Museu Romantico, Rua de Entra-Quintas 220. Das "romantische Museum" liegt in einem kleinen Palast inmitten eines üppig grünen Parks. Hier lebte Mitte des letzten Jahrhunderts der italienische König *Carlos Alberto* im Exil, allerdings nur für drei Monate, dann starb er. Die Räume sind zum Teil noch original eingerichtet, Wandgemälde, Möbel, Ballsaal, auch das einfache Bett steht noch im Eck. Im Untergeschoß befindet sich eine Portweinstube, allein deshalb lohnt sich schon ein Besuch (siehe auch Nachtleben). Öffnungszeiten des Museums: 10-12 und 14-17 Uhr, sonntags und montags geschlossen.

Ponte Dona Maria Pia: Eisenbahnbrücke, etwas stromaufwärts von der Straßenbrücke. Sieht aus wie Brüsseler Spitze und wurde 1876 von Eiffel erbaut. In seinen ersten Berufsjahren arbeitete der junge französische Architekt in Portugal. Auch in Lissabon und Coimbra zeugen Bauwerke von ihm.

108 Nordportugal

Im Fluß machen museale Lastkähne Werbung für die Traditionsmarken der Portweinhersteller

Solar do Vinho do Porto: Portwein-Probierstube in der Rua de Entra-Quintas 220. Ähnliche Einrichtung wie in Lissabon, preiswert. Stimmungsvolle Umgebung der ehemaligen königlichen Residenz von *Carlos Albere* (Italien). Vor der "Kneipe", nur durch Glastüren getrennt, ein blumenreicher Terrassengarten mit Blick auf den Rio Douro. Geöffnet 11-24 Uhr, samstags ab 17 Uhr, sonntags geschlossen.

Feste und Festivals

Stadtfest in der Johannisnacht **São João** vom 23. auf den 24. Juni. In der Hand Zwiebelschoten und bunte Plastikhämmer aller Größen, die mit Vergnügen auf die Birne des Vordermannes gedonnert werden, zieht das Volk durch die Straßen. Es werden Feuer angezündet, man tanzt und singt darum herum und springt ausgelassen über die Glut. Nach Mitternacht wird ein großes Feuerwerk abgebrannt, und die Leute ziehen in die "Passeio-Fontainhas"-Straße. Dort werden gegrillte Zicklein und Sardinen verspeist. Erst im Morgengrauen beruhigt sich die Straße.

Festa da Queima das Fitas: Sommerfest der Studenten, ähnlich dem von Coimbra, im Mai. Umzüge und Fadoserenaden am Largo da Sé.

Handwerksmesse ab Mitte August in Vila Nova de Gaia.

Foz de Douro

Das hübsches Wohnviertel an der Douromündung ins Meer, ca. 5 km westlich des Zentrums. An den breiten Esplanaden prächtige, zum Teil schon etwas verfallene Villen, zwischendrin wurden auch schon ein paar teure Appartementblocks errichtet.

Hinter dieser "luxuriösen" Fassade verbergen sich Ländlichkeit, kleine hübsche Häuschen mit großen Gärten; auch einen vielbenutzten Gemeinschaftswaschplatz gibt es noch. Direkt an der Flußmündung liegt ein gepflegter Park mit einem riesigen alten *Kastell* aus dem 16. Jh. Hier hat der Fluß eine Sandbank aufgeschüttet, und es ist ein schönes Schauspiel, wenn die riesigen Atlantikwellen darauf ausrollen. Auch das Nachtleben von Porto spielt sich größtenteils hier ab. In den Gassen findet man teure *Pubs* und *Diskotheken*.

Verbindung: Die Fahrt mit der Tram am Douro-Ufer entlang nach Foz sollte sich kein Porto-Besucher entgehen lassen. Tram Nr. 1 ab Rua do Infante (Ecke Rua Alfandega, in der Altstadt am Douro). Mit dem Taxi kostet die Fahrt ca. 9 DM.

Was haben Sie entdeckt?

Haben Sie *die* Tasca mit wundervollen *petiscos* gefunden, das freundliche Albergo, den Top-Campingplatz, einen schönen Wanderweg?

Wenn Sie *Ergänzungen*, *Verbesserungen* oder *neue Tips* zum Portugal-Buch haben, lassen Sie es mich bitte wissen.

Bitte schreiben Sie an:

**Verlag Michael Müller
- Stichwort Portugal-
Gerberei 19
91054 Erlangen**

Von Aveiro bis Lissabon

Aveiro Lagune

Das von einem Labyrinth von Kanälen durchzogene sumpfige Marschland erinnert fast an Flandern, oft ist es nur gummistiefelhoch über dem Meeresspiegel. Das Haff (portg. Ria) - das einzige auf der Iberischen Halbinsel - kam durch den Rückzug des Meeres, folglich Wattbildung, zustande. Die Sandbänke formten sich schließlich zu einer Lagune, die heute 45 km lang und reich an Meeresgetier, speziell Aalen, ist. Zum Teil ist die schmale Nehrung zwischen Lagune und Meer heute schon von Pinienwäldern überzogen. Schön zum Spazierengehen, angenehme Mischung von Pinien- und Meeresgeruch. Mit schwanhalsigen, schön bemalten Segelbooten (*Moliceiros*) wird das in der Lagune wuchernde Seegras abgefischt, um damit die Felder zu düngen.

Zum Baden ist es in der Lagune eigentlich angenehmer als im Meer - keine rauhen Wellen und merklich wärmeres Wasser.

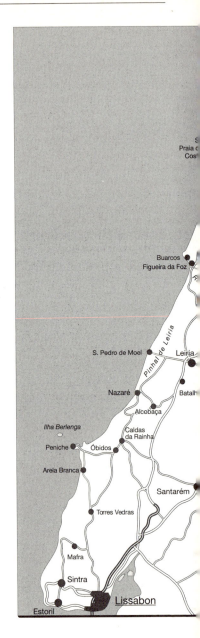

Aveiro 111

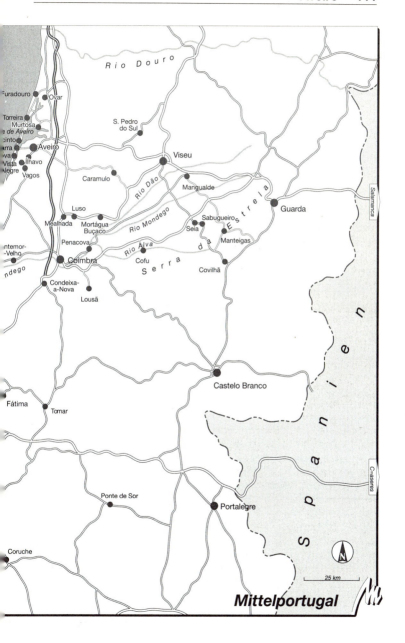

Aveiro

Die Stadt an der Lagune. Mit ihren Booten können die Fischer durch den trüben Stadtkanal(isation) unter flachen Brücken hindurch bis zum Markt fahren. In der Markthalle gibt es eimerweise junge Aale, eine Spezialität der Gegend, die in den Tavernen zu leckerer Aalsuppe und "Caldeirada de enguias" veredelt werden. - Am Stadtrand weißschimmernde Salzgärten und fußballfeldgroße Drahtgerüste zum Fischdörren. Im 15. Jh. lag die Stadt noch am Meer.

Mit der Entwicklung des Fischfangs, der Salzgewinnung und der Seefahrt wuchs die Stadt erst zwischen dem 14. und 16. Jh. Als sich im 15. Jh. Dona Joana, Tochter des Königs Dom Alfonso, nach Aveiro ins Kloster zurückzog, brachte sie ihre "Aussteuer" mit. Durch ihre Gegenwart wurde die Stadt ziemlich reich an Kunstschätzen, die man sich heute im Museum anschauen kann.

Information Verbindungen

- *Information*: Rua João Mendoca 8, Tel. 034/23680. Täglich geöffnet von 9-21 Uhr, von September bis Juni sonntags geschlossen.

- *Verbindungen*: Aveiro liegt an der Bahnlinie Porto - Lissabon. Busse nach Figueira da Foz, Coimbra, Caramulo (via Agueda).

Übernachten

Hotel Imperial, Rua Dr. Nascimento Leitao, Tel. 22141. Modernes Drei-Sterne-Hotel, die besten Zimmer mit Blick auf den danebenliegenden Klostergarten. Hausbar und Open-air-Terrasse. Das DZ mit Bad ca. 120 DM.

Arcada, Rua de Viana do Castelo 4, Tel. 23001. Altes Haus am Kanal, sauber hergerichtete Zimmer mit Teppichboden und Mini-Schreibtischen. Geräumige Badezimmer. DZ mit Dusche ca. 80 DM.

Pension Palmeira, Rua da Palmeira 7, Tel. 22521. Familienpension mit 14 Zimmern, sehr sauber. In einigen Zimmern Duschkabinen im Schlafraum. Ruhige Lage in einer Seitengasse, zwei Minuten vom Canal Central entfernt. DZ mit Bad ca. 60 DM.

Residencial Paloma Blanca, Rua Luisa Gomes de Carvalho 23, Tel. 22529. An der Rezeption hängen einige Bilder, die mit Münzen gefüllt sind. Große, hübsch ausgestattete Zimmer mit Telefon, manche mit Fernseher und Blick auf den Palmengarten mit Teich. DZ mit Bad ca. 100 DM.

Dormidas Parraco, Rua Tenente Rezende 14, zentral gelegen. Saubere Zimmer, aber wenig Licht, da das Haus verbaut liegt. Überdachter Patio mit vielen Blumen. DZ ohne Bad ca. 35 DM. Sonntags geschlossen!

Estalagem da Pateira, 13 km außerhalb, Strecke Aveiro - Anadia (Oia), Tel. 721205. Das mächtige Gebäude liegt direkt an einer blauen Lagune. Schade, daß man wegen des Seegrases und Moorgrunds nicht drin schwimmen darf. Ruhe außer den vielen Fröschen und häufigen Hochzeitsgelagen im Untergeschoß. DZ im Suitenformat mit Balkon, Minibar, TV für ca. 90 DM.

Am Ufer das wohl größte Ehrenmal Portugals zum Gedenken an die Emigranten. Hier im Dorf hat jede Familie mindestens einen Sohn in Venezuela.

Aveiro 113

Moliceiro-Boote mit buntbemalten Schnäbeln liegen im Stadtkanal vor Anker

Camping

Ca. 10 km außerhalb von Aveiro, auf der südlichen Lagunenhalbinsel im Dorf **Barra**, liegt ein Campingplatz nahe der Lagune, nur wenige hundert Meter vom Meer. Viel Schatten, da in einem kleinen Wäldchen gelegen. In den Hauptmonaten ziemlich überlaufen. Geöffnet von Juni bis September.
Barra selbst ist ein modernes Dorf neben dem einzigen Lagunenausfluß. Ein uninteressanter Ort mit Restaurants und dem **Touristenhotel Barra**, einem fünfstöckigen Neubau mit Diskothek. Von Barra fährt nach Aveiro pro Stunde ein Bus, bis 20.45 Uhr.
Ein weiterer Platz ist bei dem Dorf **S. Jacinto** (Mata) auf der nördlichen Lagunenhalbinsel. Das Dorf liegt gegenüber von Aveiro. Stündlich Bootsverbindung ab Forte da Barra. Von Aveiro mit dem Wagen nach S. Jacinto sind es ca. 40 km, da man um die ganze Lagune fahren muß.
Auf der **nördlichen Halbinsel** gibt es noch fünf weitere Campingplätze.
Auch in **Aguada de Baixo** gibt es einen Campingplatz: an der Bundesstraße Nr. 1 in Richtung Porto, ca. 7 km hinter Agueda rechts abbiegen. Entfernung von Aveiro ca. 25 km.
Costa Nova (siehe unten): schöner Campingplatz, der sich von der Lagune bis fast zum Atlantikstrand durch die Dünen zieht. Leider wenig Schatten. Geöffnet vom 16.1. bis 15.10.

Essen

Cozinha do Rei, Rua Dr. Manuel des Neves, neben Aparthotel Alfonso V. First-Class-Restaurant mit nachgemachten Säulen am Eingang. Man sitzt an langen Tischreihen im sehr großen Speisesaal. Große Auswahl an *Mariscos*, aber teuer. Die sonstigen Fisch- und Fleischgerichte ab ca. 9 DM. Sehr gut *Sopa do rei* (Fischsuppe) für ca. 8 DM. Für das Gebotene preiswert.
Barril, Rua 31 de Janeiro. Gemütlich eingerichtet, schon fast touristisch. Im Vorraum die Küche mit einer Snackbar, dahinter der kleine Speisesaal. Es gibt *Bife especial de*

114 Mittelportugal

la casa für ca. 14 DM und *Bacalhau* (Stockfisch), gegrillt über Holzkohle, für ca. 12 DM. Donnerstags geschlossen.

Im Restaurant **Evaristo** schräg gegenüber ißt man auch nicht schlecht, und das Essen ist minimal billiger. Spezialität: *Arroz de Tamboril*.

A Nossa Casa, Rua do Gravito 10. Vorne Snackbar mit vier Tischen, hinter langem Gang Restaurant mit Sitzbänken in einer Reihe. Spezialität: *Arroz de marisco* (Reis mit Meeresfrüchten) für ca. 18 DM. Hauptgerichte ab 15 DM.

Palhuca, Rua Antonia Rodrigues 28, in der Nähe des Fischmarkts. Die Großmutter kocht und serviert. Alles blitzblank, auch die Kacheln an der Wand. Optimal zum Fischessen - besonders zu empfehlen: *Caldeira de enguias* (Aalstückchen mit Sauce und Kartoffeln) für ca. 10 DM. Wenn man keinen großen Hunger hat, reicht eine Platte für zwei Personen. Auch gute Fischsuppe. Montags geschlossen.

Die besten Schleckereien gibt's in der **Pastelaria Avenida**. Betörender Duft bereits an der Ladentür, und so gut, wie es riecht, schmeckt es auch. Liegt an der Hauptstraße, Avenida Dr. L. Peixinho 84.

Baden

Auf dem südlichen Nehrungsstreifen bei den Dörfern Barra und Costa Nova. Busse ab Aveiro, Canal Central, etwa halbstündlich bis 20.45 Uhr.

Sehenswertes

Das Kloster **Convento de Jesus** am Praça do Milenario ist heute das **Stadtmuseum**. 1461 wurde das Kloster mit päpstlicher Bewilligung gegründet. Kurz darauf trat Prinzessin Joana ein und verbrachte hier ihren Lebensabend. Renommierstück des Museums ist ihr *Marmorsarkophag*. Er steht im früheren Nähzimmer, das jedoch zu Ehren der Prinzessin zu einer Kapelle umgebaut wurde. Daneben sind alte Gemälde, Skulpturen und viele Antiquitäten ausgestellt. Öffnungszeiten: täglich 10-12.30 und 14-17 Uhr, montags geschlossen.

Ca. 7 km südlich liegt das Dorf *Vista Alegre* mit seiner 150 Jahre alten **Porzellanfabrik**, dem "Rosenthal Portugals". Die Fabrik hat internationales Renommee - der kürzlich verstorbene Nelson Rockefeller ließ dort seine wertvolle Privatsammlung kopieren, um in das Kunstgeschäft einzusteigen. In einem Ausstellungsraum kann man einkaufen, nebenan im Museum ist eine große Sammlung der wertvollsten Stücke aus der Geschichte der Fabrik ausgestellt. Öffnungszeiten: 9-12.30 und 14-16 Uhr, montags geschlossen.

Sehenswert ist auch das kleine **barocke Kirchlein** (1699) daneben, mit hübschen Azulejos und einem Deckenfresko mit dem Stammbaum Marias.

Stadtpark: am Eingang grün berankte Esplanada; im langgezogenen Parkteich gefräßige Schwäne und ein Bootsverleih. Nach Schulschluß sind hier viele junge Liebespärchen anzutreffen, die schnell noch ein paar Küßchen austauschen, bevor der Schulbus ins langweilige Dorf zurückfährt.

Fischmarkt: besonders interessant am frühen Morgen (ca. 7 Uhr) bei der Versteigerung. Die zähen Aale leben auch auf dem Trockenen und zappeln in den bis zum Rand gefüllten Eimern um ihr Leben.

Einkaufen

In den **Souvenirläden** gibt es hübsche Holzmodelle der Moliceiro-Boote und viel unnützes Zeug, z.b. Miniweinfässer aus Plastik für die Hausbar. In der Rua Jose Estevao 66 origineller **Korbwarenladen** des Sr. Brioso. Grasmatten, Weidenkorbtaschen, Strandtaschen aus Stroh und auch niedliches Holzspielzeug. Der ganze Laden ist bis oben hin vollgestopft. Auf der anderen Straßenseite noch ein paar Räume mit Korbmöbeln (schöne Stehlampen).

Feste

An einem Wochenende im Juli/Augst findet das **Lagunenfest** statt. Das Veranstaltungsdatum muß mit der Flut übereinstimmen (Hochwasser ca. 18 Uhr). Höhepunkt ist das Wettsegeln der Moliceiros am Samstag. Von S. Jacinto aus versucht jeder der Barkenskipper, so schnell wie möglich die Lagune zu überqueren, um als erster in den Canal Central in Aveiro einzulaufen. Wenn die Boote ankommen, herrscht schlimmes Gedränge am Kanal - besser nicht zu weit vorne stehen.

Ausflüge

Per Motorbarkasse (80 Personen) nach *Torreira* (siehe auch weiter unten). Ein Führer gibt auf Englisch Erläuterungen zu dem Haff. Abfahrt 10 Uhr vom Canal Grande, Rückfahrt ca. 15 Uhr. Fahrzeit zwei Stunden, Preis ca. 20 DM. Tickets lieber im Turismo vorbuchen. Vom 1.6. bis 15.9.

Costa Nova

Eines der schönsten Dörfer der Gegend, buntbemalte Holzhäuser der Fischer und kleine verspielte Villen. Besonders eindrucksvoll, da das Dorf auf einem langgezogenen Hügelwall steht und die Häuserfassaden stockwerkartig übereinander erscheinen. Nachdem einige Investoren mit rasch hochgezogenen Betonklötzen schnelles Geld machen wollten, wurde inzwischen die Auflage erteilt, alle Neubauten im typisch längsgestreiften Stil zu errichten.

Die Promenade wurde übrigens vor drei Jahren um etwa 150 Meter in Richtung der Lagune verbreitert, um den auch hier immer zahlreicher erscheinenden Touristen Platz zu bieten. Daß Costa Nova noch nicht gänzlich überlaufen ist, liegt an dem unsicheren Baugrund, der bisher größere Hotelbauten verhinderte. Im Ort gibt es lediglich vier kleine Pensionen.

- *Information*: im Sommer an der Uferpromenade. Dort auch Reservierung von Tennisplätzen.
- *Übernachten/Essen*: **Pension Azevedo**, neben dem kleinen Dorfmarkt an der Endstation des Busses. Kleine Zimmer mit Waschbecken, billig, das DZ ca. 50 DM. Taverne im Haus, in der *Caldeirada de enguias* (Aal) serviert wird.
- *Baden*: Am Dorfende gibt es an der Lagune eine Sandbank mit Fischerbooten. Zum Atlantikstrand ca. 500 m Fußweg durch eine vegetationslose Sandwüste. Baden ist hier nicht ungefährlich, es geht recht steil rein, große Brecher.

Costa Nova – der Badeort mit den Häusern passend zum Frottee-Handtuch

Die Seegrassammler (Moliceiros) von Murtosa/Pico
Ein aussterbender Erwerbszweig - mit flachkieligen Segelbooten, einen breiten Rechen am Grund hinter sich schleppend, wird das Gras gesammelt. Wenn das Boot nahezu untergeht, sind vier Tonnen geladen. Ein harter Job, auch wenn die Lagune an den meisten Stellen nur ca. 2 m tief ist. Traditionelle Arbeitstracht sind ein kurzärmeliger weißer Anzug und eine schwarze Zipfelmütze.

Der *Molico* ist für die leichten, humusarmen Sandböden der umliegenden Gegend ein exzellentes Düngemittel und wird meist von Dezember bis Februar "geerntet" und auf die Felder gebracht. Den Rest des Jahres sind die Moliceiros Fischer und pflegen ihre Muschelbänke im Haff - sicher nicht unter besten Bedingungen, denn eine riesige Zellulosefabrik und einige kürzlich angesiedelte Chemiewerke um Aveiro leiten ihre Abwässer garantiert nicht bis ins freie Meer.

Archaische Methoden des Fischfangs in Torreira

Torreira

Sechs Paar kräftige Zugochsen, auf der Stirn ein Silberkreuz, mühen sich ab, das Netz auf den Strand zu ziehen. Schaum tropft ihnen aus dem Maul. Ein unbefriedigendes Gefühl, wenn trotz dieses Aufwands wieder nur 5 kg Miniaale und einige kleine Silberfische im Netz sind.

Torreira ist einer der ganz wenigen Orte, wo noch heute mit dieser archaischen Methode Fisch gefangen wird (wie lange noch?). So lange, bis die Ärmsten der Armen, die am Dorfrand in schäbigen Sozialhütten hausen (eine Errungenschaft der Revolution - vorher lebten sie in Verschlägen aus gesammeltem Strandgut), eine Alternative haben. Der Fischer mit dem Boot, der das Netz ausbringt, ist der Patron; angeheuert werden die Bauern mit ihren Zugochsen und die um jede Hilfsarbeit Dankbaren samt Frau und Kindern. Die Winter sind hart...

Das Dorf hat keinen eigentlichen Kern; viele Reihenhäuser mit Appartements, die nur während der Sommermonate von den Emigranten aus Venezuela und den USA bewohnt werden.

- *Übernachten*: **Estalagem Riabela**, Tel. 48137. Neubau mit modern eingerichteten Zimmern. Sauber und freundlich. DZ mit Bad ca. 120 DM.
Pension Moliceiro, Tel. 48235. Schon etwas älteres Haus mit mangelhafter Warmwasserversorgung. Es reicht nicht für alle, also früh aufstehen! Zimmer nicht groß, aber billig. DZ ohne Bad ca. 70 DM.
- *Camping*: kleiner Campingplatz am nördlichen Ortsende. Eine Pension wird gerade fertiggestellt.
- *Essen*: am Strandplatz **O Alberto** mit gutem Grillfisch; daneben werden nach getaner Arbeit die Ochsen festgebunden.

Caramulo

Höhenluftkurort (800 m) zwischen dichten Eichen- und Eukalyptuswäldern. Das saftige Grün der Berge ringsum lockt zum Wandern. Das Kuriose an dem Ort sind die beiden erstklassigen Museen: das einzige Automobilmuseum Portugals und das Museum Antiker und Moderner Kunst, ein Leckerbissen für Kunstfreunde.

Für das *Museum Antiker und Moderner Kunst* ließ der bereits verstorbene Doktor Abel Lacerda in den 50er Jahren einen Klosterkreuzgang aus dem 15. Jh. in Viseu abtragen und in Caramulo wieder aufbauen. Drumherum baute er sein eigenes Museum und steckte seine riesige Sammlung hinein: viel asiatisches Porzellan, Figuren etc., Wandteppiche, Schmuck und seine herausragende Gemäldesammlung. Neben berühmten portugiesischen Malern wie Grao Vasco fehlen Namen wie Dalí, Picasso, Miró nicht. Auch Joãos Bruder Abel Lacerda, beide wohlhabende Sanatoriumsdirektoren in Caramulo, stiftete wertvolle Gegenstände aus seiner Privatsammlung. Öffnungszeiten: täglich 10-18 Uhr, Eintritt ca. 6 DM.

Im *Automobilmuseum* sind Prachtexemplare wie eine motorgetriebene Kutsche von Peugeot (1899) und ein Benz Baujahr 1910 zu finden. Aber auch amerikanische Luxuskarosserien sind vertreten: ein Cadillac von 1956, ein Cabriolet mit dem enormen Gewicht von 2.370 kg. Weiterhin drei Rolls-Royces von 1911, 1913 und 1938 sowie ein gepanzerter Daimler-Benz Baujahr 1938 aus der Garage des Diktators Salazar, mit einem Gewicht von vier Tonnen. Geöffnet täglich von 10-18 Uhr.

Die vielen leerstehenden, fast unheimlich wirkenden Gebäudekomplexe, die verstreut an den Hängen liegen, sind ehemalige Sanatorien. Bis in die 60er Jahre war Caramulo der renommierteste Luftkurort Portugals. Von den ehemals 20 Sanatorien sind nur noch drei als Altersheime und ein weiteres als Jugenderholungsheim in Betrieb. Das ehemalige Sanatorium der Armee wurde "privatisiert" und soll bis 1995 zum Vier-Sterne-Hotel umgebaut werden.

- *Information*: Avenida Dr. Jeronimo Lacerda, ca. 400 m unterhalb vom Zentrum, Tel. 032/861437.
- *Verbindungen*: Busse nach Viseu, Porto, Coimbra und Aveiro.
- *Übernachten*: **Pousada de S. Jeronimo**, Tel. 861291. Großzügige Luxus-Pousada mit Swimmingpool und großem Park. Lichtdurchflutete Aufenthaltsräume. Im Kaminzimmer kann man sich aufwärmen, wenn die Temperatur mal sinkt. Nur sechs Zimmer, alle mit Bad. DZ kostet ca. 140 DM.

Pension S. Cristovao, Av. Dr. Jeronimo Laverda, Ortsmitte, Tel. 861323. Einfache, aber geräumige Zimmer in hübscher kleiner Villa. Große alte Stahlbetten, Gemeinschaftsbad. Freundliche Vermieter. DZ für ca. 50 DM, Frühstück extra für ca. 5 DM (reichhaltig, mit Käse und hausgemachter Kürbismarmelade).

Viseu

Mittelgroßes Städtchen mit provinziellem Charakter, viel dichtes Grün an den Straßen und Plätzen. Liegt geschützt zwischen den Gebirgsketten Estrela und Caramulo. Auf den Granitböden werden die berühmten Dao-Weine angebaut. Der alte Kern der Stadt zeugt noch von der historischen Vergangenheit - Viseu besaß bereits vor 2.000 Jahren eine Festungsanlage.

Die ältesten Häuser findet man in der *Rua Direita*, schon im Mittelalter die Hauptstraße. Heute ist sie der "Basar" - dicht an dicht bunte Ramschläden und viel Geschäftigkeit. Bauern und Handwerker aus dem Umland verkaufen hier ihre Produkte an die Händler, teilweise hübsche Sachen wie Tonwaren, Stickereien, Flickenteppiche etc. Der Verdienst für die Hersteller ist dabei minimal.

Information Verbindungen

* *Information*: Avenida Gulbenkian, gegenüber der Galp-Station, Tel. 032/422014. Täglich 9-19 Uhr geöffnet.
* *Verbindungen*: täglich 6 Busse nach Porto, Fahrzeit 2,5 Std. 8 Busse pro Tag nach Coimbra, 2 Std. Fahrzeit. Nach Vila Real und Guarda ca. 2 Std., auch Verbindung nach Lissabon. Einige Busse der Rodoviaria Nacional fahren über Caramulo nach Aveiro (schöne Wegszenerie).

Übernachten Camping

Hotel Grao Vasco, Rua Caspar Barreiros, Tel. 423511. Viseus Top-Hotel mit fast 90 Zimmern. Die meisten mit Balkon und Blick auf den Swimmingpool. Geräumig. Das Gebäude ist von einem gepflegten Garten umgeben. DZ mit Bad ab ca. 150 DM.
Hotel Mana, Via Cacador, Tel. 479243. Neu, etwa 3 km außerhalb an der Straße nach Villa Formosa. Das Vier-Sterne-Hotel ist für seine Kategorie preiswert. DZ mit Bad ca. 90 DM.
Residencial Dom Duarte, Rua Alexandre Herculano, Tel. 421980. Nett eingerichtete Zimmer mit Blümchentapete und massiven Holzmöbeln, auf alt gemacht. Sauberes Bad mit Wanne. Ca. 8 Minuten zum Zentrum. DZ mit Bad ca. 65 DM.

Pension Bela Vista, Rua Alexandre Herculano 510, Tel. 422026. Moderner, viergeschossiger Bau, nicht sehr attraktiv. Sehr einfach eingerichtete Zimmer mit Balkon, enges Bad mit Dusche. Ca. 15 Minuten zum Zentrum. DZ mit Bad ca. 65 DM.
Residencial Visiense, Av. Alberto Sampaio 31, Tel. 421900. Haus mit Garten, am Hang oberhalb der Straße gelegen, daher relativ ruhig. Privatparkplatz. DZ mit Bad ca. 50 DM.
* *Camping*: Im ehemaligen Bischofspark, gehört heute der Stadt. Hohe, schattenspendende Laubbäume, verwildert, schönes Vogelgezwitscher. Liegt ca. 2 km außerhalb, an der Straße nach Guarda. Ganzjährig geöffnet.

Essen

Cortico, Rua Augusta Hilário 43-49. Kellerrestaurant mit Granitwänden, rustikal und kühl. Originell ist der Papagei. Gut zubereitete Gerichte, z.B. *Pato assado a Dona Cilinha de Viseu* (gebackene Ente nach Art der Dona Cilinha von Viseu) für ca. 15 DM. Gute Pommes Frites als Beilage.
Trave Negra, Rua dos Loureiros 4. Moderne

120 Mittelportugal

Einrichtung, dunkle Holzwand, sehr sauber, große Holzfässer als Dekoration im Raum. Große Auswahl an Fisch. Komplettes Menü (Suppe, Hauptspeise, Nachspeise) kostet ca. 14 DM.

Princesa, Rua Serpa Pinto 48. American Bar, ausgekleidet mit grauen Blechen und roten Ziegelsteinen. Auch an der langen Bar kann gespeist werden. Feines vom Grill - Hähnchen, Steaks oder Mariscos.

Santa Luzia, ca. 1,5 km außerhalb, Estrada Nazional No. 2 (Lamego), Tel. 459325. Exzellente portugiesische Küche. Spezialität: *Cabrito* (mit viel Sauce).

Snackbar Bifaninha, Rua Alexandre Herculano 61, Nähe Turismo. Große Auswahl, kleine Preise. Das meiste ab 6 DM.

Unbedingt das hausgemachte Eis in der **Eisdiele Gelgo**, Rua Direita 39, probieren! Weiße Metalltischchen und Sonnenschirme davor. Mitten in der Fußgängerzone. Auch gutes Gebäck und schön, um einfach nur zu sitzen und zu gucken.

Galeria 22, Largo da Misericordia 22, Tel. 24059. Pub neben der Kathedrale. Man wird erst nach Klingeln eingelassen. Entspannte Atmosphäre, Popmusik.

Sehenswertes

Das **Grão-Vasco-Museum** sollte man auf keinen Fall auslassen! Drei Stockwerke sind angefüllt mit alten und modernen Gemälden, Statuen, Möbel etc. Im zweiten Stock vorwiegend die sakralen Riesengemälde (meist Triptychen) des berühmten portugiesischen Malers *Grao Vasco* (Vasco der Große). Er lebte im 16. Jh. in Viseu. Uns gefielen die moderneren Bilder besser, z.B. die von *Fausto Goncalves* aus den 20er Jahren (Maler aus Coimbra). Geöffnet 10-12.30 und 14-17 Uhr.

Die **Sé-Kathedrale** hat einen auffallend langgezogenen *Chor* mit verspielter manuelinischer Deckenmalerei aus dem 16. Jh. und reich mit Gold verzierten, geschnitzten Chorstühlen. Dreiteiliges *Kirchenschiff* mit gotischem Grundcharakter; durch die häufigen Umbauten gesellten sich jedoch noch romanische und barocke Elemente dazu. Von außen wirkt die Sé recht trutzig - verständlich, wenn man erfährt, daß sie bereits im Mittelalter erbaut wurde (12. Jh.).

Durch den zweigeschossigen *Kreuzgang* mit schöner Azulejotäfelung gelangt man zum *Kirchenschatz* im oberen Teil. Wer sein Interesse an sakraler Kunst im Grão-Vasco-Museum noch nicht gestillt hat, kann es hier befriedigen. Ein heiterer Kirchendiener gibt Erklärungen zu den heiligen Kunstwerken und führt zum Schluß ganz stolz seine eigene Münzsammlung vor. Täglich geöffnet von 9-12 und 14.30-18.30 Uhr, sonntags nur vormittags.

Einkaufen

Mehrere **Artesanato-Läden** in der Rua Direita. Sie verkaufen unter anderem bequeme, warme Hausschuhe, die von Schäferinnen der Serra da Estrela aus Stoffresten genäht werden.

Im Laden unterhalb der Kathedrale gibt es hübsche Töpfersachen. Eine größere Auswahl findet man im **Centro de Artesanato**, dem städtischen Kunsthandwerkszentrum in der Avenida Emidio Navarro (Straße nach Aveiro). Ein schönes Mitbringsel sind die Schüsseln mit Gitter zum Wurstflambieren für ca. 5 DM das Stück. Auch die "schwarzen" Töpferstücke sowie Korb- und Gußwaren sind bemerkenswert. Im Kunsthandwerkszentrum kann man zudem Frauen beim Stikken zusehen. Sonntags und montags geschlossen.

Feste

Fest des São João am 24. Juni mit Reiterumzügen der Bauern aus der Umgebung, Folkloremusik, Tanz am Abend etc.

Viseu ist berühmt für seinen Jahrmarkt. Zur **Feira de São Mateus** kommen Händler aus der ganzen Region. Ende August bis Ende September.

Ausflüge

Das Dorf **Tibaldinho**, ca. 15 km von Viseu entfernt (Nähe Alcafache, südöstlich von Viseu) ist bekannt für seine Stickereien. Die eleganten weißbestickten Decken werden auch in den Läden von Viseu verkauft.

São Pedro do Sul, ca. 26 km nordwestlich von Viseu. Gute Möglichkeit zum *Kanufahren* im Fluß Vouga. Es gibt jedoch keine Kanus zu mieten, man muß sein eigenes mitbringen. Im Frühling finden manchmal nationale Wettkämpfe statt. Ein *Campingplatz* befindet sich im Ort, ein weiterer 2 km außerhalb in Serrazes.

Guarda

Guarda, die höchstgelegene Stadt Portugals, war lange Zeit die stärkste Festung gegenüber dem Königreich León. Die Stadt liegt auf einem massiven Granitblockfelsen inmitten des kargen, wenig einladenden Hochlands der Beira Alta. Im 11. Jh. entdeckte König Sancho I. die strategische Bedeutung der 500 Jahre zuvor von den Mauren zerstörten Stadt. Er baute sie wieder auf.

Später verstärkte König Diniz die Mauern und Türme der *Bergfestung*. Der Turm der Schmiede, *Torre dos Ferreiros*, und der würfelige *Bergfried* beeindrucken besonders durch ihre mächtige Bauweise. Wegen ihrer Nähe zur spanischen Grenze wird die Festung von vielen Autoreisenden als kurze Zwischenstation genutzt.

Mit einigen Sehenswürdigkeiten wie der Kathedrale und vielen gut erhaltenen Häusern aus dem 17. Jh. bietet die verschlafene Kleinstadt jedoch ohne weiteres Grund für einen ein- bis zweitägigen Aufenthalt. Der Kern der *Altstadt* ist gut erhalten, die für viele Städte Portugals so typischen Betonklötze liegen am Stadtrand.

Die *Kathedrale* liegt direkt am Hauptplatz, schräg gegenüber der Touristeninformation. 1390 hat man mit ihrem Bau begonnen. 125 Jahre lang wurde an ihr konstruiert, verbessert und geschmückt. Von der Romanik über Gotik und Manuelistik überlagern sich bis in die Renaissance hinein die Stile. Dennoch wirkt der Bau harmonisch. Er ist täglich von

122 Mittelportugal

14-18 Uhr zu besichtigen. Die *Igreja São Vincente* ist ein Kirchenbau aus dem 18. Jh., in dem besonders die Vielzahl der Azulejos beeindrucken. Im August findet hier ein *Stadtfest* mit Konzerten statt.

Information Verbindungen

- *Information*: Praça Luís de Camoes, unterhalb der Kathedrale. Tel. 071/222251.
- *Verbindungen*: Busse 3x täglich nach Covilha, 4x täglich nach Viseu, 2x täglich nach Lamego, 1x täglich nach Almeida und Vila Formoso. Di, Do, Fr, Sa fährt um 11.30 Uhr ein Bus nach Madrid.

Übernachten Camping

Hotel Turismo, Av. Coronel Orlindo de Carvalho, Tel. 212206. Beeindruckender Altbau, geräumige, edel ausgestatte Zimmer mit luxuriösen Badezimmern. Schwimmbad und Sauna im Haus. DZ ca. 140 DM.
Pensão Filipe, Rua Vasco da Gama 9, Tel. 223659. Zentrumslage, elegantes Ambiente. DZ mit Bad ca. 90 DM.
Pensão Alianca, Rua Vasco da Gama 8 A, Tel. 222235. DZ mit Bad ca. 70 DM, ohne Bad ca. 50 DM.
Pensão Moreira, Rua Mausinho de Albuquerque 47, Tel. 214131. DZ ohne Bad ca. 40 DM.
Pensão Beira Serra, schräg gegenüber vom Hotel Turismo, Tel. 212392. Nett eingerichtete, kleine Zimmer. DZ mit Bad ca. 70 DM, ohne Bad ca. 50 DM. Empfehlenswertes Restaurant im Haus.
- *Camping*: Etwa zehn Fußminuten vom Zentrum entfernt liegt ein Campingplatz. Eine schöne Anlage mit vielen schattenspendenden Bäumen und sandigem Boden. Es gibt dort auch ein kleines Café. In unmittelbarer Umgebung des Platzes findet man ein Freizeitbad und Tennisplätze.

Essen

Casa dos Frangos, Rua Direita. Preiswert, einfacher Speisesaal, Hauptgerichte um etwa 10 DM. Zu empfehlen ist *Jojoes a portuguesa*, kleine Schweinfleischstückchen, pikant gebraten mit fritierten Kartoffelwürfeln und Mixed Pickles.
Solar da Beira, Rua Francisco de Passos 9. Gemütlich-familiäre Atmosphäre, Hauptgerichte ab 10 DM, große Auswahl an örtlichen Spezialitäten. Der Wirt empfiehlt als Spezialität des Hauses *Chanfana guarnecida*, Zicklein in Rotwein.
Belo Horizonte, neben der Kirche São Vicente. Guter Bohneneintopf (*Feijoada a transmontana*) für ca. 8 DM.

Entlang der **Rua Francisco de Passos** gibt es noch mehr Speisemöglichkeiten. Von der einfachen Tasca mit *Petiscos* (Appetithappen) bis zum noblen Restaurant ist hier alles vertreten.
Direkt am Hauptplatz Guardas gibt es unterhalb der Kathedrale zwei **Café-Kneipen** und eine **Bäckerei** mit Terrasse. Sie sind nicht zu verfehlen und bieten je nach Tageszeit sonnenüberflutete oder schattenkühle Sitzplätze, von denen aus das Treiben (und leider auch der Durchgangsverkehr) auf dem Hauptplatz der Stadt zu beobachten ist.

Serra da Estrela

Höchster Gebirgszug Portugals - geht bis auf 2.000 m hoch und einziges Wintersportgebiet der Portugiesen; die Skipisten sind jedoch nicht mit denen der Alpen zu vergleichen. Die Vegetationsgrenze beginnt bereits bei ca. 1.000 m; ab dieser Höhe

Serra da Estrela

Bizarre Granitfelsen beherrschen die Szenerie auf der Hochfläche der Serra da Estrela

ist das Gebiet sehr karg und unzugänglich. Im unteren Bergland befinden sich die wenigen Touristenorte, die nur im Winter aufleben. Im rauhen Umland liegen verstreut Hirtendörfer und -einöden. Die Alten leben noch von Schafzucht und dem, was damit zusammenhängt (Käse, Wolle, Felle etc.), die Jungen fahren jeden Morgen in den nächsten Ort und arbeiten lieber in der Fabrik.

Eine ausgesprochene Spezialität ist der Gebirgskäse aus Schafmilch (Queijo da Serra), den die Hirtinnen in langwieriger Prozedur von Hand herstellen. Mittlerweile ist er ein ausgesuchter Leckerbissen für Lissabonner oder Algarve-Gaumen, doch mischt sich auch immer öfter ein Fabrikkäse darunter. Die alten, "arbeitswilligen" Schäferinnen sterben aus, und Nachwuchs gibt es praktisch keinen. Also mal den Käse probieren; der scharfe, volle Geschmack ist allerdings vielleicht nicht jedermanns Sache.

Für den "Parque Natural da Serra da Estrela" gibt es einen Wanderführer, erhältlich in der Touristeninformation in Guarda. Ein bißchen Portugiesisch sollte man allerdings verstehen.

Seia

Geschäftiger Ort am nordwestlichen Rand der Serra. Viele Neubauten und einige Fabriken (Bekleidungsindustrie) im Ort. Aufenthalt wenig lohnenswert. Sehenswert ist der bunte *Markt*, unter anderem gibt's hier

124 Mittelportugal

Noch im Frühsommer sind in 2.000 m Höhe Schneenester vorhanden

gutes Roggenbrot, geräucherte Würste, hervorragenden luftgetrockneten Schinken und den *Queijo da Serra*, den die Schäfer von den Bergen herunterbringen.

- *Information*: im oberen Stockwerk des Marktgebäudes, Tel. 038/22272. Geöffnet täglich außer Montag.
- *Übernachten*: **Hotel Camelo**, am Ortsrand, Tel. 25555. Neubau, ruhig, schöner Blick. Tennis. Gemütliche Lobby mit Galerie. DZ mit Bad ca. 90 DM.
Residencial Serra da Estrela, an der Hauptstraße. 16 Zimmer. DZ für ca. 60 DM.
Residencial O Lisboa, ca. 1,5 km außerhalb Richtung Gouveia/Santa Marinha, Tel. 22375. Einzeln stehendes Haus mit fünf schönen Zimmern. DZ ca. 50 DM. Im Haus ein Schwimmbad und ein gutes Restaurant mit zivilen Preisen.
Im **Café/Restaurant Viriato**, rechts neben der oberen Kirche, werden einige einfache Zimmer vermietet. DZ ca. 25 DM.
- *Essen*: **Miranda**, Largo da Camera. Kleines Restaurant mit weißgedeckten Kaffeehaustischen aus gebogenem Eisenrohr. Einfache Fleischgerichte, Hausmannskost. Die Hauptgerichte kosten um die 10 DM. Im Café gibt's ein gutes Frühstück mit Quark (*Requeijao*).

Sabugeiro

Portugals höchstgelegenes Dorf (1.050 m) liegt ca. 8 km westlich von Seia in einer ziemlich vegetationslosen Talsenke, durch die ein kleiner Bach fließt. Früher war Sabugeiro ein reines Hirtendorf, heute arbeiten die meisten Leute in den Fabriken von Seia. Die älteren Frauen machen noch Käse, und man kann ihn in jedem vierten Haus kaufen. Ansonsten ist alles sehr verschlafen.

- *Übernachten/Essen*: **Café/Restaurant Lareira**, am Ortseingang rechts (von Seia kommend). Im Speiseraum riecht's nach Käse (die Regale sind voll davon), und

die Decke ist mit Leder- und Felljacken behängt, die auch verkauft werden (zum Teil Handarbeit). Spezialität ist *Cabrito assado a forno* (gebackenes Zicklein) für ca. 15 DM. Hier sind auch Zimmer zu vermieten. DZ mit Bad ca. 60 DM.
• *Camping*: Im **Vale do Rossim** an einem kleinen Gebirgsstausee. Wegen der Höhe (1.436 m) kaum noch Vegetation. Baden am Sandstrand des Sees möglich, das Wasser ist aber sehr kalt. Rauhe Gebirgsatmosphäre, viele rundgeschliffene Granitblöcke, einsam. Wenig Camper, im Sommer hat eine kleine Bar geöffnet. Nächste Einkaufsmöglichkeit ca. 7 km entfernt.
• *Jugendherberge*: 25 km östlich bei Covilha, in **Penhas da Saude** auf 1.500 m Höhe. Kleiner Fleck mit zwei Hotels und wenigen Häusern (Skizentrum). 50 Betten in einem langgezogenen Granitbau. Das ganze Jahr geöffnet. Es werden billige Mahlzeiten angeboten. Tel. 075/25375.

Coja

Kleines Dorf mit 2.000 Einwohnern, gut 60 km östlich von Coimbra. Liegt hübsch in einer sanften Talniederung mit viel Grün. Die zwei romanischen Brücken über den Rio Alva waren nach der napoleonischen Zeit rekonstruiert worden. Gute Bademöglichkeiten am Fluß, wenn das Wasser, das aus der Serra da Estrela kommt, auch etwas frisch ist.

• *Übernachten/Essen*: **Pension Piquenique do Paco**, Largo do Paco, Tel. 035/92156. Absolut ruhig gelegen in der Nähe des Campingplatzes. Kleiner Garten um das Haus. Einfache ordentliche Zimmer, kosten für zwei Personen mit Bad ca. 40 DM, ohne Bad ca. 35 DM. Im Erdgeschoß ein Speiserestaurant.
• *Camping*: dicht begraster Campingplatz mit Olivenbäumen direkt am Flußufer. An dieser Stelle ist der Fluß aufgestaut und tief genug zum Schwimmen. Im Sommer allerdings Freibadatmosphäre mit viel Trubel.
• *Ausflüge*: Ca. 11 km weiter oberhalb am Flußlauf liegt ein sehr malerisches Dorf namens **Avo** (Großvater). Bis hierher reichen noch die Ausläufer der Serra da Estrela. Ringsherum an den steilen Hügeln sieht man Terrassenanbau, der Rio verläuft in einem tiefen, schmalen Felsbett. An seinen Ufern stehen alte Wassermühlen und zwei schöne Steinbrücken. Bademöglichkeit im Fluß, übernachten kann man in der *Pension* oder auf dem *Campingplatz* (ca. 1 km entfernt).

Luso

Inmitten grünen Berglands ein Kurort mit etwa 1.000 Gästebetten, viele davon in hübsch gelegenen Hotels und Pensionen. Die radioaktive Dorfquelle ist gut zur Regeneration von Schrumpfleber, dem Nationalleiden der reichen Portugiesen. Der Ort ist ein guter Ausgangspunkt für einen Ausflug in den "Märchenwald" von Buçaco.

• *Information*: Rua Emidio Navarro, Tel. 031/939133.
• *Verbindungen*: **Auto**: 20 km nördlich von Coimbra im Dorf Mealhada von der Nationalstraße Nr. 1 abbiegen.
Bus: mindestens 5x täglich ab Coimbra, Fahrzeit 45 Minuten.
Bahn: Die Expreßzüge Lissabon - Vila Formoso (Paris) stoppen hier nicht. In Pampilhosa (Bahnlinie Porto - Coimbra) in die Beira-Alta-Linie umsteigen, bis Bahnhof Luso nur drei Stationen.
• *Übernachten*: Lohnenswert ist die **Pension Alegre**, Rua Emidio Navarro, Tel. 930256. Alte Grafenvilla, sehr großzügig gelegene Zimmer mit Waschgelegenheit (Nr. 103 mit großer Terrasse) oder Bad. Innen gepflegter als die Außenfassade. EZ ohne Bad ca. 40 DM, DZ mit Bad (Nr. 105) ca. 80 DM.
• *Essen*: Spezialität sind Spanferkel, am besten zubereitet in den kleinen Wegrestaurants an der Straße nach Mealhada.

Mealhada

Die höchste Konzentration von Restaurants in ganz Portugal, die wie auf einer Perlenkette entlang der Estrada National aufgereiht sind. Berühmt sind sie wegen ihrer Spanferkelgerichte (Leitao). In den 50er Jahren begann es bescheiden in der *Tasca O Lúcio* im alten Dorfkern, die nicht mehr existiert. Das Restaurant *Pedro dos Leitoes* eröffnete als erstes an der Estrada No. 1. Auch die neu eröffnete Autobahn tut dem Geschäft bisher keinen Abbruch - die Leute fahren extra die entsprechende Ausfahrt runter. Hervorzuheben ist zudem das *Oasis* mit exzellentem *Rosbife inglesa* für ca. 15 DM.

Wald von Buçaco

Ein 150 Hektar großer, üppiger Park, der erst von einem Kloster, später als königliche Sommerresidenz genutzt wurde. Heute ist er eine gernbesuchte Touristenattraktion, und das Schloß beherbergt ein Luxushotel. In der Touristeninformation von Luso ist kostenlos ein übersichtlicher Plan des Geländes erhältlich. Der Jahr für Jahr steigende Autoverkehr durch den Park zwang die Verwaltung 1993, für PKWs eine Gebühr von ca. 6 DM zu erheben. Also am besten das Auto vor dem Nordtor (Portas de Sula) abstellen - dort sind die meisten Parkplätze vorhanden.

> Zuerst wohnten im Wald nur ein paar Eremiten. Jahrhunderte später wanderte ein Orden Barfüßiger Karmelitermönche ein und begann, ein Kloster zu bauen. Besorgt um Weltabgeschiedenheit und Sicherstellung des päpstlichen Gebots "keine Frauen im Wald", ummauerten die Mönche ihr Areal. Die Ordensbrüder hatten eine Vorliebe für Pflanzen; Waldfrevel wurde mit Exkommunizierung bestraft. Klöster in Übersee schickten exotische Samen und Baumsetzlinge, so daß heute über 700 verschiedene Pflanzenarten bewundert werden können.
>
> Im 19. Jh. wurde das Kloster verstaatlicht und zum größten Teil abgerissen, um Platz für ein Jagdschloß zu schaffen. König Carlos ließ das Schloß von einem italienischen Architekten im neumanuelinischen Stil erbauen. Viel hatte der König jedoch nicht von seinem Schlößchen - 1908, kurz nach der Fertigstellung, wurde er in Lissabon auf offener Straße erschossen.

Der Wald beginnt schon ca. 1 km außerhalb von Luso (ca. 3 km bis zum Schloß), schöner Spaziergang. Es gibt skurrile Bäume, in denen sicherlich selbst Affen Schwierigkeiten hätten, herumzuklettern. Überall im

Wald von Buçaco

Wald verstreut kleine Kapellen, glucksende Brunnen und ein Teich mit Palmenallee.

Schönste Aussicht von *Cruz Alta*, dem höchsten Punkt im Park. Es gibt viele schmale, asphaltierte Wege, die meist gut ausgeschildert sind - Verlaufen ist kaum möglich.

Das **Palace Hotel do Buçaco** ist wie aus dem Bilderbuch, mit unzähligen Giebeln und einem schlanken Turm, von dem aus man Sicht auf den ganzen Wald hat. An zwei Seiten sind manuelinische Arkadengänge angefügt. Im Inneren ballsaalgroße Aufenthalts- und Speiseräume mit Kronleuchtern. Die Wände und Treppenaufgänge sind mit verspielten Azulejogemälden dekoriert. Die exklusiven Zimmer haben Saalgröße. Dafür zahlt man mindestens 300 DM (Tel. 930101). Ein Tennisplatz befindet sich unterhalb des Hotels.

Die Überreste des **Karmeliterklosters** können besichtigt werden. Den Schlüssel dazu hat ein Beamter der Waldpolizei, der meist bei der kleinen Pinte gegenüber steht. Im Inneren der Kapelle hängen an den Seitenwänden zwei außergewöhnliche Gemälde, von denen eines ein sehr bildlicher Stadtplan Jerusalems ist. Ein Mönch brachte die Bilder im 16. Jh. aus Italien mit. Zu dieser Zeit lebten ca. 160 Mönche im Kloster und in Eremitagen im Wald. In der einzigen erhaltenen Zelle hat 1807 der englische General Wellington übernachtet. Besichtigungszeiten: 9-13 und 14-18 Uhr.

Am Parkrand findet sich das kleine **Museo Militar** (Militärmuseum) mit Reliquien aus der Schlacht gegen die Franzosen. Hier wurde 1810 dem Eindringling Napoleon das erste Mal Widerstand geboten. Geschlagen wurde er bei *Linhas de Torres*, kurz vor den Toren Lissabons.

Penacova

Am steilen Berghang, über dem Rio Mondego gelegenes Dorf. Grüne, waldreiche Landschaft. Liegt ca. 23 km nordöstlich von Coimbra, 20 km südlich von Luso. Im Ort zwei einfache *Pensionen*.

● *Camping*: ca. 2 km vom Dorfzentrum entfernt, schön am Flußufer gelegen. Schatten liefern einige Pinien. Bademöglichkeit im Fluß (sauber). Ganzjährig geöffnet.

Coimbra

Die Universitätsstadt Portugals, mit einer Fülle von Sehenswürdigkeiten. Lockere Atmosphäre wegen der über 10.000 Studenten. Tagsüber sitzt man in den Straßencafés am Praça República, abends bei Rotwein in einer der rauchigen Altstadtkneipen.

Gute Kontaktmöglichkeiten, im günstigsten Fall springt eine Einladung zu einer Fete in einer *República* heraus. Diese Hausgemeinschaften, vielleicht vergleichbar mit den frühen deutschen Studentenverbindungen, haben einen Großteil ihrer alten Traditionen abgelegt; die Mitglieder tragen heute T-Shirts und malen ihre Häuser bunt an. Sie zählen aber immer noch zum progressiven Kern der Studentengemeinschaft.

Die Stadt liegt am Ufer des Rio Mondego und zieht sich terrassenförmig einen steilen Hügel hoch. Im unteren Teil das Einkaufszentrum, mit 2 m schmalen Gassen, Geschäft an Geschäft, Basar-Atmosphäre. Der obere Stadtteil, "gekrönt" von den Universitätsgebäuden, ist ein ruhiges Wohnviertel, etwas verkommen mit steilen Gassen und Treppen. In den Außenbezirken wird viel Neues gebaut.

Information

Am **Largo da Portagem** (Flußuferallee), Tel. 039/25576 und 23886. Geöffnet Mo-Sa 9-20 Uhr, So 9-18 Uhr.
Turismo de San Jeronimo, Largo Don Dinis, im Pförtnerpavillon am Unieingang, Tel. 039/32591. Infobüro der Stadtverwaltung, das besser als die Touristeninformation organisiert ist. Geöffnet Mo-Fr 9-18 Uhr, Sa/So 9-12.30 und 14-17.30 Uhr.
Ein weiteres Büro soll an der **Praça República**, Ecke Sa da Bandeira, eröffnet werden. Hier sollen an Werktagen auch Stadtführungen in Englisch/Französisch um 9.30 und 14.30 Uhr beginnen.

Verbindungen

Bus: Terminal ca. 1,5 km außerhalb des Stadtzentrums. Busse nach Figueira de Foz, Conimbriga, Buçaco, Viseu, Lissabon, Nazaré (via Caldas da Rainha).
Bahn: an der Hauptbahnlinie Lissabon - Porto. Per Expreßzug in 2 Std. 15 Min. nach Lissabon und in 1 Std. 15 Min. nach Porto. Langsamere Direktzüge sind etwas billiger und haben Buspreisniveau.
Die Züge fahren nicht in die Stadt hinein, deshalb nicht vergessen, am Bahnhof Coimbra B auszusteigen und per Nahverkehrszug (meist sofort Anschluß) die 3 km zum Bahnhof A in die Stadt zu fahren.
Verkehrsmittel im Ort: Taxi und Oberleitungsbusse. Alle paar Minuten Verbindung ab Bahnhof zum Praça República (Uni).

Übernachten *Camping*

Hotel D. Luis, Santa Clara, Quinta da Várzea, Tel. 442510. Ruhig gelegen, 2 km außerhalb an der Straße nach Lissabon. Modern und funktionell. DZ mit Blick auf Coimbra ca. 140 DM. Die besten sind im ersten Obergeschoß mit Terrasse.

Hotel Astoria, Av. Emidio Navarro 21, Tel. 22257. Schönste Hausfassade an der Flußesplanade; das Hotel stammt noch aus dem letzten Jahrhundert. Zimmereinrichtung nicht antik, aber schon etwas abgenutzt. Den früheren Glanz

Coimbra 129

Sé Velha – wuchtiger Kirchenbau in der Altstadt

erlebt man noch am ehesten im gepflegten Salon und in der Spiegelbar. Die ruhigsten Zimmer im vierten Obergeschoß. DZ ca. 160 DM.
Residencial Avenida, Av. Emidio Navarro 37, Tel. 22156/7. Ebenfalls an der Flußavenida, aber an dieser Stelle weniger Verkehr. Gut geführt. DZ ca. 80 DM, ohne Bad ca. 55 DM.
Residencial Botanico, Bairro S. José 11, Tel. 714824. Nicht weit vom Botanischen Garten, aber leider an einer vielbefahrenen Straße in der Oberstadt. Moderne, helle Zimmer, oft mit Ausblick, gemütliche Lobbyräume und Lift. DZ ca. 100 DM.
Residencial Alentejana, Rua Dr. Henrique Seco 1, Tel. 25924. In einer kleinen Villa aus dem letzten Jahrhundert. Relativ ruhige Lage oberhalb des Parkes Santa Cruz (gegenüber der Jugendherberge). Die meisten der 16 Zimmer sind geräumig. DZ ca. 70 DM.
Pension Rivoli, Praça do Comercio 27, Tel. 25559. Zentrale Lage an einem Platz in der unteren Altstadt, praktisch für den Verkehr gesperrt. Saubere Zimmer, einige mit kleinem Balkon zur Gasse. DZ ca. 50 DM, ohne Bad ca. 35 DM.
Pension Larbelo, Largo da Portagem 33, Tel. 29092. Im Zentrum, ca. 100 m vom Turismo. Dreistöckiges Haus mit geräumigen, sauberen Zimmern - trotz Straße leise. Teilweise antiquierte Möbel und Türen. DZ mit Bad ca. 70 DM.
Residencial Gouveia, Rua João de Ruao 21, Tel. 29793. In einer Seitengasse der Fußgängerzone. Saubere, ruhige Zimmer mit Gemeinschaftsbad. Geschäftstüchtige Besitzerin. DZ ohne Bad ca. 35 DM.
Residencial Moderna, Rua Adelino Veiga 49, Tel. 25413. Zentral zwischen Bahnhof und Praça Comercio, in einer ruhigen Seitengasse (verkehrsberuhigte Einkaufsstraße). DZ ca. 60 DM.
Pension Antunes, Rua Castro Matoso 8, Tel. 23048. Liegt im Universitätsviertel und macht einen ordentlichen Eindruck. DZ mit Bad ca. 55 DM. Teilweise mit Telefon.
Pension Universal, Av. Emidio Navarro 47, Tel. 22444. An der Flußavenida mit geräumigen Zimmern. Der Eigentümer besitzt gleichzeitig ein Parkhaus nebenan mit kostenloser Parkmöglichkeit für Pensionsgäste. DZ mit Bad ca. 60 DM, ohne Bad ca. 40 DM.
• *Jugendherberge*: Rua Henrique Seco 14, Tel. 28191. Sehr sauber, in ruhiger

Mittelportugal

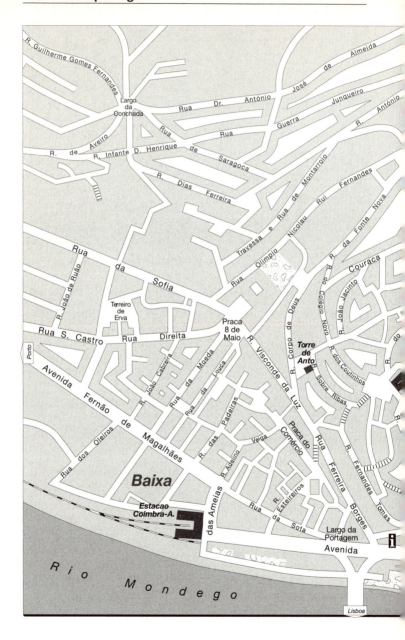

Coimbra 131

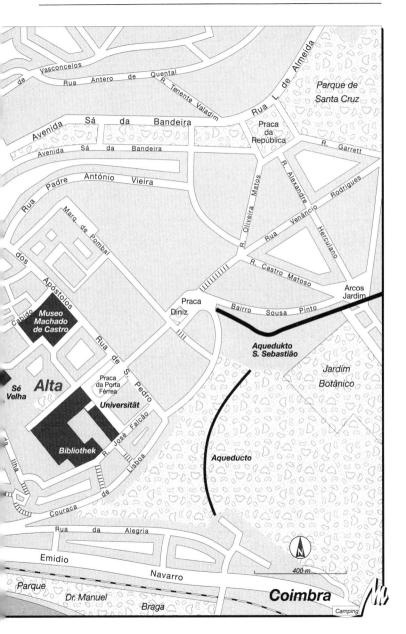

132 Mittelportugal

Wohngegend oberhalb des Parkes Santa Cruz. Oft ausgebucht, so früh wie möglich kommen (öffnet um 18 Uhr). Mit Bus Nr. 29 ab Bahnhof (Richtung Hospital Novo). Oder mit Bus Nr. 7 od. 46 ab Flußpromenade (Hotel Astoria) - dieser Bus verkehrt bis Mitternacht.

• *Camping*: Ca. 4 km außerhalb des Zentrums neben dem Stadion (Estadio Municipal). Der Campingplatz ist dünn mit Bäumen bestanden und im Sommer oft überfüllt, da nur 150 Stellplätze vorhanden sind. Öffentliches Schwimmbad nebenan. Busverbindung mit dem Stadtzentrum: Bus Nr. 1, 5, 7 T, 10, ca. alle 15 Minuten bis Mitternacht. Ganzjährig geöffnet.

Essen

Piscina, im Stadion, beim Campingplatz. Exzellente Küche, täglich einige Menüvorschläge vom Chefkoch. Top-Service, großräumig wirkender Speiseraum. Hauptgericht ca. 20 DM.

Espelho de Agua, Parque Dr. Manuel Braga, am Flußpark. Man sitzt in einem Glasbau über dem Fluß. Besonders gut die Fischgerichte, allerdings kostet das Hauptgericht ca. 30 DM.

Taberna, Rua Combatentes 86, in der Neustadt. Alle Gerichte kommen frisch aus dem Backofen. Wer Olivenöl nicht scheut, kann sich einige gute und typische Gerichte wie Zicklein oder Wild bestellen. Lecker der *Bacalhau* in der Kasserole mit Zwiebeln. Samstags geschlossen.

Alfredo, Av. João das Regras 32 (auf der anderen Seite vom Rio Mondego, kurz nach der Brücke an der rechten Seite). Gutes Mittelklasserestaurant, Durchschnittliche Preise, Tagesgerichte ab 10 DM, Seezunge für ca. 20 DM. Durch den ersten Speisesaal durchgehen (hier steht ein Fernsehapparat) und im gemütlicheren Hinterzimmer einen freien Tisch suchen.

Ze Manuel dos Ossos, Beco do Forno Nr. 10, kleine Seitengasse hinter dem Hotel Astoria. Im Untergeschoß einfache Tasca mit verstaubten Antiquitäten an der Wand. Im oberen Speiseraum ist es weniger interessant - klein, nur sechs Tische. Spezialität ist *Cabrito a chefe estufada* (Ziegenbraten) für ca. 10 DM; es gibt auch halbe Portionen, vieles vom Grill. Montags geschlossen.

Gute Pizze und Crêpes gibt es bei **Pierrot** an der Praça República. In der unteren Etage mit Schimpansenbildern ausgestatte Snackbar, oben das Restaurant. Reiche Auswahl an italienischem Essen wie Pizze, Spaghetti, Lasagne und Cannelloni ab ca. 7 DM. Beliebter Studententreff.

Tem Tem, ca. 8 km außerhalb in S. Luzia, an der N 1 Richtung Porto (links). Brasilianische Küche. Die Spezialität *Rodizio a brazileira* für ca. 22 DM wird von jedem zweiten Gast geordert: verschiedene Kebabspieße mit diversen Fleischsorten, dazu feingehackter Paprika-Zwiebel-Salat, Reis und Piri Piri, riesige Portionen. Die Damen bekommen zum Abschied eine Rose überreicht.

Im Zentrum gibt es in den engen Gassen unzählige kleine **Lokale** und **Tascen**. Man kann eigentlich nicht viel falsch machen, Preise sind ähnlich, also nach Lust und Laune entscheiden.

Café Avenida, Av. Alfonso Henriques. Hier in der ruhigen Wohngegend oberhalb des Parque Santa Cruz treffen sich gern die älteren Semester und Uniassistenten. Jeder kennt jeden, und der Bierkonsum dieser relativ kleinen Kneipe soll der höchste in Coimbra sein. Die lange Öffnungszeit, bis 2 Uhr morgens, dürfte wohl einer der Gründe dafür sein (Sa bis 12 Uhr, So geschlossen).

Das **Kaffeehaus Santa Cruz**, Praça 8 de Maio, war früher einmal Teil einer Kirche. An der Stelle des Altars stehen heute eine Bar und der Gefrierschrank mit Fleisch. An den Marmortischen sitzen meist Opas, deren Gehuste durchs Gewölbe hallt.

Pastelaria/Café Briosa, Rua Ferreira Borges 211 (Haupteinkaufsstraße in der Nähe des Flusses). Gute Pasteis, meist überfüllt mit vernaschten Portugiesen.

Coimbra 133

Nachtleben

Don Dinis Bar, auch *Centro Cultural* genannt. Täglich bis zu 2.000 Besucher in den Räumen des alten Hospitals auf dem Unigelände. Die Bar ist der größte Bierkunde der *Super Bock Brauerei* - 1.500 l Bier werden hier im Schnitt pro Tag reingeschüttet. Preiswert, bis 3 Uhr geöffnet, oft auch Veranstaltungen.

Club 1910, Rua Simoes de Castro 138. Das Stammlokal einer Gruppe von Fadoliebhabern, benannt nach dem Jahr der Abschaffung der Monarchie. Absolut versteckt in der Bar eines Gymnasiums.

Sing Sing, Rua Matosa, bei der Uni. Gemischtes Publikum, natürlich viele Studenten. Manchmal Live-Musik.

Almedina Bar, hübsch gelegen in der Altstadt oberhalb des Stadttores Almedina. Oft wechselnde Ausstellungen.

Fado Café Diligencia, Rua Nova 30, Altstadt, nicht weit vom Praça 8 de Maio. Gemütlich kleines Lokal in der unteren Stadt. Die Wände sind mit Holz verkleidet, und man hockt auf Zwergstühlen. Es gibt hier keine angestellten Fadomusiker, sondern die Stammgäste nehmen die Instrumente in die Hand, und es findet sich auch immer einer dazu, der singt. An einem Abend sang ein *Fadista* aus Coimbra, wo der Fado weicher und melodiöser intoniert wird, mit einem Sänger aus Lissabon um die Wette. Spät in der Nacht, nachdem die Mitwirkenden etliche Flaschen Wein geleert hatten, wurden die Gesangsdialoge der beiden Streiter immer heftiger. Die im Stegreif getexteten Strophen wurden würziger und zum Schluß recht sarkastisch. Eigentlich schade, daß einer der Sänger es etwas übertrieb, bis der verbal schwächere aufgab und sich lieber aus dem Staub machte. Vielleicht vertrug sich die Lisboa-Coimbra-Mischung nicht ganz.

Nachts sollte man in der Gegend um das Diligencia äußerst vorsichtig sein. In den dunklen Gassen ist schon einiges passiert, und die Damen vom Turismo geizen nicht mit Warnungen.

Diskothek ETC, Av. Alfonso Henrique. Ein ziemlich lauter Tanzschuppen, viel Phillysound gemischt mit Hardrock.

Diskothek Scotch, Rua Antonio Augusto Concalves, Richtung Lissabon auf der anderen Seite des Mondego. Lauter Musikschuppen mit großer Tanzfläche. Überwiegend junge Leute, Eintritt ca. 4 DM, am Wochenende teurer.

Diskothek States, Praça Machado Assis. Tanzschuppen mit Air-condition. Vorwiegend Rock- und Popmusik, junges Publikum.

Die Geschichte Coimbras ist eng mit der Universität verbunden. Sie ist eine der ältesten Unis überhaupt und wurde ursprünglich in Lissabon gegründet (1290). Aber in der Hauptstadt gab es bald Ärger mit den privilegierten Studenten, die ihre Professoren selber wählen konnten, und man zog 1307 nach Coimbra. König Dinis stellte dazu sein Schloß auf dem Stadthügel zur Verfügung. Gelehrt wurden anfangs nur bürgerliches und kanonisches Recht, Medizin, Grammatik und Logik. Als das Eroberland Portugal Navigatoren für Schiffe brauchte, wurden Arithmetik, Geometrie und Astronomie eingeführt.

Sehenswertes

Alte Universitätsbibliothek in verschwenderischer Barockdekoration. Die Bücherregale sind mit Blattgold verzierte Schnitzwerke und reichen bis zur 4 m hohen Decke. Der Boden ist eine Einlegearbeit aus verschiedenfarbigen Marmorsteinen. In den Regalen lagern noch eine

134 Mittelportugal

Die "königlichen Republiken" der studentischen Wohngemeinschaften

Menge handgedruckter Lehrbücher. Die 3.000 wertvollsten Handschriften (*Cimelios* - eine goldene Regalaufschrift weist darauf hin) werden aus Sicherheitsgründen in der neuen Bibliothek aufbewahrt. Hinter den Türchen verbergen sich kleine Leseräume mit tollem Blick auf die Umgebung von Coimbra. Öffnungszeiten: 10-12 und 14-17 Uhr. Am hintersten Ende des Universitätshügels links (in einem großen Innenhof). An der großen Holztür klingeln.

Parque Santa Cruz, oberhalb vom Praça República. Schöne Parkanlage - ein dichtbewaldeter Berghang mit Schwanenteich. Hier finden manchmal Open-air-Konzerte statt.

Jardim Botanico: viele Blumen, exotische Bäume und ein Bambushain.

Penedo da Saudade: kleiner Park am Stadtrand; von den azulejogeschmückten Parkbänken schöner Blick auf die Umgebung. Hier trafen sich früher die *Fadistas* (Fadosänger).

Sé Velha: die alte Kathedrale, ein wuchtiger, monumentaler Bau mit Zinnen und Eckpfeilern - eher Kriegsfestung als Gotteshaus. Dieses größte romanische Bauwerk Portugals entstand um 1170, die Bauaufsicht hatten zwei Franzosen. Das *Nordportal* wurde erst um 1530 von einem Künstler üppig ausgeschmückt - es bildet einen starken Gegensatz zum übrigen Gebäude.

Convento de Santa Clara Velha: Am anderen Ufer des Mondego befinden sich die bröselnden Überreste des alten Santa-Clara-Klosters. Nur noch der obere Teil ist zu besichtigen - das Kirchenschiff versinkt

Studenten in ihren traditionellen schwarzen Capes

immer tiefer im Sumpf und füllt sich mit Brackwasser. Das Kloster entstand Ende des 13. Jh.s und wurde bis ins 17. Jh.s hinein bewohnt. Hier residierte die Hl. Königin Isabel - ihr Sarkophag steht heute im "Neuen Santa Clara Kloster" oben am Hügel.

Tip: *Tasca Casino da Urca*, gleich neben dem alten Convento Santa Clara. Zwischen Weinfässern hocken am großen Holztisch die alten Männer beim Tracado im feuchten, kühlen Gewölbe. Daneben gemütlicher Speisesaal. Beim Nachbarn kann man draußen sitzen und auf dem Dach vom "Casino" den deftigen Fleischeintopf (*Serrabulho*) für ca. 9 DM probieren.

Museu Machado Castro, Rua dos Coutinhos, Nähe Sé Velha. Interessantestes Museum von Coimbra - im ehemaligen Bischofspalast (schöne Renaissance-Terrasse). Das Fundament des Palasts bildet ein zweigeschossiger, labyrinthartiger römischer Gewölbebau aus dem 1. Jh. In den Ausstellungsräumen befinden sich Skulpturen portugiesischer Bildhauer, zum Teil aus der "Schule von Coimbra", nach deren bekanntestem Vertreter das Museum benannt wurde. Viele andere Ausstellungsstücke: Gemälde, Kleider, Antiquitäten etc. Öffnungszeiten: 10-12.30 und 14-17 Uhr, montags geschlossen.

Wechselnde Ausstellungen im **Chiado**, einer Art städtischem Kulturzentrum (Hausfassade nach einem Eiffelentwurf). Verschiedene Kunst-, Foto- und Blumenausstellungen. Haupteinkaufsstraße, Rua Ferreira Borges.

Portugal dos Pequenitos: gegenüber dem alten Santa-Clara-Kloster.

136 Mittelportugal

Lauschig und erfrischend grün – die Quinta das Lagrimas

Ein Dorf mit portugiesischen Provinzhäusern in Mickey-Mouse-Ausführung, aber kein Plastik-Disneyland. Aufwendig bis ins letzte Detail kopierte Bauwerke (z.B. Universität Coimbra). Für Kinder ist der Park sicherlich die Hauptattraktion von Coimbra. "Erwachsene, die die Originalproportionen nachempfinden möchten, können sich am Eingang lederne Knieschützer ausleihen."

Ca. 1 km außerhalb, am Mickey-Mouse-Dorf vorbei, liegt neben der Rua Concalves das alte Klostergut **Quinta das Lagrimas**, der *Garten der Tränen*. Das exotische Stück Land mit efeuberankten, uralten Eichen und der trübe Weiher waren Schauplatz der portugiesischen "Love Story".

Die Balladen der Lusiaden, das Lebenswerk des Dichters Camoes, beschreiben traurig den Mord auf Staatsbefehl: Auf dem Gut lebte die blonde *Ines de Castro*, Spanierin und Geliebte des Thronfolgers *Pedro I.*, mit ihren zwei unehelichen Prinzenkindern. Der portugiesische Adel haßte sie aus Angst vor spanischem Einfluß auf das Königshaus. So kam es, daß man sie eines Abends in einer Blutlache neben dem Teich mit durchschnittener Kehle fand. Pedro rächte sich, überfiel Burgen und Dörfer seines Vaters, und man nannte ihn bald "den Grausamen". Der Vater starb, Pedro wurde König. Die tote Ines setzte er neben sich auf den Thron und krönte sie zur Königin. Ihre Mörder ließ er wählen, ob sie das Herz von vorne oder von hinten aus dem Körper gerissen haben wollten.

Coimbra 137

Feste und Festivals

Die **Queima das Fitas** findet seit neuestem wieder jedes Jahr Mitte Mai statt. Das Fest dauert insgesamt sechs Tage. Jeden Abend ist eine andere Fakultät der Universität für die Gestaltung zuständig - Folk- und Rockmusik am Flußpark und Coimbra-Fado um Mitternacht am Platz vor der Sé.

Seit 1980 erwecken die Studenten das von Jahrhunderten geprägte Sommerferienfest zu neuem Leben. Die angehende Elite beruft sich wieder auf alte Traditionen. Nach den Studentenunruhen 1969 (Beschneidung der studentischen Mitbestimmung) war Tradition verpönt. Vorher herrschte eine schlimme Hierarchie unter den Studierenden, unter der besonders die Anfänger zu leiden hatten. Ihnen wurde die Birne kahlgeschoren und aus Spaß die Kleidung bis auf die Unterhosen geraubt; nach 18 Uhr bestand für sie ein generelles Ausgehverbot (bis ca. 1930 gang und gäbe). Es handelte sich hierbei um eine Konkurrenz um die schönsten Bürgertöchter, die durch nächtliche Fadoserenaden bezirzt wurden. Die traditionelle Studentenbekleidung waren schwarze Capes und eine deckelartige Kopfbedeckung, aus den Büchern hingen Fakultätsbänder welche beim Fest verbrannt werden = *Queima das fitas*.

Einkaufen

Torre de Anto, Rua Sobre Ribas, obere Altstadt. In diesem alten Festungsturm hat das Touristenbüro einen **Kunsthandwerksladen** eröffnet. Der Verkaufserlös wird ohne Gewinnspanne an die Hersteller weitergegeben. Schöne handgewebte Bettdecken aus dem Dorf *Almalagues*, wo noch jede fünfte Familie einen Webstuhl im Haus hat. Für unseren Geschmack sind die handbemalten Fayenceteller ein besonders schönes Mitbringsel - pastellfarben, mit Motiven aus dem 17. Jh. Die Keramiksachen werden in einer kleinen Fabrik am Terreiro da Erca-Platz hergestellt. Die Fabrik kann besucht werden. Leicht an der Glasur beschädigte Stücke werden 20 % billiger verkauft.

Trödelmarkt auf dem Universitätsgelände

Öffnungszeiten des Ausstellungsraums: 9-12.30 und 14-17.30 Uhr.

Korbwaren, ca. 5 km außerhalb, an der Straße nach Lissabon (rechts). Sehr große Auswahl von hübschen Lampenschirmen bis zur Schlafzimmereinrichtung. Geöffnet 9-18 Uhr.

Umgebung von Coimbra

Conimbriga

Portugals einzige bedeutende römische Ruinenstadt. Im Gebiet von Trás-os-Montes existieren noch ein paar andere Siedlungen, die aber noch nicht ausgegraben worden sind. Conimbriga war eine der wichtigsten römischen Städte in Portugal, wurde 468 von den Sueben geplündert, und verfiel in der Folgezeit. In den Hausruinen sind guterhaltene Mosaike mit Blumen- und Tiermotiven zu bewundern; auch die Überreste einer Therme und eines Aquädukts gibt es noch.

Verbindungen: Conimbriga liegt 16 km südlich von Coimbra neben dem Dorf Condeixa. Häufig Busse Coimbra - Condeixa, von dort nur wenige Kilometer zu Fuß oder per Taxi.

Lousa

Lousa liegt in der waldreichen, hügeligen Serra da Lousa, 27 km südlich von Coimbra. Im Ort stehen noch ein paar schmucke Herrschaftshäuser aus dem vergangenen Jahrhundert. Vom Dorf führt eine schmale Asphaltstraße leicht bergauf zu einem alten Kastell, das etwas an Südtirol erinnert.

Gute Bademöglichkeit oberhalb vom Dorf im aufgestauten Fluß. Es gibt vier kleine *Pensionen* im Ort und einen *Campingplatz*. Alle zwei Stunden Verbindung per klappriger Nebenbahn mit Coimbra, Fahrzeit ca. 45 Minuten.

Barragem da Aguieira

Vón Coimbra 36 km flußaufwärts liegt einer der größten Stauseen des Landes. Die mächtige Staumauer wurde kurz unterhalb des Zusammenflusses von Rio Mondego und Dão errichtet. Das ehemalige Dorf Foz de Dao befindet sich jetzt tief am Grund des Sees. Die ca. 40 km Ufer sind gesäumt von einem dichten Eukalyptuswald, und auch an Wochenenden wird die Ruhe wenig gestört (kein Campingplatz).

An der Hauptstraße Viseu - Coimbra gibt es das *Restaurant A Lampreia* mit traditioneller portugiesischer Küche. Wie der Restaurantname schon verrät, sind Neunaugen die Spezialität des Hauses. Der aalähnliche Süßwasserfisch wird mit in Öl gedünsteten Zwiebeln, Rotwein und Blut gegart. Einige Kilometer Richtung Coimbra steht die *Vila Nancy*, ein moderner Bau mit internationaler Küche und komfortablen Gästezimmern.

Montemor o Velho

Im sumpfigen Schwemmland des Flusses Mondego gelegen, viel Maisanbau in der Umgebung. Um einen Hügel herum das alte Dorf mit engen, steilen Kopfsteinpflastergassen; durch manche kommen allenfalls noch Esel durch. Oben auf dem Hügel die große *Burganlage*: Die gezinnten Burgmauern ziehen sich auf der vom Dorf abgewandten Seite weit den Hügel hinunter. König Dom Sancho erbaute die Festung im 12. Jh. - heute wuchert innerhalb der Mauern das Gras kniehoch. Im Inneren eine kleine, dreischiffige *manuelinische Kirche* und das im Jahre 1494 gegründete Augustinerkloster *Convento dos Anhos*. Öffnungszeiten des Kastells: 10-12.30 und 14-17 Uhr.

> Eine Legende erzählt, daß sich die Portugiesen bei einer Schlacht gegen die Araber in der Festung verbarrikadierten. Als die Übermacht der Araber deutlich wurde und sich die Niederlage ankündigte, beschlossen die Portugiesen, ihren Frauen und Kindern die Hälse durchzuschneiden, um sie nicht den "Heiden" auszuliefern. Gesagt, getan - doch kurz vor der Niederlage kam glücklicherweise König *Alfonso Henriques* zu Hilfe und jagte die Araber von dannen. Beim Anblick der toten Frauen und Kinder im Burghof legte der Burgherr das Gelübde ab, eine Kapelle zu bauen, falls die Toten wieder zum Leben erwachten. Heute steht das Kapellchen in Seica, ca. 15 km südlich von Figueira da Foz an der Straße nach Lissabon.

- *Information*: im Rathaus des kleinen Dorfes, Tel. 039/68187. Geöffnet 9-12.30 und 14-18 Uhr, samstags und sonntags geschlossen.
- *Übernachten*: **Residencial Abade João**, Rua Combatentes da Grande Guerra, Tel. 68458. Eine gemütliche Unterkunft mit reicher Vergangenheit - ursprünglich ein Kloster, diente es auch schon als Parteihaus der Kommunistischen Partei. Von den geräumigen Zimmern der Südseite schöner Blick auf die Flußebene. 14 Zimmer mit TV, DZ ca. 80 DM.
- *Camping*: In der Burg wurde ein Platz neu eingerichtet.

Figueira da Foz

Der traditionelle Badeort an der Costa da Prata liegt in grüner Landschaft an der Mündungsbucht des Rio Mondego. Im Ort stehen vereinzelt alte Villen zwischen 10- bis 15stöckigen Appartementhäusern - im Zentrum jedoch stammen die meisten Gebäude aus der Gründerzeit, denn Figueira da Foz ist erst 100 Jahre alt.

140 Mittelportugal

Bademöglichkeit an einem Mammutstrand, teilweise bis zu 500 m breit und mehrere Kilometer lang; es geht steil ins Meer! Bis zum Wasser läuft man lange, und wären hier nicht so viele Leute, würde man meinen, man sei in der Wüste (Kamele werden noch nicht vermietet). Ende der 90er Jahre soll jedoch weit draußen eine neue Strandavenida gebaut und der ganze Ort näher ans Meer verlagert werden. Im Sommer hört man hier hauptsächlich Spanisch, da der Badeort Lieblingsziel spanischer Touristen ist. Mehr Atmosphäre findet man im *Fischerdorf Buarcos* am Nordende des Strandes.

- *Information*: Avenida 25 de Abril, Tel. 033/22610. Täglich geöffnet von 9-23 Uhr im Sommer, sonst bis 17 Uhr.

Übernachten

Hotel Costa da Prata, Largo Golonel Galhardt, Tel. 26610. Modernes, vierstöckiges Gebäude an der erhöhten Esplanade, relativ ruhig. Kühle Fassade aus hell gestrichenem Beton und Aluminiumfenster. Funktionelle Zimmer mit hübschem Bad, Radio und Heizung. Wandgroße Fensterflächen mit Jalousien zum Meer hin. DZ ca. 90 DM, drei Personen ca. 105 DM.
Residencial Rio Mar, Rua Dr. F. Antonio Dinis 90, Tel. 23053. Altes, zweistöckiges Haus am Strand, innen gepflegte alte Möbel, Frühstücksraum mit schönem Parkettboden. Saubere Zimmer, die mit Bad geräumig sind. Kleinere Zimmer haben Waschgelegenheit im Raum. DZ ohne Bad ca. 40 DM, mit Bad ca. 70 DM.
Pension Esplanada, Rua Eng. Silva 86 und Rua da Liberdade 6, Tel. 22115. Altes Gebäude an der Uferpromenade. Geräumige Zimmer mit schönem Blick aufs Meer. Etwas laut. DZ mit Bad ca. 70 DM.
Hotel Alianca, Rua Miguel Bombarda 12, Tel. 22836. Hohe, helle Zimmer mit etwas Deckenstuck, geräumig. Gut gepflegt. Kleine Badezimmer. DZ ohne Bad ca. 50 DM, mit Dusche ca. 60 DM.
Pension Aviz, Rua Dr. Lopes Guimarães 16, Tel. 22635. Einfach, sauber, relativ ruhige Gasse, nicht weit vom Casino. DZ mit fließendem Wasser ca. 40 DM.
Einige preiswerte Pensionen in der Rua Direito do Monte, Nähe Bahnhof. **Pensão Figeiranse**, Tel. 22459, und **Pension São Zinha**.

Camping

Parque Municipal, am Stadtrand, ca. 1 km landeinwärts vom Strand. Mit Pinien bestanden, sogar Swimmingpool.
Auf der südlichen Flußseite: **Orbitur**, ca. 8 km vom Zentrum, mit Swimmingpool, relativ schattig.
Parque de Campismo da Federaçao, direkt am anderen Ufer hinter dem Cabedelo Strand. Kein Schatten, preislich etwa wie im Municipal. Vom nebengelegenen Fischerhafen fahren regelmäßig Boote rüber in die Stadt.

Essen Nachtleben

Cacarola, Rua Candido dos Reis, gegenüber vom Casino. Durchschnittsrestaurant. U-förmige Snackbar und einige Tische in einem holzverkleideten Kellerraum. Es gibt viele Krebstiere zur Auswahl, relativ preiswert, ebenso Fisch. Bis 4 Uhr morgens geöffnet.
Teimoso, etwas außerhalb von Buarcos an der Straße zum Leuchtturm gelegen. Großer Speiseraum mit Festern zum Meer, viel von Einheimischen besucht und daher recht laut. Gute Auswahl an gegrilltem Fisch, leckere Salate. Preise durchschnittlich, jedoch preiswert für die großen Portionen.
Hier werden auch einige **Zimmer** mit Balkon vermietet. Estrada do Cabo Mondego, hinter Buarcos, ca. 4 km vom Zentrum entfernt.

Figueira da Foz 141

Disco Pessidonio, 5 km außerhalb, Serra de Boa Viajen (bei quatro caminos). Ein großes Labyrinth mit vielen Stufen und versteckten Sitzgruppen. Zwei Tanzflächen und eine extra große Fläche zum Rollschuhtanzen. Mindestverzehr ca. 20 DM.

Feste Einkaufen Sport

- *Feste*: Am Tag des **São João**, dem 24. Juni, Markt mit regionalen Handarbeiten, Ballonsteigen vor der Abenddämmerung, Tanz und viel Essen und Trinken. Alles spielt sich hauptsächlich in der Nähe des Stadtparks ab. Gegen Morgengrauen geht es an den Strand und ins Wasser, um die "Sünden abzuwaschen".
- *Einkaufen*: Hübsche **Korbsachen** gibt es in den kleinen Läden um den Markt gegenüber dem Stadtpark, z.B. bequeme Korbsessel, aus Palmenwedeln geflochten.
- *Tennis*: Spielmöglichkeiten beim lokalen Tennisclub direkt an der Flußmündung beim alten Kastell Santa Catarina.

Sehenswertes

Azulejomuseum, Largo Pr. Vitor Guerra (beim Hafen). Der ehemalige Sommerpalast des Bischofs von Evora und Coimbra entstand Anfang des 17. Jh. Kurz vor Fertigstellung havarierte eine holländische Fregatte vor der Küste, konnte unter noch mit letzter Kraft den Hafen von Figueira anlaufen. Sie war überladen mit Delfter Kacheln - der Bischof griff zu, um seinen Palast damit auszuschmücken. Die Motive sind biblische Szenen, Reiter und Jagdspiele sowie Landschaften. Montags geschlossen.

Museo Municipal, Rua Galuste Gulbenkian. Malereien, Möbel, Ausgrabungsstücke und eine Tapisserie aus Tavira. In dem modernen Museumsbau (Gulbenkian-Stiftung) befindet sich auch die Stadtbibliothek. Geöffnet von 9-12.30 und 14-17.30 Uhr. Montags geschlossen.

Buarcos

Trotz der Nachbarschaft zu Figueira da Foz ein noch recht unberührter Fleck. Am Strand liegen einige bunt bemalte Fischerboote. Im unteren Dorf dunkle Tascas und Tavernen. Enge Kopfsteinpflastergassen ziehen sich den Hügel hinauf, eng an eng die alten Häuser der Fischer. Erholsam für das Auge nach den Hotelhochhäusern von Figueira.

Im Sommer hat ein kleines Turismo-Büro geöffnet. Jedes Jahr findet am 8. September eine Prozession statt, um *Nossa Senhora da Encarnacao* (Schutzherrin der Fischer) zu ehren. Die Ufermauern, schon teils zerfallen, dienten früher zur Verteidigung gegen holländische, französische und englische Piraten, die wiederholt angriffen.

Einige preisgünstige Zimmer werden beim *Restaurant Desfilhada*, Rua do Marco 20, vermietet. Unten im Restaurant fragen.

São Pedro de Muel

Gepflegter kleiner Ort an der Atlantikküste, auf allen Seiten von Wald umgeben. In der kleinen Bucht und an den Seitenhängen dominieren Sommerhäuser von portugiesischen Großstädtern. Nördlich führt eine kleine Uferstraße auf den Klippen zum Leuchtturm, dazwischen Steilküste mit felsbrockengesprenkeltem Sandstrand. Interessante Felsformationen. Die grüne Umgebung lockt zum Spazierengehen. Stellenweise reicht der "Urwald" fast bis an den Strand, an heißen Sommertagen ist ein Waldspaziergang eine willkommene Abwechslung.

Zahlreiche Rohbauten lassen darauf schließen, daß in der Zukunft mehr Touristen als bisher in São Pedro de Muel auftauchen werden. Auf jeden Fall sollte, wer im Sommer hierher möchte, seine Unterkunft vor seiner Anreise gebucht haben.

Der Hauptbadestrand des Orts liegt in der kleinen Bucht, von hier bis zum Leuchtturm schmale Strandfetzen mit Felsbrocken. Relativ starke Strömung. Am Rand der kleinen Meeresbucht gibt es auch ein modernes Schwimmbad mit drei Schwimm- und einem Sprungbecken. Ab und zu werden auf dem Strandteil unterhalb der Straße Volleyballturniere ausgetragen.

- *Verbindungen*: Bahnstation in Marinha Grande (12 km entfernt), Linie Lissabon - Alfarelos.
- *Übernachten*: **Hotel Mar e Sol**, Av. Sa e Melo, Tel. 044/599182. Moderner, zweigeschossiger Bau an der erhöhten Strandpromenade ohne persönliche Note. Fast alle Zimmer mit Balkon und Blick aufs Meer. DZ mit einfachem Bad ca. 130 DM, je nach Ausblick.
Residencial D. Fernando I, Rua Fernando 119, Tel. 599314. Zimmer zum Teil mit Balkon, angeschlossenes Café mit Terrasse. DZ ca. 80 DM.
Privatzimmer vermietet der Besitzer des Mini-Mercado **Déposito de pao**, am Ortsrand gelegen. Ein DZ kostet ungefähr 35 DM.
Agua de Madeiros, 3 km südlich von S. Pedro, Tel. 044/599324. In einer kleinen, fast unverbauten Bucht die "deutsche" Pension. Freundlich helle Zimmer, großzügige Verglasung mit Blick in die baumreiche Natur. DZ ca. 90 DM.
- *Camping*: Gepflegter **Orbitur-Campingplatz** in einem Pinienwald an der nördlichen Ausfahrtsstraße. Viel Schatten. Näher am Strand findet sich ein **Inatel-Campingplatz**.
- *Essen*: **Esplanada do Mar**, an die Strandbefestigung gebaut. Mit Wellblechdach und einfacher Einrichtung. Gute Meeresgerichte, z.B. *Arroz com mariscos* (Reis mit einer dicken roten Sauce und Krebsen, Muscheln, Krabben), ein Zwei-Personen-Gericht. Service etwas langsam. Rustikal eingerichtet, Kamin, schöner Ausblick.
Perola do Oceano, im Ortsinnern gelegen. Gemütlich, mit Fischernetzen an den Wänden. Viel besucht. Hauptgerichte um die 12 DM. Spezialität ist das *Bife a S. Pedro*, ein Beefsteak mit Schinken.

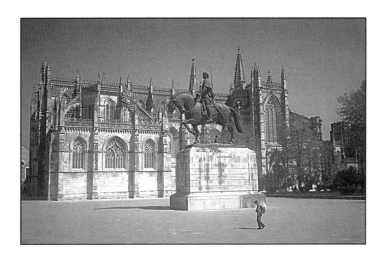

Batalha

Das Dorf hat nur 6.000 Einwohner, jedoch den größten Klosterbau des Landes. 200 Jahre wurde an dem im üppig gotisch-manuelinischen Stil erbauten Kloster gearbeitet. Es ist ein Denkmal portugiesischer Unabhängigkeit und wurde nach der Schlacht von Aljubarrota (1385, Sieg über die Spanier) erbaut.

Daran wird der Besucher auch erinnert: Im Bauwerk befindet sich ein *Kriegsmuseum*. An der Gedenktafel für den Unbekannten Soldaten stehen zwei Soldaten mit Kampfanzug und Maschinenpistole. Geöffnet 9-17 Uhr, im Sommer bis 18 Uhr.

Das *Kirchenschiff* ist sehr schmal und hoch, wuchtige Säulen tragen das Dach (80 m lang, 32,5 m hoch). In der *Capela do Fundador* liegen die Auftraggeber des Klosterbaus begraben, König João I. mit seiner Frau im Doppelsarkophag. In den Nischen der Seitenwände liegen Nachfahren der Königsfamilie. Die *Capela Imperfeita* ist ein unvollendetes Mausoleum im Renaissance-Stil. Neben dem Eingangsportal eine ebenfalls unfertige Loggia (Rednertribüne). Eine Florentiner Kuppel war geplant - sie wurde nicht vollendet, da Manuel I. mehr an der Fertigstellung "seines" Jeronimusklosters in Lissabon interessiert war. *Claustro Real*, ein wunderschöner Kreuzgang mit verspielter Ornamentik und

144 Mittelportugal

tollem Schattenspiel, ist ein Filigranwerk der damaligen Stukkateure - der Franzose Boytac wurde mit der Planung betraut.

• *Information*: am Largo Papa Paulo, Tel. 044/96180. Geöffnet von 10-19 Uhr.

• *Übernachten/Essen*: Eine komfortable Unterkunftsmöglichkeit ist die **Pousada do Mestre Afonso Domingues**, ein Fünf-Sterne-Luxushotel, ca. 200 m vom Kloster entfernt (Tel. 96260/1). DZ ca. 190 DM. Im Haus ein empfehlenswertes Restaurant.

Residencial Batalha, Largo da Igreja, zentral, schräg gegenüber dem Kloster, Tel. 767500. Neueröffnung 1992. Ruhig sind die Zimmer nach hinten. DZ ca. 100 DM.

Casa do Outeiro, Largo Carvalho do Outeiro 4, Tel. 96806. Am Hügel, oberhalb des Rathauses, ruhig gelegen. Im Garten ein kleiner Pool. Nur 6 Zimmer, DZ ca. 80 DM.

Quinta do Fidalgo (Turismo de Habitaçao), gleich neben der N1 (westlich), Tel. 96114. Hübsch renoviertes Gutshaus mit eigener Kapelle. DZ ca. 130 DM.

Tomar

Auf dem mit Pinien bestandenen Hügel über der Stadt thront die mächtige Burg Convento do Cristo, die auf das im 12. Jh. dort erbaute Wehrkloster der Kreuzritter zurückgeht.

Die militanten Mönche kämpften gegen die Mauren und wurden dadurch sehr mächtig. Sie waren nur dem Papst unterstellt und häuften in ganz Europa riesige Schätze an, bis der letzte Großmeister in Paris, Jacques de Molay, im Jahre 1307 wegen angeblicher Gotteslästerung und Sodomie verhaftet wurde. Die finanziellen Mittel des Templerordens sollen daraufhin in Portugal in Sicherheit gebracht worden sein und später Heinrich dem Seefahrer als Kapital für seine Entdeckungsfahrten gedient haben. Das Burgtor steht dem Besucher täglich von 9.30-12.30 und 14-17 Uhr offen. Montags geschlossen.

Bevor man zur Burg kommt, steht rechts die Kirche *S. N. de Conceição* aus dem 16. Jh., eine außergewöhnliche Renaissancekirche. Im Kloster nach dem Schlüssel fragen.

Ritter des Templerordens gründeten gegen Ende des 12. Jh. die Ortschaft an den Ufern des Nabao. Wie es sich für Ritter gehört, setzten sie als Bollwerk gegen die Mauren eine Burganlage auf den 120 m hohen Hügel. In ihr sind auf kleinem Raum vereint viele Beispiele für die verschiedenen Stilepochen portugiesischer Baukunst zu besichtigen.

Der Bau wurde als Rotunde, ein 16seitiger Bau mit achteckigem Innenraum, angelegt. Sehenswert ist das von Dekorationen überquellende manuelinische Fenster in der Westfassade der Kirche auf dem Gelände. Wer vom Steinebegucken die Nase voll hat, sollte sich hinunter in die Altstadt begeben mit ihren vielen kopfsteingepflasterten Gassen aus dem Mittelalter.

Information Verbindungen

- *Information*: Avenida Dr. Cándido Madureira, nahe der Auffahrt zur Burg, Tel. 049/322427.
- *Verbindungen*: Die Anbindung der Stadt an das öffentliche Verkehrsnetz ist schlecht. Nur zwei Busse fahren am späten Nachmittag in die umliegenden sehenswerten Örtchen. Einmal täglich Busverbindung nach Lissabon.

Übernachten

Estalagem Santa Iria, Parque de Mouchao, Tel. 313326. Sehr ruhig, im Stadtpark Mouchao gelegen. Üppig ausgestattete Zimmer für ca. 150 DM.
Residencial Luz, Rua Serpa Pinto 144, Tel. 312317. Dunkle Räume mit altmodischer Inneneinrichtung, Gemeinschaftsraum mit Fernsehgerät. DZ mit Bad und ohne Früstück ca. 50 DM.
Residencial Uniao, Rua Serpa Pinto 94, Tel. 312831. Gemeinschafts- und Schlafräume sind mit sehr schönen antiken Möbeln eingerichtet. DZ mit Bad ca. 70 DM inkl. Frühstück.
- *Camping*: Der **städtische Campingplatz** ist einfach zu finden, weil der Weg dorthin gut ausgeschildert ist. Er liegt hinter dem Mouchao-Park, neben der Badeanstalt, nur wenige Minuten zu Fuß vom Kern der Altstadt entfernt. Es gibt dort hauptsächlich Schattenplätze, eine kleines Restaurant, doch leider nur wenig Rasen. Ganzjährig geöffnet.
Ein schöner Campingplatz, allerdings im Grünen ohne Stadtnähe, liegt am **Barragem do Castelo do Bode**. Der Stausee ist 14 km von Tomar entfernt, gelegen zwischen Castelo do Bode und Constancia. Seine Umgebung ist traumhaft schön; das Ufer des großen Sees am Ende des abfallenden Geländes, rundherum Kiefern und Eukalyptusbäume. Hunde dürfen nicht mit. Vom 18. Dezember bis 18. Januar geschlossen.

Essen

Nabao, Rua Fonte do Choupo 2, Tel. 313110. Unpersönliches Interieur, nette Bedienung, schöner Blick über die Flußwindungen und die Altstadt. Hauptgericht ca. 13 DM.
Chico Elias, etwa 2 km außerhalb in Algarvias, die Straße vom Turismo Richtung Torres Novas, Tel. 311067. In dem einfachen Restaurant bekommen Sie regionale Spezialitäten aufgetischt, die in keinem "normalen" Restaurant erhältlich sind, z.B. zur Vorspeise *Feijoada de caracois* (Schneckenbohnen) oder als Hauptgericht *Enguias de fricassé* - Aale in gelber Eier-Zitronensauce für ca. 13 DM. Eigener Tischwein. Dienstags geschlossen.
A Bela Vista, direkt neben dem *Nabao*, Tel. 32870. Geschmackvolle Inneneinrichtung, Standardgerichte, einige Tische draußen unter Arkaden und Pflanzenranken. Pro Person ca. 12 DM.
Chez Nous, Rua de Jodiaria 31. Gehobene Küche, reichhaltige Auswahl an hausgemachten Desserts, Gericht für ca. 17 DM.
Café Doçaria Estrelas de Tomar, Rua Serpa Pinto 12. Keine spektakuläre Inneneinrichtung, dafür aber etliche Küchlein der Region und Spezialitäten zum Naschen.

Sehenswertes

Einen Rundgang beginnt man am besten auf dem mit schwarz-weißen Rauten ausgelegten Praça República. Leider gibt es dort keine schattenspendenden Bäume, aber dafür jede Menge Bänke mit Blick auf das Rathaus, die Baptistenkirche St. John und den Gründer von Tomar als Bronzestatue auf einem Marmorsockel.

In der Rua de Jodiaris 73 findet man das *Museo Luso-Hebraico* in einer ehemaligen Synagoge. Interessant ist in diesem Raum die Akustik, hervorgerufen durch in die Raumecken eingelassene Tonkrüge. Ein englischsprechender Führer nimmt sich von 9-18 Uhr Zeit für jeden Interessenten und erläutert, gespickt mit Anekdoten, die Herkunft und Bedeutung des größtenteils gestifteten Museumsinventars.

Nicht nur wegen seiner Grünanlagen lohnt sich ein Abstecher in den *Mouchao-Park*, umgeben vom Flußlauf des Nabao, fünf Minuten vom Rathaus entfernt. An seinem Rand durchpflügt ein *Wasserrad* von mehreren Metern Durchmesser den Nabao. Es schöpft das Wasser mit mehr als 50 Tongefäßen und demonstriert eine jahrhundertealte Konstruktionsweise.

Santarém

Über einen Hügel, 100 Meter über den Windungen des Tejo, zieht sich Santarém. Seine Hänge sind mit Apfelsinen- und Olivenhainen bewachsen, und auf dem höchsten Punkt wurde von den Mauren zum Schutz ihrer Stadt eine Burg angelegt.

Von der Burg sind heute nur noch Mauerreste, in denen ein Restaurant untergebracht ist (s.u.), ein liebevoll gehegter Garten mit Springbrunnen und Tierkäfigen sowie die *Portas do Sol*, der beste Aussichtspunkt der Stadt, erhalten. Der Rest der Burg fiel 1755 einem Erdbeben zum Opfer. Als "Stadt der Gotik" hat Santarém eine Vielzahl von Bauwerken zu bieten.

Wegen ihrer geographischen Lage, des fruchtbaren Bodens und des milden Klimas war sie Zankapfel der Barbaren, Römer und später der Mauren. 1147 wurde sie von Don Alfonso Henriques zurückerobert. Aus dieser "heißen" Zeit sind noch Reste der Stadtmauer zu sehen.

Sehenswertes

Zahlreiche Gläubige aus der ganzen Welt zieht die Kirche **Santissimo Milagre** an. Sie wurde im 14 Jh. erbaut. In ihrem Inneren befindet sich ein Sakramentshäuschen. Dort wird eine kleine Ampulle mit einer Hostie aufbewahrt und sorfältig gehütet, die sich in das Blut Christi verwandelt haben soll.

Einige Straßen weiter steht das **Archäologische Museum** von São João de Alporao. Es ist in einem romanisch-gotischen Kirchenbau aus dem 13. Jh. untergebracht und enthält die größten Kunstschätze der Stadt, einschließlich der römischen und arabischen Zeit. Eine darin gezeigte Kuriosität ist der spätgotische Sarkophag des *Duarte de Menezes*, Graf von Viana. Er fiel in Marokko, sein Leichnam wurde zerstükkelt. Einzig ein Zahn wurde seiner Witwe überbracht. Für ihn ließ die Trauernde den großartigen Sarkophag errichten.

Santarém

Beim Spaziergang durch die Gassen und Sträßchen findet man immer wieder beachtliche Bauten und Kirchen. Sie sind in einem deutschsprachigen Faltblatt erläutert, das im Turismo erhältlich ist. Nicht darin erwähnt, aber einen Abstecher aus dem Ortskern wert, ist die **Markthalle** an der Rua Cidade da Covilha. Sie ist rundherum mit einem Azulejobilderbogen aus den 30er Jahren geschmückt. Und wer früh auf den Beinen ist, kann in den Morgenstunden auch noch das Markttreiben im Inneren miterleben.

Feste

Jeden ersten Freitag im Juni findet auf dem Messegelände für die Dauer von zehn Tagen ein großer **Landwirtschaftsmarkt** statt. Man findet ihn an der Ausfallstraße nach Lissabon als Markt der Gegensätze. Da stehen moderne Traktoren neben kräftigen Kaltblütern, kurze Miniröcke werden mit der gleichen Selbstverständlichkeit getragen wie schwere Volkstrachten, Stadt und Land vermischen sich hier. Folkloristische Vorführungen und Stierkämpfe, in denen das tobende Tier "nur" geneckt wird, ziehen auch Nicht-Landwirte und Touristen aus der gesamten Umgebung an.

Einkaufen

Ein **Antiquitätenladen** zum Stöbern ist in der Rua Vila de Belmonte 6. Er ist ab 19 Uhr geöffnet. Den Besitzer findet man in einem kleinen Lebensmittelgeschäft um die Ecke, Rua de São Marinho 15.

• *Information*: Rua Capelo e Ivens 63, Tel. 043/23140. Öffnungszeiten: 10-19 Uhr.
• *Übernachten*: **Hotel Alfageme**, Av. Bernardo Santareno 38, Tel. 043/370870. Neueröffnung 1993, funktionell, ruhige Lage. Zimmer mit Klimaanlage und Fernsehgerät. Die insgesamt 67 Zimmer werden wohl nur zur Landwirtschaftsausstellung komplett belegt sein. DZ ca. 100 DM.
Pensão D. Arminda, Travessa do Fróis 14, Tel. 23088. Im Ortszentrum mit kleiner Dachterrasse, auf der man sein mitgebrachtes Essen verzehren kann. DZ ohne Bad und ohne Frühstück ca. 40 DM.
Residencial Victoria, Rua 2. Visconde 21, Tel. 22573. Ruhige Straße, etwa acht Fußminuten vom Stadtkern entfernt (Achtung, ist im Stadtplan vom Touristenbüro noch nicht eingezeichnet!). Zimmer sind ordentlich und sauber, einige mit Dachterrasse. DZ mit Bad und Frühstück ca. 70 DM.
Residencial Muralha, Rua Pedro Canavarro 12, Tel. 22399. Direkt neben der ehemaligen Stadtmauer im heutigen Ortskern. Gemeinschaftsräume sind mit Antiquitäten ausgestattet, es gibt ein kleines Kaminzimmer als Frühstücksraum. DZ mit Bad und Frühstück ca. 70 DM.
• *Camping*: Nur Platz für wenige Gäste, aber eine hervorragend zentrale Lage bietet der *Campingplatz neben dem Rathaus* (Camera Municipal). Er hat Schattenplätze, (leider) Betonboden, Sanitäranlagen mit fließend warmen Wasser und ist spottbillig. Ganzjährig geöffnet.
Falls dieser Platz ausgebucht ist, findet man einen weiteren etwa 14 km entfernt, Richtung Tomar, in *Alparca*. Er liegt an einem kleinen Gewässer und bietet im Gegensatz zum oberen ein Restaurant und eine kleine Bar. Ebenfalls ganzjährig geöffnet.
• *Essen*: **Caravana**, Trav. do Montalvo (im Zentrum), Tel. 27656. Netter Hinterhof mit Sitzgelegenheiten im Freien. Hauptgericht ca. 12 DM, Spezialität *Bife à Caravana* für zwei Personen ca. 20 DM. Geöffnet von 8-24 Uhr, samstags geschlossen.

148 Mittelportugal

Der riesige Sammelplatz vor der Basilika

Fatima

Der Heilige Ort Portugals. Nach Lourdes wichtigster katholischer Wallfahrtsort. Dementsprechende Atmosphäre. Liegt in bergigem Land, 20 km westlich von Batalha. Im Dorf gibt es fast ausschließlich Souvenirläden, Pensionen und Hotels, Parkplätze und Kirchen. Etwas am Rand, umgeben von einem Pinienwald, der größte Kirchenplatz der Welt ("Altar der Welt") vor der kühlen, barockimitierten Basilika. 300.000 Pilger haben auf dem 400 m x 160 m großen Platz Raum.

Geschichte: Am 13. Mai 1917 soll drei Hirtenkindern die Jungfrau Maria erschienen sein. Von da an jeden 13. des Monats bis Oktober, als sich gleichzeitig 70.000 Pilger eingefunden hatten. Bei der letzten Erscheinung, dem *Sommerwunder*, sahen selbst eingefleischte Atheisten dabei "den Himmel aufbrechen" und die Sonne in Jüngster-Tag-Manier wüten.
Maria aber blieb nur sichtbar für die armen Hirtenkindlein. In einer vorherigen Erscheinung hatte sie ihnen drei Geheimnisse anvertraut: Die ersten beiden bezogen sich auf das aktuelle Weltgeschehen (I. Weltkrieg) und auf die Ungläubigkeit der Russen. Das dritte Geheimnis wurde vom Vatikan noch nicht veröffentlicht,

vielleicht mit Vorbedacht, denn es wird über die Ankündigung einer großen Katastrophe gemunkelt. Als einziges der Kinder lebt heute noch die 85jährige Lucia fromm und büßend in Coimbras Klostermauern.

Jährlich im Mai und Oktober findet das Riesenspektakel statt, zu dem eine Million Pilger aus aller Welt anreisen. Verstopfte Straßen, überfüllte Camps, aufgeschürfte Knie, Chaos! Bei den Menschenmassen fällt es fast schwer, in Büßerhaltung kniend um die *Kapelle der Erscheinungen* (am Hauptplatz) zu kriechen. Sie tun es dennoch. In einem Zeitungsinterview mit dem zuständigen Bischof wies dieser die Vermutung entschieden zurück, daß es sich bei den Erscheinungen um Ufos gehandelt haben könnte. "Ridikül", meinte er.

• *Information*: Das Touristenbüro liegt direkt an der Hauptdurchgangsstraße neben dem Versammlungsort.

Alcobaça

Am Zusammenfluß des Rio Alcoa und des Rio Baça entstand im Mittelalter eines der reichsten Klöster Europas. Es wurde wegen eines Gelübdes - Sieg über die Mauren - von König Alfonso Henriques, dem ersten portugiesischen König, 1152 in Auftrag gegeben. Alcobaça liegt ca. 90 km nördlich von Lissabon. Der Ort selbst entstand erst nach und nach und hat heute ca. 6.000 Einwohner.

Die *Klosterkirche* (geöffnet 9-19 Uhr, im Winter bis 17 Uhr) wurde nüchtern und ohne viel Schmuck in französischer Zisterziensergotik erbaut. 20 m hohe Säulen und das schmale, 106 m lange *Kirchenschiff* schaffen bemerkenswerte Perspektiven - besonders, wenn man hinter den Säulen des Chores steht.

Meisterwerke der gotischen Steinmetzkunst sind die beiden reichverzierten *Sarkophage* im Querschiff. Im rechten liegt Pedro I. (gestorben 1370), links seine Geliebte Ines (ermordet 1355). Ihr wurde, ebenso wie ihren beiden unehelichen Kindern, auf Befehl des Königs (Pedros Vater) in Coimbra die Kehle durchgeschnitten. Ines war Spanierin, und man fürchtete den Einfluß der spanischen Krone (siehe auch Coimbra). Pedros Grab schmückt ein Glücksrad mit Szenen der beiden Liebenden, hier auch die Aufschrift *ate a fim do mundo* (bis zum Ende der Welt, dann sehen wir uns wieder). Auf ausdrücklichen Wunsch Pedros stehen die Grabmäler mit den Fußenden zueinander, damit sich die beiden beim Jüngsten Gericht sofort in die Augen sehen können. Ines' Grab wird von Tiermenschen getragen, die ihre Mörder verkörpern sollen. Ein Relief zeigt das Jüngste Gericht - die bösen Seelen werden von einem Drachen verschlungen. Beide Kunstwerke wurden von Napoleonischen Truppen stark beschädigt (Figurenköpfe abgeschlagen) und aufgebrochen.

Der *Kreuzgang*, Claustro de Silencio, auch nach dem poetischen König Dinis benannt, der hier oft wandelte, entstand im 14. Jh. König Manuel I. baute zu Beginn des 16. Jh. den oberen Teil hinzu.

Die 18 m hohe *Klosterküche* ist interessant wegen ihrer Ausmaße und ihres riesigen Rauchfangs, in dem die Ochsen gebraten wurden. Kein Wunder, denn von hier aus wurden ca. 1.000 Mönche mit warmen Mahlzeiten versorgt. Durch den Raum floß ein Bächlein, dessen Wasser zum Spülen des Geschirrs benutzt wurde.

- *Information*: gegenüber der Kirche, Tel. 062/42377. Mo-Fr 9-19 Uhr, im Winter nur bis 18 Uhr und Mittagspause.
- *Verbindungen*: mehrmals täglich **Züge** Lissabon - Alcovaça (Abfahrt am Rossio Bahnhof). Nächster Bahnhof in Valado, ca. 7 km außerhalb. **Busse** nach Nazare, Batalha, Leiria, Tomar und Santarém.
- *Übernachten*: **Hotel Santa Maria**, Rua Dr. Francisco Zagalo, Tel. 596715. Moderner Bau, schräg gegenüber dem Kloster (relativ ruhig). Geräumige Zimmer mit Minibar, im Untergeschoß eine eigene Garage. DZ ca. 80 DM.
Pension Mosteiro, Av. João de Deus 1, Tel. 42183. Recht hübsch, saubere Zimmer. Liegt neben dem Touristenbüro. DZ mit Bad ca. 50 DM, ohne Bad ca. 30 DM.
Pension Coracoes Unidos, Rua Frei Antonio Brandao 39, Tel. 42142. Etwas einfacher, aber preislich gleich.
Estalagem Casa da Padeira, in Aljubarrota (ca. 6 km außerhalb, an der N 1 Richtung Batalha), Tel. 508272. Geschmackvolle Zimmereinrichtung, sehr geräumig. In den Salons Privatatmosphäre; Inhaber studierte in Deutschland. DZ ca. 120 DM.
- *Camping*: im Ort, ca. 300 m vom Busbahnhof entfernt. Schattig. Ganzjährig geöffnet.
- *Essen*: **Adega Alegre**, Rua Alfonso Lopes Vieira. Kellerraum, dekoriert mit Weinflaschen und bunten Bildern. Empfehlenswerte, gut zubereitete Speisen.
Oro Batido, neben der Markthalle. Self Service, preiswert, einfach eingerichtet.
Museo do Vinho, 1 km außerhalb, an der Straße nach Leiria, rechts. Eingerichtet von der Weinbaugenossenschaft; hier lassen sich die Weine der Region kosten und natürlich erwerben. Geöffnet von 9-12 und 14-17 Uhr, an Wochenenden geschlossen.

Nazaré

Das bekannte Fischerdorf liegt am Ende einer langen Sandbucht unterhalb eines riesigen, im Meer stehenden Kliffs. Im Dorf enge, geradlinige Gäßchen mit Papageiengeschrei - fast jedes Haus hat einen Vogelkäfig über dem Eingang hängen.

Seitdem der Ort seinen modernen Fischereihafen besitzt und der Strand nur noch von Badegästen besucht wird, hat Nazaré an Anziehungskraft verloren.

Nazaré besteht aus zwei Dorfteilen, dem *Fischerdorf* in der Bucht und *Sitia*, dem Dorf oben auf dem Kliff. Eine Kabelbahn verbindet die beiden Ortsteile miteinander. Zwischen Sitia, dem Wohnort der reicheren Fischer, und der ärmeren Bevölkerung des unteren Dorfs besteht auch heute noch eine gewisse Rivalität. Früher durfte kein Junge in das andere Dorf einheiraten.

Nazaré 151

Fischer mit Zipfelmütze bei der Siesta am Strand

1183 erschien in Sitia die Muttergottes und rettete einen adeligen Ritter vor dem tödlichen Absturz. Deshalb werden *Wallfahrten* am 8. September durchgeführt. Zur Feier bringen die Nachbardörfer ihre Heiligenfiguren nach Nazaré, auf dem Dorfplatz wird getanzt, und auch ein Zirkus ist da.

Die Einheimischen tragen zum Teil noch die alte Tracht, die Fischer in Flatterhose und dickstoffigem Schlupfhemd mit Schottenmuster, am Kopf baumelt eine lange wollene Zipfelmütze, in der üblicherweise Hosentaschenutensilien wie Pfeife, Taschenmesser und Kruzifix stecken. Die alten Frauen sind barfüßig und in schwarze Trauerkleider gehüllt, denn in sechs Jahren Pflichttrauerzeit stirbt bestimmt schon wieder der nächste Verwandte.

Information *V*erbindungen

- *Information*: an der Meeresplanade Avenida da República, Tel. 062/561194. Täglich von 10-22 Uhr, im Winter bis 18 Uhr geöffnet.
- *Verbindungen*: **Bus**: 5x täglich Expreßbus nach Lissabon. Fahrzeit ca. 2 Stunden (120 km). Regionalbusse nach Leiria, Alcobaça, Batalha, Fátima, Tomar, Caldas etc.
Bahn: Station in Valado (6 km außerhalb), an der Strecke Lissabon - Cacem (Sintra) - Valado - Amieira - Alfarelos.

*Ü*bernachten

Pension Ribamar, Rua Gomes Freire 9, Tel. 551158. Strandpension mit 18 Zimmern mit Blick aufs Meer. Die besten Zimmer sind Nr. 11 und 21, Eckzimmer mit zwei Fenstern und kleinem, schmiedeeisernem Balkon. Antike Möbel (aus

152 Mittelportugal

dem 1 m hohen Bett sollte man nicht herausfallen), geräumige Badestube mit Wanne. DZ ca. 80 DM.
Pension Europa, Praça Dr. Manuel de Arriaga 23, Tel. 551536. Eine der billigsten Pensionen, nur mit Waschbecken im Zimmer. DZ ca. 50-70 DM (Verhandeln möglich).
Daneben die **Pension Leonardo**. Schönes Haus mit bogenförmigen Fenstern. Von einigen Zimmern kann auch das Meer erspäht werden. Preislich gleiches Niveau wie Pension Europa, da gleicher Besitzer.
Privatzimmer: Spätestens vor dem Touristenbüro wird man von den einheimischen Frauen umworben, vorausgesetzt, es sind noch welche frei. Mit viel Glück bekommt man eines mit Seeblick. DZ ca. 30 DM im Frühjahr, im Sommer bis zu 60 DM.
• *Jugendherberge*: In Areia Branca, einem Badeort etwas südlich von Nazaré.
• *Camping*: Golfinho, praktisch noch im Ort, ca. 200 m vom Strand. Der kleinste und preiswerteste der drei Plätze am Ortsrand wurde erst 1991 neu eingerichtet und bietet deshalb fast keinen Schatten. Geöffnet vom 1. Juli bis 15. Oktober.
Valparaiso, ca. 2 km außerhalb an der Straße nach Leiria. Der größte Platz, mit eigenem Schwimmbad. Ganzjährig geöffnet.
Orbitur, am Ortsrand nach Alcobaça. Viele Pinien spenden Schatten. Auch kleine **Bungalows** zu mieten.

Essen

Ribamar, am nördlichen Ende der Uferpromenade. Gemütliche Atmosphäre, Kerzenlicht, etwas rustikal. Gehobene Preisklasse, das Gericht um die 22 DM - ausgezeichnet die gegrillten Fische mit Knoblauchbutter
Forno d'Orca, Largo das Caldeiras. Klein, sauber, einfach. Große Auswahl an Fischgerichten. Hauptgerichte ca. 10 DM, einfaches Fischfilet ab ca. 8 DM.

Por do Sol, an der Strandstraße, Haus Nr. 54. Am Abend steht der qualmende Holzkohlegrill mit schmorenden Sardinen und Tintenfischen am Kneipeneingang. Das "Menü": drei Sardinen, Tomatensalat, dazu Sangria.
Gute Kuchen in der **Pastelaria Batel**, Praça Oliveira, im hinteren rechten Eck. Das Zuckerzeug kommt aus eigener Backstube.

Baden

Nahe am Kliff ist die See im Sommer ziemlich ruhig, aber nicht geeignet für Leute, die die Einsamkeit suchen, da die Sonnenzelte dicht an dicht stehen. Weiter draußen in der Bucht schöner Sandstrand, aber Baden ist wegen der starken Brandung gefährlich und auch verboten (Hinweisschilder). Neben dem Ort mündet ein kleiner Fluß ins Meer. Trübes Brackwasser ist dort durch einen Sandwall vom Meer abgetrennt. Im Brackwasser schwimmen viele Aale, die schnell anbeißen.

Ein "wilder" Strand, *Praiha do Norte*, befindet sich etwas nördlich des Ortes. Unverbaut, schön zum Spazierengehen - Baden gefährlich. Zu Fuß via Forte S. Miguel oder per Auto über Sitia.

Fährt man von Nazaré am Campingplatz vorbei Richtung Óbidos, durchquert man nicht nur ein landschaftlich reizvolles Gelände, sondern findet dort auch den einsamen *Praia do Salgado*. Von Famalicao nimmt man die Straße den Berg hinauf. Oben auf den Dünen führt eine schmale Straße geradeaus hinunter zum Strand.

Nazaré 153

Strandfischerinnen beim Einholen des schweren Netzes

Sehenswertes

Im oberen Stadtteil Sitia befindet sich ein *Museum* im Haus des verstorbenen Schriftstellers Joaquim Manso, der in Nazaré seinen Lebensabend verbrachte. Zu sehen sind volkskundliche Stücke, viel über Fischerei (Netze etc.). Geöffnet täglich, außer Montag, von 10-17 Uhr.

Einkaufen

An der Strandpromenade steht ein *Souvenirshop* neben dem anderen. Die Preise sind nicht höher als anderswo - starke Konkurrenz. *Wandteppiche* aus den Fabriken von Guimarães mit Landschaftsmotiven ab 45 DM, dicke handgestrickte *Wollsocken* für ca. 12 DM, dicke *Wollpullover* (leider wird der Kunstfaseranteil immer höher) für ca. 45 DM.

Die Fischer aus Nazaré und der Umgebung tragen bei ihrer Arbeit für gewöhnlich eine alte Tracht aus derbem, wärmendem Wollstoff. Die *Hemden* dieser Tracht kann man in vielen Touristenläden entlang der Uferpromenade kaufen. Häufig sind sie allerdings nicht aus reiner Wolle, sondern aus einem Woll-Kunstfaser-Gemisch.

Erstklassige Ware findet man hingegen in der *Casa dos Escoceses* am Praça Manuel de Arriaga 14. Regale voll von reinen, zum Teil sehr feingewebten *Wollstoffen* fast aller Farben und meist kariert bedecken die Wände des Verkaufsraumes. Der Besitzer ist sehr freundlich und geduldig, wenn man sich angesichts der großen Auswahl kaum entscheiden

154 Mittelportugal

kann. Ein gut gearbeitetes Hemd kostet knapp 50 DM. Innerhalb eines Tages werden Röcke oder Hemden nachgefertigt, falls sie in der gewünschten Größe nicht in einem der vielen Stapel gefunden werden.

Feste

Im Juli und August jeweils zwei *Stierkämpfe* am Wochenende. *Stadtfest* ist am 8. September.

Óbidos

Das kleine Städtchen Óbidos, ein Reiseführer hat es einmal das "Rothenburg Portugals" genannt, ist wohl eines der nettesten und stimmungsvollsten in ganz Portugal. Weißgekalkte, blumengeschmückte Häuschen drängen sich in den kopfsteingepflasterten Gassen.

Es gibt nur schmale Tore, die durch die *Festungsmauer* in die Stadt führen. Besonders hübsch im Haupttor *Porta da Vila* ist die (nachts beleuchtete) azulejogekachelte Innenwand. Vom Weg entlang der oberen Stadtmauer schöner Ausblick auf die Ziegeldächer des Ortes und die zierlichen Gärtchen innerhalb der weißen Mauern.

Schon in maurischen Zeiten war auf dem Hügel, der die Stadt überragt, eine *Burg* angelegt. Nach der Eroberung durch Alfonso Henriques wurde diese vergrößert. Außerdem bekam der Ort seine noch heute existierende *Stadtmauer*.

1228 machte König Dinis den kleinen Ort seiner Gattin Isabel zum Geschenk. Anscheinend war das Städtchen schon damals besonders reizvoll, denn die Königin war hell begeistert. Diese Sitte pflanzte sich in den Herrscherdynastien Portugals weiter fort - die Gemahlinnen bekamen den Ort immer als persönliches Geschenk. Man nannte deshalb Óbidos *Casa das Rainhas* (Haus der Königinnen). Noble Sitten waren das, wenn man sich vorstellt, daß das Volk um seinen Lebensunterhalt kämpfen mußte, während der Adel munter Geschenkaktionen ganzer Städte startete.

1491 zog sich Königin Leonore hierher zurück, um ihren tödlich vom Pferd gestürzten Sohn Alfonso zu betrauern - das Netz im Wappen Leonores stellt angeblich das Netz dar, in dem ihr der tote Sohn gebracht wurde.

Information Verbindungen

- *Information:* Rua Direita (Hauptstraße), Tel. 062/959231. Täglich geöffnet von 9.30-19 Uhr, am Wochenende von 13-14 Uhr geschlossen.
- *Verbindungen:* **Bus:** 3x täglich nach Lissabon, 7x täglich nach Nazaré, 12 mal täglich

Óbidos

nach Caldas, 8x täglich nach Peniche.
Bahn: Züge nach Lissabon 9x täglich, nach Coimbra 7x täglich (man muß jedoch meist im 6 km entfernten Caldas da Rainha umsteigen, da die Schnellzüge nicht in Óbidos halten).

Übernachten Camping

Pousada do Castelo, im Schloß, Tel. 959105. Staatseigen, sehr stilvoll. DZ mit Bad ca. 250 DM. Das Geschick des Küchenchefs wird jedoch im Ort nicht sehr hoch eingeschätzt.
Estalagem do Convento, Rua Dr. João de Ornelas, Tel. 959214. Außerhalb der Stadtmauer, mit viel Geschmack eingerichtet. Hinter dem Gebäude kleiner Garten mit Orangenbäumen. DZ mit Bad ca. 150 DM.
Albergaria Rainha Santa Isabel, Rua Direita, Tel. 959115. 20 Räume mit großen Badezimmern, 4 haben Balkon. Der Preis bewegt sich zwischen ca. 80-120 DM, gestaffelt nach verschiedenen Kriterien wie Fläche, Balkon, Blick, Lautstärke etc. Lift vorhanden.

Albergaria Josefa d'Óbidos, Rua D. João de Ornelas, Tel. 959228. Außerhalb der Stadtmauer, 20 Räume mit Radio und Telefon, aber ohne Balkon. Von manchen Zimmern hat man Blick auf die Kirche Santuario do Senhor da Pedra. DZ mit Bad ca. 100 DM.
Pension Martim de Freitas, am Ortsausgang in Richtung Caldas da Rainha, kurz vor der Brücke, Tel. 959185. Geräumige, neu eingerichtete Zimmer (hübsch gedrechselte oder Messingbetten), teilweise mit Balkon. Pool. Altes Haus mit Vorgarten, gepflegt. DZ mit Bad ca. 70 DM.
Es werden viele **Privatzimmer** angeboten.
• *Camping*: Nächster Campingplatz ca. 6 km entfernt in **Caldas da Rainha**. Schön im Stadtpark gelegen, sehr schattig.

Essen

Hotel/Restaurant D. João V, ca. 800 m außerhalb, neben der Kirche Senhor da Pedra, Tel. 959134. Mitten im Grünen. Großer Speisesaal, an Wochenenden oft voll. Große Auswahl an Gerichten, die nicht zum Standard zählen, z.B. *Arroz de tamboril* (Reis mit Teufelsfisch), *Vitela com cinho tinto* (Vitela Cacadora), lokaler Wein *Ouro de Óbidos* aus dem Dorf Gaeirs. Hauptgerichte ab ca. 16 DM. Wohlgepflegte **Zimmer** mit Ausblick auf Óbidos oder die unverbaute Umgebung.

DZ mit Bad ca. 80 DM.
Meralhas, Rua João de Ornelas (führt außen an der unteren Befestigungsmauer entlang). Klein und sehr sauber, einfache Gerichte gut zubereitet. Kleine *Bifes* für ca. 11 DM, Omeletts ab 6 DM (auch mit Käse/Schinken).
Café 1 de Decembre: kleiner Speisesaal mit Café daneben. Einfache Mahlzeiten wie "Bife" für ca. 13 DM. Am kleinen Platz davor kann man hübsch sitzen.

Nachtleben

Cave do Vale Bar, kurz unterhalb der Stadtmauer (Tor Nähe Museum). Nachdem in Óbidos fast keiner mehr den berühmten *Ginja Likör* herstellt, hat man sich hier etwas Neues einfallen lassen: *Toupeiro* heißt das Mixgetränk aus Früchten und Alkohol. Die Zusammensetzung wird natürlich geheim gehalten, damit es noch vielversprechender schmeckt. Auch Flaschenverkauf.
Ibn Erik Rex Bar, Rua Direita, etwas oberhalb vom Turismo. Gemütlich durch die massive Holzeinrichtung. Nur wenige, aber große Tische, an der Wand hängen alte Waffen aus Napoleons Zeiten. Der leckere *Ginja* hier wird nach einem alten Rezept der Alcobaça-Mönche zubereitet. Hauptbestandteile sind Sauerkirschen, Weinbrand und Honig - ein Muß!
Abrigo da Biquinha, außerhalb der Stadtmauer gelegen, Nähe Estalagem. Als Dekorationsgag (?) eine alte hölzerne Weinpresse. Es gibt auch kleine Imbisse. Höhere Preisklasse.
Pelourinho Bar, Rua Direita. Kühl-moderne Einrichtung, angemessene Preise. Geöffnet von 8-4 Uhr in der Nacht.

Sehenswertes

Guterhaltenes **Kastell**, das heute die Pousada beherbergt. Von hier aus Blick auf die Dächer des ganzen Ortes.

Die **Santa-Maria-Kirche** ist im Inneren sehr hübsch mit Azulejos getäfelt. Schönste Kirche in Óbidos.

Im kleinen **Museum** nebenan ist nicht viel Interessantes zu sehen, aber wer sakrale Kunst mag, der sollte es nicht auslassen. In einem kleinen Saal gibt es auch eine Waffensammlung der Iberischen Halbinsel. Öffnungszeiten: 10-12.30 und 14-17 Uhr. Montags geschlossen.

Viele bunte *Ramschläden* für Touristen, vor allem in der "Hauptgasse". Schön fanden wir die bemalten, hohlen Kürbisse und die gewebten Flickenteppiche und -decken.

Stadtfest am 11. Januar, dem Jahrestag der Befreiung der Stadt von den Mauren. Großer **Volksmarkt** (Feira da Santa Cruz) am 3. Mai.

O Santuario do Senhor da Pedra

Einige hundert Meter außerhalb von Óbidos, an der Straße nach Norden, steht eine der seltenen Kirchen mit kreisförmigem Grundriß. Sie wurde nie fertiggestellt und sollte ursprünglich noch um ein knappes Drittel höher werden.

Der Bau wurde 1647 von König D. **João** V. in Auftrag gegeben. Eine furchtbare Trockenzeit herrschte in den 30er Jahren dieses Jahrhunderts und brachte Hunger und Not über das Land. Die Einwohner von Óbidos erinnerten sich des Feldkreuzes, das vernachlässigt an dieser Stelle stand, und das früher Ziel von Bittprozessionen gewesen war. Man ging hin, betete, und es begann zu regnen. Dem Ort wurden daraufhin Wunder nachgesagt, eine Pilgerherberge (heute Hotel) und die Kirche wurden erbaut. Noch heute findet der alljährliche *Volksmarkt* auf der grünen Wiese um die Kirche statt.

Peniche

Das geschäftige Fischerstädtchen liegt auf einer flachen, felsigen Halbinsel, vom Festland durch eine alte Befestigungsmauer mit Wassergraben getrennt. Der Stadthafen, Portugals Sardinenhafen Nr. 2, ist Ausgangspunkt zu den felsigen Berlinga-Inseln.

Bescheidener Tourismus nur außerhalb auf dem Campingplatz. Schöne Badestrände am Festland, aber karg.

Peniche 157

Rückblick –
"Als der neue Fischerhafen noch nicht eröffnet war."
Im Hafen neben der alten Zitadelle werden die Sardinen tonnenweise ausgeladen. Mit halber Kraft voraus und einem heftigen Knirschen werden die alten Kähne durch ein Knäuel von anderen Booten bis zur Mole bugsiert. Dort werden die Sardinen auf kleine Wagen geladen und ins Kühlhaus geschoben - um die Kilos, die dabei auf den Boden fallen, kümmert sich nimand.
Die ganze Nacht laufen Kutter ein und machen den Platz am Hafen geschäftiger als den Rossio in Lissabon. Man kann lange zuschauen, keiner kümmert sich um einen, denn jeder hat etwas zu tun.
Die junge, unverheiratete Mannschaft trifft sich nach Feierabend in den Hafenkneipen am Largo da Ribeira. Ein harter Job und zum Teil verwegene Gestalten. Manche erst 14 Jahre alt, mit strubbeligem Haar und schwieligen Händen, denn eine elektrische Winde zum Einholen der Netze haben die wenigsten Boote. Die Jungs verdienen für portugiesische Verhältnisse viel Geld, mehr als drei Busfahrer zusammen. Die Arbeitszeit beträgt 6 mal 12 Stunden pro Woche, meist nachts.
Während die Männer auf Fischfang sind, fertigen die Frauen feine Klöppelarbeiten an. Sie verwenden teilweise 70 Klöppelstöcke und mehr. In der Touristeninformation sind einige schöne Stücke zum Verkauf ausgestellt.

Information Verbindungen

• *Information:* Rua Alexandre Herculano (Stadtpark), Tel. 062/789571. Täglich geöffnet von 9-20 Uhr, außerhalb der Sommermonate von 10-12.30 und 14-17.30 Uhr.

• *Verbindungen:* mehrmals täglich Direktbusse nach Lissabon. Busse nach Norden via Caldas da Rainha (28 km). Nächste Bahnstation in Óbidos (22 km).

Übernachten

Hotel Praiha Norte, freistehend am *Baleal Strand*, 1 km vor der Stadt, Tel. 781161. Weißgekalkter Betonklotz, wegen der starken Winde nach Süden ausgerichtet. Alle Zimmer mit Balkon, sehr geräumig, komfortabel ausgestattet. Pool. DZ ca. 160 DM.
Residencial Felita, Largo do Professor Franco Freire 12, Tel. 782190. Modernes Haus in der Nähe des Busterminals und neben der Milchauslieferungsstelle (ab 5 Uhr). Ruhige Zimmer nach hinten (kleiner Garten). DZ mit Dusche ca. 45 DM.
Pension Maritima, Rua Antonio Cervantes, Tel. 782850. Im Altstadtviertel beim Hafen. Relativ sauber und geräumig, freundlich. DZ ca. 35 DM.
Pension Avis, Praça Jacob Rodrigues Pereira 3, Tel. 782153. Einfache Pension, die Zimmer sind auf drei verschiedene Gästehäuser verteilt. Nette Zimmer mit Blick im alten Nebenhaus an der Stadtmauer. Preislich günstig, das DZ ohne Bad ca. 30 DM.

• *Jugendherberge*: ca. 13 km weiter südlich in dem Badeort **Areia Branca**. Kleine Villen, langer Badestrand mit Klippen. Die moderne Jugendherberge liegt direkt am Strand.

158 Mittelportugal

- *Camping*: **Parque Municipal**, ca. 1 km außerhalb, links der Straße nach Óbidos. Spärlich beschattet.
Tupatur Camping, ca. 3 km außerhalb, hinter dem Baleal Strand. Hier auch **Bungalows** zu mieten.
Weiterer Campingplatz 7 km südlich beim **Consolacao Strand**.

Essen Nachtleben

Coricais, am Ortsrand von Peniche Richtung Leuchtturm. Luxusrestaurant - tolle Lage zwischen den Klippen. In den Kellerräumen liegen die Wasserbecken gefüllt mit wertvollem Krebsgetier, bewacht von einer Meute furchterregender Wachhunde - der Wirt ist hauptberuflich Langustengroßhändler. Spezialität ist z.B. *Arroz de marisco* für ca. 22 DM pro Person.

Oh! Amarol!, Rua Alfonso de Albuquerque 12. Freundlich, sehr sauber, gute Nachtische. Empfehlenswert die gefüllten Tintenfische (nicht jeden Tag). Für Fischfreaks "Cabeça de pargo cozida", für zwei Personen ca. 40 DM. Donnerstags geschlossen.

Mira-Mar, an der Hafenpromenade. Auf dem Gehweg davor steht der Holzkohlegrill, auf dem leckerer "Cherne" (auch Hähnchen) schmort.

Daneben das Restaurant **O Marinheiro**, Av. do Mar 42 - auch nicht schlecht, aber größer und lauter Speisesaal.

Pub Hawaii, Estrada dos Remedios, am Ortsrand auf der Halbinsel.

Pub Phönix, Rua Alexandre Herculano, Ecke B. Sucesso.

Das neueste Pub im Ort ist **Le Bateau**, Travessa Garett. Geräumig, viel Holz, an den Wänden halbierte Fischerboote mit Zubehör.

Baden

Der **Molhe Leste Strand** ist der meistbesuchte Strand und liegt geschützt im Wellenschatten der langen Hafenmauer, Nähe Campingplatz, ca. 15 Minuten von der Stadt entfernt. Am Strandbeginn neben der Hafenmauer steht ein kleines Sommerrestaurant, an einem Kiosk gibt's eisgekühlte Coca-Cola. Am Ende der langen Sandbucht liegt der **Strand Consolação**. Auf einem im Meer stehenden Kliff eine alte Festung mit Restaurant. Beide Strände sind im Hinterland baum- und strauchlos. Nur am Molho Este werden Sonnensegel ausgeliehen.

Die **Strände an der Nordküste** sind weniger stark besucht und haben auch im Sommer rauhen Seegang. Gut zum Surfen, aber aufpassen wegen der Brandung.

Der **Baleal Strand** liegt nahe dem Tupatur-Campingplatz. Der Strand ist eigentlich ein schmaler Sandstreifen, der die felsige Halbinsel Baleal mit dem Festland verbindet.

Feste

Stadtfest am ersten Sonntag im August, mit Jahrmarkt und Volksmusik am Fischerhafen.

ND# Berlenga-Inseln

Skurrile Granitfelsformationen vulkanischen Ursprungs mit malerischen Felsgrotten und tief in den Fels eingeschnittenen, winzigen Badebuchten. Die spärlich bewachsenen Felsen liegen etwa 11 km vor Peniche im Atlantik.

Unbewohnt sind die kleineren Inseln Farilhoes und Estelas. Nur die Hauptinsel Berlinga, 1,5 km lang und einen knappen Kilometer breit, wird den Sommer über bewohnt. Außer einem alten Kastell aus dem 17. Jh. nur ein paar Fischervillen und eine kleine Pension auf der Insel.

Bei der Bootsanlegestelle ist eine kleine Sandbucht mit Sprungturm. Das Wasser ist kristallklar und gut zum Tauchen. Inselrundfahrten ab Bootsanlegestelle mit kleinen Motorbooten zu den Grotten, allerdings nur, wenn der Seegang entsprechend ist.

- *Verbindungen*: Vom 1. Juni bis 20. September fährt ein Motordampfer ab Hafen Peniche (200 Passagiere). Im Juli und August drei Schiffe täglich: 9, 11 und 17 Uhr. Sonst nur ein Schiff pro Tag, Abfahrt 10 Uhr, Rückfahrt 17 Uhr. Fahrzeit ca. 45 Minuten, Preis für Hin- und Rückfahrt ca. 18 DM.
- *Übernachten*: **Pension Mar e Sol**, Tel. 789731. Kleines Häuschen mit nur sechs Gästezimmern. Vollpension für Personen (ist Pflicht) kostet ca. 150 DM pro Tag. Möglichst vorher anrufen.

Außerdem werden im Kastell **São João Baptista**, Tel. 750244, Schlafsaalbetten und Doppelzimmer vermietet. Für die Gäste eine Gemeinschaftsküche und ein Lebensmittelladen. Ein Bett im Schlafsaal mit sechs Betten kostet ca. 15 DM. Das Kastell bietet Platz für insgesamt 60 Personen. Vorzubuchen beim Club Naval, neben dem Praça da Ribeira, Tel. 782563.
- *Camping*: hinter der Pension Mar e Sol ein kleines Areal. Dusche und Toiletten vorhanden.

Lissabon

Turbulentes Großstadtambiente

Lissabon im Überblick

Adressen 173
Alcantara 180
Alcántara 168
Alfama 168
Archäologisches Museum 189
Ausländische Zeitungen 173
Auto abgeschleppt? 173

Bahnhöfe 170
Bairro Alto 165
Baixa 165
Barreiro, Bahnhof 170
Belém 186
Botschaften 173
Bus 172
Busbahnhof 170

Cafés 178
Cais do Sodré,

Bahnhof 170
Camping 176
Chiado 165

Diebstahl 173
Discoszene 180

Einkaufen 181

Fluggesellschaften 173
Flughafen 170
Fundpolizei 173

Geldwechsel 169
Graça 168

Information 169
Internationale Buchhandlungen 173

Jerónimos Kloster 186

Jugendherberge 175

Lapa 168
Lissabon 161

Märkte 182
Mietautos 173
Monsanto-Park 176

Nachtleben 179

Palacio Nacional de Ajuda 188
Parken 169
Portwein 180
Post 173

Reisebüros 173
Rossio, Bahnhof 170
Rossio-Platz 162

Santa Apolónia, Hauptbahnhof 170
Santos 168
Sehenswertes 183
Stierkampf 180

Torre de Belém 188
Tram 172
Transporte 171

U-Bahn 172

Übernachten 174

Verbindungen 170
Verkehrsmittel in der Stadt 171

Wäschereien 173
Weinprobierstube 180

...oder beschauliche Plätze in der Altstadt

Lissabon

Lissabon gilt als eine der schönsten europäischen Hauptstädte. Sie liegt an der breiten Mündungsbucht des Rio Tejo auf mehreren Hügeln, was die Orientierung sehr erleichtert. "Lisboa", wie die Portugiesen sagen, ist mehr als eine Durchgangsstation. Drei Tage sollte man mindestens einplanen, um die Atmosphäre zu schnuppern.

Lissabons Hauptproblem ist der chronische Geldmangel der Stadtverwaltung. Die euphorische nachrevolutionäre Zeit ist vorbei, und im eintönigen Alltag ist es nicht mehr möglich, den Verfall zu übersehen. Zigtausende von Rückkehrern aus den afrikanischen Kolonien und Arbeitsuchenden aus den ländlichen Gegenden ließen an den Stadträndern die sogenannten *bairros da lata* (Blechdosensiedlungen) sprießen. Eilig hochgezogene Hochhauskomplexe in den nördlichen Vororten machen es dem Besucher schwer, Portugals Hauptstadt das Attribut "schön" zu verpassen.

Wer dann noch Zeuge der täglichen Staus auf den Ausfallstraßen wird, fragt sich, wie es den Lissabonnern gelingt, trotz alledem den Alltag zu genießen und stolz einen Vers des Dichters António Nobre zu zitieren:

Quem nao viu Lisboa, nao viu coisa boa. - Wer Lissabon nicht gesehen hat, hat niemals etwas Schönes gesehen.

Während die Altstadtviertel *Alfama* und *Mouraria* verfallen, fließen Millionen in postmoderne Prestigeobjekte wie das riesige Einkaufs- und Wohnzentrum *Amoreiras*. Vor kurzem wurde endlich ein umfassendes Restaurierungsprojekt eingeleitet, das die unhaltbaren Wohnbedingungen in den mittelalterlichen Vierteln verbessern soll.

Der *Rossio-Platz* ist der verkehrsumtoste Mittelpunkt des Stadtzentrums. Von der 23 m hohen Marmorsäule betrachtet König Pedro IV. einsam das Treiben auf dem "Treffpunkt Lissabons". Man kann stundenlang im *Straßencafé Suica* sitzen und bei Kaffee und süßen Sahnetorten über die Melancholie der Portugiesen sinnieren oder im *Nicola* gegenüber in der Kaffeehaustradition der zwanziger Jahre schwelgen. Bei jedem Wetter sind hier in den Straßencafés alle Tische belegt - kleine Schuhputzer und Bettler schieben sich dennoch durch. Aus halbgeschlossenen Händen und mit gedämpfter Stimme werden falscher Schmuck und Marihuana angeboten. Vielleicht ist am Rossio auch seine Einfachheit so faszinierend. Wo sonst findet man in einer "Weltstadt" einen Platz dieser Art im Zentrum, an dem sich ganz gewöhnliche Kurzwarenläden noch halten können?

Tip: An der Ecke des Rossio zur Travessa N. D. S. Domingos, einer kleinen Seitengasse schräg gegenüber dem Nationaltheater, gibt es eine kleine *Schnaps-Schenke*. Die

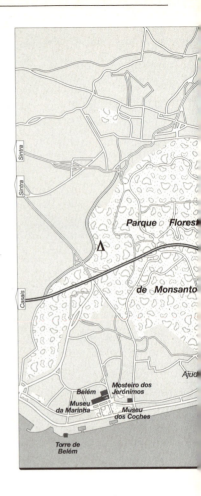

Lissabon 163

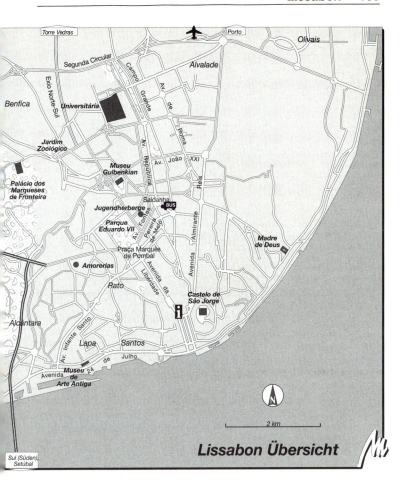

Lissabon Übersicht

Lissabon

Das Erdbeben im Jahre 1755

Vor Jahrhunderten galt Lissabon stets als die zweitreichste Stadt der Welt nach Venedig, als Ablegehafen von Entdeckern und Abenteurern wie Vasco da Gama und Pedro Cabral. Hier war der Umschlagplatz der in Brasilien "erworbenen" Reichtümer, und auch mit indischen Gewürzen und afrikanischen Edelhölzern wurde gewinnbringend gehandelt.

Damals zählte man in Lissabon 3.000 Paläste und 100 Kirchen. Viele der prunkvollen Bauten entstanden unter *Manuel I. dem Glücklichen* im 15. und 16. Jh. Seine Prunk- und Ruhmsucht war Triebfeder für die Prachtentfaltung Lissabons und zog zugleich magnetisch Künstler, Baumeister und Gelehrte an.

All dem wurde am *Allerheiligentag des Jahres 1755* ein schnelles neunminütiges, aber schmerzhaftes Ende bereitet. Bei einem Erdbeben wurde fast die ganze Stadt zerstört. Nach Schätzungen sollen mindestens 60.000 Menschen durch herabfallende Trümmer und die nachfolgende Flutwelle umgekommen sein. Dies bedeutete einen unfaßbaren Schlag für die Lissabonner, und vielleicht ist diese Katastrophe der Hauptgrund für die herrschende Melancholie. *Saudade* wird auch gedeutet als "schmerzende Vergangenheitssehnsucht".

Marquês de Pombal, der damalige Außenminister, setzte sich ein Denkmal mit dem Leitspruch "Begrabt die Toten, sorgt für die Lebenden, schließt die Häfen". Er ließ die zahlreichen stehengebliebenen Häuser abreißen und in kürzester Zeit im damals revolutionären schachbrettartigen Stil die Unterstadt wieder aufbauen.

Stehbar mit alter Marmorauskleidung existiert bereits seit 130 Jahren. Hier gibt's *Ginjinha*, eine Art Kirschlikör mit Früchten. Schmeckt wie Rumtopf, sehr lecker. Manch einer kommt jeden Tag hierher, um seine Ginjinha zu trinken.

Im August 1988 erschütterte erneut eine Katastrophe die portugiesische Hauptstadt. Die Bilder des verheerenden Großbrands, der über 20 Gebäude, darunter die großen Kaufhäuser zwischen Baixa und Chiado, zerstörte, gingen um die ganze Welt. Ein Jahr später waren die Pläne für den Wiederaufbau fertig. Mitte der 90er Jahre sollte das Projekt, das Hotelneubauten und Einkaufszentren vorsieht, beendet sein. Bis dahin dienen die ausgebrannten Gebäude als Touristenattraktion - bei Nacht angestrahlt, wirken sie fast malerisch.

Die Altstadtviertel

Baixa

Geschäftsviertel zwischen Rossio und dem als Parkplatz benutzten Praça do Comercio am Ufer des Rio Tejo. Was man heute sieht - kerzengerade Straßen, genau im rechten Winkel zueinander - entstand nach dem Erdbeben 1755 auf dem Reißbrett. Am Abend, wenn die Juwelierläden und Banken geschlossen sind, ist das Stadtviertel ausgestorben. Hier findet man zahlreiche teure und edle Juweliere und Modeboutiquen, und in den kleineren und dunkleren Straßen auch noch fast waschechte Tascas sowie kleine Eisen- und Kurzwarenläden.

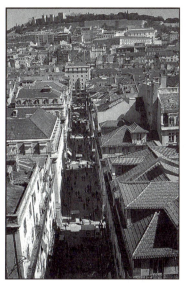

Blick vom "Eiffel-Lift" Santa Justa über die Baixa auf den Burgberg

Chiado

Das früher sehr vornehme, intellektuelle Stadtviertel um die Rua do Carmo und die Rua Garrett mit alten Buchhandlungen und Kunstgalerien. Die berühmten Kaufhäuser *Grandes amazens do Chiado* und *Grandella* fielen leider dem Brand zum Opfer. Noch immer aber schmücken goldene Schriftzüge auf schwarzem Grund zahlreiche Geschäfte und vermitteln einen Eindruck von der inzwischen verblichenen Ehrwürdigkeit dieses Viertels. Besuchen Sie das *Café A Brasileira* in der Rua Garrett 120. 1906 wurde es von einem aus Brasilien heimgekehrten Portugiesen eröffnet. Die holzgetäfelten Wände schmücken matte Spiegel und Malerei. Die Stühle sind aus Rindsleder. Außer von Touristen wird es auch gerne von Studenten besucht. Vor dem Café hockt der Poet Fernando Pessoas höchstpersönlich - in Gußeisen gegossen.

Bairro Alto

Sanierungsbedürftiges Altstadtgebiet mit vielen Fadolokalen und diversen Nachtbars. Hier befinden sich auch die Musik- und Filmhochschule sowie viele kleine Druckereien und Zeitungsverlage. Die Atmosphäre erinnert ein wenig an das Pariser "Quartier Latin".

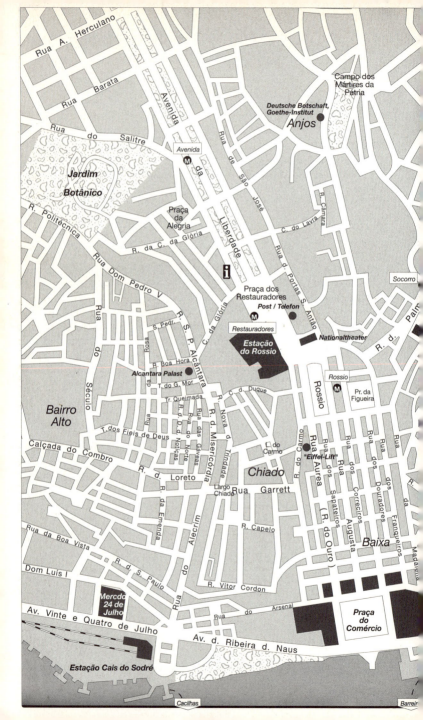

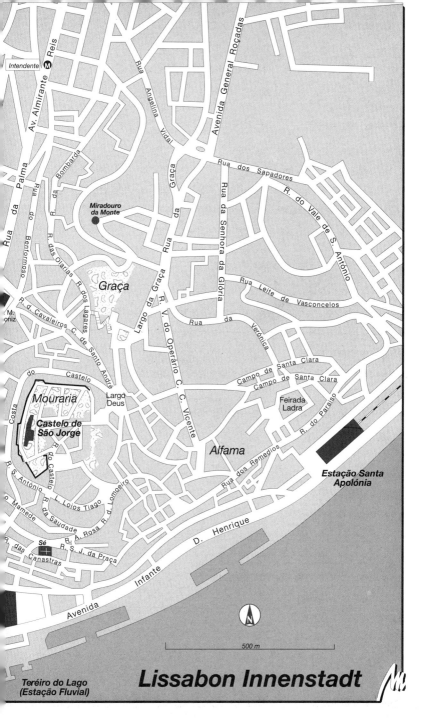

In den letzten Jahren ließen sich hier viele junge Mode- und Möbeldesigner nieder. Nachmittags kann man ein buntes Durcheinander beobachten aus Journalisten, Handwerkern, kleinen Angestellten aus dem Chiado, modisch gekleideten Jugendlichen und alten Frauen, die auf dem Balkon ein Schwätzchen halten oder im dunklen Laden an der Ecke Stockfisch kaufen.

Alfama

Mittelalterliches Stadtviertel, einige Häuser aus dem 16. Jh. überstanden das Erdbeben fast unbeschadet, der Rest wurde mit Hilfe der herumliegenden Trümmer von den Bewohnern wieder aufgebaut. Enge Gäßchen wie in einem arabischen Altstadtviertel. Viele der Häuser sind völlig mit Azulejos (bemalten Fliesen) verkleidet, was sehr schön wirkt. Wegen der engen Gassen stehen die schmiedeeisernen Balkons so dicht gegenüber, daß darauf Küßchen mit dem Nachbarn ausgetauscht werden können. Im Halbdunkel darunter verkaufen Fischerfrauen den nächtlichen Fang. Die Straßen werden mit Girlanden geschmückt, und Lampions baumeln zwischen den eisernen Balkongittern. Aus jedem Hof und jedem Platz wird ein Straßenrestaurant, überall riecht es nach gegrillten Sardinen und Rotwein (Vorsicht Taschendiebe!).

Das Leben in der Alfama wirkt auf den Besucher sehr romantisch - aber ein Dutzend Geranien und ein schnarrender Papagei machen noch keinen Garten. Die endlich begonnene, dringend notwendige, umfassende Renovierung der kleinen, feuchten Wohnungen läßt viele Befürchtungen zu, daß das Viertel im Anschluß zur Heimstatt reicher Rentner und Künstler wird. Die Belegung von Wohnraum durch Büros ist bereits besorgniserregend weit fortgeschritten - das Leben in der Alfama stirbt.

Graça

Oberhalb der Alfama gelegenes Arbeiterviertel, das weder bei Touristen noch bei den Lissabonnern "in" ist und sich deshalb viel von seinem ursprünglichen Charakter bewahrt hat. Der Aussichtspunkt *Miradouro da Nossa Senhora do Monte* ist mit dem *Castelo de São Jorge* der schönste der Stadt. Hier hat auch der traditionsreiche Arbeiterverein *A Voz do Operário* (Die Stimme des Arbeiters) seine Heimat, in einer riesigen Jugendstilvilla in der nach dem Verein benannten Straße.

Santo, Alcántara und Lapa

Wer Zeit und Lust hat, sollte ruhig einmal in die westlich des Zentrums gelegenen Viertel **Santo** oder **Alcántara** vorstoßen. Das heutige Leben der Lissabonner Handwerker oder Einzelhändler läßt sich hier am besten beobachten. In der **Lapa** verdecken leider immer mehr die dikken Mauern ausländischer Botschaften den Blick auf die prunkvollen Adelspaläste.

Am Terreiro do Paço – wo der Rio Tejo breit ist wie ein Binnensee

Praktische Informationen

Information
Hauptbüro am Praça dos Restauradores im Palacio Foz, Tel. 01/3463624 oder 01/3463643. Geöffnet von 9-20 Uhr.
Weitere Büros am Shopping Center Amoreiras, Tel. 657486, sowie am Flughafen und am Hauptbahnhof Santa Apolónia.

Parken
An Werktagen ist es extrem schwierig, einen Parkplatz zu finden. Obwohl man Parkverbotsschilder als Ausländer weniger zu fürchten hat, sind die Chancen doch gering, da an vielen Ecken Polizisten rumstehen, die "verirrte" Autos sofort weiterwinken. Empfehlenswert ist daher, die bewachten Parkhäuser am **Praça do Comercio** und **Praça dos Restauradores** zu benutzen. Letzteres ist eine zweigeschossige Tiefgarage; Einfahrtsmöglichkeit nur vom Praça Marquês de Pombal kommend auf dem äußeren Fahrstreifen. Parkgebühren von 8-20 Uhr 2-2,80 DM (erste Stunde am billigsten), von 20-8 Uhr ca. 1,50 DM pro Stunde.

Geldwechsel
Im Geschäftsviertel um den Rossio finden sich an fast allen Banken Geldautomaten. Einen *Spätschalter* besitzt die *Banco Borges & Irmão*,

170 Lissabon

Avenida da Liberdade 9a, geöffnet an Werktagen von 16.30-19 Uhr. Auch im *Hauptbahnhof* Santa Apolónia hat ein Schalter von 9-20 Uhr geöffnet (Wochenende nur bis 18 Uhr). Der Bankschalter am *Flughafen* hat meist von 6-2 Uhr geöffnet.
Wechselbüro (Cota Cambios) in der Rua do Ouro 283, geöffnet von 10-19 Uhr, samstags 10-17 Uhr. Euroscheck-Kommission 800 Esc.

Verbindungen

Flughafen

Der **Flughafen** liegt ca. 5 km nördlich vom Zentrum. Klein, provinziell, freundliche Zollbeamte. Touristeninformation täglich von 6-22 Uhr geöffnet. Flughafenauskunft unter Tel. 802060 oder 804500. Ein *Taxi* zum Zentrum kostet ca. 10 DM. Die *Busse* Nr. 44, 45, 83 fahren alle 10-15 Minuten, Fahrzeit ca. 25-35 Minuten. Haltestellen: Cais do Sodré - Rossio - Praça dos Restauradores - Avenida Fontes Pereira Melo - Airport. Der Expreßbus *Linha Verde* fährt vom Bahnhof Santa Apolónia zum Flughafen, über Praça do Comercio, Rossio und dann weiter wie Linienbusse. Je nach Verkehrsdichte braucht er zwischen 20 und 60 Minuten bis zum Flughafen.

Bahnhöfe und Busstationen

In Lissabon gibt es verschiedene **Bahnhöfe**, die keine Verbindung miteinander haben. Abfahrtszeiten und Preise sind unter Tel. 8884025 zu erfragen, allerdings nur in portugiesisch. Zu diesem Zweck besser die Touristeninformation anrufen. Auskunftsbüro am Bahnhof Rossio.

Santa Apolónia: Züge nach Zentral- und Nordportugal, Paris und Madrid. Ca. 2 km außerhalb vom Zentrum (unterhalb der Alfama). Geldwechselmöglichkeit tagsüber, auch Touristeninformation.

Barreiro: Verbindungen nach Südportugal (Algarve). Der Bahnhof liegt auf der anderen Seite des Tejo. Bahneigene Barkassen bringen die Passagiere über den Fluß. Abfahrt: T. do Paco, Praça do Comercio.

Rossio: Züge nach Westen (Sintra, Mafra, Figueira da Foz etc.). Das Gebäude ist architektonisch äußerst interessant - im neo-manuelinischen Baustil gehalten.

Cais do Sodré: moderne Nahverkehrszüge entlang der Costa do Sol nach Cascais/Estoril. Streckenlänge nur 35 km. Häufig Verbindungen.

Neuerbauter **Busbahnhof**, Avenida Casal Ribeiro 18, Tel. 577715, für alle Rodoviaria-Nacional-Busse. Verbindung von hier aus in alle Regionen Portugals.

Private Busgesellschaften starten direkt beim Sitz der Gesellschaften: *Novo Mundo*, Rua Augusto Santos 3, Tel. 352770, und *Mundial Turismo*, Avenida Antonio Augusto de Aguira 90, Tel. 3563521.

Nostalgischer Taxista am Rossio-Platz

Verkehrsmittel in der Stadt

Die Transportmöglichkeiten sind in Lissabon recht vielfältig: Mit dem 1901 eingeweihten "Eiffel"-Großraumlift (allerdings von einem Ing. Raoul Mesnier de Ponsard entworfen) schwebt man für ca. 1,40 DM zum Chiado hinauf, und vom Praça dos Restauradores lassen sich Krawattenträger von der überfüllten Bergbahn (Cable Car) keuchend den Berg hinaufziehen.

Viel Spaß macht es, mit der *Trambahn* enge Gassen entlang in die Alfama zu fahren. Der Holzaufbau ächzt und die Bremsen quietschen fürchterlich, wenn es den Berg steil hinabgeht.

Das Taxi kann man sich tagsüber ruhig sparen. Lissabon hat ein dichtes Netz an Bussen und Trams und auch eine *U-Bahn*. Ob nun zum Lissabon Hilton oder zur Jugendherberge, vom Rossio kommt man mit der U-Bahn in 10 Minuten ans Ziel.

Zwischen 17 und 18 Uhr sollte man nach Möglichkeit Bus und U-Bahn meiden, da beide brechend voll sind; auch Taxis sind dann schwer zu bekommen. Der Rossio Platz ist um diese Zeit eine einzige Menschenschlange, denn der Portugiese stellt sich wie der Engländer in Reih und Glied an der Haltestelle an.

Taxis

Sie sind hinter ihrem dicken schwarzen Auspuffqualm fast unsichtbar. Manchmal sind es Daimler-Benz Diesel-Modelle aus den 70er Jahren.

172 Lissabon

Mehrere Standseilbahnen schaffen bequeme Verbindungen auf die Stadthügel

Um einen Taxistandplatz braucht man sich keine Gedanken zu machen - am Abend ist fast jedes zweite Fahrzeug ein Taxi. Da ein eigenes Auto für viele Portugiesen unerschwinglich ist, gilt das Taxi als populäres Transportmittel. Die Preise sind etwa so teuer wie eine Fahrt im Stadtomnibus zu Hause. Für eine Fahrt innerhalb des Zentrums zahlt man selten mehr als 3 DM. Bei größeren Gepäckstücken (über 30 kg) kann der Fahrer 50 % Zuschlag verlangen.

Öffentliche Verkehrsmittel

Für die Benutzung der **öffentlichen Verkehrsmittel** Bus, Tram und Lift (nicht U-Bahn) gibt es sog. *Bilhete de ... dias*, für einen Tag ca. 350 Esc, drei Tage ca. 820 Esc. Billiger sind auch die *Ticketblocks*, 10 Stück für ca. 325 Esc. Die Touristentickets *Passe Turistico* gelten zusätzlich für die U-Bahn und kosten für vier Tage ca. 1.350 Esc bzw. für sieben Tage ca. 1.900 Esc. Nähere Informationen bei *Carris*, Büro am Fuße des alten "Eiffel-Lifts". Busse, U-Bahn und Trams fahren in der Regel bis 1 Uhr morgens. Im ohnehin sehr empfehlenswerten Falk-Stadtplan sind sämtliche Linien der öffentlichen Verkehrsmittel verzeichnet, und die wichtigsten stimmen auch.

▶ **U-Bahn**: Nur zwei Linien, die vom Rossio aus nach Lissabon-Nord fahren. Relativ modern, keine Geisterbahn mit regelmäßigen Unfällen wie in Madrid. Der Preis pro Strecke beträgt jeweils ca. 60 Pfennig. Beim Umsteigen muß eine neue Karte gelöst werden. U-Bahn-Tickets gelten nicht für Busse. 20 % Ermäßigung beim Kauf eines Zehnerblocks.

▶ **Tram**: sehr veraltetes, langsames Vehikel, gut zur Stadtbesichtigung. Besonders schön ist die Fahrt mit der Tram durch Alfama und Graça. Die Straßen sind zum Teil gerade so breit, daß die Bahn durchkommt. Abfahrt an der Haltestelle in der Rua da Conceicao, Nähe Praça do Comercio, Tram Nr. 28.

▶ **Bus**: verwirrend viele Linien. Beim Ein- und Aussteigen auf die Beschilderung achten ("Entrada", "Saida"). Nur in Ausnahmefällen vorne ein- und aussteigen. Die Busfahrer sind meist sehr hartnäckig, und es

Adressen 173

ist kein Vergnügen, gesagt zu bekommen, daß man nur hinten aussteigen darf, nachdem man sich unter großer Anstrengung durch das Menschenknäuel zur vorderen Tür durchgewühlt hat.

Lohnenswert ist auch die Überfahrt nach *Cacilhas* am südlich Tejoufer mit den kleinen *Barkassen* der Trans-Tejo-Linie. Wer mit dem Schiff am Praça do Comercio ankommt, kann sich ein bißchen wie die Reisenden der Ozean-Riesen zu Beginn des Jahrhunderts fühlen. Abfahrt am Cais do Sodré oder Praça do Comercio. Bei der Rückfahrt besser den Comercio als Zielort wählen - der Blick ist schöner.

Wichtige Adressen

• *Botschaften*: In den Botschaften sind Adressen deutschsprechender Ärzte und Rechtsanwälte zu erfragen.
BRD: C. Martires Patria 38, Tel. 3523961. Geöffnet Mo-Fr 9-12.30 Uhr.
Schweiz: Tv. do Patrocinio 1, Tel. 3973121.
Österreich: Rua dos Amoreiras 70, Tel. 3874161.

• *Post*: Praça dos Restauradores (beim Rossio). Geöffnet von 8-22 Uhr, auch am Wochenende. Postlagernde Briefe müssen in der Hauptpost am Praça do Comercio, Rua do Arsenal 27, abgeholt werden.

• *Fundpolizei* (Policia Achados), Praça Cidade Salazar 180, Tel. 8535403. Per Bus Nr. 44 (Richtung Olivais Sul) ab Praça dos Restauradores, drei Haltestellen nach dem Flughafen. Geöffnet werktags 9-12 und 14-18 Uhr.

• *Diebstahl*: Anzeige eigentlich in jeder Polizeistation (in jedem Stadtviertel). Besser jedoch Rua Capelo 13 (im Chiado, neben dem S. Carlos Theater), wo ein einer Fremdsprache mächtiger Beamter Dienst schiebt; rund um die Uhr geöffnet.

• *Auto abgeschleppt?* Ihr Wagen steht entweder bei **Carros reboedas** (am Flughafen), Tel. 808433, oder im **Restelo** bei Belém, Tel. 3016864. Die reinen Abschleppkosten belaufen sich auf ca. 50 DM.

• *Reisebüros*: **Marcus & Harting**, zentral am Rossio 45-50, Tel. 3469271. Hier wird auch deutsch gesprochen.
Turismo Juvenil, Praça Londres 9 B, Tel. 8484957. Verbilligte Mietautos für Jugendliche unter 22 Jahren und Studenten unter 26 Jahren. Auch Intercentro Bustickets nach Deutschland.

Wasteels Expresso, Rua dos Caminhos de Ferro 90 (Nähe Bahnhof Santa Apolónia) und Av. Augusto Aguiar 88, Tel. 579705. Eisenbahnspezialist, 20 % ermäßigte Karten für Züge ins Ausland.

Tourenveranstalter RNTours, Av. Fontes Pereira de Melo 14, Tel. 577523. Tagesausflüge nach Nazaré, Fatima etc., mehrtägige Exkursionen an die Algarve, elftägige Portugalrundfahrten etc.

• *Fluggesellschaften*: **TAP** - Transportes Aeros Portugueses, Praça Marquês de Pombal 3, Tel. 575020 (Reservierung).
Swissair, Avenida da Liberdade 220, Tel. 3473061. Die **Lufthansa** ist nur am Flughafen vertreten.

• *Mietautos*: **Avis**, Av. da Liberdade 29, Tel. 326075.
Hertz-Renorte, Rua Tomas Ribeiro 50, Tel. 539816.
Europcar, Av. Antonio Augusto Aguiar 24 C/D, Tel. 535115.

• *Ausländische Zeitungen*: liegen am Abend an den Kiosken am Rossio und Praça dos Restauradores auf. Den Spiegel gibt's montags ab ca. 12 Uhr.

• *Internationale Buchhandlungen*: haben im fremdsprachigen Sortiment vorwiegend englische Bücher. Es empfiehlt sich, Background-Literatur bereits in Deutschland zu besorgen.

• *Wäschereien*: **Lava Neve**, Rua da Alegria 37 (neben Av. da Liberdade). Self-Service. Geöffnet 8-19 Uhr, samstags 8-13 Uhr.
Lavatex, Rua Francisco Sanches 65 A, Tel. 823392. Relativ teuer, da pro Stück und nicht per Kilo abgerechnet wird.

Lissabon

Das Denkmal für den Losverkäufer (Bairro Alto)

Übernachten

Albergaria da Senhora do Monte, Calcada do Monte 39, Tel. 8866002. Abseits des Stadtgewühls am Berghang neben dem Aussichtspunkt Miradouro da Monte. Von den Zimmern schöner Blick auf Lissabons Altstadt. Große Dachterrasse mit Caféteria und Bar (bis 24 Uhr geöffnet). Die Strecke Rossio - Hotel kostet per Taxi ca. 2,50 DM, zu Fuß läuft man ca. 15 Min. Alle Gäste bestätigten uns ihre Zufriedenheit. Alle Zimmer mit Bad, DZ ca. 160 DM.

Hotel Borges, Rua Garrett, Tel. 3461951. Im altehrwürdigen Stadtviertel Chiado, ca. 10 Min. zu Fuß bis zum Rossio. Erbaut 1885. Die bräunlich verfärbten Gardinen scheinen noch ein Relikt aus der Gründerzeit zu sein. Neuere, unauffällige Zimmereinrichtungen. Zimmer zum Innenhof vermeiden - Küchenlärm. Der große Speisesaal mit Kristalleuchtern und Stuckarbeiten an der Decke läßt den früheren Glanz des Borges erahnen. DZ ca. 130 DM.

York House, Rua das Jenales Verdes 32, Tel. 8962435. Etwas außerhalb vom Zentrum auf halbem Weg nach Belém. Das alte Kloster aus dem 16. Jh. wurde mit viel Aufwand in eine exklusive Herberge umgebaut. Für die Zimmereinrichtungen wurden nur Antiquitäten oder auch gekonnte Nachbildungen verwendet. Im lauschigen Klostergarten mit Springbrunnen findet man Lissabons Diplomaten beim Plausch. DZ ca. 250 DM.

Pension Avenida Alameda, Av. Sidonio Pais 6, Tel. 532181. Appartementhotel der Mittelklasse. Nicht sehr gepflegt, aber doch lohnenswert, wenn man zu mehreren unterwegs ist und eine Unterkunft sucht. Appartements mit einem Doppelbett und einem Einzelbett im Schlafzimmer. Im Salon zwei Sofas; hier können bei Bedarf noch Extrabetten aufgestellt werden. Badezimmer mit Sitzbadewanne, kleiner Küche, Gas wird extra verrechnet (ca. 5 DM pro Tag). Preis für zwei Personen ca. 90 DM, drei Personen ca. 120 DM, vier Personen ca. 140 DM.

Pensão Ninho das Aguias, Costa do Castelo 74, Tel. 8867000. Direkt unterhalb des Castelo São Jorge. Eine enge Wendeltreppe in einem Turm führt nach oben. Von der Terrasse und einigen Zimmern herrlicher Ausblick über die Stadt bis zum Fluß. DZ mit Frühstück und sauberem Gemeinschaftsbad ca. 65 DM, mit Dusche ca. 80 DM.

Residencial Vila Nova, Av. Duque de Loulé 111, Tel. 534860. Gleich neben dem Praça Marquês de Pombal (50 m zur U-Bahn), im dritten Obergeschoß eines Hauses. Saubere Zimmer, alle mit eigenem Bad, die etwas teureren mit Fernsehgerät. DZ ca. 60-70 DM.

Pensão Flor dos Cavaleiros, Rua dos Cavaleiros 58, ca. 10 Min. zu Fuß vom Rossio. Im Altstadtviertel oberhalb des Praça Martim Moniz verbirgt sich hinter einer schlichten Hausfassade eine kleine gepflegte Pension. Insgesamt 23 Zimmer, ohne Bad ca. 55 DM, mit Bad ca. 70 DM. Es wird Englisch und Deutsch gesprochen.

Übernachten 175

Pensão Modelo, mitten im Zentrum in der Rua das Portas de Santo Antao 12 (Fußgängerzone). Einfach, aber frisch gestrichen. DZ mit Bad ca. 80 DM, ohne Bad ca. 50 DM.

Residencial Camoes, Travessa do Poço da Cidade 38, Tel. 3467510. Sehr zentral, mitten im Bairro Alto gelegen. Wenn morgens die Zeitungen abgeholt werden, wird es etwas laut. Saubere Zimmer und freundliche Besitzer. DZ mit Bad zwischen 70-90 DM, Suite für fünf Personen mit Kochgelegenheit und Bad ca. 120 DM.

Pensão Londres, Rua D. Pedro V 53, Tel. 3462203. Am Rande des Bairro Alto gelegen. Alles sehr sauber und frisch, mit Aufzug. DZ mit Dusche ca. 70 DM, Zimmer für vier Personen ca. 100 DM.

Residencial Florescente, Rua das Portas de Santo Antao 99, Tel. 3426609. Zentrale und dennoch ruhige Lage. Zimmer zum Teil mit Fernseher, zum Teil mit kleinem Balkon zur tagsüber belebten Straße. DZ mit Dusche ca. 90 DM.

Hotel Miraparque, Av. Sodónio Pais 12, Tel. 578070. Nette Zimmer mit Blick auf den Park. Sehr ruhige Lage. Jedes Zimmer mit Bad und WC. DZ ca. 150 DM.

Pensionen Sevilha, **Solar** und **Luso**, nahe am Praça da Alegria. Etwa gleiche Ausstattung mit nicht besonders hellen Zimmern. Durchweg freundliche Wirtsleute. Um die Ecke ein Jazzkeller und das Fado-Restaurant *Condessa*. Preise für ein DZ, zum Teil mit Bad, zwischen 40-60 DM.

Pensão Iberica, Praça da Figueira, Tel. 865811. Fast alle Zimmer mit Blick auf den Platz, sehr zentrale Lage, aber nachts wird es hier ruhiger. DZ mit Bad ca. 120 DM.

Hotel Dom Alfonso Henrique, Rua Cristovao Falcao 8, Tel. 8146574. Modernes Hotel in ruhigem Stadtviertel außerhalb des Zentrums. Von der Frühstücksterrasse auf dem Dach Blick bis zum Rio Tejo. DZ mit Bad ca. 120 DM. 5 Min. von der U-Bahnstation Alameda entfernt.

Hotel Portugal, Rua João das Regras 4, Tel. 877581. Trotz der Nähe zum Praça da Figueira insgesamt 60 ruhige, geräumige, hohe Zimmer mit Telefon und Bad. Lift vorhanden. DZ mit Bad ca. 110 DM.

Hotel Internacional, Rua da Betesga 3, Tel. 3466401. Modern eingerichtete, saubere Räume ohne persönliche Note. Sehr zentral zwischen Rossio und Praça da Figueira - dennoch ist der Geräuschpegel erträglich. DZ mit Bad ca. 120 DM.

Pension Norte, Rua dos Douradores 159, Tel. 878941/2. In einer leisen Seitenstraße des Praça da Figueira. Die Hauswirtin, eine alte Portugiesin, ist gelegentlich etwas mürrisch. DZ mit Dusche ca. 70 DM.

Pension Alegria, Praça da Alegria 12, Tel. 3475522. Neben der Pension Sevilha mit ruhigen, großen Zimmern. DZ mit Bad ca. 80 DM. Auch Übernachtung für drei Personen in einem DZ mit angeschlossenem EZ möglich, kostet ca. 100 DM.

Pension Marinho, Rua dos Correiros 205, Tel. 360940. Familienpension in der zweiten Etage mit freundlichen Besitzern. Von manchen Zimmern Blick auf die Fußgängerzone möglich. Saubere Zimmer mit nicht übermäßig reinem Gemeinschaftsbad und WC. DZ ca. 50 DM.

Ebenso empfehlenswert ist die **Pension Moderna** im vierten Stock.

Pension Portuense, Rua Portas de S. Antão 153, Tel. 3464197. Gepflegte Ein-Stern-Pension, ca. 5 Min. vom Praça dos Restauradores entfernt. Wenig Verkehrslärm. 18 saubere Zimmer mit Telefon und Dusche. DZ mit Dusche und Toilette ca. 60 DM, die billigsten ca. 40 DM.

Pension Duque, Calçada do Duque 53. Kleine Familienpension in zentraler und dennoch sehr ruhiger Lage. Freundliche Besitzer. Zimmer ohne Ausblick, mit Waschbecken und mehr oder weniger sauberem Gemeinschaftsbad. DZ ca. 35 DM.

Residencial Nova Silva, Rua Vitor Cordon 11, Tel. 324371. Helle Zimmer mit Blick entweder auf den Tejo oder die Alfama. Vor der Tür quietscht die Straßenbahn vorbei, ansonsten sehr ruhig. 5 Min. Fußweg bis zum Chiado oder zur Baixa. DZ mit Bad ca. 80 DM, mit Dusche ca. 70 DM.

● *Jugendherberge*: Ein **Key Hostel** in der Rua Andrade de Corvo 46, Tel. 3532696 - die neue Art von Herbergen, wie sie bereits in anderen Hauptstädten Europas eingerichtet wurden. Vorteile sind die Reservierungsmöglichkeit von anderen Key Hostels aus (international booking network) und das Fehlen nächtlicher Schließzeiten.

176 Lissabon

Alte Schule – Türsteher vor dem Restaurant Tavares

Das Gebäude wurde 1993 komplett neu aufgebaut; von der ehemaligen Aktionärsvilla blieb nur die Fassade zur Dekoration stehen (auf architektendeutsch "Entkernung" genannt). Auf 7 Stockwerken (Lift) ist Platz für 162 Gäste. Es werden auch 9 DZ mit Privatbad angeboten. Die Schlafsäle haben 6-8 doppelstöckige Schlafstätten. Auch ein behindertengerechtes Zimmer ist vorhanden. Im Erdgeschoß ein Self-Service-Restaurant mit Mittags- und Abendtisch. Im Dachgeschoß ein kleiner Saal für Tagungen. Die Rezeption ist zum Einchecken von 8-24 Uhr geöffnet. Preise pro Person in der Hochsaison ca. 20 DM inkl. Frühstück, das DZ ca. 50 DM.

Zu erreichen vom Bahnhof Cais do Sodré per Bus Nr. 44, 45, 36; vom Bahnhof Santa Apolónia mit Bus Nr. 90 (Praça Marquês de Pombal aussteigen); vom Flughafen per Bus Nr. 44, 45, 83, 90; vom Stadtzentrum mit der U-Bahn, Haltestelle Picoas.

● *Camping*: Im großflächigen **Monsanto Park** am Stadtrand, nahe der Autobahn nach Estoril, Tel. 702061. Relativ gut gepflegter Platz mit vielen schattigen Bäumen, auch Bar, Swimmingpool, Bank und Supermarkt. Etwas unpersönlich groß, für viele Lissabonner Daueraufenthalt, da in der Stadt Wohnungsmangel herrscht. Preis für zwei Personen mit Auto und Zelt ca. 7 DM pro Tag (warme Duschen). Mit Bus Nr. 43 ab bzw. nach Praça da Figueira (neben Rossio), schneller mit U-Bahn bis Colegio Militar und weiter mit Bus Nr. 50. Achtung: ein einträglicher Arbeitsplatz für Lissabonner Taschendiebe!

Essen

Es gibt eine unglaublich große Auswahl an Restaurants, darunter so berühmte Namen wie *Aviz* und *Tavares*. Man kann jedoch auch in der mittleren Preisklasse ausgezeichnetes Essen bekommen. Am billigsten und gar nicht schlecht ißt man in den einfachen Stehkneipen in der Altstadt; einen Teller Suppe, 10 gebratene Sardinen mit Tomatensalat bekommt man schon für ca. 4 DM.

Tavares, Rua da Misericordia 37, Tel. 3421112. Ältestes Restaurant Lissabons mit hohem Renommee. Vor über 200 Jahren wurde es ursprünglich als Café gegründet. In dem Spiegelsaal mit Kristallüstern und goldverbrämten Tapeten fühlt man sich ins 19. Jh. zurückversetzt. Gilt heute als das Restaurant Lissabons und hat dem *Aviz* ziemlich den Rang abgelaufen. Hier bekommt man nicht selten einen berühmten Kopf am Nebentisch zu sehen. Die Hauptgerichte kosten um die 40 DM. Als Wein ist die Hausmarke *Colares Reserva Tavares 1960* zu empfehlen, die aus dem eigenen Weinkeller stammt. Im Obergeschoß (separater Eingang) gibt es ein Self-Service-Restaurant.

Aviz, Rua Serpa Pinto 12 in Chiado. Die Einrichtung - mahagonigetäfelte Wände, Marmortische und Kristalleuchter - könnte aus einem Königspalast stammen. An dem Türsteher vorbei geht es zuerst zur

Essen 177

Garderobe, dann zur Menüwahl bei einem Drink im Foyer und erst danach zu den vorher reservierten Tischen. Mit ca. 33-55 DM fürs Hauptgericht ist man dabei.

Cervejaria da Trinidade, Rua Nova Trinidade 10 im Bairro Alto. Altes Klostergewölbe, an den Wänden portugiesische Azulejos aus dem 18. Jh. Sinnliche Frauengestalten symbolisieren die zwölf Monate. Das Rindersteak, wie die Portugiesen es mögen, im eigenen würzigen Saft, mit Pommes Frites und einer Scheibe Zitrone drauf, kostet ca. 14 DM. Wird von der Sagres-Brauerei geführt. Warme Gerichte bis 24 Uhr.

Solmar, Rua Portas Santo Antao 108. Erstklassiges Restaurant für Fischgerichte - viele halten es für das beste der Welt. In einem großen, hallenförmigen Raum, mit Galerie. Graugekachelte Wände erinnern an eine prachtvolle Wartehalle (große Uhr an der Wand). Aufgelockert wird die Umgebung durch einen kleinen Springbrunnen und eine bunte Azulejotäfelung mit Unterwassermotiv. Menü um 60 DM. Top Service. Zu empfehlen ist *Pescada sol y mar*, *Cherne* (Steinbutt) und *Robalo* (Barsch). Täglich geöffnet bis 24 Uhr.

Brazuca, Rua João P. Rosa 7, bei der Rua de Seculo im Bairro Alto. Speiseraum mit Teppichboden, geräumig, mit großem Kamin zur Dekoration. Treffpunkt vieler "Exilbrasileiros", daher gute brasilianische Atmosphäre und entsprechende Musik ... Spezialität: *Feijoada completa*, ein typisch brasilianischer Bohneneintopf mit Fleisch, für ca. 14 DM. Sehr zu empfehlen auch die *Moqueca de camarao a Bahiana* (mit Palmenöl zubereitete Krabben) für ca. 20 DM. Montags und im August geschlossen. Geöffnet bis 23 Uhr. Danach kann man in der kleinen Bar exotische Drinks einnehmen.

Mercado de Santa Clara, Campo de Santa Clara, oberhalb der Alfama. Im ersten Obergeschoß der Markthalle. Typisch lokale Küche, gute Nachspeisen und ein schöner Blick über den Platz. Über die fünf verschiedenen *Bifes*-Arten (Steaks) hat der Wirt sogar eine eigene Broschüre drucken lassen. Hauptgericht ca. 15 DM. Abends unten an der Tür klingeln.

O Terracao do Finisterra, Rua do Salitre 117. Vegetarisches Restaurant, freundliche kleine Räumlichkeiten, toller Blick auf den Botanischen Garten.

Snackbar Ritz, Rua Castilho 778 A (Hotel Ritz), am Parque Eduardo, Nähe Praça Marquês de Pombal, Tel. 692020. Die Küche wird vom Zentraleinkauf des Luxushotels *Ritz* beliefert, in dessen Untergeschoß die Bar über drei Etagen untergebracht ist - die Menüs sind Spitze. Die Speisekarte ist bebildert und erleichtert so die Auswahl. Besonders zu empfehlen sind die Gerichte auf der ersten Seite (*Sugestoes de Chefe*) und die *Pratos de dia*. Preise: gemischter Salat (üppig) ca. 9 DM, Seezunge mit Beilagen ca. 30 DM, Steak ca. 16 DM. Angenehme Atmosphäre, besonders Alleinreisenden zu empfehlen.

Faz Figura, Rua do Paraiso 15 B. Alfama-Restaurant mit tollem Blick auf den Tejo. Dicke Ledersessel schaffen eine gepflegte Atmosphäre - es lohnt sich, einen Tisch an der Fensterfront oder auf der Terrasse reservieren zu lassen. Gehobene Preisklasse, das Menü für ca. 40 DM, Service für diese Preisklasse etwas verschlafen. Sonntags geschlossen.

Bota Alta, Travessa Queimada 35. Drei Speisesäle, alle klein und voller recht ungeordnet aufgehängter Kunst an den Wänden. Auf jeden Fall eine lustige Dekoration und gemütliche Atmosphäre, auch bedingt durch die Lage in einer engen Gasse des Bairro Alto. Der Wirt erzählt stolz, daß auch Brigitte Bardot hier schon einmal gegessen habe. Gute Auswahl an Meerestieren und Fisch. Uns schmeckte *Espetada da lulas* (Tintenfisch am Spieß) für ca. 15 DM und als Nachspeise der *Bolo de chocolate com chantilly* (Schokoladenkuchen mit Sahne). Sonntags geschlossen, samstags wird nur Abendessen serviert.

Porto de Abrigo, Rua dos Remolares 18, Cais do Sodré. Seit über 50 Jahren existiert dieses Restaurant schon, die uralte Registrierkasse auf der Theke stammt wohl noch aus dieser Zeit. Sehr würzig (viel Knoblauch) die *Acorda* mit Krabben, eine weitere Spezialität ist Ente in Olivensauce. Hauptgericht ca. 15 DM. Sonntags geschlossen.

A Colmeia, Rua da Emenda 110/II, Chiato, Tel. 3470500. Naturkostrestaurant: zwei

178 Lissabon

kleine, nette Speiseräume im zweiten Stock mit Familienatmosphäre. Sehr freundliche Besitzer (Esoteriker). Komplettes, reichliches Menü mit frischgepreßtem Karottensaft für ca. 9 DM. Geöffnet Mo-Fr 12-15 und 18.30-21 Uhr. Samstags nur Mittagessen, sonntags geschlossen.

Bicanese, Calcada da Bica 38, zwischen dem Bahnhof Cais do Sodré und Bairro Alto. Drei lange Tischreihen, einfache Einrichtung. Familienatmosphäre - die Oma kocht Hausmannskost. Üppiges und gut zubereitetes Menü inkl. Bier und Nachspeise ca. 12 DM. Sehr gut schmecken die Hammelleber (*Iscas do carbeiro*) und die leckeren Tintenfische.

Comida Vegetariana O Sol, Calcada do Duque 23, an den Rossio-Treppen zum Bairro Alto. Einfach eingerichtetes vegetarisches Restaurant. Komplette Mahlzeit ca. 6 DM.

A Tasquinha, Largo do Contador Mor 6. Straßenrestaurant an einem gemütlichen, schattigen Platz unterhalb der Burg. Täglich wechselnde nationale und regionale Spezialitäten. Hauptgericht ca. 15 DM. Sonntags geschlossen.

Pap'acorda, Rua da Atalaia 57 im Bairro Alto. In einer umgebauten Bäckerei werden Spezialitäten für den etwas größeren Geldbeutel serviert. Sehr beliebt, oft voll, dennoch etwas unpersönlich. Hauptgerichte ca. 15 DM.

Casa do Alentejo, Rua das Portas do Santo Antao 58, Tel. 3469231. Das Haus der portugiesischen Ostfriesen. Reich mit Azulejos aus dem 17. Jh. geschmückt, viele Referenzen an die Zeit der Araber. Riesige Räume mit Galerien und außergewöhnlichem Lichteinfall. Wenig Auswahl, aber gute Gerichte aus der Region für ca. 10 DM. Montags geschlossen.

Mestre André, Excadinhas de Santo Estevao, Ecke Rua dos Remédios. Gemütliches Restaurant mit Möglichkeit zum Draußensitzen mitten in der Alfama. Wird von arbeitslosen Schauspielern geführt. Spezialität ist *Bife Alfama* für ca. 12 DM.

Santo André, Costa do Castelo 91. Einfache Taverne mit Terrasse gleich unterhalb des Castelo. Gerichte ca. 8-10 DM.

A Bragiza, Rua da Bica de Duarte Belo 51. Kleine Taverne, vorwiegend von Portugiesen besucht, gleich gegenüber der *Bicaense*. Gutes, preiswertes Essen und ein zuvorkommender Wirt. Spezialität: gebackener Hase (*Coelho*) für ca. 10 DM. Samstags geschlossen.

"Fast Food" auf Portugiesisch gibt es in der **Snackbar** zwischen Rossio und Restauradores. Es ist schon witzig, nur das Treiben zur Mittagszeit zu beobachten. Aber Vorsicht: Am Tisch kostet alles das Doppelte.

Empfehlenswerte **Imbißbars** und viele **Restaurants** in der Rua das Portas de Santo Antao (Straße beginnt beim Rossio und führt parallel zur Avenida da Liberdade). Zum Beispiel **Cervejaria Inhalca** und wenige Häuser weiter an der gleichen Straßenseite das kleine Restaurant **Milano**. Dort kostet eine Alentejosuppe (Fleischbrühe, Weißbrot und Ei) ca. 2 DM und ein Kotelett mit Beilagen ca. 10 DM.

Cafés

Portugal hat eine uralte Café-Tradition. Was bei uns die Eckkneipe mit Pils oder Alt, ist hier die Pastelaria mit dem *Bica*. Das Geschäft mit dem Expresso (eine Bica ca. 60 Pfennige) ist nicht sehr lukrativ, bei den steigenden Mieten, werden immer mehr von den typischen Cafés in Snack-Bars umgewandelt. Auch der Besitzer vom *Café Brasileira* (siehe auch unter Chiado S. 165) spielt mit diesem Gedanken, für den Fall, daß sich die Stadtverwaltung nicht an den nötigen Renovierungskosten beteiligt.

São Martinho da Arcada, einziges Restaurant/Café am Praça do Comercio. Hier saß der berühmteste portugiesische Dichter des 20. Jh., Fernando Pessoa, und ließ sich täglich seinen *Bica* und einen Schnaps servieren. Manche meinen, es war *Macieira*, andere sagen, es war Absinth. Jedenfalls starb Pessoa im Alter von 47 Jahren an Leberzirrhose. Heute verkehren hier die Angestellten der umliegenden Ministerien. Dennoch kann man noch etwas von der alten

Nachtleben 179

Atmosphäre erahnen. Café wird nur noch außen unter den Arcaden serviert. Innen Menüs in der höhren Preisklasse.

Café Versailles, Av. da República 15. Ein riesiger Saal mit Emporen, Säulen, Spiegeln und Gemälden. Hier wird von den Obern die Bestellung Bücklings, mit am Rücken verschrenkten Armen aufgenommen. Hervorragende Auswahl an Gebäck. Edel und nicht ganz billig.

In der **Rua Dom Pedro V, Ecke Rua da Rosa**, findet man noch ein mit Goldschmuck überladenes Café. Die alte Registrierkasse ist allerdings nicht echt, dafür die hauseigene Bäckerei, die auch gutes Graubrot herstellt.

Schöne Cafés auch im **Museu Gulbenkian** und im **Museu Nacional de Arte Antiga**. In letzterem sitzt man in einem völlig ruhigen Garten hinter dem Haus zwischen Bäumen, Wiese und Blumen. Eine Oase im Großstadttrubel. Adressen siehe "Museen".

Einen schönen Blick auf den Tejo mit Sonnenplatz und zu vernünftigen Preisen bieten die **Wagon-Lits-Snackbars** in *Belém* und neben dem Boots-Terminal am *Cais do Sodré*.

*N*achtleben

Zu einem Lissabon-Besuch gehört auch ein *Fadoabend* in einer Musikbar. Das typische Viertel hierfür ist das *Bairro Alto*. Nach 22 Uhr, wenn die Fadolokale aufmachen und die Touristenbusse vorfahren, wird man an die Plaka in Athen erinnert. Aber ganz so ist es nicht, zumindest gibt es im Bairro wenig Prostitution - die findet man hauptsächlich im Seemannsviertel hinter dem Cais do Sodré.

Als Außenstehender stößt man heute in Lissabon kaum noch auf echten, nicht kommerziellen Fado. Es gibt ihn nur noch in kleinen Vereinen und Clubs, die für Touristen schlecht auffindbar sind. Da jedoch erlebten wir noch, wie bei allen weiblichen Wesen, von der Oma bis zur 15jährigen, die Tränen strömten - selbst die Männer mußten an sich halten. Wir überlegten uns, ob wir nicht anstandshalber unsere Taschentücher vor die Augen halten sollten...

Einige Fadolokale findet man auch in der Alfama. Viele Clubs und Bars in der Gegend des Botanischen Gartens. Gute Stimmung oft in den brasilianischen Bars. Grundsätzlich gilt: lieber später als zu früh am Abend aufbrechen. So richtig voll werden die Lokale erst nach Fernsehschluß. Am meisten Stimmung ist zwischen 24 und 4 Uhr.

Besondere Veranstaltungen findet man im Veranstaltungskalender *SE7E*, der jeden Mittwoch an den Kiosken ausgehängt wird (Preis ca. 2 DM). Er enthält auch Kino- und Theaterprogramme, Konzerte, Ausstellungen etc.

Forcado, Rua da Rosa 221, Bairro Alto, Tel. 3468579. Fadorestaurant mit 240 Sitzplätzen, vorwiegend ausländische Touristengruppen im Publikum. Mindestverzehr ca. 17 DM, Hauptgerichte ca. 12 DM, warme Küche bis 2 Uhr morgens. Täglich von 20-3 Uhr geöffnet. Mittwoch Ruhetag.

Hot Club, Praça da Alegria, neben *Condessa Fado Club*. Kleiner Jazzclub im Keller. Die Einrichtung besteht aus alten Stühlen und einem Sofa, ist hübsch improvisiert, schafft Atmosphäre. Die Flasche Bier ca. 3 DM, am Wochenende Live-Band, 5 DM Eintritt. Montags geschlossen.

Foxtrott, Gemütlichste Kneipe in Lissabon. Lockere Atmosphäre trotz weißbefrackter Ober. Am Eingang etwas düstere Bar für Verlobte, dahinter folgen ein mit Antiquitäten eingerichteter Billardraum, ein Wintergarten mit Palmen und anderem tropischen Grünzeug, sowie ein weiterer Raum mit geschmackvollen Korbstühlen und -tischen. Im letzeren krächzt ein Papagei zur Musik. Berühmter Gast: die brasilianische Sängerin Gal Costa. Das Bier kostet ca. 5 DM. Adresse: Travessa Santa Teresa 28, Stadtteil Rato.

180 Lissabon

Longas Noites, der Name verheißt lange Nächte. Hier wer es voll, wenn die anderen Kneipen zumachen. Nur am Freitag und Samstag geöffnet, viel Platz zum Tanzen, fast nur von Afrikanern besucht. Largo do Conde Barrao 50 (im Casa Pia Athletic Club), Santos

O Berro, Rua da Esperança/Rua das Trinas. Ebenfalls in Santos, eine kleine Bar mit täglicher Live-Musik, hauptsächlich "música popular portuguesa". Fast immer voll (früh kommen) und tolle Stimmung.

A Nova, Rua da Rosa im Bairro Alto. Gemütliche Kneipe mit blumigem Hinterhof, wird von einer Handvoll Schweden geführt. Am Wochenende ist es schwierig, durch die Gesichtskontrolle zu kommen.

Außerdem gibt es im Bairro Alto noch viele kleine, lebendige **Studentenkneipen** mit Tasca-Preisen.

Bipi Bipi, brasilianischer Musikclub. Nach 24 Uhr schwingt das Publikum im Rhythmus der "Musica Tropical". Um etwas spirituelle Macumba-Atmosphäre zu schaffen, hängt an der Wand ein Brett, voll mit Utensilien zur Geisterbeschwörung. Exzellente Cocktails: Bipi - süßtrübes Getränk mit Kakao, Milch, Rum und Vanille. Erfrischender, besonders für heiße Nächte: Caipirinha (Zitronensaft, Zucker und aus Brasilien eingeflogener Zuckerrohrschnaps). Auch exklusive Preise: ca. 15 DM pro Cocktail. Adresse: Rua Oliveira Martins 6 (Nähe Av. Roma), Tel. 778924.

Chafarica, einfache kleine Bar mit täglich brasilianischer Live-Musik. Hierher kommen die Studenten, während im Bipi Bipi von besser angezogenen frequentiert wird. Calcada São Vincente 81 (Alfama) So geschl. Tel 867449.

Pavilhão Chines, Rua Dom Pedro V 58 (Botanischer Garten). Ein "Luxuspub", eingerichtet in einer ehemaligen Kurzwarenhandlung. Die alten Verkaufsvitrinen sind überfüllt mit Miniaturen und Puppen. Bier ca. 4 DM.

Wer nachts Hunger bekommt, kann sich auf die Suche nach den *Bolos Quentes*, den heißen Küchlein, machen. In der Avenida Almirante Reis 148 A (U-Bahn: Arroios) geht es die Treppe runter zu einer **Bäckerei mit nächtlichem Straßenverkauf** (ab ca. 1 Uhr).

▶ **Discoszene** findet man in **Alcântara**, bei der Tejobrücke. Entlang der Flußavenida *Vinte e Quatro de Julio* bilden sich vor den Lokalitäten riesige Trauben, die den Verkehr fast zusammenbrechen lassen. Oftmals in umgebauten Hafenschuppen, nur mit provisorischen Genehmigungen der Stadtverwaltung, unterliegen sie einem ständigen Wandel.

Alcântara-Mare, Rua da Cozinha Económica 11, nicht direkt an der Hafenfront. Die eine Hälfte der palastartig mit vielen Spiegeln ausstaffierten Halle ist ein Café mit Restaurant, in der anderen, abgetrennten Hälfte brummen die Woofer. Angenehm durchmischtes Publikum.

▶ **Weinprobierstube der Portweinkellereien**: Nach einem anstrengenden Stadtrundgang kann man in den gekühlten Räumen bei einem edlen Glas Port gut relaxen. Weiche Polstersessel, Clubatmosphäre. Das Glas Wein ab 1,50 DM. Ein Glas 40 Jahre alter Vintage-Port für ca. 18 DM. Geöffnet bis 23.30 Uhr. Empfehlenswert aus der riesigen Auswahl: Taylor's Extra Dry, Chip Dry, Jordao Doce. Vom Praça dos Restauradores per Cable Car den Berg hinauffahren (Bairro Alto), gleich oberhalb der Haltestelle, im alten Alcantara-Palast.

Stierkampf

Die Saison beginnt am Ostersonntag mit großem Rummel und endet Mitte Oktober. Die Kämpfe finden meist Donnerstagabend (22 Uhr) im *Campo Pequeno* statt. Nachmittagskämpfe (ca. 17 Uhr) an Sonntagen in der

Einkaufen 181

Auch ausgefallene Shops – in der Via Roma

Arena von Cascais (ca. 25 km außerhalb). Einigermaßen gute Sitzplätze mit der Sonne im Rücken kosten um die 26 DM. Karten am besten einige Tage vorher am Kiosk am Praça dos Restauradores besorgen.

Einkaufen

In Lissabon bekommt man *kunsthandwerkliche Produkte* aus allen Provinzen Portugals, wenn auch zu einem etwas höheren Preis als vor Ort. Es lohnt sich insbesondere, *Lederwaren* und *Kleidung* zu kaufen. Lederhalbschuhe, gute Qualität (genäht, mit Lederzwischensohle), gibt's schon ab 70 DM auf dem Markt.

In den billigen Läden und auf dem Markt kann man meist 15-25 % Verbilligung erhandeln - man muß dazu allerdings eiskalt auftreten und mit Händen und Füßen reden. Überlegt man sich, daß die teuren Läden im Chiado nicht mit sich handeln lassen, gönnt man den kleinen Krämerläden ihren bescheidenen Profit.

Das Einkaufszentrum ist der **Chiado**. Die Ladeneinrichtungen sind meist noch aus der Zeit um die Jahrhundertwende, mit vielen Kristallspiegeln und geschnitzten Holzverkleidungen. Viele kleine Boutiquen, Parfümerien, Buchhandlungen und Lederwarengeschäfte. Der Chiado ist das exklusive Einkaufsviertel von Lissabon, deshalb sind die Preise etwas höher als in der Altstadt.

Azulejos, kunstvoll bemalte Wandfliesen aus eigener Werkstatt, aber nicht "antik", gibt es bei *Sant Anna* in der Rua do Alecrim 95. Auch hübsch bemalte Teller und Porzellanfiguren. Ein nützliches Mitbringsel sind die Hausnummern, das Stück zu ca. 20 DM.

Lissabon

Vista Alegre Porzellan, Largo do Chiado 18. Die Fabrik des portugiesischen "Meißner" steht in Nordportugal bei Aveiro. In Vista Alegre ließ der amerikanische Ölmilliardär Rockefeller seine Privatsammlung kopieren.

Korkschnitzereien im "Korkladen des Mr. Kork", *Casa das Corticas*, Rua da Escola Politecnica 4. In den Regalen stehen schon etwas verstaubte Korkschnitzereien wie Schiffchen, Figuren, Untersetzer, Papierkörbe etc.

Handgetriebene Kupferpfannen findet man in einem schummrigen Laden mit Werkstatt am Rande des Chiado, Rua da Emenda. Pfanne mit Deckel (massiv) kostet ca. 110 DM.

Antiquitäten: Beliebte Mitbringsel sind alte Azulejos, die dementsprechend teuer gehandelt werden. Preiswert bekommt man alte Apothekenmörser (für ca. 85 DM, an einem Hängegestell). Antiquitätengeschäfte hauptsächlich in Bairro Alto, Rua da Escola Politecnica (beim Botanischen Garten), und in der Rua de S. José, einer Parallelstraße zur Avenida da Liberdade. Rua Dom Pedro V/Rua de S. Bento.

Souvenirs in gutsortierter Auswahl beim *Centro de Turismo e Artesanato*, Rua Castilho 61 B, (100 m vom Praça Marquês de Pombal). Geöffnet täglich von 9-20 Uhr.

Nacht-Shopping ist im *Ladenzentrum Imaviz* im Untergeschoß des Sheraton Hotels möglich (Av. de Fontes de Melo) möglich. Kleiderboutiquen, Lebensmittel, Blumen, Schallplatten etc. Täglich, auch an Wochenenden, bis 24 Uhr geöffnet.

Bis 22 Uhr kann man auch in dem riesigen *Shopping-Center Amoreiras* herumstöbern. Das Werk des umstrittensten und berühmtesten portugiesischen Architekten *Tomás Taveira* wirkt wie eine Stadt in der Stadt - und ist es auch. Die Bewohner der umliegenden Arbeiter- und Elendsviertel findet man hier selten beim Einkauf. Edle Shops für Schmuck und vor allem Mode. Die portugiesischen Modeschöpfer *Augustus und José Virgílio* haben hier ihre Läden. Die Hälfte der oberen Etage wird von Restaurants und Cafés eingenommen, zehn Kinos sorgen für Unterhaltung im Originalton mit portugiesischen Untertiteln. Ein Touristenbüro findet sich im zweiten Geschoß, Tel. 2016.

Mode: Auch außerhalb von Amoreiras lohnt es sich, nach Kleidung, auch hochwertiger, zu schauen. Die berühmteste portugiesische Modeschöpferin ist sicherlich *Ana Salazar* mit Läden in der Rua do Carmo und in der Avenida de Roma (und Paris). Daneben findet man in Bairro Alto und Umgebung einige Geschäfte junger Designer. Die Produkte sind wesentlich billiger als zu Hause, dank der niedrigen Löhne für Handarbeit in Portugal. Tips: *Mário Matos Ribeiro* und *Eduarda Abondanza*, Av. do Poco da Cidade 46; *Zé Tenente*, Av. da Espera; *Manuel Alves*, Rua da Rosa 39; *Paulo Mates*, Rua de O Século 108; *Zé Carlos*, Av. do Monte do Carmo 2; *Manuela Gonçalves*, Praça das Flores 48 A; *José Luis Barbosa*, Rua Escola Politecnica.

Märkte

Feira da Ladra, der sogenannte *Diebesmarkt*. Jeden Dienstag und Samstag hinter der São-Vicente-Kirche oberhalb der Alfama. "Alte" Musketen von Profihändlern bekommt man ab 260 DM. Daneben Mädchen mit ihrer letzten Winterkollektion. Allerdings auch viel Fabrikramsch, Lederstiefel und Neukleidung. In den Markthallen am Platz u.a. auch Tiermarkt.

Feira do Relógio, jeden Sonntag bei der Rotunda do Relógio in der Nähe des Flughafens. Keine schöne Atmosphäre inmitten der Neubauviertel, aber eine gute Chance, billig Kleidung, Nippes und etliches mehr zu bekommen.

Gemüsemarkt in einer Markthalle hinter dem Fischmarkt, beim Cais do Sodré. Sehr farbenprächtig, besonders interessant am frühen Morgen,

Feira da Ladra – der vielfältige und chaotische "Diebesmarkt" in der Alfama

nachmittags geschlossen. Die Kleinbauern kommen zum Teil aus der Estremadura angereist, um ihre Waren zu verkaufen. Aufgrund des täglichen Straßenchaos, verursacht durch die unzähligen Händler, plant die Stadtverwaltung, den Markt nach Loures zu verlegen, eine der vielen neu entstandenen Betonvorstädte. Aus dem alten Mercado da Ribeira soll ein Kulturzentrum werden. Wann das geschieht, steht noch nicht fest. Portugiesische Mühlen mahlen langsam.

Sehenswertes

Organisierte Stadtrundfahrten per Bus starten fast alle am Fuße des Parque Eduardo; an den kleinen Kiosken werden die Tickets der verschiedenen Gesellschaften verkauft.

S. Jorge Kastell: dominiert die Altstadt. Von der Burgmauer klingt der Stadtlärm nur noch wie ein weitentferntes Brummen. Wenn die Luft nicht so feucht wäre, könnte man die Küste von Sintra und auch die Berge von Monsanto erkennen. Im Inneren der Ruine liegen im Schatten von Korkeichen trübe Ententeiche mit Federvieh und arroganten Flamingos.

Der geschichtliche Ursprung der Burg ist noch nicht ganz geklärt. Sicher ist, daß hier 48 v. Chr. die Römer eine befestigte Siedlung hatten. Im 5. Jh., eroberten "die Barbaren aus dem Norden" (Westgoten) die Stadt und errichteten die zum Teil heute noch erhaltenen Mauern. Später

Lissabon

kamen die Mauren (11.-12. Jh.). Während der portugiesischen Unabhängigkeit wurden innerhalb der Mauern die prunkvollen Königspaläste erbaut. Unter spanischer Herrschaft wurde das Kastell als Garnison und Gefängnis mißbraucht, und die Paläste verfielen. Den Rest erledigte das Erdbeben von 1755. Touristeninformation in der Burg.

Estuva Fria, ein dämmrig, tropisch grüner Garten am oberen Ende des Parque Eduardo VII. In der urwaldfeuchten Luft reifen Bananen, in kleinen Teichen blühen Wasserrosen. Besuch insbesondere an einem verregneten Nachmittag lohnenswert. Geöffnet von 9-18 Uhr.

Die **Sé-Kathedrale** ist ein plumper Bau im romanischen Stil aus dem 12. Jh. Während der arabischen Besatzung wurde sie als Moschee umfunktioniert. Hübsche Rosette an der Portalfront. Im Inneren spätbarocker Prunk. Es ist der älteste Kirchenbau in Lissabon, gibt aber kunstgeschichtlich wenig her. Hier wurde der portugiesische König *Alfonso IV.* begraben, dessen Sarkophag beim Erdbeben zu Bruch ging; der jetzt zu besichtigende wurde neu gefertigt. Geöffnet 10-12.30 und 14.30-17 Uhr.

Kirche **Madre de Deus**, Rua Madre de Deus (noch ein ganzes Stück östlich vom Hauptbahnhof Santa Apolónia, in Tejonähe). Vielleicht die portugiesischste Kirche der Stadt. Stammt aus dem 16. Jh. und enthält eine Menge Azulejos: Darstellung des alten Lissabons etc. Hier auch das **Azulejomuseum**. Öffnungszeiten der Kirche: 10-12.30 und 14.30-17 Uhr. Der Bus Nr. 59 fährt vom Praça da Figueira direkt hin.

Carmo-Kirche, ein mysteriöser Bau, der uns jedesmal ins Auge fällt, wenn wir nach fünf Bieren nachts immer noch am Rossio sitzen. Gotische Kirchenruine aus dem 14. Jh. mit einigen archälogischem Fundstücken im Inneren. Am Erdbebentag 1755 war die Kirche aus Anlaß des Allerheiligenfestes völlig überfüllt... Übrig blieb nur das gotische Skelett, das nie wieder rekonstruiert wurde. Geöffnet von 10-12.30 und 14.30-17 Uhr.

Palacio dos Marqueses da Fronteira, Largo de São Domingos de Benfica 1 (zwischen Zoo und Monsanto-Park, per Bus Nr. 46). Eine herrschaftliche Villa aus dem 15. Jh., ursprünglich als Jagdschlößchen erbaut. Einmalig der Garten mit azulejoverkleidetem Pavillon und zwölf Statuen. Täglich nur eine Besichtigung um 10.45 Uhr. Sonntags geschlossen.

Christo-Rei-Statue, Aussichtspunkt auf der anderen Flußseite, auf der Höhe der Ponte 25. April. Die 28 m große Christusfigur wurde 1957 nach dem Vorbild in Rio de Janeiro geschaffen, aus Dankbarkeit dafür, daß Portugal von den Leiden des Zweiten Weltkriegs verschont blieb. Zur 80 m hoch gelegenen Plattform fährt ein Lift. Per Boot ab Praça do Comercio (alle 10 Min.) oder ab Cais do Sodré (alle 30 Min.) nach *Cacilhas*; von hier fährt alle 20 Min. der Bus Nr. 1 zur Statue.

Ponte 25 de Abril: Die Anfahrt über die 2,3 km lange Hängebrücke über den Tejo ähnelt einem Landeanflug - 70 m über Normalnull schwebt man in die Hauptstadt ein. 1966, nach nur vierjähriger Bauzeit wurde die damals *Ponte Salazar* genannte Brücke eingeweiht.

Museen

Wer Lissabons 38 Museen abklappern möchte, sollte gleich von Anfang an zwei Wochen zusätzlich einplanen (z.B. Frontkämpferbund-Museum). Deshalb werden hier nur die interessantesten aufgeführt.

Museu Nacional de Arte Antiga, Rua da Janelas Verdes, nicht weit vom Tejoufer auf dem Weg nach Belém (mit Bus Nr. 40 vom Praça do Comercio). Die bedeutendste Kunstsammlung Portugals mit Gold- und Silberarbeiten, asiatischem Porzellan, antiken Möbeln, Skulpturen etc. Das Interessanteste ist jedoch die umfangreiche Bildergalerie mit Gemälden von Hieronymus Bosch (Versuchung des Hl. Antonius), Cranach, Holbein, Dürer und dem bekannten portugiesischen Maler Goncalves. Täglich außer montags von 10-17 Uhr geöffnet.

Gulbenkian-Museum: moderner Bau am Praça des Espanha, erbaut mit den Dollars des reichen Armeniers Gulbenkian, der seinen Lebensabend in Lissabon verbrachte und seine Ölmilliarden einer Stiftung hinterließ. Zu sehen sind Gemälde von Rubens, Renoir, Rembrandt, van Dyck, alte französische Antiquitäten und Ausstellungsstücke aus dem alten Ägypten, Rom und Griechenland. Geöffnet Di, Do, Fr, So 10-17 Uhr, Mi und Sa 14-19.30 Uhr.

Centro de Arte Moderna, am Praça des Espanha. Ein Neubau der Stiftung Gulbenkian. Portugiesische Maler von der Jahrhundertwende bis heute. Der Bau ist architektonisch fast ebenso interessant wie die darin enthaltene Ausstellung. Exzellente Menüs in der darin angeschlossenen *Cafeteria* (Selbstbedienung).

Museu de Arte Popular, Avenida de Brasilia, in der Nähe des Torre Belém. Typische Erzeugnisse aus den verschiedenen Provinzen, gewebte Decken und Ackergeräte aus dem Norden, geflochtene Palmenkörbe und Trachten aus dem Süden und der Nachbau eines gemütlichen Monsanto-Hauses mit Wohnzimmeratmosphäre. Geöffnet 10-12.30 und 14-17 Uhr, montags geschlossen.

Museu dos Coches, Praça Alfonso de Albuquerque. Das Kutschenmuseum im Königsschloß von Belém zeigt 54 goldglitzernde Märchenkutschen, die von der Prunksucht und Verschwendung früherer Zeiten zeugen. Die Designer bemühten sich eher um auffallende Schönheit denn um Zweckmäßigkeit und Fahrkomfort. Das älteste Exemplar, das Gefährt von König Philipp, hat sogar eine Toilettenschüssel unter dem Sitzpolster versteckt. Täglich, außer montags, von 10-13 und 14.30-17.30 Uhr geöffnet.

Museu da Marinha, in einem Seitenflügel des Jerónimos Klosters in Belém. Viele Schiffsmodelle, Uniformen etc. Am interessantesten sind die Karavellen der alten portugiesischen Seeabenteurer. Täglich, außer Montag, von 10-17 Uhr geöffnet.

Belém

Freundlicher Stadtteil an der Tejomündung, ca. 7 km vom Zentrum entfernt. Viel Grün, gepflegte Parks und das bemerkenswerteste Bauwerk von Lissabon: das *Jerónimos-Kloster* im verspielten manuelinischen Stil aus der Entdeckerzeit. Nicht weit davon die alte Hafenfestung *Torre de Belém* im gleichen Baustil. Auch einige interessante Museen sind hier in Belém (näheres siehe Museen Lissabon).

> Von Belém aus starteten die portugiesischen Abenteurer ihre Seereisen ins Ungewisse: *Vasco da Gama* 1497 über den Seeweg nach Indien und *Fernão Magellan* zur ersten Reise rund um die Welt. Von *Pedro Cabral*, dem Entdecker Brasiliens, erzählt man, er sei nur deshalb dort angekommen, weil er zur Umsegelung des Kaps der Guten Hoffnung zu einem großen Bogen ausholte und, selbst überrascht, in Südamerika landete. Zurück kamen die Schiffe vollbeladen mit Gold, Edelsteinen und Gewürzen, aber das Risiko zu sterben war groß - Seuchen rafften oft mehr als die Hälfte der Besatzung dahin.

- *Verbindungen*: vom Zentrum per Tram Nr. 17 ab Praça do Comercio (beste Verbindung); auch Tram Nr. 14, 15, 43. Ab Praça da Figueira (neben Rossio) Bus Nr. 43. Ab Avenida de Melo, Praça Marquês de Pombal Bus Nr. 49 und 27.
- *Übernachten*: **Hotel de Torre**, Rua dos Jerónimos 8, Tel. 3630161. Geräumige Zimmer mit Teppichboden. Ältere, benutzte Möbel. Schöne Marmorverkleidung in den Badezimmern. Schräg gegenüber des Jerónimos Klosters. DZ mit Dusche ca. 50 DM, ohne Bad ca. 65 DM.
- *Essen*: **Fogareiro**, Rua dos Jerónimos, neben Hotel de Torre. Gemütliches Restaurant der mittleren Preisklasse. Wird viel von Belém-Touristen besucht. Gute Auswahl an Fischgerichten. Gebratener Aal, garniert für ca. 20 DM, *Lulas fritas* (gebratener Tintenfisch) für ca. 12 DM. Abendessen bis 22 Uhr, samstags und feiertags geschlossen.
- *Pastelarias*: Belém ist bekannt für seine süßen, leckeren Törtchen. In der Rua de Belém 84 ist die **Fabrica dos Pasteis de Belém**, eine 1834 gegründete Konditorei mit alter Einrichtung und schönen Azulejos. Hier gibt's das *Pastel de Belém*, ein Eierpuddinggebäck.
Fast noch besser schmeckte uns das *Pastel de Cerveja*, das aus Bierteig hergestellt und in der **Fabrica dos Pasteis de Cerveja**, Rua de Belém 29, verkauft wird.

Jerónimos-Kloster *(Mosteiro dos Jerónimos)*

Die "Westminster Abbey" am Tejo. Durch die weite Parkanlage davor kommt die reichverzierte Kalksteinfassade voll zur Geltung. Der Bau ist ein Sammelsurium aus Gotik, Manuelistik, Renaissance und goldüberladenen Barockaltären. Hier befinden sich das **Seefahrtsmuseum** und das **Ethnologische Museum**. Besuch absolut empfehlenswert.

Belém

Kirche und Kreuzgang sind von 10-13 und 14.30-17 Uhr, von Juni bis September durchgehend bis 18.30 Uhr geöffnet. Montags geschlossen. Die Sakristei hat sehr variable Öffnungszeiten, am besten im Turismo nachfragen.

Das **Kloster** wurde zu Ehren *Vasco da Gamas*, des Entdeckers des Seewegs nach Indien, gebaut. Geweiht wurde es dem weitgereisten Ordensgründer *Jerónimos*, der in Afrika Löwen zähmte und ungläubige Seelen bekehrte. König *Manuel I.* gab 1499 den Bauauftrag und prägte insbesondere durch diesen Klosterbau den manuelinischen Stil. Infolge der Säkularisierung - Staatsmacht gegen Kirchenmacht - wurde das Kloster 1834 aufgelöst.

Die **Kirchenhalle** ist durchflutet von zitronengelbem Licht, das durch eine Rosette an der Westseite hereinscheint. Sechs reichverzierte Säulen, 25 m hoch, symbolisieren einen indischen Palmengarten. Die üppigen Säulen- und Bogenornamente sind ebenfalls weltlicher Art: Früchte Indiens, Muscheln, Seeungeheuer und Seemannsutensilien. Am *Westportal* wurden die Bauarbeiten Weihnachten 1499 begonnen (Belém = Betlehem). Deshalb wird über dem *Hauptportal* die Geburt Christi dargestellt. Die linke Figurengruppe zeigt den Hl. Hieronymus mit König Manuel (kniend).

Der **Chor** entstand einige Jahrzehnte später im klassisch-nüchternen Renaissancestil. Er hebt sich deshalb völlig von der übrigen Kirchengestaltung ab. Die Bildfolge über dem *Altar* zeigt die Kreuzigung Christi (vom Hofmaler *Crisovao Lopes*). Der Altar wurde aus schwerem Silber gefertigt - ein "Mitbringsel" aus dem neuentdeckten Brasilien.

In den beiden **Seitenkapellen** finden sich die meist symbolischen *Grabdenkmäler des Königshauses Aviz*. Interessante *Marmorreliefs* unterhalb der Sarkophage - rechte Kapelle, rechtes Relief: der Hl. Hieronymus entfernt dem Löwen einen Dorn. Aus Dankbarkeit begleitet das Raubtier den Heiligen auf seiner Wanderschaft (linkes Relief). Die Schaulustigen, im ersten Bild noch angstverzerrt, zeigen sich in dieser Darstellung entspannt. Auch der Esel schaut ganz neugierig drein.

Unter der **Empore** zwei mächtige *Sarkophage*. Das *Grabmal Vasco da Gamas* mit Symbolen von Macht und Eroberung: Weltkugel, Karavelle und Kreuzritterzeichen. Auf der anderen Seite das *Grabmal der Schönen Künste*: Buch, Federkiel und Leier. Hier sollte *Camoes*, Portugals berühmtester Dichter, beigesetzt werden. Er wurde aber Opfer der Pestepidemie von 1580 und fand seine letzte Ruhe in einem Massengrab.

Die beiden interessantesten *Glasmalereien* befinden sich rechts und links oberhalb des **Tejo-Portals**. Beide stammen aus dem 18. Jh. Links oben thront Hieronymus, König Manuel kniet im roten Samtanzug am Boden. Hinter ihm der verschmitzt blickende Vasco da Gama mit seinen Seeleuten.

Die **Sakristei**, ein düsterer Raum mit einer "Palmensäule" im Zentrum. Künstlerisch bedeutsam ist die *Bildfolge* über den Sakristeischränken. Sie stammt von verschiedenen Meistern aus dem 16. Jh. und zeigt Szenen aus dem Leben des Kirchenheiligen. Realistische Darstellungsweise mit voll proportionierten Gestalten. Interessant der *Fächerschrank* mit wertvollen Intarsien, der 60 kleine, abschließbare Schubfächer für die Mönchsreliquien enthält.

Der **Kreuzgang** ist märchenhaft verspielt. Das Untergeschoß wurde 1517 von einem französischen Baumeister im rein manuelinischen Stil entworfen. Das Obergeschoß entstand einige Jahrzehnte später und zeigt Einflüsse der Renaissance. Die Medaillons im unteren Kreuzgang zeigen Seefahrer und die Werkzeuge der Kreuzigung Christi (Hammer, Leiter etc.). Die Reliefs im Innenhof stellen den Prinzen von Kalkutta und andere überseeische Statthalter Portugals dar.

Der **Kapitelsaal** wurde nach dem Erdbeben rekonstruiert. Hier wurden die Klosterversammlungen abgehalten - der Balkon war die Rednertribüne. In der Mitte des Raumes das *Grabmal von Herkulaneum*, einem bekannten Dichter des 19. Jh.

Torre de Belém

Kunstvoll im manuelinischen Stil erbauter Verteidigungsturm an der Hafeneinfahrt. Über eine Zugbrücke geht es ins Turminnere. Die Festung wurde 1520 fertiggigestellt. 60 Jahre danach diente sie den spanischen Eroberern als Kerker für unbequeme Patrioten. Während der Napoleonischen Invasion wurde der Turm zum Teil zerstört und 1854 rekonstruiert. Früher stand der Turm mitten im Fluß, das Jerónimos-Kloster direkt am Ufer. Durch das Erdbeben von 1755 wurde jedoch an dieser Stelle das Flußbett gehoben, so daß der Turm nun vom Ufer aus zugänglich ist.

Padrão dos Descobrimentos

Das *Denkmal der Entdeckung* aus Stahlbeton entstand 1960 während der Salazarzeit. Es wurde zum Gedenken an den 500. Todestag Heinrich des Seefahrers gebaut. Vorne am Bug der Karavelle steht Heinrich, hinter ihm Seeleute, Missionare etc. Geöffnet 9.30-19 Uhr, montags geschlossen.

Palacio Nacional de Ajuda

Der Palast der letzten portugiesischen Könige. Wer Sinn für die Schönheit blauer Salons, Herrenzimmer, prunkvoll eingerichteter Schlaf- und Wohngemächer hat, sollte sich einen Besuch im Palacio Nacional de Ajuda nicht entgehen lassen. Der Grundstein dieses Palastes wurde im Jahr 1802 gelegt. Als König João sich fünf Jahre später nach Brasilien zurückzog, ruhten die Bauarbeiten und wurden erst unter König Luis wieder aufgenommen. Ausgestattet mit einer Fülle von Möbelstücken

Heroisch und kolossal – das Denkmal der Entdeckung

und Kunstwerken des 19. Jhs., ist der riesige weiße Bau, umgeben von großzügig angelegten Grünanlagen, heute eine echte Sehenswürdigkeit. Hier kann man nicht nur einen Blick ins ehemalige Spielzimmer der Königskinder werfen, sondern auch einzigartige Festsäle, überdimensionale Tafeln und kunstvolle Deckenmalereien bewundern. Mittwochs geschlossen.

Gleich unterhalb des ehemaligen Königspalastes in der Calcada de Ajuda ist übrigens ein *Botanischer Garten* mit Brunnen angelegt. Im Schatten der exakt gestutzten Hecken und tropischen Bäume streiten sich alte Männer beim Kartenspiel, und eine Menge Kinder toben herum.

Archäologisches Museum *(Museu de Arqueologia e Etnologia)*

Untergebracht im Hauptgebäude des Jeronimos Klosters. Fundstücke aus allen Landesteilen. Viel Vorgeschichte und gut aufgebaut. Leider nur in Portugiesisch beschriftet.

Lissabons Riviera

Die Portugiesische Riviera am Nordufer der Tejomündung. Die Strände liegen so nah bei Lissabon, daß es ein leichtes ist, an heißen Sommernachmittagen zum Baden aus der Stadt zu fahren und abends wieder zurück zu sein.

Die beiden Hauptorte *Estoril* und *Cascais* sind heute praktisch zu einem Ort zusammengewachsen (90.000 Einwohner). Schon zu Anfang dieses Jahrhunderts wurde dieser Küstenabschnitt zum Baden entdeckt. Damals galt Baden eher als therapeutisches Ritual unter Arztaufsicht denn als Vergnügen. Die wenigen Sandstrände an dieser klippenreichen Küste sind heute meist total überfüllt, insbesondere an Wochenenden mit Ausflüglern aus Lissabon. Die Wasserqualität ist leider schlecht.

Verbindung

Elektrifizierte Bahnlinie entlang der Küste bis Cascais ab Lissabon, Bahnhof Cais do Sodré, ca. alle 20 Minuten.

Estoril

Estoril ist ein reiner Badeort mit viel Grün und Luxus. Einige Hotels der gehobenen Kategorie und aufwendige Luxusvillen aus den

Estoril 191

30er Jahren. Die "Lissabonner Costa do Sol" ist bekannt als Sommerresidenz abgedankter Könige und vertriebener Diktatorensöhne. Erste Adressen sind das Luxushotel *Palacio* und das *Casino*. Ein Stück Afrika ist der Park im Zentrum mit seinen subtropischen Gewächsen und einer Reihe von Dattelpalmen. Nachts eine in Flutlicht getauchte Oase mit dem Glasbeton-Spielcasino am oberen Ende.

Der saubere *Hauptbadestrand* ist ca. 300 m lang und von Felsplatten unterbrochen. Zu erreichen ist er durch einen Fußgängertunnel (Eisenbahn) vom Hautplatz. Befestigte Strandpromenade zum Spazierengehen und einige Strandcafés. Oberhalb am Kliff ein 100 Jahre altes Kastell - Sommervilla einer bekannten portugiesischen Theaterschauspielerin.

- *Information*: Arcadas do Parque, Tel. 01/4680113. Geöffnet 10-19 Uhr, sonntags 9-18 Uhr.
- *Unterkunft/Essen*: **Hotel Palacio**, Der wohlgepflegte Hotelbau ist vor ca. 50 Jahren entstanden und die "erste Adresse" in Estoril. Die 3 m hohen Salons könnten ein Teil des kalifornischen Hearst-Palastes sein. Im Garten ein Swimmingpool, der von einer Mineralquelle gespeist wird. Das DZ mit Balkon zum Park ist für ca. 600 DM zu haben.

Das **Luxusrestaurant** ist auch Feinschmeckern zu empfehlen, die nicht im Hotel wohnen. Guter Service, insbesondere in der Mittagszeit oft mehr Bedienungspersonal als Gäste.

Hotel de Inglaterra, Av. da Portugal 1, Tel. 4684461. Alte Villa in exponierter Lage am Hang, mit schönem Panorama von den Balkons. Treppenaufgang und Salons noch original mit viel Holz ausgestattet. Zimmer und Bareinrichtung zeigen weniger Geschmack. DZ mit Bad ca. 82 DM.

Pension Casa Londres, Av. Fausto Figueiredo 7, Tel. 4681541. Einfache, relativ enge Zimmer mit Waschbecken. DZ ca. 90 DM.

- *Nachtleben*: **Yacht-Bar**, bei den Arkaden neben dem Tourist Office. Snackbar mit preisgünstigen Menüs. Wenn die vielen Tische am Platz besetzt sind, haben die Ober Schwierigkeiten, die Bestellungen schnell und zügig auszuführen. Als Vorspeise gut zubereitete Gemüsesuppen (*Sopa de legumes*), als Hauptgericht z.B. gegrillte Sardinen mit Salat und Pommes Frites.

Spielcasino: Touristen brauchen, um eingelassen zu werden, nur den Reisepaß vorlegen. Portugiesen haben es etwas schwerer, so besteht z.B. ein generelles Spielverbot für portugiesische Beamte. Zum Geldverlieren werden Baccara, Roulette und Black-Jack angeboten, und auch einen Saal mit "Slot-machines" gibt es. Abends besteht Krawattenzwang. Ab 23.30 Uhr Varieté-Theater im Casinorestaurant.

Mr. Pickwick, Av. Biarritz 3. Ein etwas exklusiver Pub, wo Engländer ihre "saudade" nach Great Britain beim Dartspiel vergessen. Gäste sind so um die 30. Manchmal auch Pianomusik live.

Cabaret Ronda, Av. Sabóia 3. Vorstellung jede Nacht ab 22 Uhr. Kartenvorbestellung unter Tel. 2580965.

Cascais

Der Ort liegt an einer felsenreichen Küste, nur ab und zu kleine sandige Buchten. Er war früher ein kleines Fischernest und zeigt heute eigenwillige Kontraste: im kleinen Hafenbecken bunt bemalte Fischerboote neben stromlinienförmigen Aluminiumschiffen - neben der Straße alte Prunkvillen und im Hintergrund hoch aufragende Appartement-

Cascais 193

häuser. Am Hafenplatz liegen Boote und Reusen, mit denen die Fischer allerlei Krebsgetier fangen.

- *Information*: Rua V. Luz, Tel. 01/4868204.
- *Übernachten*: **Pension Palma**, Av. Valbom 15, Tel. 4830257. Zentral gelegen in einer Parallelstraße zur Haupteinkaufsstraße, die etwas Lärm verursacht. Wunderschönes Haus mit Azulejos an der Fassade. Im Vorgarten viele Blumen und ein kleines Wasserbecken zum Planschen. Gepflegte Inneneinrichtung. DZ ca. 90 DM.
Pension Casa Lena, Tel. 4868743. Am Ortsrand in einem kleinen Einfamilienhaus. Zum Zentrum ca. 10 Min. zu Fuß. Kleine, helle Zimmer, mit Brause in der Toilette. DZ ca. 70 DM.
Albergaria Valbom, Av. Valbom 14, Tel. 4864417. Direkt gegenüber der Pension Palma. Moderner dreigeschossiger Bau mit 40 geräumigen, sauberen Zimmern. Vor dem Haus Parkmöglichkeit. DZ mit Bad ca. 120 DM.
- *Jugendherberge*: am Rande eines Touristenparks in **Oeiras** am Strand gelegen. Rustikal eingerichtet.
- *Camping*: neben dem Dorf **Areira** (Guincho) ca. 10 km außerhalb von Cascais. Sehr schattiges, mit Pinien bewachsenes Dünengebiet. Vom Strand, einer breiten Sandbucht (oft starker Wind), ca. 1 km entfernt. Es werden auch kleine **Bungalows** vermietet.
- *Essen*: **A Economica**, Rua Sebastião J. C. Melo 11, im Zentrum, 30 m vom Bahnhof gelegen. Es gibt nicht viele dieser einfachen Restaurants im teuren Cascais. Empfehlenswert sind die Tagesgerichte für ca. 10 DM.
Bis nach Lissabon schallt der gute Ruf der **Eisdiele Santini**. Hier gibt es nach italienischer Machart hergestelltes Eis. Das Eiscafé liegt versteckt in einer Parallelstraße der Fußgängerzone.
- *Nachtleben*: **Casablanca**, Rua José F. Oliveira 22, Tel. 2865536. Jazzclub, der nur Freitag- und Samstagabend von 22 bis ca. 3 Uhr geöffnet ist, meist mit einer Band.
Coconut, Stranddisco am westlichen Ortsausgang. Zivile Preise und gemischtes Publikum, Blick auf das Meer. Mindestverzehr ca. 15 DM.
Cabaret Gran Fino, Travessa Nova Alfarrobeira 16. Die Vorstellungen beginnen um 22 Uhr und bieten allabendlich einiges zum Lachen. Kartenvorbestellung unter Tel. 2866673.
- *Feste und Festivals*: **Rockkonzerte** finden während der Sommermonate im Sportpavillon statt. Im Juli ein **Klassik-Musik-Festival**.
Der Casablanca Club organisiert jährlich ein **Jazzfestival**, das meist im Oktober in Cascais stattfindet. Es kommen bekannte Musiker wie James Moody, Billa Harper und Charles Loos.
Festa do Mar: Das größte Volksfest von Cascais dauert insgesamt drei Wochen im Juli. Größere Veranstaltungen finden jeweils an den Wochenenden statt.
Stierkämpfe meist Sonntagnachmittag in der Arena von Cascais.

Boca do Inverno

Der *Höllenrachen* liegt ca. 2 km außerhalb von Cascais, an der Straße nach Guincho. Er ist ein vom Meer ausgewaschener Felsenkessel mit kleinen Höhlen. Besonders interessant, wenn die hohe Brandung das Felsenloch zum Überschäumen bringt, begleitet vom wildtosenden Geräusch der Wellen.

Vorne an der Straße ist ein kleiner Straßenmarkt für die Touristen. Es werden Schaffelle, Felljacken und Keramik angeboten. Die Fischer verkaufen gekochte Krebse - schmecken sehr lecker, man kann mit Ausnahme der Schale das ganze Tier verspeisen.

Strand von Guincho

Mehrere breite Sandbuchten mit Dünen. Wegen des meist heftigen Windes sehr karge Vegetation. Busverbindung ab Bahnhof Cascais alle ein bis zwei Stunden.

> **Achtung**: Der Strand ist berüchtigt wegen seiner starken Strömung. Fast in jeder Saison ertrinken hier Badegäste. Keine Panik, wenn die Strömung ins Meer zieht. Wie uns die Einheimischen erzählten, verläuft die Meeresströmung kreisförmig (Angabe ohne Gewähr!) in der Bucht und spült die Schwimmer an den Strand zurück. Wie lang das allerdings dauert, hängt vom Wind ab!

Umgebung von Lissabon

Östlich von Lissabon liegen die bemerkenswertesten Bauwerke Portugals. Die Landschaft ist saftig grün und dicht bewaldet. Der englische Dichter Lord Byron fühlte sich hier wie im "Garten Eden".

Wegen seiner Urwüchsigkeit und der Nähe zu Lissabon wurde dieser Landstrich zwischen Hauptstadt und Atlantik von den Königen bevorzugt. Sie ließen Prunkschlösser für rauschende Feste erbauen und als Gegenleistung Klöster für den persönlichen "Sündenablaß" errichten. Am bekanntesten sind die königlichen Paläste in *Sintra* und *Queluz* sowie das Kloster von *Mafra*. Als Kontrast dazu sollte man jedoch das Kapuzinerkloster in der Nähe von Sintra besuchen.

Verbindungen

Ab Lissabon, Bahnhof Rossio, ca. alle 30 Minuten Züge nach Queluz und weiter nach Sintra. Von Sintras Bahnhof aus gibt es eine Busverbindung nach Mafra.

Sintra

Malerisch in das mit sattem Grün bewachsene Felsgebirge eingebettet, bietet Sintra ein eindrucksvolles Panorama, das sich bis an die Atlantikküste erstreckt. Wer einige Tage in dem Ort bleibt, kann einerseits in zahlreichen Museen der Stadt (*Spielzeugmuseum*, *Bildhauereimuseum*) seinen kulturellen Leidenschaften frönen und ist andererseits in einer knappen halben Stunde am Meer.

Das **Museo do Bringuedo** (Spielzeugmuseum) am Largo Latino Coelho beherbergt Heerscharen von Zinnsoldaten, Spielzeugautos und Puppen.

Sintra 195

Der Königspalast von Sintra

Am Eingang werden einige (neue) Artikel verkauft. Im Obergeschoß des Gebäudes ist eine Gedenkausstellung an den Schriftsteller *Ferreira da Castro*.

- *Information*: Praça da República, Tel. 9231157. Im Turismo werden auch Privatzimmer vermittelt.
- *Verbindungen*: **Bus** ab Lissabon, Parque Eduardo/Ecke Praça Marquês de Pombal, ca. 7x täglich nach Mafra mit dem Unternehmen *Empresa Gaspar*.
- *Übernachten*: **Pensao Adelaide**, Rua Guilh. G. Fernandes 2, neben der Polizei, Tel. 9230873. Freundliche Besitzer, ein altes Ehepaar. Zimmer etwas dunkel, schöner Garten. DZ ohne Frühstück und Dusche ca. 35 DM.
Pension Sintra, Travessa dos Avelares 12, S. Pedro, Tel. 9230738. Grafenvilla am Berghang, gebaut zu Beginn des 19. Jh. Riesige Zimmer mit Doppeltüren und Tisch. Im 6.000 qm großen Park lockt ein Pool. Es wird Deutsch gesprochen: Frau Rosner und ihre Tochter führen die nur 10 Zimmer große Privatpension. Voranmeldung empfehlenswert. DZ ca. 100 DM.
Residencial Estalagem da Raposa, Rua Alfredo Costa 3, Nähe Bahnhof. Café und Bar im Vorgarten, nach hinten Blick ins Grüne. DZ mit Frühstück und Bad ca. 72 DM.
- *Jugendherberge*: **Santa Eufémia**, Tel. 9241210, ca. 2 km oberhalb von S. Pedro, auf halbem Weg zum Palacio da Pena. Im ehemaligen Forsthaus stehen 50 Betten in insgesamt 3 Schlafsälen zur Verfügung. Es werden auch Mahlzeiten angeboten. Ganzjährig geöffnet. Mit dem Bus kommt man vom Bahnhof Sintra nur bis S. Pedro. Dann 2 km zu Fuß bergauf!!! Oder per Taxi von Sintra aus für ca. 14 DM.
- *Camping*: **Camping dos Capuchos**, 9 km oben in der Serra (neben dem gleichnamigen Kloster, siehe weiter hinten). Insgesamt 200 Zelte haben auf dem sogenannten "rurural-park"-Platz. Sehr einfache sanitäre Anlagen, alter Baumbestand. Pro Person ca. 4 DM, Auto frei. Ganzjährig geöffnet.
- *Essen*: Die empfehlenswertesten Lokale sind im Nachbarort S. Pedro - weniger touristische Laufkundschaft.
O Alcobaca, Rua das Padarias I. Gästebuch mit guten Kritiken liegt im Schaufenster aus. Hauptgericht ca. 12 DM.
Adega do Saloio, Largo de Chao de Meninos. Auch außerhalb der Saison

meist randvoll mit Portugiesen. Empfehlenswert die Tagesgerichte (je drei zur Auswahl). Ansonsten für Fleischfreaks der Spieß *Brüsseler Art*. Wichtig: Es gibt auch halbe Portionen. Bier auch im Maßkrug.

Solar de S. Pedro, Praça D. Fernando II (Largo da Feira). Kleines, feines Restaurant mit französischem Einschlag. Die portugiesischen Inhaber lebten lange in Frankreich. Leckere Beilagen, die sonst selten zu finden sind, z.B. Püree; Hauptgerichte ca. 25-30 DM.

Gute Apfeltaschen gibt es im **Café Piriquita**.

Palacio Real (Königspalast)

Die zwei eigentümlichen Türme, die einem schon von weitem ins Auge fallen, sind die Rauchfänge der Palastküche. Einer großen Küche folglich, und das weist vielleicht auch auf die Wichtigkeit des Königssitzes der *Aviz-Dynastie* hin.

> João I. erbaute den Palast im 14. Jh. auf den Trümmern eines alten, maurischen Sultansitzes. Später mischte Manuel I. mit. Er ließ den *Schwanensaal* (Sala dos cysnes) als Geburtstagsgeschenk für seine Tochter errichten. Um den *Elsternsaal* (Sala das pegas) spinnt sich eine Geschichte über den Kuß zwischen König João I. und einer seiner Zofen, den der König mit "era por bem" (ein Kuß in Ehren) entschuldigte.

Der Dichter *Camoes* las im Palast aus seinem Meisterwerk *As Lusiadas*, und man sagt, daß er damit König Sebastiao dazu brachte, fanatisch nach Macht zu eifern und den Krieg in Afrika zu schüren. Bei der verheerenden Niederlage verschwand der König jedoch, und nur die Sage hofft, daß er eines Tages zurückkehren wird.

Abgesehen von Elementen gotischer, maurischer und manuelinischer Baukunst und aus der Renaissance, sind in erster Linie die außergewöhnlichen Fliesenbilder aus dem 15. und 16. Jh. beachtenswert. Sie befinden sich in verschiedenen Räumen, in Innenhöfen und in der königlichen Kapelle. Der Palast ist täglich, außer mittwochs, von 8-17 Uhr geöffnet.

Palacio da Pena

Auf dem Berggipfel oberhalb von Sintra liegt dieses "Neuschwanstein Portugals". Es wurde von König Don Fernando III., dem aus Deutschland eingeheirateten Prinzen von Sachsen-Coburg-Gotha, 1839 in Auftrag gegeben. Als Vorlage diente eine mittelalterliche Burg. Das Schloß wurde an das bereits seit 1529 bestehende Kloster angebaut. Der alte Kreuzgang und die Kapelle sind heute in den Palast integriert. Die repräsentativen Gemächer wirken fast bewohnt und sind vollgestopft mit Möbeln, Reiseandenken und Gemälden - sogar ein Tisch ist gedeckt. Die letzte portugiesische Königin, Dona Amelia, lebte hier bis zum Ende der Monarchie im Jahre 1910.

Geöffnet täglich, außer montags, 10-16.30 Uhr. Für die 4 km bergauf sind keine öffentlichen Verkehrsmittel vorhanden. Interessanter Rückweg zu Fuß durch den 200 ha großen *Parque da Pena*.

Etwa drei Kilometer von Sintra entfernt liegt **Sao Pedro de Sintra**. Hier findet jeden zweiten und vierten Monat einer der schönsten Märkte der Umgebung statt. Außerdem gibt es zahlreiche Lädchen für Antiquitätenliebhaber.

Convento dos Capuchos

Verträumtes, zwischen Felsen verstecktes Waldkloster. Hier führten Kapuzinermönche ein karges, weltabgeschiedenes Leben. Sie blieben der Idee des Ordensgründers treu und lehnten weltlichen Besitz ab.

Philipp II. sagte einmal, daß es in seinem Reich zwei Kostbarkeiten gäbe: den Escorial in Spanien und das Convento dos Capuchos in Portugal. Das ehemalige Kloster liegt inmitten üppiger Wälder nicht weit von Sintra entfernt. Der Sohn des Vizekönigs von Indien, *Dom Alvaro de Castro*, gründete es nach einem Gelübde seines verstorbenen Vaters im Jahre 1560. Bis zur Säkularisierung im Jahre 1834 wurde es von Franziskanermönchen bewohnt, die hier in Abgeschiedenheit auf engem Raum Buße taten.

In der Kirche befindet sich links vom Eingang ein wertvoller *Marmoraltar* aus Rom. Das hübsche Relief hat jedoch schon sehr unter den Besuchern gelitten, die sich "Reisesouvenirs" mitnahmen. Im kleinen Garten werfen sie dafür Geldstücke in den Brunnen, in der Hoffnung auf Erfüllung besonderer Wünsche. Die Mönche lebten in winzigen Zellen, zur Wärmeisolierung mit Korkrinde verkleidet und so eng, daß man sich gerade quer ausstrecken konnte. Auch im Eßraum wurden Decke, Tür und Bänke mit Kork überzogen.

Lord Byron beschrieb in einem Werk einen der Mönche des "Korkklosters": "Hier litt Honorio, einsam und Winter um Winter; um den Himmel zu erlangen, machte er aus der Erdenzeit eine Höllenzeit." Der Mönch Honorio hatte seinerzeit die vage Versuchung einer Frau gespürt, der er auf der Straße begegnet war. Daraufhin erlegte er sich selbst die Strafe auf, 30 Jahre in einer winzigen, höhlenähnlichen *Grotte* zu büßen. Man findet diese gleich hinter dem südlichen Hügel, ca. 30 m vom Eingang entfernt.

Colares

Zwischen Sintra und Colares liegt links von der Straße ein Barockschlößchen im Wald, das heute das *Hotel Tivoli* beherbergt. Der Ort Colares zieht sich den Berg hinauf. Bei *Marie Britt* im Ortskern gibt es handgestrickte Pullover in exklusiver Ausführung, aber auch rustikale Seemannspullis.

198 Umgebung von Lissabon

Cabo da Roca – der westlichste Punkt Europas

• *Übernachten/Essen*: **Hotel Tivoli**, s.o. Das Doppelzimmer kostet ca. 200 DM. Wem das zuviel ist, der sollte wenigstens einen Blick zum Schloß hinauf riskieren. Es lohnt sich.
Hinter dem Ortseingang befindet sich die **Pensao Camarao**, von Sintra kommend auf der rechten Seite. Freundliche Wirtsleute. Zimmer (mit Frühstück) sind etwas heruntergekommen, nur kaltes Wasser. Von manchen Zimmern gibt es einen schönen Blick über ein Flüßchen. Restaurant im Haus.

Azenhas do Mar

Einige Kilometer nördlich von Colares liegt in die Klippen gebaut das Dörfchen Azenhas do Mar. In seiner Umgebung findet man schmale Sandstrände zwischen Sandsteinklippen. Direkt nach dem Ortseingang führt links ein Weg zu einer kleinen Taverne, die 30 m über dem Meer liegt. Im Fels sind Schwimmbecken angelegt für Leute, die nicht die steilen Pfade zum Strand hinunterklettern wollen und ihre Getränke aus der Kneipe in Reichweite holen möchten. Zwei Billardtische und ein Tischfußballspiel in einer Glasveranda über dem Meer vertreiben die Langeweile. Es gibt Kleinigkeiten zu essen.

Am *Adraga-Strand* (Zugang über Almocageme) sind *Naturgrotten* zu erkunden. Sie verlaufen im Nordhang.

• *Camping*: Platz am **Ortsrand**. Fast nur portugiesische Dauercamper. Einigermaßen schattig.
Ein weiterer Campingplatz befindet sich bei **Praia das Maças**, einige Kilometer südlich. Groß, mit recht viel Schatten, rund 200 m bis zum Strand.

Cabo da Roca *(Felskap)*

Hier ist, 140 m über dem Meer liegend, der westlichste Punkt des europäischen Kontinents. "Wo die Erde endet und das Meer beginnt", beschrieb der Nationaldichter Camoes den Ort. Abgesehen vom Leuchtturm gibt es dort ein Fremdenverkehrsbüro, wo eine kunstvoll gestaltete Urkunde den Besuch am Kap bestätigt (gegen eine kleine Gebühr, versteht sich).

Mafra

Betrübt über seine Zeugungsunfähigkeit legte König João V. ein Gelübde ab, ein Kloster zu errichten, falls ihm doch noch ein Sohn "gelingen" würde. Es klappte, und ein Architekt aus Regensburg wurde mit dem Bau beauftragt (1717-1730).

Das Ergebnis war ein Denkmal der Prunksucht: Der *Klosterpalast* in dem kleinen Städtchen Mafra ist größer als der Escorial in Spanien, 45.000 Arbeiter waren mit dem Bau beschäftigt. Trotz oder gerade wegen seiner Größe (Grundfläche 40.000 qm!) wirkt das Kloster unpersönlich kalt, und man steht erst einmal klein und verloren davor.

Wegen der zu hohen Unterhaltskosten ist alles etwas ungepflegt, nur die Bibliothek mit ihren wertvollen Büchern ist sehr gut erhalten. Viel Gold in der Barockbasilika - es wurde in Brasilien von Negersklaven aus den Minen geschürft. Obwohl der Bau größtenteils mit den Reichtümern der Kolonie Brasilien finanziert wurde, leitete er fast den Staatsbankrott ein. Heute gilt der Klosterpalast als Nationaldenkmal. Täglich außer dienstags geöffnet von 10-17 Uhr.

Queluz

Auf halbem Weg zwischen Lissabon und Sintra liegt das Rokoko-Schmuckschloß Queluz, das "Klein-Versailles Portugals". Man ist geblendet von dem Prunk und Klunker, der eigens aus der ganzen Welt zusammengetragen wurde, und wohl mit Recht heißt die deutsche Übersetzung von Queluz: "Welch ein Licht!". Geöffnet täglich, außer dienstags, von 10-17 Uhr.

> Ein Schloß innigster Träume: Florentiner Marmor, wertvoll-ästhetische Möbel, glitzernde Kronleuchter, brasilianisches Jacarandaholz, die Wände und Decken geschmückt mit Azulejos und Fresken. *Maria I.*, auf deren Weisung Queluz im 18. Jh. als Sommerresidenz gebaut wurde, verfiel hier später der Schwermut - in der sie

oft auch mit Stricken festgebunden werden mußte, damit sie den Kostbarkeiten nicht den Garaus machte.

Eine spätere Königin, *Carlota Joquina*, der große Häßlichkeit nachgesagt wurde, ging in Queluz ihren nymphomanischen Neigungen nach - sicher vornehmlich in dem verspielten Garten mit den Grotten, Springbrunnen und Statuen. Heute dient der Palast nur noch ausgesuchten Staatsbanketten.

• *Essen*: In der ehemaligen Palastküche befindet sich ein Restaurant, die **Cozinha Velha** - etwas für den anspruchsvollen Gaumen und eine volle Brieftasche.

Südlich des Tejo

Caparica

Nur 15 km südwestlich von Lissabon. Ein Badeort mit vielen Gesichtern, gelegen auf einer niedrigen Schwemmlandzone zwischen Meer und niedrigen, rostbraunen Kliffs.

Im Zentrum hohe Appartementhäuser und Villen, Supermärkte und Snackbars, alles bunt gemischt. Am Strand buntbemalte Bretterbuden - Armut und traurige Wildwestromantik. Entlang des Strandes führt durch ein Wirrwarr von Telegrafenmasten eine Strandeisenbahn, die im Sommer Ausflügler

Caparica 201

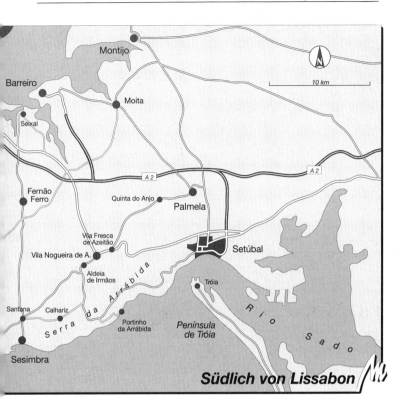

Südlich von Lissabon

202 Lissabons Umgebung - südlich

an die 24 Strände der ca. 30 km langen Sandbucht bringt.

Krasses Gegenstück zur feudalen Costa do Sol mit den Badeorten Cascais etc. Im Sommer ist hier die Hölle los: viele wilde Camper an den Stränden weiter außerhalb, dort auch Nacktbaden, Gedränge an den Hauptstränden, viele Feste.

• *Information*: Largo da Liberdade, Tel. 01 / 2400071.

• *Essen*: Das Restaurant **O Capote**, Rua dos Pescadores, links, hebt sich in seiner Aufmachung von den Plastik- und Stahlrohrrestaurants in Caparica ab. Klein, gemütlich, an den Wänden eine Kollektion internationaler Speisekarten. Von der Decke baumeln Sträuße von Knoblauch, Paprika und anderem Gewächs. Für Caparica-Verhältnisse preislich nicht zu teuer.

Sesimbra

Das Fischerdorf liegt geschützt an der Mündungsbucht des Rio Sado. Deshalb keine hohen Brecher, und auch der Wind, abgeschwächt durch eine Hügelkette (mit Burg), bläst hier milde.

Schöner Sandstrand, ca. 1,5 km lang, weiter draußen Felsen: exzellent zum Schnorcheln, da das Wasser glasklar und fischreich ist. Im Dorf selbst hat sich noch nicht viel verändert, aber viele Appartementblocks am Dorfrand; besonders am Wochenende viele Tagesausflügler aus Lissabon.

Im März findet die *Festa do Peixe e do Marisco*, das Fest der Fischer, statt. Ende Juni gibt es viele Veranstaltungen zu Ehren der *Santos Populares*, der Volksheiligen, und jedes Jahr vor oder nach der Sommersaison ein großes *Stadtfest*.

• *Information*: Largo da Marinha 26-27, Tel. 01/2235743. Geöffnet 9-12.30 und 14-17.30 Uhr, im Sommer durchgehend bis 19 Uhr.

• *Verbindungen*: ab Lissabon (Terreiro do Paco) mit dem **Schiff** über den Tejo nach Cacilhas. Von dort ca. alle 30 Min. ein **Direktbus** nach Sesimbra. 35 km ab Lissabon, Fahrzeit 35 Min. **Autos** benutzen die Brücke über den Rio.

• *Übernachten*: **Hotel Verandas da Falesia**, am Berghang über der Bucht, Tel. 2230586. Alle Zimmer zum Meer mit eigener Veranda. DZ ca. 160 DM.

Pension Chic, Xalvier da Silva 2-6. Einfache Pension im Dorf, ca. 2 Min. vom Strand entfernt. Altes Haus, Zimmer ohne fließendes Wasser. Das DZ ca. 40 DM.

Gegenüber vermietet eine freundliche Wirtin **Privatzimmer**. Preis für ein DZ ohne Frühstück, zum Teil mit Meerblick, alle mit Bad und freundlich eingerichtet, ca. 40-50 DM.

Pension Espadarte, Komforthotel an der Strandpromenade. Alle Zimmer mit Bad, Telefon und Radio. DZ ca. 130 DM. Mit etwas Glück nimmt einen vielleicht auch ein Fischer mit aufs Meer, denn im Ort gibt es 3.500 Berufsfischer, von denen die meisten in Setúbal, einer Fischereistadt, arbeiten.

• *Camping*: **Forte de Cavalho**, ca. 1,5 km außerhalb von Sesimbra bei Porto de Abrigo. An einem Hang oberhalb vom Fischerhafen. Geöffnet 1. März bis 31. Oktober.

Ein weiterer Campingplatz in **Maca**, ca. 4 km landeinwärts in Richtung Setúbal. Geöffnet 1. Juni bis 30. September.

• *Essen*: In Sesimbra gibt es eine riesige Auswahl an guten **Fischrestaurants**. Im Turismo bekommt man gleich eine ganze Liste in die Hand. An der Strandpromenade ist es natürlich ein wenig teurer.

• *Nachtleben*: zum Tanzen mehrere Diskotheken im Dorf.

Cabo Espichel

Am letzten Sonntag im September wird in Cabo Espichel das älteste Fest des Bezirks gefeiert, die *Festa da Nossa Senhora do Cabo*. Es gibt dem Turismo Anlaß, wehmütig auf die "goldenen Zeiten der Monarchie" zurückzublicken, als jedes Jahr die Königsfamilie nach Cabo Espichel kam. Doch auch ohne gekrönte Häupter lohnt das Kap einen Abstecher. Die Gegend ist wie geschaffen als Kulisse für einen Western: eine einfache Kirche, viel Staub, viel Sonne...

- *Camping*: Wer von Cabo Espichel Richtung Aldeia do Meco fährt, entdeckt nach einigen Kilometern ein Hinweisschild zum **Camping Fetais**, einem einfachen Platz mit viel Rasen und nicht besonders viel Schatten. **Camping Praia das Bicas**, vorbei am Camping Fetais, weiter der Straße folgen bis zum Kap. Schattiger Platz über einer schönen Sandbucht. Sanitäre Anlagen befriedigend. Etwas teurer als der erste. Ein dritter Campingplatz liegt etwas weiter nördlich, in sehr hübscher Lage an einem kleinen Binnensee, der **Lagoa de Albufeira**. Leider muß man hier eine Internationale Campingkarte (F.I.C.C., gibt's beim Automobilclub) vorlegen. Außerdem Plätze landeinwärts von Portinho da Arrabida bei **Azeitao** (Straße Palmela - Sesimbra) und in **Setúbal**.
- *Essen*: Direkt am Kliff, "nur noch Brasilien vor sich", wie der Besitzer sagt, befindet sich ein hervorragendes **Restaurant**. Besonders am Wochenende schöne Stimmung. Es gibt kein elektrisches Licht, nur Petroleumlampen. Auf keinen Falle entgehen lassen: *Feijoada de marisco* (Bohnen mit Meeresfrüchten) für ca. 14 DM.

Portinho

Malerische Bucht östlich von Sesimbra am Rande der *Serra da Arrabida*. Die üppige Vegetation des kleinen, gerade 6 km breiten Gebirges reicht bis an den Strand.

▶ **Abstecher**: **Convento Novo**, kurz vor der Abzweigung Sesimbra/Setúbal (ca. 3 km nach Portinho) sollte man nicht das malerisch gelegene Kloster oben am Berghang übersehen. Es schlängelt sich jedoch nur ein Fußweg hinauf. Der Convento Novo ist heute in Privatbesitz und nicht zu besichtigen. Der umliegende Wald wurde früher von den Mönchen "Matra do Solitario" genannt, "Wald des Einsamen". Er ist ein Stück ältesten Urwaldes in Portugal und Teil des nationalen *Naturparks von Arrabida*. Der Wald ist meist undurchdringbar, an einigen Stellen führen kleine Trampelpfade durch das Dickicht. Archäologen fanden in der Serra da Arrabida Spuren menschlicher Zivilisation aus dem Paläolithikum, dem Neolithikum und aus der und Kupferzeit.

Palmela

Hübsches, verwinkeltes Städtchen an den Ausläufern des Arrabida-Gebirges. Die Bewohner sind hauptsächlich Weinbauern, und im Herbst ist hier das beste Weinfest in Lissabons Nähe.

Lissabons Umgebung - südlich

Das Kastell von Palmela – malerischer Fleck mit Fernsicht

In dem fruchtbaren Gebiet werden vor allem schwere Weine gezogen (Muscatel). Das größte *Weingut Fonsecca* jedoch beansprucht den Namen Muscatel für seine eigenen Produkte (aufgrund der amerikanischen Teilhaberschaft wird der Großteil der Fonsecca-Erzeugnisse in die USA exportiert), und die Kleinhersteller müssen sich für ihre ebenso guten Weine mit der Bezeichnung Likörwein begnügen.

Das Kastell: Von dem höchsten Punkt weit und breit, 238 m über dem Meeresspiegel, genießt man einen phantastischen Blick auf die Bucht von Sesimbra. Der hübsche Name Palmela bedeutet Palmwedel oder Sieg, vielleicht auch nur den femininen Vornamen. In jedem Fall war die Burg seit dem 12. Jh. ein strategischer Vorposten von Lissabon. Der alte Bereich ganz oben ist zum Teil verfallen; gut erhalten ist der zu besichtigende Burgfried. Von den alten Burggemäuern hat man eine einmalige Aussicht auf die ganze Umgebung. Im unterhalb der Burg gelegenen *Kloster* aus dem 15. Jh. ist seit 1979 eine Pousada untergebracht (siehe unten).

Weinfest: am ersten Wochenende im September, von Freitag bis Dienstag. Am Sonntag symbolische Weinernte, danach Zug zum Kirchplatz, wo die Trauben zerstampft und in der Messe danach gesegnet werden. Der daraus hergestellte Wein wird der Kirche später als Meßwein übergeben. Nachmittags finden weitere Prozessionen statt; in Wagenzügen werden alle typischen Weine Portugals demonstriert, teilweise sehr witzig.

Palmela 205

Volkswagen & Co

Ein riesiges neues Autowerk, ein Gemeinschaftsunternehmen der beiden Autokonzerne Ford und Volkswagen geht 1995 in Palmela nach vierjähriger Bauzeit in Betrieb. Durch das Automobilwerk sollen in dieser strukturschwachen Region 4671 neue Stellen geschaffen werden, und das Außenhandelsdefizit von Portugal soll beträchtlich verringert werden.

Aber all dies gelingt vielleicht nur wegen der astronomisch hohen Subventionen. Alleine aus den verschiedenen EU-Förderfonds fließen 1/3 der über 4 Milliarden Mark in die teuren Anlagen. Der portugiesische Staat schießt nochmal 170 Millionen dazu und verzichtet auf Körperschaftssteuern in Höhe von 83 Millionen Mark. Von der Großraumlimousine *Shervan* sollen hier einmal 180.000 Stück pro Jahr gebaut werden – vielleicht weit mehr als in Europa überhaupt verkauft werden können.

• *Information*: am Platz am unteren Ende des Dorfes, Tel. 01/2350089. Geöffnet täglich 9-12.30 und 14-17.30 Uhr, sonntags nur bis Mittag.

• *Übernachten*: **Pension Blickmann**, Quinta da Fonte Nova, an der Estrada da Moita, Tel. 2360392. Schöne Übernachtungsmöglichkeit auf dem Landgut einer deutschen Familie. Große Zimmer mit Bad, gemeinsame Kochgelegenheit. Allerdings nur vier Zimmer zu vermieten, Reservierung daher empfohlen. DZ ca. 37 DM.

Eine weitere Übernachtungsmöglichkeit ist die **Pousada** im Kloster (siehe oben), Tel. 2351226. Moderne Einrichtung, in den geräumigen Wandelhallen viele Topfpflanzen. DZ ca. 200 DM.

Eine weitere Alternative zum Übernachten und Erholen liegt ca. 10 km von Palmela entfernt. Ca. 1 km vor *Vila Nogueira de Azeitao* zeigt links ein Schild die **Estalagem Quinta da Torre** an. Sie ist ein ehemaliges Landgut, efeuumwuchert, inmitten eines dichtbelaubten, verwilderten Parks. Hochromantische Atmosphäre. Die Zimmer sind sehr groß, allein das Bad hat Hotelzimmergröße. Antike Möbel. Im Hof schwerbeladene Orangenbäume. DZ mit Bad und Frühstück ca. 150 DM. Entfernung von Lissabon ca. 29 km. Quinta da Torre, Tel. 2080001.

Die Küste südlich von Lissabon

Dünnbesiedelt, karg, fast nordisch anmutend. Niedrige Felsenküste mit Macchia und Heidekraut, weiter im Hinterland Pinienwäldchen. Wenig Ackerbau, nur in den Talmulden Gersten- und Haferfelder.

In einigen Küstendörfern finden sich gute Bademöglichkeiten. Ärgerlich sind der häufig recht starke Wind und die Brandung. Touristisch ist diese Gegend noch wenig entdeckt.

Die Straßen sind manchmal etwas schmal und holprig - wenig Verkehr. Zügige Fahrweise möglich, da es meistens geradeaus geht.

▶ **Anreise von Lissabon:** Fährverbindung von Setúbal nach Troia ca. alle 30 Minuten. Überfahrt dauert ca. 20 Minuten.

Sines

Das hübsche alte Dorf, Geburtsort des Indienfahrers Vasco da Gama, ist Schauplatz einer gigantischen industriellen Fehlplanung. In den Außenbezirken stehen zwei Ölraffinerien und moderne Wohnsiedlungen; ein großer Hafen ist in Bau.

Die zwei riesigen Raffinerien sind nicht einmal zur Hälfte ausgelastet. Ein neuer Hafen wurde angelegt, um Supertanker aufzunehmen, die ausbleiben. Die moderne Schnellstraße ist kaum befahren, und die neugebauten Trabantenstädte wirken wie ausgestorben.

Trotz erdrückender Raffinerietürme und der stahlglänzenden Röhren der Pipelines hat sich der alte Ortskern einigermaßen behaupten können. Im Dorf selbst ist von den Raffinerien nichts mehr zu sehen.

> Sines ist regelmäßig Schauplatz von Katastrophenschutzübungen. Die Sicherheitsvorkehrungen sind bei weitem nicht ausreichend. Im Juli 1989 geschah schließlich, was geschehen mußte. In dichtem Nebel kollidierte ein portugiesischer Tanker zweimal mit den Kaimauern. 25.000 Tonnen Rohöl verbreiteten sich an der gesamten Westküste zwischen Porto Covo und Odeceixe, bis der Wind drehte und den Ölteppich aufs offene Meer abtrieb.
> Zwar waren die Strände schnell wieder gesäubert, die langfristigen Folgen für die Region sind jedoch nicht abzusehen. Die Alentejoküste ist Heimat für Störche und die letzten portugiesischen Seeadlerfamilien sowie Hunderte von Fischarten.

Sines grenzt an ein Kliff - unten in der Bucht liegt der Hafen. Es gibt einen malerischen *Markt*. Die alten hölzernen Marktstände drängen sich auf einem kleinen kopfsteingepflasterten Platz an das alte Kastell - mittelalterliche Atmosphäre.

- *Essen*: **Oceano**, Rua Serpa Pinto 7. Einfaches Restaurant im alten Zentrum. Preiswert, große Portionen, Standardgerichte, Hauptgericht ca. 12 DM.

Porto Covo

Hübsches Dorf mit niedrigen Häuserzeilen und beschaulichem Dorfplatz. Die Landschaft ist hier etwas langweilig, flach, wenig Vegetation (Gras, Heide), niedrige Küstenkliffs. Zu beiden Seiten des Dorfes sandige Badebuchten.

Am Fischerstrand, 200 m südlich vom Dorf, befindet sich ein Rheuma-Badehaus zur Erwärmung der im Atlantikwasser ausgekühlten Glieder. Erwärmtes Meerwasser wird in Badewannen eingelassen (vom 10. August bis ca. 20. September). Während der Sommermonate gibt es Tanzveranstaltungen im *Porto Covo Freizeitclub*, einem bretterumzäunten Platz am Dorfeingang.

- *Übernachten/Essen* kann man in einem kleinen **Restaurant** am Ende der Dorfstraße rechts. DZ 30 DM.

Etwa 300 m südlich des Campingplatzes (siehe unten) liegt an der Küste ein düsteres, verlassenes **Küstenfort**, das zugänglich

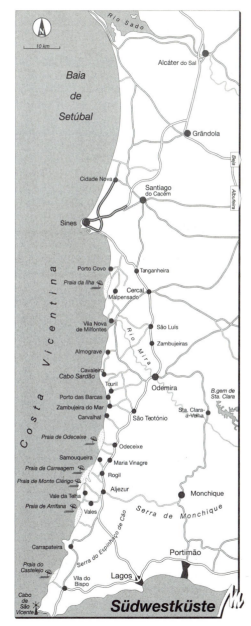

Porto Covo – eine kleine Insel schützt vor der hohen Brandung

ist. Hier liegt direkt am Strand das **Restaurant A Ilha**.

• *Camping*: ca. 2 km südlich, in der kleinen Bucht mit den Inselchen, etwa 200 m landeinwärts in unverbauter, etwas kahler Landschaft. Es werden auch einige **Appartements** vermietet, für zwei Personen ca. 90 DM, Tel. 069/95178.

Vila Nova de Milfontes

Pittoreske kleine Stadt an der Mündung des Rio Mira. Durch die meerbusenförmige Ausbuchtung wirkt sie wie an einem Binnensee gelegen. Sie ist der attraktivste Ort zwischen Lissabon und Lagos - 10.000 meist jüngere Gäste kommen pro Saison.

Am Ortsrand wird viel gebaut. Wohnhäuser und eine moderne, vierspurige Straße wurden am Bedarf vorbeigebaut. Beim alten Dorf am Ufer sticht ein efeuüberwuchertes *Kastell* ins Auge. Der inzwischen verstorbenen Eigentümer baute es vor über 40 Jahren aus den Ruinen neu auf und schuf somit sein Lebenswerk. Heute werden sieben Zimmer an Gäste vermietet, meist persönliche Stammgäste, die mit der Witwe an einer langen Tafel unterm Kristallüster speisen (siehe unten).

Ca. 2,5 km nördlich ist der sogenannte *Portinho do Canal*. Hier liegen die Fischerboote in einem kleinen Naturhafen, der gegen die hohe Brandung zusätzlich durch Betonmauern geschützt wird. In dieser Form erst in den 50er Jahren entstanden, da durch den Bau des *Santa-Clara-Staudammes* im Winter die Hochwasser ausblieben und die Fluß-

Vila Nova de Milfontes

Portinho do Canal – bei Sonnenuntergang ein vielfältiges Lichtspiel

mündung von Milfontes immer mehr versandete.
Im Juni wird die *Heilige Woche* gefeiert. Eine Prozession zieht auf einem Blumenteppich durch die Straßen. Am 3. August findet eine Art *Jahrmarkt* mit Verkäufern aus der Umgebung statt.

▶ **Baden**: einer der wenigen Orte mit guten Bademöglichkeiten an dieser Küste: schöne, saubere Sandstrände ohne störende Brandung beim Schwimmen, etwas außerhalb kilometerlange, menschenleere Strände an der Atlantikküste. Am Dorfrand hübscher Sandstrand am Fluß; sanitäre Anlagen vorhanden. Im Sommer fahren Badeboote auf die andere Flußseite, wo es mehrere schöne Strände gibt. Bei Ebbe auf die Strömung aufpassen und den Fluß besser nicht durchschwimmen. Zu beiden Seiten der Flußmündung lange Sandstrände, mit Dünen zwischen den rötlichen Felsenkliffs.

Ca. 9 km nördlich gibt es *Süßwasserquellen*, direkt an der Küste. Schön zum Duschen, da sie aus den Felsen heraussprudeln. Wegbeschreibung: vom Dorf aus nordwärts, nach 1 km rechts in den Feldweg abbiegen, auf dem sandigen Weg ca. 6 km weiter bis zu der Dünenformation an einem hübschen Strand, an dem es auch etwas Frischwasser gibt; dann am besten am Strand entlanglaufen, noch ca. 2 km.
Kanuverleih am Strand nördlich vom Dorf.

• *Übernachten*: **Hotel Estalagem Moinho da Asneira**, ca. 7 km außerhalb, Tel. 083/96267 oder 96182, Fax 083/96459. Ehemalige Mühle aus dem 18. Jh., die früher durch Gezeitenenergie angetrieben wurde. Oberhalb davon mehrere

Küste südlich von Lissabon

Bungalows am Hügel (Sonnenseite), auch kleiner Swimmingpool. Blick auf den Oberlauf des Flusses bzw. bei Ebbe auf Morast. DZ mit Bad ca. 110 DM, Appartement mit zwei Schlafzimmern und Wohnraum mit Kochecke ca. 1.200 DM pro Woche. Beim Restaurant Martins an der Straße nach Cercals rechts in Richtung S. Luis fahren, nach ca. 3 km rechts Wegweiser zur Mühle.

Duna Park, eine angenehm gestaltete Appartementanlage am Ortsrand, direkt an das Dünengebiet angrenzend. Zweigeschossige Gebäude gruppieren sich halbkreisförmig um Pool und Tennisplatz. Zu buchen über Moinho da Asneira.

Hotel Castelo de Milfontes, Tel. 96108. Privatunterkunft, Vorbuchung empfohlen. Überquerung der Zugbrücke, Empfang durch nervösen Butler in grüngestreifter Weste; in der Halle ein Ritterharnisch mit Gummi-Frankenstein darin. Schloßwürdige Atmosphäre, ebenso Einrichtung. Besonders die zwei Turmzimmer sind sehr schön, auch etwas teurer als die anderen. DZ mit Vollpension (persönlicher Wunsch der Schloßherrin) ca. 130 DM.

Pension Margarida, einige saubere Zimmer ohne Waschgelegenheit - Omas Waschschüssel steht im Zimmer. DZ ca. 40 DM.

Pension Geréncia, am Weg zum kleinen Hafen. Geräumige Zimmer mit Balkon und Blick auf den Fluß; schöne Dachterrasse. DZ mit Bad ca. 65 DM.

• *Camping*: am nördlichen Dorfrand in einem Pinienwäldchen. Sandiger Boden. Warme Duschen und elektrischer Strom vorhanden.
Viel wildes Camping in den Wäldchen an der südlichen Flußseite.
Ein zweiter Campingplatz mit noch wenig Schatten ist in Bau.

• *Essen*: Empfehlenswert ist das Restaurant **Portos Barcas**. Noch relativ neu, mit kleiner Terrasse zum Draußensitzen.
Fateixa, an den Flußkais. Frisches Krebsgetier aus dem Tank, aber auch sonst große Auswahl. Hauptgerichte ab 12 DM. Der Inhaber, Sr. Alameida, spricht gut deutsch.
Mil Reis, gehobenes Lokal im Zentrum. Seezunge (*Linguado*) für ca. 18 DM.
Hier werden auch einige *Zimmer* vermietet, DZ ca. 65 DM.
Café Azul, "das" Frühstückscafé im Ort. Große Auswahl an Müslis etc. "unter deutscher Leitung".
Croissanterie, neben dem neuen Postamt. Kleine Snacks...
Preiswerte **Kneipen** (Sardinen etc.) unten am kleinen Hafen.

• *Nachtleben*: spielt sich in der **Bar Celeiro** ab sowie im Sommer in der gegenüberliegenden **Diskothek**. Beide in einer Seitengasse vom Castelo.

Costa Vicentina

Hier ist das Baden nicht ungefährlich. Alleine im Sommer 1992 gab es an diesem kurzen Küstenabschnitt fünf tödliche Badeunfälle deutscher Urlauber.

Almograve

Uninteressanter Ort, relativ neu, viele unverputzte Neubauten. Der Strand ist ca. 300 m entfernt. Neben einem großen Parkplatz mehrere kleine Badebuchten - niedrige Klippenküste wechselt hier ab mit Dünen. Wenig besucht. Im Ort gibt es zwei kleine Pensionen, die Zimmer vermieten. Gut für Leute, die eine Zeitlang ihre absolute Ruhe haben wollen.

Costa Vicentina 211

Zambujeira

Der Ort selbst ist nicht besonders interessant. Dafür aber hübscher Strand, und im Sommer ist gerade so viel los, daß man es noch aushält, ohne auf Gesellschaft verzichten zu müssen. Einige nette Cafés und Restaurants im Ort.

• *Übernachten* kann man entweder auf dem **Campingplatz** (mit lauter Diskothek) oder in der **Pension Naresol** an der Hauptstraße. Hier gibt es DZ mit sauberem Gemeinschaftsbad und Kochmöglichkeit ab ca. 35 DM.

Ein noch schönerer Strand befindet sich ca. 5 km weiter südlich. Von der Hauptstraße Richtung Algarve bei Brejao rechts abbiegen und immer geradeaus. *Wildcampen* ist in dieser Gegend schwierig, aber möglich. Wenn tatsächlich die Polizei kommt, besser ohne Lärm einpakken; manchmal werden die Jungs ungemütlich.

Odeceixe

Hübsches Dorf mit engen Gäßchen und winzigem Hauptplatz - gehört bereits zur Provinz Algarve. Es gibt einige Läden und Tascas, ebenso eine einfache Pension.

Der Strand ist ca. 3 km außerhalb. Hier mündet ein kleiner Fluß ins Meer. Die Bucht wird geschützt von hohen Klippen, die zu beiden Seiten ins Meer hineinreichen. Bei Flut wird der Strand recht schmal. Auch gute Schwimmer sollten sich nicht über die Bucht hinauswagen - die Brandung ist sehr stark und es gibt Unterwasserkliffs.

Wildcampen ist in dem einfachen Flußtal möglich. Die harten Maßnahmen gegen Wildcamper an der Algarve führten dazu, daß genau hier an der Provinzgrenze zum Alentejo jeden Sommer ein unüberschaubares Camplager entsteht. Zwei *Beachbars* versorgen die meist deutschen Jungtouristen mit dem Nötigsten. Stimmungsvolle Einheit von "Antitouristen".

Aljezur

Die Kleinstadt an der südlichen Atlantikküste, nicht weit von der Algarve entfernt, zog seit Anfang der 80er Jahre viele deutsche Aussteiger, aber auch Kaputtniks an. Die Situation hat sich beruhigt, die Besucher sind inzwischen gesittet und auch bei der einheimischen Bevölkerung besser gelitten. *Campingplatz* ca. 3 km außerhalb, nicht weit von der Meeresbucht entfernt.

Vale da Telha

Ein neuangelegter, weitläufiger Touristik-Komplex mit Bungalowsiedlungen, Restaurants, Hotel, Camping u.a., von Aljezur aus zu erreichen. Von hier aus Zugang zu den Stränden von *Arrifana* und *Monte Olerigo*.

• *Übernachten*: **Hotel Vale da Telha**, Tel. 082/98180/1. Modern und doch gemüt-

212   Küste südlich von Lissabon

Carrapateira – einladender Strand mit Dünen dahinter

lich eingerichtete Zimmer, etwas karger Garten am Haus. DZ mit Bad und Frühstück ca. 70 DM.

• *Camping*: **Vale de Telha**, langweiliger Platz in wüstenähnlicher Umgebung. Schatten spenden lediglich einige gespannte Stoffbahnen.

Monte Clerigo

Zu erreichen über eine gutbefestigte Straße vom Ort Aljezur. Typische Feriendorfatmosphäre; etwa 30 bunt angemalte, improvisierte Häuschen dienen Portugiesen aus Lissabon und Porto als Sommerresidenz. Im Sommer gibt es einige kleine Lädchen, in denen man sich mit dem Notwendigsten versorgen kann, ebenso ein Café/Restaurant.

Langer Strand mit feinem Sand, man muß weit hinauswaten, bis man schwimmen kann. Sanitäre Anlagen am Strand vorhanden. In den Dünen des kleinen Tales ist *Wildcampen* möglich.

Arrifana

Wenn man die südlichere der beiden Straßen, die von Aljezur zum Meer führen, entlangfährt, kommt man zu diesem kleinen Ort am Ende einer Art Sackgasse. Das "Dorf" besteht aus einigen verstreut liegenden Bauernhäusern und liegt auf einem kargen Hügel hoch über dem Meer.

Eine schmale Straße schlängelt sich hinunter zum Sandstrand an den Felsenkliffs. Bei Ebbe ist dieser sehr groß und in einiger Entfernung vom Dorf menschenleer. Es gibt mehrere Kneipen, und wenn man sich

Costa Vicentina 213

umhört, bekommt man vielleicht eine *Privatunterkunft* in einem hübschen Häuschen.

Carrapateira

Das kleine, sympathische Dorf liegt ca. 1 km landeinwärts an der Straße von Aljezur nach Sagres. Die meisten Besucher sind Tagesausflügler von der Algarve, die hier die Beschaulichkeit der portugiesischen Westküste genießen. Aber es gibt auch *Wildcamper* an den Klippen, die ihren Unrat hinterlassen. Im Ort einige *Privatzimmer*.

Zum Baden eignet sich die ca. 300 m lange dünige Sandbucht von Carrapateira, die in einen kleinen Bach mündet, der parallel zum Strand fast über dessen gesamte Länge fließt. Bei Flut ist Durchwaten angesagt, um den Strand zu erreichen. Man kann das Auto allerdings auch oben an den südlichen Klippen abstellen und zum Strand hinuntersteigen.

- *Übernachten/Essen*: **Pension Valantin**, Tel. 082/97118. Kleine, einfache Pension im Ort. Insgesamt sechs Doppelzimmer mit fließendem Wasser im Zimmer. DZ ca. 35 DM.
O Sitio do Rio. Ein gemütliches Strandrestaurant in den Dünen. Gute Auswahl an Gerichten, täglich wechselnde Karte. Auswahl von je einem günstigen Tagesmenü (Fisch oder Fleisch).
Der Wirt Henrique hat das Landhaus **Casa Fajara** als Privatpension hergerichtet. Insgesamt sind 9 Doppelzimmer mit Privatbad zu vermieten. Eigener Pool und Tennisplatz. Tel. 082/97119.

Was haben Sie entdeckt?

Haben Sie *die* Tasca mit wundervollen *petiscos* gefunden, das freundliche Albergo, den Top-Campingplatz, einen schönen Wanderweg?

Wenn Sie *Ergänzungen*, *Verbesserungen* oder *neue Tips* zum Portugal-Buch haben, lassen Sie es mich bitte wissen.

Bitte schreiben Sie an:

**Verlag Michael Müller
- Stichwort Portugal-
Gerberei 19
91054 Erlangen**

Alentejo

Grün im Frühling, ausgeglüht im Sommer. Im Winter gefriert es fast, und geheizt wird mit einer unter den Tisch gestellten Schüssel voll glühender Holzkohle. Im Sommer ist die Hitze so drückend (40° C), daß die Ortschaften erst gegen Abend lebendig werden. Die Gegend ist auf ihre Weise unwirtlich interessant - die größte, aber am dünnsten besiedelte Provinz Portugals.

Sie erstreckt sich vom Rio Tejo bis hinunter zur Algarve. Gerade Straßenalleen mit Eukalyptusbäumen führen endlos durch die hügelige Landschaft. Dazwischen einsame Dörfer, weißgekalkte Häuser mit kleinen Fenstern, zum Teil noch ohne Strom. Angebaut werden hauptsächlich Weizen und Korkeichen (werden alle neun Jahre geschält), aber auch ausgemergelte Kühe werden gezüchtet.

Der Alentejo ist noch immer das *Armenhaus Portugals*. Rund die Hälfte der Landarbeiter können weder lesen noch schreiben. Vor der Revolution von 1974 teilten sich einige wenige Großgrundbesitzerfamilien den größten Teil der Kornkammer Portugals. Landarbeiter wurden nur zu Saat und Ernte eingestellt. Viele flüchteten vor dem Hunger in die Großstädte.

Nach der Nelkenrevolution vertrieb die Bevölkerung die Gutsherren und nahm das Land in Besitz. Diese Aktion wurde später durch ein *Agrarreformgesetz* legalisiert. Es sah die Enteignung von Landgütern von einer bestimmten Größe und Bodenqualität vor. Das so in Staatsbesitz gelangte Land wurde Kooperativen zur Bearbeitung übergeben. Viele Ausländer, vor allem Deutsche kamen damals in Land, um die Revolution mitzuerleben, zu helfen oder die Geschehnisse einfach nur zu bestaunen.

Die Ernüchterung ließ nicht lange auf sich warten. Den verschiedenen nachrevolutionären Regierungen war die *kommunistische Hochburg Alentejo* ein Dorn im Auge. Gesetze, die die Unterstützung der Kooperativen mit Maschinen, Saatgut und Abnahmegarantien vorsahen, wurden unterlaufen; nach und nach wurde der Boden wieder an die alten Eigentümer zurückgegeben. Die fehlende Hilfe des Staates, ständige Ungewißheit um die Zukunft der eigenen Kooperative und auch Unvermögen bei der Bewirtschaftung trugen nicht zu einer Steigerung der Erträge bei. Das Agrarland Portugal muß heute mehr als die Hälfte seines Verbrauchs an landwirtschaftlichen Produkten einführen.

Mit der jüngsten *Verfassungsänderung* von 1989 wurde der Begriff "Agrarreform" endgültig aus dem Grundgesetz gestrichen. Die Regierung

Alentejo 215

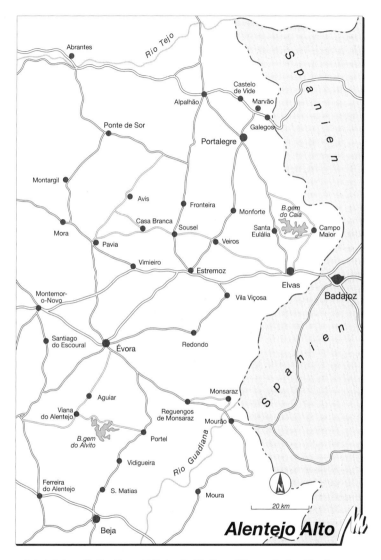

setzt jetzt vollständig auf Privatinitiative. Die noch im Besitz von Kooperativen verbliebenen knapp 500.000 Hektar Land werden in den nächsten Jahren in private Hände gegeben, obwohl seit Beginn der langsamen Enteignung der Kooperativen die Erträge keineswegs stiegen, die Arbeitslosigkeit aber zunahm.

In Baleizao, rund 29 km östlich von Beja, wird alljährlich der Landarbeiterin *Caterina Eufémia* gedacht, die unter dem Regime Salazars von der Polizei erschossen wurde. Die Polizei hatte vom Gutsherrn den Auftrag erhalten, für Arbeit protestierende Landarbeiter zur vertreiben.

Elvas

Alte Festungsstadt (fast 15.000 Einwohner) an der spanischen Grenze. Weite, weiche Landschaft des Oberen Alentejo. Für einen Kurzbesuch zu empfehlen im Frühling, wenn alles saftig grün ist und die Orangen goldgelb aus den Baumkronen leuchten. Durch die Nähe zur spanischen Grenze ist Elvas immer ein Zentrum des Grenzkrieges gewesen; die Stadt geriet mehrere Male auch unter maurische Herrschaft.

Heute wird das Bild der Stadt, vor allem im Sommer, vornehmlich von spanischen Kurzurlaubern bestimmt. Von dem ursprünglichen Charme ist zwischen Souvenirshops und Restaurants nicht mehr viel übrig geblieben. Wer allerdings nicht zur Hauptsaison kommt, kann halbwegs in Ruhe die zahlreichen Denkmäler und die weite Aussicht von den guterhaltenen Festungsmauern genießen und den Dorfältesten zusehen, wie sie sich im Schatten der engen, von Blumen überwucherten Gassen vom sommerlichen Ansturm erholen.

Besonders schön ist der Anblick der Stadt von Norden kommend. Hoch über der Ebene erheben sich dann auf einem Hügel, versteckt hinter den Festungsmauern, die verwinkelten weißen Häuschen. Elvas ist berühmt für seine beiden gut erhaltenen Festungen und den riesigen Aquädukt sowie für seine Trockenpflaumen und Oliven.

- *Information*: Praça da Republica, Tel. 068/622236. Täglich geöffnet.
- *Verbindungen*: **Busse** nach Estremoz, Montemor-o-Novo, Portalegre, Evora und Campo Grande. Außerdem **Bahnlinie** Lissabon - Spanien.
- *Übernachten*: In der Saison und an den Wochenenden sind die Hotels oft überfüllt, da viele Spanier über die Grenze kommen. Daher rechtzeitig eine Unterkunft sichern!

Hotel Don Sancho II, direkt am Hauptplatz Praça da Republica, Tel. 622686. Geschmackvoll, etwas im italienischen Stil eingerichtet. Hilfsbereites Personal. DZ mit Bad, Telefon und Frühstück ca. 90 DM.

Hotel Elxadai Parque, ca. 5 km außerhalb, an der Straße nach Lissabon (ruhig, da auf einem Hügel gelegen), Tel. 623729. Im Landhausstil mit Swimmingpool. Sehr geräumige Zimmer, einige mit Balkon. DZ ca. 120 DM.
In einem bescheidenen Anbau sind auch kleine **Appartements** für ca. 80 DM zu haben.

Pensão O Lidador, etwas unterhalb vom Hauptplatz, Rua de Alcamim, Tel. 622601. Verfügt über weniger gemütlichen Aufenthaltsraum mit Fernsehgerät. Daneben kleiner Speisesaal zur engen Einkaufsstraße hin. DZ ohne Bad inkl. Frühstück ca. 25 DM.

Pousada de Santa Luzia, Av. da Badajoz, Tel. 622194. Leuchtend weiße Villa auf einem Hügel außerhalb des Ortes. Hinweisschild an der Straße. Sehr gediegen,

Elvas 217

ausgestattet mit antiken Möbeln. DZ ca. 130 DM.

- *Camping*: ca. 700 m außerhalb, an der Straße nach Lissabon.
- *Essen*: **Don Quixote**, ca. 3 km außerhalb, an der Straße nach Lissabon links. Zur Zeit das beste Restaurant in Elvas. Exzellenter *Bacalhau*, geschnetzelt, für ca. 12 DM. Weitere Hauptgerichte ab 14 DM.

Etwa 500 m weiter gibt es ein weniger edles und billigeres **Restaurant**.

Canal 7, Rua dos Sapateiros 16, 20 m vom Hauptplatz. Bekannt für seine gegrillten Hühnchen und Spanferkel. Auch Tagesgerichte. Sonntags geschlossen.

A Colmeia, Rua dos Chiloes 19, 20 m vom Stadttor Richtung Innenstadt bei der Galp Tankstelle. Nur Mittagstisch, die **Bar** nebenan ist auch abends geöffnet. Komplettmenü inkl. Getränk ca. 15 DM.

Einkaufen

Die berühmten *Elvas-Pflaumen* und *-Oliven* gibt es in kleinen Souvenirläden am und um die Praça da Republica.

Kupfergegenstände in der *Casa dos Cobres de Elvas* am Largo Nossa Senhora das Dores 3. Die meisten Stücke kommen allerdings aus der Fabrik. Nur die mit Stempelprägung "Elvas" sind von Senhor Antonio selbst gefertigt.

Sehenswertes

Sé-Kathedrale: Die wuchtige, ursprünglich gotische Festungskirche am Hauptplatz stammt aus dem 13. Jh. Heute ist sie eine Mischung verschiedener Stilrichtungen (Manuelik, Gotik, maurische und orientalische Einflüsse), bedingt durch zahlreiche Umbauten während der Jahrhunderte. Eigentümlich ist das neoklassizistische *Portal* zum Platz hin. Die *Deckenbemalung* weist manuelinische Formen auf.

Largo de Santa Clara (Pelourinho): Gleich rechts hinter der Kathedrale befindet sich der Prangerplatz Pelourinho ("Schandpfahl"). Der Galgen ist aus einem eleganten Marmorblock gearbeitet. An den vier Schlangenköpfen mit Ösen wurden die Sündenböcke aufgeknüpft.

Durch den **Arco dos Santos**, ein im 11. Jh. von den Arabern gebautes Tor, gelangt man zum **Castelo** im ältesten Teil der Stadt. Es wurde im romanisch-arabischen Stil von König Don Sancho II. errichtet. Im *Innenhof* liegen 80 kg schwere Steinkugeln, die per Holzschleuder auf den Feind geschossen wurden. Geöffnet täglich 9.30-12.30 und 14.30-17.30 Uhr.

Vom Castelo aus Blick auf das **Forte da Grava** auf dem gegenüberliegenden Berghang. Diese Festung stammt aus dem 18. Jh. und ist berühmt für ihre architektonische Perfektion. Heute dient sie als Militärgefängnis und ist daher nicht zu besichtigen.

Das **Forte de Santa Luzia** befindet sich im Süden der Stadt und ist die besterhaltene Festung ganz Portugals.

Das **Amoreira-Aquädukt** ist mit seiner Länge von fast 8 km der größte Aquädukt der Iberischen Halbinsel. Baubeginn Ende des 15. Jhs., Fertigstellung erst 120 Jahre später. Er versorgt Elvas noch heute mit frischem Quellwasser. Mit ihren mehrstöckigen Bögen "wächst" die antike Wasserleitung quer durch das Tal - bemerkenswerte Perspektive.

218 Alentejo

Museu Arqueologico e Etnologico im ehemaligen Colegio der Jesuiten am *Largo do Volegio*. Im selben Gebäude ist die **Stadtbibliothek** untergebracht. Öffnungszeiten: täglich 9-13 und 15-18 Uhr.

▸ *Weitere lohnenswerte Ziele Richtung Lissabon*

Vila Viçosa

40 km nach Elvas, bei Borba, ist links eine Abzweigung nach Vila Viçosa. Hier, in der Geburtsstadt von König João IV., kommen Kulturinteressierte auf ihre Kosten.

Das interessanteste Bauwerk dieser Museumsstadt ist der **Paco Ducal**, der frühere Herzogspalast der Braganca-Sippe, heute ein Museum. Neben Galerie, Möbeln, Ziergegenständen und Küchenutensilien enthält es eine Originalausgabe des Epos Lusiadas von Portugals größtem Poeten Luis de Camões. Geöffnet von 9-13 und 14.30-18 Uhr.

Unter den 22 Kirchen sind besonders bemerkenswert die *Igreja do Convento dos Agostinhos*, im 17. Jh. von König João IV. neu aufgebaut, gegenüber vom Palast, und die *Nossa Senhora da Conceicão* mit ihren schönen Azulejos.

Sehenswertes

Es gibt viele Möglichkeiten schöne Töpferwaren zu erstehen. Außerdem gibt ca. 3 km hinter *Borba*, an der Straße nach Lissabon, das *Christus-Museum Vilha Lobos* mit einer Unzahl von Christusfiguren und religiösen Antiquitäten für Liebhaber der sakralen Kunst.

● *Information*: Praça da Republica, neben dem Rathaus, Tel. 066/98305.

● *Übernachten*: **Casa de Peixinhos**, ca. 1 km außerhalb, Estrada do Paul, Tel. 98472. Luxuriöses Landhaus aus dem 17. Jh. Stilgerecht eingerichtete Zimmer. DZ ca. 150 DM.

Casa dos Arcos, Praça Martim Alfonso de Sousa 16, Tel. 98518. Üppige Stadtvilla, 100 m vom Palast entfernt. Erstes Obergeschoß im Renaissancestil mit Loggia. DZ ca. 120 DM.

Der Stausee von Montargil

Ca. 60 km nördlich von Evora, in einer weichen Hügellandschaft. Begrünt mit Korkeichen und Kleberbusch-Macchia. Der Stausee ist ca. 25 km lang und knapp 1 km schmal.

● *Übernachten*: Am Seehang sind kleine Reihenhäuser mit je vier bis sechs **Appartements** mit Terrasse zum See. Ministudios für zwei Personen ca. 350 DM pro Woche. Die Luxusausführung mit großem Wohnzimmer und Kamin für sechs Personen ca. 600 DM. Nebensaison 20 % billiger. Motorboote zu mieten (ca. 250 DM pro Woche), Tennisplatz. Das Ufer ist zum Teil recht böschig, zum Teil sandig (besonders auf der anderen Seite). 7245 Montargil, Tel. 042/94175.

● *Camping*: Direkt am Seeufer ist ein kleiner Campingplatz in Bau.

● *Essen*: **A Panela**, mit Blick auf den See. Regionale Spezialitäten wie "Escalopinha de porco" mit einer Sauce aus Zwiebeln, Pfeffer und Sauerrahm für ca. 12 DM.

Estremoz

Eine weitere Festungsstadt an der Grenze zu Spanien und ehemals Königssitz. Die weitläufige Unterstadt besitzt eine Reihe zum Teil kahler Plätze (aber auch einen hübschen Park mit Schwanenteich nebenan). Sehenswert die alte Burg aus dem 13. Jh. mit guten Museen und einer luxuriösen Pousada. Die Stadt ist das Carrara Portugals - um den ganzen Ort wird der Boden aufgerissen und Marmor abgebaut.

Das Castelo beherbergt die *Pousada da Rainha St. Isabel*, die als die luxuriöseste Pousada des Landes gilt (siehe Übernachten). Die sehenswerte *Kapelle* der Santa Isabel befindet sich links neben der Pousada - Schlüssel im Museum.

> ### Die Heilige Isabel
> Die in Portugal wegen ihrer Wundertätigkeit geachtete *Königin Isabel*, später heiliggesprochen, starb hier 1336. Sie stammte aus spanischem Adel. Ihr Gemahl, *König Dinis*, war Portugals erster König, der lesen und schreiben konnte. Vorher waren für solch "anspruchsvolle Aufgaben" die Berater zuständig. Die kleine Kapelle wurde Anfang des 19. Jh. umgestaltet - *Bilderzyklen* aus Azulejos zeigen Episoden aus dem Leben der Heiligen (ein Kind wird von den Toten auferweckt). Hinter dem Altar ein kleines Kämmerchen mit *Originalfresken* aus dem 14. Jh. (?) - hier soll Santa Isabel das Zeitliche gesegnet haben...

Im Erdgeschoß des **Museums** finden sich bemalte Tonfiguren aus dem 18. Jh. mit meist religiösen Formen und eine Töpferwerkstatt, in der zwei flinke Töpfer Kopien zum Verkauf herstellen. Im Obergeschoß *Casas Alentejanas* – Bauernhäuser wie sie innen ausgesehen haben, Geschirr, Möbel, Waffen. Montags geschlossen.

Die **Galeria Desenho** ist im ehemaligen Audienzhaus von König Dinis. Ausstellung zeitgenössischer portugiesischer Maler und einiger Skulpturen.

- *Information*: Rossio Marques de Pombal.
- *Übernachten*: **Pousada da Rainha St. Isabel**, im Castelo, Tel. 22618. Alleine das Mobiliar stellt ein Vermögen dar. Schon eine richtige Sehenswürdigkeit. Gehen Sie in die Lobby, trinken Sie eine Tasse Kaffee an der **Bar**. Oft auch Ausstellungen. DZ fast 200 DM.

Hotel Alentejana, Av. 25 de Abril, neben Shell-Tankstelle. Alte Stadtvilla mit prächtiger Eingangstreppe, die zu Räumen fürstlicher Größe führt. Zimmer romantisch mit alten Bauernmöbeln ausgestattet. Das Bad ist nur durch einen Seidenvorhang abgetrennt - man fühlt sich wie Marlene Dietrich. Romantiker müssen dort unbedingt eine Nacht verbringen. Leider renovierungsbedürftig. DZ mit Bad ca. 55 DM, ohne Bad ca. 45 DM.

Hospederia D. Dinis, am Ortsrand Richtung Fußballplatz, Rua 31 de Janeiro 46, Tel. 332714. 1993 neu eröffnete kleine Privatpension, acht Topzimmer für jeweils ca. 100 DM.

Residencial Carvalho, im Zentrum, Tel. 22712. Ordentlich, das einfache Zimmer ca. 50 DM.
• *Essen*: **Ze Varunca**, Av. Tomaz Alcaide. Mattgrüner Neubau mit moderner Einrichtung. Zufriedenstellende Auswahl an Fisch und Fleisch, Hauptgerichte ab ca. 14 DM.
Tasquinha do Zé Alter, Rua D. Vasco da Gama 22. Im kleinen Hinterzimmer der Bar haben gerade zwei Tischreihen Platz, und ein Fernseher fehlt auch nicht. Einfache, ordentliche Gerichte,

Portalegre

Distrikthauptstadt, rund 16.000 Einwohner. Aus dem alten Ortskern, in dem sich schmucke Patrizierhäuser aus dem 17./18. Jh. in engen Gassen gegenüberstehen, ragt vor allem die im 16. Jh. erbaute Kathedrale heraus. Sie ist innen zum Teil erdrückend mit Gemälden und Azulejos zur Heilsgeschichte ausgeschmückt.

Die Altstadt wird teilweise noch von der alten Stadtmauer umschlossen; von den in jüngster Zeit erfolgten Industrieansiedlungen spürt man hier kaum etwas.

Schon die Römer hatten hier eine Ansiedlung. Die eigentliche Geschichte der Stadt begann mit *Jorge de Melo*. Er sollte Bischof von Guarda werden, sorgte aber als Lokalpatriot dafür, daß seine Heimatstadt *Bischofssitz* wurde. Die Stadtrechte folgten, ebenso Adelshäuser und ein *Jesuitenkolleg*. In ihm brachte der Marquês de Pombal später eine Textilmanufaktur unter, aus der die heutige Teppichfabrik hervorging.

Berühmt ist Portalegre für seine *Teppich- und Gobelinmanufaktur*, deren Glanzstücke man im **Museum José Regio** neben der Kathedrale bewundern kann. Auch die *Teppichfabrik* selbst, am Park Bombarda, kann montags von 9.30-11 und von 14.30-16.30 Uhr besichtigt werden. Auch Verkauf – der Quadratmeter der golddurchwobenen Stoffe kostet allerdings mindestens 5.000 DM!

Lohnenswert ist ein kleiner Spaziergang von der Kathedrale durch die Gassen bis zum Park hinunter, wo man auch die süßen Spezialitäten Portalegres, kleine Mandelküchlein, bekommt.

Sehenswert ist auch das von Jorge de Melo gestiftete **Zisterzienserkloster**. Hier ruht der Bischof lebensgroß und in vollem Ornat vor seinem Renaissance-Grabmal, neben ihm Figuren, die der französische Künstler Chanteréne so ausdrucksstark schuf, daß sie beinahe lebendig wirken.

• *Information*: Estrada da Santana 25, Tel. 21815, und Rau 19 de Junho, Tel. 28453.
• *Verbindungen*: **Busse** 2x täglich nach Evora und Elvas, 4x täglich nach Estremoz. **Bahnverbindung** nach Evora und Lissabon.
• *Übernachten/Essen*: **Estalagem Quinta da Saúde**, neben dem Campingplatz, an der Bergstraß, der heutigen "feinen" Adresse von Portalegre. Zimmer mit Ausblick über die Ebene. DZ mit Bad ca. 100 DM. Angeschlossen ist ein gutes **Restaurant**. Von der Terrasse hat man durch große Fenster ebenfalls einen schönen Ausblick. Im alten Ortskern gibt es mehrere kleine Pensionen, die etwa 30 DM für ein DZ mit Waschgelegenheit verlangen.
Alpendre, Rua 31 de Janeiro. Etwas dunkler Speisesaal. Das einzige Restaurant der besseren Kategorie im Ort.

Castelo de Vide

Hauptgerichte ab 12 DM.
Gemütlicher kann man in der **Estalagem** essen.
Gute Pastelaria findet man in einem kleine **Café** neben der Post, in der Nähe des Parks Bombarda.
• *Camping*: **Orbitur**, von der südlichen Ausfallstraße gut ausgeschildert. Schöner, schattiger Platz mit sauberen Sanitäranlagen. Leider ohne Einkaufsmöglichkeit. Ganzjährig geöffnet.
• *Jugendherberge*: im alten **Convento de São Francisco**, im Zentrum, Praça da República, Tel. 23568. 52 Gästebetten. Ganzjährig geöffnet.

Feste: In **Campo Maior**, etwa 50 km südöstlich von Portalegre an der spanischen Grenze, findet alle sieben Jahre im September ein riesiges *Volksfest* statt. Aus allen Teilen des Landes kommen Besucher und Schausteller. Das nächste gibt's 1996.

Castelo de Vide

Ein Bergdorf mit etwa 5.000 Einwohnern, das zu wunderschönen Spaziergängen durch blumengeschmückte Gassen einlädt und zum faulen Rumsitzen in den verblüffend zahlreichen kleinen Parks. König Pedro V. nannte es das "Sintra von Alentejo", und in der Tat hat man von dem 650 m hoch gelegenen Ort reizvolle Ausblicke auf die umliegende Landschaft.

Castelo de Vide ist vor allem berühmt für die größte Ansammlung *gotischer Portale* am Platz um den alten Stadtbrunnen und für seine *Heilquellen*.

Merkwürdig und sehr alt – der Brunnen von Castelo de Vide

Sie werden zur Behandlung von Diabetes, Blutdruckproblemen und Dermatitis genutzt. Schon Römer und Araber wußten die Quellen, und auch die hervorragend zu verteidigende Lage dieses Orts zu schätzen. Die *Burg* ließ König Dinis im 13. Jh. erbauen. Im Mittelalter ließen sich bereits zahlreiche Juden hier nieder. Die alte *Synagoge*, heute ein kleiner und kahler Raum, ist zu besichtigen.

• *Information*: Rua Bartolomeu A. da Santa 81-83, Tel. 91316.

• *Verbindungen*: Mehrmals täglich Busse nach Portalegre und Marvao, 2x pro Tag ein Expreßbus nach Lissabon. Abfahrt am Platz vor dem Turismo.

• *Übernachten*: **Hotel Sol e Serrá**, direkt am Ortseingang, Tel. 91301. Etwas zu groß geratener Bau, der schlecht zum sonstigen Stadtbild paßt. Zimmer mit kleinem Balkon; unpersönlicher riesiger Speisesaal. DZ ca. 140 DM.

Casa do Parque, am Ortseingang, versteckt hinter dem Park, Tel. 91250. Geräumige Zimmer mit schönem Ausblick. DZ mit Bad ca. 70 DM. Angeschlossen ist ein freundlich gestaltetes **Restaurant**.

Residencial Xinxel (der Inhaber heißt wirklich so!), Rua do Paco Novo, Tel. 91406. Ein paar Häuser neben dem "Casa do Parque". DZ mit Dusche ca. 50 DM.

An der Straße nach Lissabon, kurz vor dem Ort, vermietet ein freundliches Ehepaar einige **Privatzimmer**. Am schönsten ist das im ersten Stock. DZ mit Gemeinschaftsbad ca. 25 DM.

• *Essen*: **D. Pedro V**, Praça D. Pedro V, Tel. 91236. Das Restaurant ist in einem ehemaligen Pferdestall untergebracht. Die über 2 m dicken Wände des uralten Hauses halten im Sommer die Hitze draußen und im Winter die Wärme drinnen. Hauptgerichte ab 14 DM.

An Wochenenden auch Tanz. Vorne in der **Bar** trifft man auch die schwarzgekleideten alten Frauen aus dem Dorf bei irgendeinem bunten Drink.

Fidalgo, Rua Almeida Sarzedas 34 (Querstraße zur Praça). Klein und sauber. Empfehlenswert die Tagesgerichte, jeweils zwei zur Auswahl. Mittwochs geschlossen.

Marvão

Dieses Dorf, etwa 15 km von Castelo de Vide entfernt, wird wegen seiner exponierten Lage (862 m hoch) auch der "Adlerhorst" genannt. Da jedoch außer dem bescheidenen Tourismus keine Arbeitsmöglichkeiten vorhanden sind, haben viele das Dorf verlassen. Alles wirkt ein bißchen tot, museal.

Der Umweg lohnt sich dennoch, allein wegen des Ausblicks und der riesigen *Zisterne* im alten *Castelo*. Die war nötig, da Marvão durch die grenznahe Lage immer wieder belagert wurde, von Arabern, Spaniern, Portugiesen... Im kleinen, in der Kirche untergebrachten *Museo Municipal* sind hauptsächlich Ausgrabungsfundstücke aufbewahrt.

• *Information*: im Dorf, unterhalb der Burg gegenüber der Pousada, Tel. 045/93226. Im Tourist-Büro werden auch **Privatzimmer** vermittelt.

• *Übernachten/Essen*: Von der **Pousada**, Tel. 93201, hat man einen wunderschönen Blick. Das DZ kostet dementsprechend auch rund 200 DM.

Etwas billiger ist die **Pension Dom Dinis**, Tel. 93236. Die geräumigen Zimmer bieten ebenfalls einen schönen Ausblick. DZ mit Bad ca. 100 DM, drei Personen mit Bad ca. 130 DM.

Das **Restaurant** hat eine große Auswahl regionaler Spezialitäten.

Residencial Sever, 5 km unterhalb des

Evora – königliche Residenzstadt mit römischem Tempel

Bergdorfes, im Tal an der Flußbrücke. Die Zimmer im ersten Stock haben einen Balkon zum Fluß.
Bei der Brücke ist auch der Fluß Sever im Sommer etwas aufgestaut, und im Flußschwimmbecken (Piscina Fluvial) erfrischt sich die Dorfjugend.

Evora

Museumsstadt, umschlossen von einem Mauerring aus dem 14. Jh. Innerhalb der Mauern Bürgerhäuser des 16./17. Jhs., alte Kirchen- und Palastbauten und ein römischer Tempel.

Die Bauten tragen die verschiedensten Stilmerkmale - es entstanden interessante Gebäude der Gotik, Renaissance, Manuelik und des Barocks. Nachhaltig wurde die Bauweise vom Arabischen beeinflußt (schlanke Säulen, Bögen), was in der ehemaligen königlichen Residenzstadt als vornehm galt. Heute ist Evora eher nett-kleinbürgerlich.

Die alten Bauten schaffen eine interessante Kulisse für das provinziell verschlafene Kleinstadtleben. Die kühlen Arkadengänge zu beiden Seiten der Hauptstraße sind am Abend der Treffpunkt der älteren Herren - hinter jedem Pfeiler verbirgt sich ein schwarzer Anzug mit einem neugierigen Gesicht. In den Gassen trifft man aber auch viel "Junges", denn Evora hat seit 1976 eine eigene Universität.

224 Alentejo

226 Alentejo

Geschichte: Evora wurde wahrscheinlich von den Römern gegründet und später von Julius Cäsar zur Stadt erhoben. Nach dem Zerfall des Römischen Reiches kamen die Westgoten, 715 die Mauren. *Geraldo Sem Pavor* (= furchtlos) befreite Evora 1165. Das Stadtwappen zeigt den Sieger mit den abgeschlagenen Köpfen des Sultans und dessen Tochter. Vom 14. bis 16. Jh. war Evora königliche Residenzstadt (Alfonso III., Dinis, Alfonso IV., Manuel I.) und wurde zur zweitwichtigsten Stadt Portugals. Nach der weltlichen Macht kam die kirchliche. Der Sohn Manuels I. residierte hier als Großinquisitor des portugiesischen Reiches, und es entstand eine *Jesuiten-Universität*, 1759 von Minister Pombal geschlossen, 1976 wiedereröffnet.

Information Verbindungen

- *Information:* Praça do Giraldo, Tel. 066/22671. Geöffnet 9-21 Uhr.
- *Verbindungen:* **Bus:** täglich zwei Expreßbusse nach Lissabon (Fahrzeit ca. 3 Std.). Außerdem Verbindungen nach Portalegre, Estremos, Beja u.a. **Bahn:** ca. 6x täglich mit Lissabon (Teirreiro Paco); ebenfalls Züge nach Estremoz und Reguengos.

Übernachten Camping

Hotel Pousada dos Loios, auf dem Stadthügel neben dem römischen Tempel. Tel. 24051. Altes Kloster aus dem 16. Jh. im gotisch-manuelinischen Stil. Die Mönche liebten Komfort, Raum und Kunst - deshalb geräumige, hübsch eingerichtete Zimmer, meist mit Blick auf das Umland. DZ ca. 180 DM, billige Dachzimmer (Hospitalatmosphäre, Gemeinschaftsbad) zum halben Preis.
Pension Portalegre, Travessa Barao 18 (Quergasse zur Rua Mercadores), Tel. 22326. Absolut ruhig gelegen, mit kleinem Garten. Saubere Zimmer mit älteren, gepflegten Möbeln. Kleine Badezimmer mit Wanne. DZ ohne Bad ca. 30 DM, mit Bad ca. 50 DM.
Hotel Planicie, Rua Miguel Bombarda 40, Tel. 24026. Neuer Bau mit alter Fassade. Zimmer etwas zu funktionell und pflegeleicht: Gummifußböden, glatte Möbel. Für diese Preisklasse enge Zimmer, aber Doppeltüren mit kleinem Gang dazwischen. Badezimmer mit Wanne. DZ mit Bad ca. 120 DM.
Residencial Policarpo, Rua da Freiria de Baixo 16, Tel. 22424. Uralter Palast, die Fenster und Türen sind etwas moderner. Ein Teil der Zimmer mit weitem Ausblick in die Umgebung. Großer Vorteil ist der eigene Parkplatz. DZ mit Bad ca. 70 DM.
Pension Giraldo, Rua dos Mercadores 15, Tel. 25833. Stattliches Altstadthaus, ums Eck vom Turismo. Enge Treppenaufgänge. DZ mit Bad ca. 50 DM.
Estalagem Monte das Flores, Tel. 25018. Die ehemals 5.000 ha große Farm (seit 1975 nur noch 400 ha - der Rest wird von einer Kooperative bewirtschaftet) liegt etwa 5 km außerhalb Richtung Alcacovas. Im pompösen Herrschaftshaus werden noch keine Zimmer vermietet. Die 15 Gästezimmer verteilen sich auf ein "Reihenhaus" daneben, in dem ehemals der Gutsverwalter untergebracht war. Geräumige Zimmer, puppenstubenhaft mit bemalten Alentejomöbeln ausgestattet. DZ ca. 120 DM. Tennisplatz und Pool stehen für die Gäste zur Verfügung. Reiten ca. 7 DM pro Stunde.
- *Camping:* ca. 2 km außerhalb, an der Straße nach Alcacovas. Relativ schattig, Eukalyptusbäume, Boden teils Sand, teils ausgetrockneter Rasen. Warmes Wasser, Mini-Markt. Gemütlich, mit Pool. Ganzjährig geöffnet.

Evora

Essen

Fialho, Travessa do Mascarenhas 14 (neben Praça Joaquim Antonio de Aguiar). Vielbesucht, gehobene Preisklasse, empfehlenswert. Drei kleine Speiseräume, einfach, doch anheimelnd eingerichtet. Viele Spezialitäten wie z.B. zur Vorspeise gebackene Pilze ("Cogumelos assados") oder Spargel, als Hauptgericht verschiedene Meeresfrüchte, Fleisch, z.B. gebratener Fasan, oder Fisch. Hauptgericht ca. 20 DM. Montags geschlossen.

O Taco, Largo Luis de Camois 19. Nichtraucherlokal. Am Eingang kleine Pinte für Schnaps und kleine Appetitmacher in Form von ausgebackenen Fischstückchen. Im Hinterzimmer Restaurant-Taverne mit Fernsehgerät in der einen und Küche in der anderen Ecke. Hauptgerichte ca. 11 DM. Guter Hammelbraten ("Borrego assado"), als Beilage gibt's, wenn danach gefragt wird, Spinat ("Espinafre").

Almedina, Travessa da Santa Marta 5, Tel. 20747. Gemütlich, mit Innenhof zum Draußensitzen. Sehr freundliche Besitzer. Hier kann man nichts falschmachen, wenn man einmal die Speisekarte rauf und runter bestellt. Hauptgerichte um die 12 DM.

Cozinhas de St. Humberto, Rua da Moeda 39, Tel. 24251. Edles, mehrfach mit Preisen ausgezeichnetes Restaurant in einer Seitengasse beim Turismo. Nicht billig, aber gut, besonders Hase (coelho) und Lamm (borrego).

Nachtleben

Viele einfache **Tascas** mit dem guten Rotwein aus Reguengos. Hier spielen auch manchmal Musikanten auf, wie wir selbst erlebten. Gitarre, Akkordeon und Gesang mit spanischem Einfluß. Die Männer fangen zu tanzen an und lassen die Löffel im Rhythmus klappern - weit und breit kein weibliches Wesen.

La Rumba, Rua 31 de Janeiro 19. Diskothek, groß und ohne Eintritt. Hier gehen alle hin. Die Musik variiert von Frank Zappa bis Discosound. Manchmal Ausstellungen lokaler Künstler.

As Amas do Cardeal, Rua das Amas do Cardeal. Moderne Version des Lissabonner "Fragil" in Evora. Eintritt frei, Bier ca. 3,50 DM.

Sehenswertes

Die wichtigsten sakralen Bauten gruppieren sich um den 280 m hoch gelegenen Stadthügel. Schon bei der Anreise erkennt man den hohen geschuppten Turm der Kathedrale. Daneben weitere Kirchen- und Klosterbauten und der römische Tempel.

Der **Diana-Tempel** aus dem 1. oder 2. Jh. diente als Kultstätte für die Mond- und Jagdgöttin. Übrig geblieben sind 14 korinthische Säulen aus Granit mit marmornen Kapitellen. Sie überdauerten das Erdbeben, weil die Säulen im 14. Jh. zugemauert wurden und der Raum als Schlachthaus diente. Erst vor 100 Jahren wurden die Säulen wieder freigelegt.

Der romanisch-gotische Granitbau der **Se-Kathedrale** entstand zwischen 1180 und 1204. Wuchtige Erscheinungsformen, auffallend schön der schuppige *Hauptturm* über dem Chor, mit kleinen erkerähnlich angebrachten Minitürmchen (entstand erst im 18. Jh.)

Im *Eingangsportal* wurden die zwölf Apostel eingearbeitet (Architekturplastik). Innen, erster *Altar* links (Barock), die Heilige Maria im schwangeren Zustand - eine ungewöhnliche Darstellungsweise. Der *Chor* wurde im 18. Jh. von J. F. Ludwig (Regensburg) im neoklassizistischen Stil mit viel Marmor erbaut.

228 Alentejo

Wohnhäuser zwängen sich in den alten Aquädukt

Weiter sind der *Turm* und der *Kreuzgang* im mönchisch nüchternen Zisterzienserstil zu besichtigen. Der Kirchenschatz, u.a. eine wertvolle Elfenbeinmadonna, verschwand nach einem Raubversuch 1979 in einem Panzerschrank. Öffnungszeiten: 8.30-12 und 14-17.30 Uhr, montags geschlossen.

Neben der Pousada findet sich die **S.-João-Kirche** im gotisch-arabischen Baustil. Innen *Azulejos* aus dem 18. Jh. und *Bronzegrabplatten* flämischer Mönche (15. Jh.), die nebenan im Kloster lebten. In der *Sakristei* wertvolle Gemälde, die die Tötung des portugiesischen Missionars Mauricio de Trinidade durch afrikanische Heiden zeigen.

Die Kirche ist Privatbesitz des alten Adelsgeschlechts und Großgrundbesitzers *Cadovel*; der Palast befindet sich links neben der Kirche. Eine Cadovel-Tochter ist mit dem fränkischen Grafen Schönborn verheiratet. Öffnungszeiten: meist geschlossen; am Palast läuten und um Führung bitten. Fotografieren verboten!

Das **Regionalmuseum** ist neben der Pousada im ehemaligen Palast des Erzbischofs aus dem 16./17. Jh. Im Untergeschoß eine Sammlung archäologischer Fundstücke aus dem Alentejo - vom Erzbischof selbst gesammelt und zusammengetragen. In den Obergeschossen viele wertvolle Möbel, Gemälde, Tafelsilber etc. Öffnungszeiten: 10-12 und 14-17 Uhr, montags geschlossen.

S. Francisco Kirche, im gotisch-arabischen Baustil, zebragestreift, da zwischen den Granitsteinen weiß ausgefugt. Am meisten besucht wird die *Knochenkapelle* mit 5.000 an die Wand und in die Säulen eingeputzten Totenschädeln und Knochen. Angelegt wurde sie von den Franziskanermönchen. Zweck: Vermittlung der Sinnlosigkeit eines ausgefüllten weltlichen Lebens. Über dem Eingang die Inschrift: "Wir Knochen, die wir hier warten, warten auf Deine!" Vor dem Eingang abgeschnittene Frauenzöpfe als Bittgaben.

Interessant ist die **Da-Graça-Kirche** als weltlich wirkende Renaissancekirche mit wuchtigem *Säulenportal* aus dunklem Granitstein, darauf thronend Atlas mit der Weltkugel. Der Originalentwurf, "purer

Michelangelo-Stil", wurde beim Bau 1531 nur teilweise verwirklicht. Durch den starken Einfluß der Kirchenfürsten kam auch der Barockstil der Gegenreformation etwas zur Geltung. Vielleicht fiel deshalb das Kirchenschiff insgesamt dreimal in sich zusammen (im 16. Jh., 1755, 1884). Im Inneren ist die Kirche kahl. Drei schöne Marmorfenster befinden sich im Chor.

Die **Galeria das Damas do Palacio de Manuel**, eine kleine Galerie im heutigen *Stadtgarten*, ist der letzte Überrest des ursprünglich riesigen Königspalastes Manuels I. Die anderen Gebäude befanden sich in einem schlechten Zustand und wurden im letzten Jahrhundert abgerissen und überbaut (heute Markthalle). Im kleinen Bau der Galeria wurden die Hofdamen untergebracht, im Saal fanden Dichterlesungen und Theateraufführungen statt. Der Bau ist heute leer und nicht zu besichtigen.

Etwas außerhalb, beim Stadtgarten, findet man die **Ermida de S. Bras**, einen arabischen, festungsartigen Bau in eigentümlicher Bauweise. 1480 nach einer schweren Pestepidemie erbaut, ist er ein Heiligtum des Sankt Blasius und als wundertätig bekannt; er wird von vielen Gläubigen besucht.

Lohnenswert ist es, die Gasse am **Aquädukt** parallel zur Rua do Carmo entlangzulaufen - die Häuser wurden in die alten Arkaden hineingebaut. Abends sind die kleinen *Tascas* am Weg geöffnet... Die Wasserleitung endet bei Graça do Divor, 18 km von Evora entfernt. Gebaut wurde sie ca. 1537.

In der Estrada da Viana 13 teilen sich fünf Bildhauer, die **Evora-Gruppe**, gemeinsam ein Atelier. Skulpturen und Intarsien aus dem vielfarbigen Estremozmarmor.

Feste/Märkte

Der jährliche Markt, **Feira de São João**, beginnt am 24. Juni, dem Geburtstag des Stadtheiligen von Porto. Er ist einer der sehenswertesten der Umgebung. Das große Angebot von Kunsthandwerk und Tand wird angereichert durch politische und ökologische Ausstellungen sowie Musik- und Theaterveranstaltungen.

Monsaraz

Malerischer Festungsort nahe der spanischen Grenze auf einem Hügel. Mittelalterliches Erscheinungsbild - kleine, weißgekalkte Häuser innerhalb der mit Festungstürmen ausgestatteten Mauern. Hier unterhalten ein paar Lissabonner und französische Künstler ihre "Sommerresidenz".

Sehenswert ist die **Matrizkirche**, ein für das kleine Dorf recht bemerkenswerter Bau, der Ende des 16. Jh. entstand (Renaissance/Barock).

230 Alentejo

Links neben der Kirche steht das alte **Gerichtsgebäude** mit einem interessanten *Fresko* aus dem 15. Jh. (falls abgeschlossen, im Haus gegenüber fragen). Zwei Richtungen verkörpern die "gerechte" und die "korrupte" Justiz. Der Gerechte bekommt von kleinen Engelchen eine Krone aufgesetzt, während der Korrupte mit doppeltem Gesicht und dem Teufel hinter sich gerade sein Bestechungsgeschenk, zwei Fasane, annimmt.

- *Verbindung*: 1 bis 2x täglich Busverbindung von Evora (ca. 45 km östlich).
- *Information*: in der Kleinstadt **Reguengos de Monsaraz** (20 km).
- *Übernachten*: **Estalagem Monsaraz**, Tel. 55112. Größeres Bauernhaus im unteren Dorf, außerhalb der Befestigungsmauern. Hübsch eingerichtete Zimmer - rustikal, geräumig, mit Bad ca. 120 DM.
Pension D. Nuno, Tel. 55146. Hübsches altes Haus mit vielen Nischen und Ecken. Weitläufige Zimmer mit schönem Blick. Bar und Fernsehraum. DZ mit Bad ca. 50 DM. Angeschlossen ist ein kleines **Restaurant**.
Horta da Moura, ca. 2 km außerhalb an der Anfahrtsstrecke von der N 256, Tel. 066/55206. Urlaub auf dem Bauernhof. Eigene Imkerei, Fruchtplantage, Schafkäse und Pferde. Pool vorhanden. DZ ca. 150 DM.

Im Ort gibt es auch noch einige **Pensionen**. Im Touristen-Info in Reguengos de Monsaraz werden auch **Privatzimmer** vermittelt.

- *Essen*: im **Restaurant der Estalagem** Festpreismenü für ca. 25 DM: Suppe, Vorspeise, Hauptgericht, Nachspeise. Hübsche Gartenterrasse.
Einige Restaurants im Dorf. An heißen Tagen im **Santiago** einen Teller kalte Gemüsesuppe, "Beldnoegas", probieren.
- *Einkaufen*: Gleich hinter der Stadtmauer befindet sich links ein Verkaufsposten der Teppichfabrik von Reguengos, die auch die meisten Souvenirshops an der Algarve beliefert. Nur hier gibt es die *Teppiche* billiger und in größerer Auswahl. Auch schöne *Baumwolldecken* und *Strickpullover*.

Finger oder Phallus?

Keltischer Phalluswald

Ca. 20 senkrecht im Boden eingelassene Felsenfinger; soll früher eine Kultstätte gewesen sein. Strecke Reguengos - Richtung Mourão fahren, kurz vor der Brücke links nach Monsaraz abbiegen. Bald kommt rechts ein Gehöft, hier links in einen Feldweg einbiegen (kleines Schild an der Straße).

Gruta do Escoural

Höhle mit Ritzzeichnungen aus der Steinzeit beim Dorf *Santiagi do Escoural*, ca. 30 km westlich von Evora. Liegt 1 km vor dem Ort (aus Richtung Valeira kommend) links in einem ehemaligen Marmorsteinbruch. Einstieg durch ein kleines Metalltürchen. Öffnungszeiten: 9-17.45 Uhr, montags und feiertags geschlossen.

Beja

Die Hauptstadt des größten portugiesischen Distrikts mit rund 42.000 Einwohnern ragt schon von weitem aus den endlosen Weiten des Baixo Alentejo heraus. Auf einem Hügel gelegen, kündet der mächtige Burgfried des Kastells die Stadt aus der Ferne an. Beja ist heute ein kulturelles, wirtschaftliches und administratives Zentrum der Region. Eine hier eingerichtete deutsche Luftwaffenbasis wurde Ende 1993 aufgelöst.

Die Stadt hat sich trotz wachsender Bevölkerung und den daraus resultierenden Neubauvierteln in den Vororten ihren Charme erhalten können. Im Altstadtkern locken Parks und Straßencafés zum Ausruhen, und die heißen Sommer, die fast keinen Regen bringen und das Thermometer auf über 40 Grad steigen lassen, erzwingen einen gemächlichen Lebensrhythmus.

Beja ist weniger attraktiv als beispielsweise Evora. Wer aber nicht ausschließlich an Kunstdenkmälern interessiert ist, sollte einen Umweg nicht scheuen und bei einigen hervorragenden Marzipanküchlein dem portugiesischen Stadtleben zuschauen.

Geschichte: Archäologen vermuten, daß bereits die Kelten an der Stelle des heutigen Beja siedelten. Sicher ist, daß die Römer den Ort im 1. Jh. zur Festung "Pax Iulia" ausbauten. Ihr Torbogen ist heute das Evora-Tor. Die Westgoten machten die Stadt 430 zum Bischofssitz, bevor 715 die Araber die Stadt eroberten. Von der fünfhundertjährigen Herrschaft der Mauren ist allerdings kaum noch etwas zu sehen, wohl wegen der ständigen Kämpfe um die strategisch wichtige Stadt. Bei der Rückeroberung durch die Portugiesen im 13. Jh. wurde Beja völlig zerstört. König Alfonso III. ließ es wieder aufbauen. 1521 wurde Beja zur Stadt erhoben.

Information Verbindungen

- *Information*: Rua Capitão João Francisco de Sousa 25 (Fußgängerzone). Tel. 23639.
- *Verbindungen*: **Busse** je 3x täglich nach Faro und Lissabon, je 2x täglich nach Evora und Vila Real de S.^{to} António.

Züge an die Algarve, nach Lissabon und Evora.

Übernachten Camping

Residencial Christina, Rua da Mertola 71, Tel. 323035. Vier-Sterne-Pension mit modernem Mobiliar, Zimmer z.T. mit Balkon. DZ mit Bad ca. 80 DM, drei Personen mit Bad ca. 100 DM, Preise inkl. Frühstück.

Residencial Coelho, Praça da República 15, Tel. 24031. Große Zimmer, viele davon mit Veranda zum Platz. DZ mit Bad und Frühstück ca. 60 DM.
Angeschlossen ist ein angenehmes, helles **Restaurant**.

Residencial Bejense, Rua Capitao Fran-

cisco de Sousa 57, Tel. 325001. Manche Zimmer sind etwas dunkel. Dafür gemütlicher Frühstücksraum, eingerichtet mit zierlichen Möbeln. DZ mit Bad oder Dusche ca. 50 DM.
Pension Tomás, Rua Alexandre Herculano 7, Tel. 24613. Sehr freundliche Besitzer und ein gemütlicher Speiseraum. Zimmer modern eingerichtet. DZ mit Bad ca. 60 DM, ohne Bad ca. 40 DM.
Dazu gehört ein empfehlenswertes **Restaurant**. Die Portionen sind groß, und vor allem *Coelho na púcara*, Hase im Tontopf geschmort, nicht verpassen!

Casa Coelho, Rua do Infante 13 (Nähe Praça da República). Ist von außen kaum zu erkennen. Die Muffeligkeit des Wirts wird durch den schönen Ausblick ins Grüne wettgemacht. Zimmer für zwei bis vier Personen ohne Frühstück und mit Gemeinschaftsbad ca. 25-35 DM.
• *Camping*: **Parque Municipal de Beja**, Av. Vasco da Gama. Am südlichen Stadtrand, neben den Sportanlagen. Recht schattig, mickrige, aber saubere Sanitäranlagen. Zwei Personen, Zelt und Auto ca. 9 DM.

Essen

Alentejano, Largo do Duque de Beja, Tel. 23849. An einem typischen Platz: ausgestorben, staubig, ein paar Bäume. Gutbesuchtes Restaurant mit weißen Tischdecken. Hauptgericht ab 8 DM. Eher zu empfehlen sind die einfallsreichen Tagesmenüs ab 10 DM.
Gatus, Rua João Conforte 16-18, Tel. 25418. Einfallsreiche Gerichte in eleganter Atmosphäre. Die Wände sind mit edlem Holz und Spiegeln verkleidet. Hauptgerichte kosten um die 15 DM.
Alcoforado, Largo de São João. Großer Saal mit roh verputzten Wänden. Dafür aber Gipsplatten an der Decke und Plastikstühle. Hauptgerichte ca. 10 DM. Montags geschlossen.
Arroz Doce, Rua do Vale 19. Kleines Café mit exzellentem Mittagstisch. Zum Nachtisch diverse Puddings.
O Portao, Travessa da Audiencia 1. Auch halbe Portionen, mindestens vier Tagesgerichte zur Auswahl.
Alemao, Largo do Duque de Beja. Die mondäne Bareinrichtung stammt wohl noch vom Vorbesitzer, einem Deutschen. Draußen ist es gemütlicher. Diverse Fleischgerichte vom Grill für ca. 8 DM.
Nebenan eine **Tasca** mit kleinen Snacks und Muscheln.
Hervorragendes Gebäck gibt es in der **Pastelaria Luis da Rocha** in der Fußgängerzone, Rua Capitao João Francisco Sousa 61-63. Typisches, portugiesisches Café, genau die richtige Umgebung, um Leute zu beobachten.

Nachtleben

Mehrere **Diskotheken** im Ort. Im **Café Concerto**, Rua do Infante, gibt es manchmal Live-Musik.

Sehenswertes

Das **Castelo**, vermutlich römischen Ursprungs, erfuhr bereits zu den Zeiten westgotischer und arabischer Herrschaft zahlreiche Veränderungen. Die Burg in ihrer heutigen Form wurde von König Dinis im 13. Jh. in Auftrag gegeben.
Es lohnt sich, den *Torre de Menagem*, Portugals höchsten Burgturm (40 m, 197 Stufen), zu besteigen. Bejas Wahrzeichen aus Marmor und Granit bietet einen phantastischen Rundblick über die Ebene. Von den einst 40 Toren der Festung sind nur noch wenige erhalten. Im Castelo befindet sich ein *Militärmuseum*, das unter anderem einige gut erhaltene Waffen aus verschiedenen Epochen ausstellt. Öffnungszeiten des Castelo: 9-13 und 14-18 Uhr.

Alentejo

Der **Convento Nossa Senhora da Conceicão** wurde von 1459 bis 1509 im manuelinischen Stil erbaut. Viele Details des lustig dekorierten Klosters erinnern an Batalha. Hier hat von 1640 bis 1732 die berühmte portugiesische Nonne *Soror Mariana Alcoforado* gelebt. Ihre Liebesbriefe an einen französischen Rittmeister, der sie ohne Abschied verlassen hatte, wurden jedoch von einem französischen Gesandten in Konstantinopel, *de Guilleragus*, geschrieben, nachdem er von der Liebesgeschichte erfahren hatte. Rainer Maria Rilke übersetzte die Briefe ins Deutsche.

Sehenswert ist das **Museu Regional** innerhalb der Klosterräume. Manuelinische Architekturteile und Grabplatten, römische Mosaike, westgotische Kapitelle und Azulejos aus verschiedenen Epochen. Dazu Uniformen, Waffen, Trachten sowie handwerkliche und kunstgewerbliche Arbeiten aus dem Alentejo.

Die **Santa Maria-Kirche** beherbergt drei mächtige gotische Portale mit reichgeschmückten Barock- und Rokokoaltären.

Ursprünglich als Markthalle geplant, wurde die **Misericordia-Kirche** später zum Gotteshaus umgebaut. Hinter der Renaissance-Fassade verbirgt sich eine gewaltige quadratische Halle aus neun Gewölben auf vier dünnen Säulen, die ebenso wie das Querschiff mit drei Gewölben und die drei Altarnischen fein und vornehm anmuten.

Feste/Märkte

Täglich großer Markt in den Hallen am Rand des alten Stadtkerns. *Frühjahrsmarkt* Mitte Mai und *Markt des S. Lourenco* vom 7. bis 17. August, mit Stierkampf.

Daneben gibt es vor allem in den Monaten August und September zahlreiche Feste, zu denen die emigrierten Großstadtbewohner heimkommen, um mit ihren Familien zu feiern.

Algarve

Die Küste ist sehr abwechslungsreich und hat geologisch verschiedenartige Erscheinungsformen: im Osten geschützte Lagunen mit Muschelbänken und Salzgärten, niedrig liegendes Marschland und lange Sandstrände mit frisch-grünen Pinienhainen. Die typischen Algarvestrände findet man westlich von Faro: rotleuchtende Felsenküste mit versteckt liegenden Badebuchten und steil ins Meer abfallenden Kliffs. Die weißschäumende Brandung des fischreichen Atlantiks, schwemmt durch Ebbe und Flut die Strände sauber und sorgt für glasklares Wasser an der Küste.

Sotavento, die dem Wind abgekehrte Küste, nennen die Portugiesen das Küstengebiet zwischen spanischer Grenze und Faro. Im östlichsten Teil, beim Badeort *Monte Gordo*, gibt es noch breite Sandstrände. Bei *Cacela* beginnt eine dem Festland vorgelagerte, mehrere Hundert Meter breite Sandbank mit flacher Dünenlandschaft und wenig Vegetation. Sehr saubere Sandstrände. Strandeinrichtungen und Tavernen gibt es vor *Tavira* (Campingplatz im Wäldchen), *Santa Luzia* und *Fuzeta*.

Vor der Küste von Olhão liegen die Insel *Armona* mit kleinen Wochenendhäusern und Campingplatz sowie die von Fischern bewohnte Insel

236 Algarve

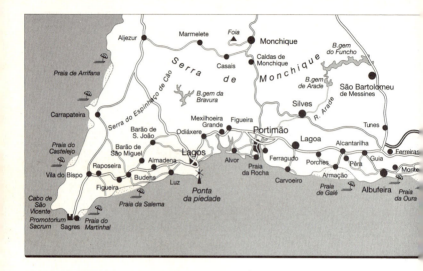

Culatra. Von den genannten Orten fahren regelmäßig Badeboote zu den Inseln bzw. über die Lagune zur Sandbank.

Barlavento ist die in Windrichtung liegende Küste zwischen Cabo de São Vicente und Faro. Westlich von Quarteira malerische Sandsteinküste mit Seegrotten, bunten Steintürmen und bis zu 50 m hohen Kliffs, die von unzähligen Sandbuchten unterbrochen werden. Optimal zum Baden und Schnorcheln. Haupttouristenorte sind *Quarteira*, *Albufeira*, *Armação de Pera* und *Lagos*. Touristisch weniger erschlossen ist das Gebiet zwischen Lagos und Cabo de São Vicente, eine karge, wildromantische Landschaft mit besonders hoher Steilküste, von der schon Hemingway begeistert war.

Verbindungen

Mit dem eigenen **Auto** empfiehlt sich von Lissabon folgende Strecke: über die Tejobrücke nach Setúbal - Alacer do Sal - Grandola - Alvalade - Qurique. Fahrzeit ca. 3,5 Stunden. Die Entfernung von Lissabon nach Faro beträgt ca. 280 km.

Wer mit dem Wagen die Westküste entlang will, kann von Setúbal per Fähre nach Troia übersetzen, von 7.30-24 Uhr, morgens ca. jede halbe Stunde, nachmittags ca. jede Stunde eine Fähre.

Eine weitere Alternative führt entlang der Nationalstraße No. 2 von Aljustrel über Castro und Verde nach Faro. Diese Route ist landschaftlich am reizvollsten, braucht jedoch mehr Zeit. Viele Kurven, insgesamt zählt man 365.

Algarve 237

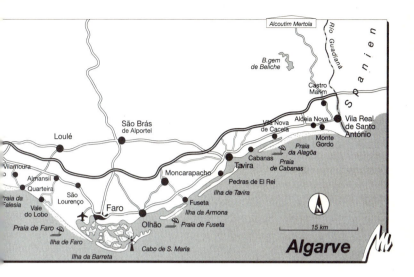

Alle **Expreßbusse** benutzen die zuerst beschriebene Route über Qurique. Fahrzeit ca. 4 bis 4,5 Stunden. Neben der staatlichen Busgesellschaft *Rodoviaria Nacional* gibt es vier private Unternehmen (*Novo Mundo*, *Capritur*, *Mundial Turismo* und *Renax*). Pro Gesellschaft fahren mindestens zwei Busse täglich in jede Richtung. Für den normalen Bus beträgt der Fahrpreis ca. 18 DM.

Außerdem gibt es täglich fünf **Expreßzüge** in jede Richtung. Fahrpreis etwas niedriger als der Bustarif; die Fahrt dauert dafür etwas länger, 4,5 bis 5 Stunden. Die Züge fahren via Faro bis Vila Real de Santo António. Umsteigebahnhof für Züge nach Portimão und Lagos ist Tunes, ein kleiner Ort nördlich von Albufeira. Die Fahrt von Lissabon nach Faro kostet 1. Klasse ca. 24 DM, 2. Klasse ca. 16 DM.

Eine neue Zugverbindung wurde mit dem **Algarve Express** eingerichtet, der von Faro nach Lissabon 5,5 Stunden und von Lissabon nach Fatima - Coimbra ca. 3,5 Stunden braucht.

Täglich gibt es mehrere **Flüge** auf der Strecke Lissabon - Faro. Flugpreis einfach ca. 130 DM, hin und zurück ca. 220 DM bei max. drei Tagen.

Vila Real de Santo António

Ein profilloser Ort mit geradlinigen Straßen und monotoner Architektur an der Mündungsbucht des Rio Guadiana, dem Grenzfluß nach Spanien. Im Ort gibt es nicht viel zu tun, eine wenig Leben in den Straßencafés der Fußgängerzone an der Praça Marquês de Pombal und an der parkähnlichen, recht hübschen Flußpromenade.

Der *Rio Guadiana* ist extrem verschmutzt, in ihm existiert praktisch kein Fischleben mehr, speziell nach trockenen Sommern. Einen großen Anteil an der schlechten Wasserqualität hat eine Papierrecycling-Fabrik bei Maourão. Von dem 810 km langen Weg, den der Rio Guadiana ab der Quelle in der spanischen La Mancha zurücklegt, führen aber auch 550 km durch Spanien, wo bereits ein Großteil der Verunreinigungen in den Fluß gelangt.

1755 wurde die Stadt nach dem Erdbeben in nur fünf Monaten neu aufgebaut. Der ehrgeizige Minister Pombal ließ mit riesigem Aufwand sogar Fassadensteine von Häusern aus Lissabon heranbringen, um dem feindlichen Nachbarn Spanien zu zeigen, was die portugiesische Regierung alles auf die Beine stellen kann. Pombals Vorstellungen zum Neubau von Städten kann man auch in der Lissabonner Baixa nachvollziehen: kerzengerade rechtwinklige Straßenzüge, alles auf dem Reißbrett geplant.

Vila Real ist ein "Einkaufsparadies" für Spanier, die mal eben für einen Tag nach Portugal fahren. In den Straßen und Kneipen hört man deshalb mehr Spanisch als Portugiesisch und Ausrufe des Erstaunens wie "todo es tan barato" (hier ist alles so billig!). Mein spanischer Tischnachbar, 50 und von satter Gestalt, bedrängte mich mit einer Runde Cognac - "Prosit - viva Salazar y Franco!" Laßt uns darauf anstoßen???

Sehenswert ist das **Museum Manuel Cabanas**, Praça Marquês de Pombal, unten im Rathaus. Der inzwischen 85 Jahre alte Künstler sammelte während seiner langen beruflichen Laufbahn Holzstiche und Druckformen. Mit seinen Entwürfen wurden viele Buchumschläge bedruckt. Montags geschlossen.

Während der Saison werden interessante *Tagesausflüge mit dem Boot* (30 Passagiere) den Rio Guadiana hinauf angeboten. Zwischenstop zur Mittagspause in Foz de Odeleite.

• *Verbindungen*: **Bahn**: Endstation der Eisenbahnlinie Lissabon - Faro.
Bus: Verbindungen nach Monte Gordo, Faro, Castro Marim und Mertola.
Auto: Seit August 1991 ist endlich die Brücke über den Guadiana fertiggestellt.

Der Grenzverkehr mit Spanien muß nun nicht mehr mit den kleinen **Fährbarkassen** abgewickelt werden. Sie sind aber immer noch in Betrieb, und wenn Sie Zeit haben, sollten Sie die preiswerte Überfahrt vielleicht nutzen: pro Person ca. 1,50 DM, das Auto ca. 8 DM. Die Fähre verkehrt von 8-19.30 Uhr und benötigt ca. 10 Min. pro Fahrt.

Verbindung ab Ayamonte (Spanien): Busse mehrmals täglich nach Huelva und Faro, 2x täglich nach Lissabon, ein Bus Richtung Norden. Nach Sevilla gehen drei Züge täglich.

- *Information*: An der Uferpromenade, bei der ehemaligen Zollstation, Tel. 43272. Öffnungszeiten täglich von 8-19.30 Uhr. Möglichkeit zum Geldwechseln.
- *Übernachten*: **Hotel Guadiana**, Av. da República 94, Tel. 511482. Toll renoviertes Hotel an der Uferpromenade - Blick nach Spanien hinüber. Gediegene, hohe und geräumige Zimmer für ca. 120 DM. Top die Suite für ca. 200 DM.

Pension Felix, Rua Dr. Manuel de Arriaga 2, Tel. 43791. 50 m vom Turismo entfernt. Der Besitzer wartet schon lange auf einen dummen Ausländer, der ihm das muffige Haus abkauft. DZ ca. 45 DM.

Pension Baixa Mar, Rua do Dr. Teofilo Braga 5, Tel. 43511. Einfache, saubere Zimmer, z.T. mit Fenster zum Fluß. DZ mit Gemeinschaftsbad ca. 50 DM.

Privatpension Matos Pereira, Rua Dr. Sousa Martins 57. Besitzer sind Angola-Portugiesen; im Treppenaufgang stehen afrikanische Schnitzereien. Acht kleine, saubere Zimmer. DZ ca. 40 DM.

- *Jugendherberge*: Im Zentrum, Rua Dr. Sousa Martins 40, Tel. 44565. Übernachten ca. 12 DM. Kochmöglichkeit.
- *Essen*: **Caves do Guadiana**, Av. da República 90. Empfehlenswert; besonders während der Mittagszeit ist es schwierig, Platz zu finden. Begrenzte Auswahl an Fisch- und Fleischgerichten; Beilagen sind Spinat, gekochte Kartoffeln und Pommes Frites. Hauptgerichte ca. 13 DM.

Pombalina, Rua José Barao 1. *Paciência*, Geldduld, braucht der Gast, bis endlich das Essen mit kalten Pommes frites auf den Tisch kommt. Die Tomatensuppe erinnert an Spülwasser. Zum Trost wurde das Restaurant vom Algarve Tourist Board in den kulinarischen Adelsstand erhoben und gewann einen Spezialitätenwettbewerb. Wer die Spezialität von Vila Real, *Estupa*, probieren möchte: ein Art Salat aus rohem Thunfisch, Paprika und Tomaten.

Castro Marim

Zwischen Salinen und Marsch gelegen, nur ca. 3 km nördlich von Vila Real de Santo António. Auf einem Doppelhügel neben dem Dorf steht ein altes *Kastell*, im 13. Jh. von den Mauren erbaut. Innerhalb der Mauern befindet sich eine kleine, leere Kirche und eine weitere, etwas ältere Burgruine. Gras wuchert überall zwischen den Mauern und Steinbrocken, allenfalls noch interessant für weidende Ziegen. Von dem *Wachgang*, der auf der Außenmauer entlangführt, hat man einen schönen Blick auf die Ziegeldächer des Dorfes und den umliegenden Naturschutzpark sowie nach Andalusien jenseits des Flusses.

Das kleine Büro innerhalb der Burgmauern ist eine Informationsstelle über den *Naturpark* zwischen Castro Marim und Vila Real. In dem Park kann man, ausgerüstet mit einem Fernglas, einige seltene Vögel sehen, vor allem Stelzvögel und Störche. Beste Zeit für einen Besuch sind Oktober und November. Sonntags geschlossen.

Feste: Jährlich am 15. August findet im alten Kastell die *Festa da Vila*, das Stadtfest, statt. Die Einheimischen demonstrieren u.a. verschiedene Arten von Handwerk und Handfertigkeiten (Verarbeitung von Weide und Schilf, Weberei).

(Ver)Damm(te) Probleme

Am Rio Guadiana ist ein riesiger Staudamm in Planung. Ginge es nach den portugiesischen Landwirtschaftsbehörden, so würde 1995 mit dem Bau begonnen werden. Drei Milliarden DM würden nach heutigen Schätzungen verbaut werden, um den 25.000 ha großen Kunstsee aufzustauen. Eine ganze Reihe von Dörfern, alten maurischen Wassermühlen und römischen Tempeln würden unwiederbringlich zugeschüttet. Die EU-Behörden, von denen die Realisierung wegen der zu bewilligenden Zuschüsse letztlich abhängt, sperren sich noch; man möchte die bereits bestehende EU-weite landwirtschaftliche Überproduktion nicht noch mehr steigern.

Durch eine hügelige, teilweise macchiaähnlich bewachsene Gegend mit nur wenigen Bäumen führt die Straße N 122 weiter ins Alentejo. Sie ist sehr kurvenreich und fast ohne Verkehr. Das Hinterland der Algarve ist sehr dünn besiedelt; nur ab und zu tauchen hübsche saubere weißgekalkte Dörfer auf, die im Sommer von der Sonne glühen.

Alcoutim

Das kleine Flußdorf liegt ca. 40 km nördlich von Vila Real de Santo António. Oben auf dem Hügel findet sich wieder ein altes *Grenzfort*, ebenso auf der spanischen Seite des Flusses Guadiana. Der drittgrößte Fluß Portugals ist an dieser Stelle noch ca. 200 m breit. Ohne Fahrzeug kann man sich allerdings mit kleinen Motorbooten übersetzen lassen. Die Zollbeamten, die gähnend im Schatten der Bäume ihre Zeit totschlagen, freuen sich über etwas Abwechslung.

In Alcoutim wurde im Jahre 1371 der berühmte Friedensvertrag zwischen den Portugiesen und den Spaniern unterzeichnet.

Monte Gordo

Der Ort liegt in einer flachen Pinienlandschaft am Atlantik - duftende Pinienhaine und kilometerlanger Sandstrand. Vom ursprünglichen Fischerdorf ist nicht mehr viel erhalten: Schon von weitem sieht man die vielgeschossigen Stahlbetonhotels. Im Zentrum kleine Cafébars, Souvenirshops und Restaurants, in den engen Nebengassen hübsch bemalte Fischerhäuschen und Villen gutbetuchter Engländer.

Der feine Sandstrand ist sehr lang und zum Teil meherere Hundert Meter breit. Auf dem Dorfbadestrand baute man das *First Class Hotel Vasco da Gama* und etwas daneben das *Spielcasino*. Unter der Woche wird das Casino um 18 Uhr, am Wochenende um 17 Uhr geöffnet. Der Eintritt ist frei.

Monte Gordo 241

Eine Begebenheit aus der Dorfgeschichte: Im 18. Jh. wollte der Lissabonner Minister Pombal die Fischer von Monte Gordo in die neuerbaute Nachbarstadt Vila Real de Santo António zwangsumsiedeln; dort sollte ein Fischereizentrum entstehen. Statt sich jedoch in Vila Real einzurichten, flüchteten die Fischer über die Grenze nach Spanien. Dort blieben sie drei Jahre lang, bis Minister Pombal wegen eines Regierungswechsels selbst in die Verbannung geschickt wurde. Die Fischer kamen alle zurück und zogen wie früher ihre kleinen Fischerboote zum Strand hoch. Vom Hafen in Vila Real wollen sie noch heute nichts wissen.

- *Information*: an der Esplanada neben dem Casino, Tel. 081/44495.
- *Verbindungen*: In der Saison mehrmals die Stunde **Busse** zum 3 km entfernten Vila Real. Auch Busse nach Tavira und Faro. **Fahrräder** kann man im Erdgeschoß des Aparthotels *Guadiana* mieten.
- *Übernachten*: **Hotel Baia de Monte Gordo**, Rua Diogo Cao, Tel. 511851. Fünfstöckiges modernes Haus, nur einen Block vom Strand entfernt. Schöne Aussicht vom Restaurant im oberen Stockwerk. Hausgäste können Swimmingpool und Tennisplatz des Hotels *Vasco da Gama* mitbenutzen. DZ mit Bad ca. 120 DM.
Hotel dos Navegadores, Rua Comcalo Velho, Tel. 512490. 200-Betten-Hotel mit Swimmingpool. DZ mit Bad ca. 200 DM.
Residencial Promar, Rua D. Francisco de Almeida, Tel. 42250. Kleine Pension neben dem Strand. Zimmer recht klein, mit Waschbecken. Im Sommer ist Vollpension Pflicht, allerdings recht preiswert. Die meisten Zimmer mit Blick aufs Meer. DZ ca. 90 DM.
- *Camping*: an der Waldstraße nach Vila Real, nicht weit vom Hotel *Vasco da Gama* entfernt. Einer der schattigsten Campingplätze, hübsch mit Pinien bestanden. Platz für 600 Personen. Pro Person ca. 3 DM, Zelt ca. 2 DM, Auto ca. 2 DM.
- *Essen*: Außerhalb **Restaurant/Snackbar Adao e Eva**, am unbebauten Strandabschnitt *Praia do Cabeco*, ca. 2 km westlich von Monte Gordo. Inmitten eines kleinen Figurengartens, in pyramidenförmiger Leichtbauweise zum Kühlhalten. Gute Auswahl an Meeresgerichten. Der Wirt besitzt Kellnererfahrung vom Oktoberfest.

▶ **Ausflüge:** Busausflüge zur Felsenalgarve westlich von Faro. Ein Veranstalter preist den Ausflug mit folgender Wörterbuch-Übersetzung an: "Die lang Ausflug aus dem Algarve - Das Mittagessen landschaftlich - Die Wasser lauter heilgetrinken - Die schön Strand aus dem Algarve..."
Westlich von Monte Gorde spärlich mit Pinien bewachsene Dünenlandschaft mit schönem Sandstrand bis zum Dorf *Cacela*. Dort beginnt die *Sandbankküste*, die durch ein sumpfiges Wattenmeer vom eigentlichen Festland getrennt ist. In Strandcafés und an kleinen Stränden gibt es Erfrischungen und Snacks.

Manta Rota

Kleines, ebenes Dorf, einige Kilometer östlich von *Cacela Velha*. Sehr breiter, langer Strand mit feinem, sauberem Sand, jedoch ohne ein bißchen Schatten. Im Sommer werden in kleinen Strandrestaurants Getränke und Snacks verkauft. Die ersten Sommerhäuser sind auch hier bereits in Bau. In dieser Gegend gibt es viel Weinanbau.

Abendstimmung in Cacela Velha

- <u>Verbindungen</u>: **Bahnhof** in Vila Nova de Cacela, ca. 2 km entfernt.
- <u>Übernachten</u>: **Estalagem Oasis**, Praia da Lota, Tel. 951644. Direkt über den Strand gebaut. Deutscher Inhaber. Alle Zimmer mit Fenster oder Balkon zum Meer, nur Halbpension. DZ mit Bad ca. 160 DM.

Cacela Velha

Liegt sehr malerisch auf einem Hügel neben dem Meer. Vom Strand aus erscheint es wie ein Festungsdorf mit Kirche, ein paar weißgekalkten Häusern und einem restaurierten *Fort* aus dem 12. Jh. Bei Abendstimmung hat man von dem Platz bei der Kirche einen der schönsten Ausblicke der ganzen Algarve.

Außer den gelangweilten Küstenwächtern im Fort trafen wir den leicht verwirrten Totengräber, der uns stolz die makaberen *Grabkammern* und den *Knochenkeller* (vollgestapelt mit Totenköpfen und Knochen) des Friedhofs wie seine neue Wohnungseinrichtung vorführte.

Erst vor wenigen Jahren wurde das Dorf ans Wasserversorgungsnetz angeschlossen. Aus einem Brunnen am Dorfplatz kann man deshalb noch immer frisches Grundwasser schöpfen. Einige Dorfbewohner vermieten Zimmer, z.T. mit Meerblick (Schilder beachten!).

In der einfachen Kneipe neben der Kirche werden *Amêijoas* aus den Muschelfeldern des Dorfes frisch zubereitet. Nicht ganz so würzig wie bei Zé in Lagos, dafür nur halb so teuer. Auch Austern, das Dutzend zu 800 Esc, gibt es (zumindest am Wochenende).

Fabrica

Der Ort liegt ein paar Hundert Meter westlich von Cacela. Hier sind neue Appartementblocks und ein Restaurant mit Meerblickterrasse entstanden. Noch stehen die alten, wackligen Häuser, aber ihr Ausbau ist lediglich eine Frage der Zeit. Am Strand Fischer, die für wenig Geld eine Überfahrt zur Sandbank anbieten. Es gibt *Privatzimmer*. Informationen darüber hat der Wirt im Restaurant.

Einkaufen: An der Straße von Vila Real de Santo António nach Faro liegt zwischen Cacela und Cabanas auf der rechten Seite ein Laden. Dort kann man sich mit Reiseandenken wie *Tonwaren*, *Decken* oder *Teppichen* zu reellen Preisen eindecken.

Cabanas

Schöner Strand mit schattigen Schirmpinien. Weiter außerhalb Steilküste. Am Ortseingang jede Menge Bungalows eines Feriendorfes - das eigentliche Dorfbild hat sich dadurch aber wenig verändert. Bis jetzt kein einziger Stahlbetonbau im Dorf, die meisten Häuser sind eingeschossig mit Dächern in Kopfhöhe. Parallel zur Ufermauer die staubige Hauptstraße mit einigen kleinen Tavernen.

Der *Strand* beginnt erst am östlichen Dorfende. Er hat zuckerfeinen Sand und liegt unterhalb eines mit Pinien und Kakteen bewachsenen Hanges. Bei Ebbe muß man allerdings zur Sandbank hinübergehen, da an der Küste das Wasser zum Schwimmen nicht mehr tief genug ist und Felsbrocken verstreut herumliegen. Zum *Baden* fahren die meisten Touristen per Boot auf die Sandbank, auf der es allerdings keinen Schatten gibt. Im Sommer Pendelverkehr mit Fischerbooten bis ca. 19 Uhr, pro Überfahrt ca. 1 DM.

Hinter dem Hang, geduckt in einer Mulde, steht noch ein guterhaltenes *Fort* mit Wohnhäusern innerhalb der Mauern. Weiter östlich beginnt eine niedrige *Steilküste* mit schmalen Sandstreifen. Bei unseren Recherchen, hatten sich im Pinienhain in der Nähe vom Kiosk allerhand Treibgut und auch Glasscherben angesammelt.

- *Verbindungen*: Busverbindung 7x täglich mit Tavira. **Bahnstation** ca. 2 km außerhalb des Dorfes.
- *Übernachten*: Die **Bungalows** sind ganz nett und für vier Personen gar nicht teuer. **Pedras d'El Rei**, mit Diskothek und Swimmingpool, kostet ein bißchen mehr.
- *Essen*: **Beira Mar**, bescheidener Bau an der Uferstraße Av. 28 de Maio. Nett dekoriert, gute Fischsuppe und diverse Tagesgerichte. Dienstags geschlossen.

Tavira besitzt viele malerische Winkel

Tavira

Eine der ältesten Algarvestädte, mit viel Atmosphäre. Auch im Sommer ist hier nicht allzuviel los, da es kein Hotel im Ort gibt. Tavira liegt zu beiden Seiten des Rio Gelao, der nur bei Flut mit Wasser vollläuft.

Im Zentrum führt eine siebenbögige römische Steinbrücke über den Rio und verbindet die beiden Stadthälften. Wie in Venedig stehen dort einige Bürgerhäuser halb im Fluß, mit Treppchen und Bootsanlegesteg zum Wasser. Romantisch die orientalischen Treppengäßchen am Stadthügel. Tavira besitzt über 30 Kirchen.

Am höchsten Hügelpunkt steht auf den Fundamenten einer Moschee die **Igreja de Santa Maria do Castelo** mit gotischem Portal. Eigentlich ohne architektonischen Wert, wurde sie aus Traditionsgründen zum Nationaldenkmal erklärt. Davor sieht man die Ruinen der **Burg** von König Dinis mit gepflegten Gartenanlagen.

Sehenswerter ist die **Igreja de Misericordia**, etwas unterhalb auf dem Weg zum Hauptplatz. Sie ist eine der schönsten Renaissance-Kirchen der Algarve, erbaut 1541. Im Inneren schöne Fresken und Reliefs. Die mittelalterlichen Arkaden bei der Kirche dienten eine Zeitlang als Markt. Das Gebäude ist meist verschlossen; wegen einer Besichtigung der Misericordia im Rathaus nachfragen. Von der Kirche kommt man

Tavira 245

durch den **Arco do Misericordia**, ein antikes Tor mit manuelinischen Wappen, zur Praça da República, dem Hauptplatz.

Information *Verbindungen*

- *Information*: unter den Arkaden am Praça da República, Tel. 081/22511. Geöffnet täglich 9-20 Uhr, außerhalb der Saison Sa/So nur bis 12.30 Uhr. Hier auch die Abfahrtsstelle der Busse.
Infobüro/Rent a bike **Das Neves**, Rua Dr. Parreira 135 (Parallelstraße zum Markt), Tel. 81282. Hier werden von Luis und Martine **Appartements** vermittelt, z.B. drei Tage für ca. 150 DM, sowie **Fahrräder** für ca. 11 DM und **Mopeds** vom Einsitzer-Mokick für ca. 25 DM bis zum zweisitzigen Moped für ca. 70 DM pro Tag vermietet.
- *Verbindungen*: **Eisenbahnstation** am Ortsrand, Linie Faro - Vila Real. Häufig **Busse** nach Faro und Vila Real.

Übernachten *Camping*

Appartementhotel Eurotel, Quinta das Oliveiras, Tel. 324324. Ca. 2 km außerhalb an der Straße nach Vila Real (nicht am Strand). Swimmingpool und Tennisplatz. Das Appartement für zwei Personen kostet ca. 70 DM, für drei ca. 92 DM.
Pensão Princessa de Gilão, Rua Jacques Pessoa, Tel. 325171. Freundliche Zimmer, zum Teil mit Blick auf den Fluß, blumenberankte Dachterrasse als Frühstücksplatz. DZ mit Bad und Frühstück ca. 70 DM.
Pension Castelo, Rua Liberdade 4, Tel. 23942. Im Zentrum, die Hälfte der Zimmer geht nach hinten, z.T. mit kleinem Patio, Blick aufs Castelo. Geräumige Zimmer. DZ mit Bad ca. 70 DM.
Pension Lagoas, Rua Almirante Cándido dos Reis 24, auf der östlichen Flußseite, Tel. 22252. Die meisten Zimmer mit viel Licht auf der Hausterrasse im zweiten Stock. Räume sehr sauber, mit schönen, alten Möbeln. DZ mit Bad ca. 50 DM, ohne ca. 45 DM.

Residencial Imperial, Rua José Padinha 24, an der Flußesplanade, Tel. 22234. Ganz nett sind die drei geräumigen Zimmer mit Fenster zum Fluß. In letzter Zeit wird auch mehr auf Sauberkeit geachtet. Mit Bad inkl. Frühstück ca. 50 DM, ohne Bad ca. 40 DM.

- *Camping*: auf der dünn mit Strandpinien beschatteten Sandinsel **Ilha de Tavira**. Nicht mit dem Wagen zu erreichen; das Auto kann aber ohne hohes Bruchrisiko in Quadro Aguas geparkt werden - die portugiesische Zollfahndung hat hier ihr Domizil. Nach einer Erweiterung der sanitären Anlagen gibt es seit 1993 Platz für 1.300 Personen. Auf der Insel einige Restaurants und ein minimal ausgestatteter Mini-Mercado neben dem ersten Restaurant. Preis pro Person ca. 4,50 DM. Geöffnet von Mai bis Mitte Oktober.
Zu erreichen von Quatro Aguas per Bus ab Hauptplatz, per Taxi für ca. 4 DM (ca. 2,2 km) oder per Pendelboot (siehe unten).

Essen

Imperial, Rua José Padinha 22. Empfehlenswertes und vielbesuchtes Restaurant an der Flußesplanade. Tagesgerichte sind meist sehr gut, z.B. *Porco a componesa* (Mischpfanne mit Schweinefleischwürfeln, Kartoffeln, Oliven, Knoblauch und Gewürzen). Exzellente Tomatensuppe!
Ponto de Encontro, Praça Padinha 39, am östlichen Ufer. Retornados aus Mozambique bieten hungrigen Tavernenbesuchern eine Alternative zum *Imperial*. Spezialitäten, die man sonst nicht auf der Speisekarte findet, sind das Kalbssteak mit Mandelsauce und der Plattfisch.

Montags geschlossen.
Bica, Rua Almirante Cándido dos Reis 22-24. Einfach, sauber, preiswert. Eintopfgerichte, Fleischspieße etc. Spezialität ist *Bife de perú com delicias do mar* (Truthahn, gefüllt mit einer Paste aus Krebsen und Fischchen) mit einer leckeren Sauce. In der engen Gasse stehen auch einige Tische im Freien.
Café Cine Bar, neben dem Kino. Große Auswahl an leckeren Salaten: Tintenfischsalat mit Tomaten, Paprika und Oliven; Thunfischsalat aus der Dose oder auch

246 Algarve

Kein Thunfisch mehr in Quatro Aguas

salgado, roh eingesalzen. Auch gute *Bolos de bacalhau*.
Beira Rio, Rua Agua Asseca, am Fluß. Ein deutscher Wirt führt dieses Lokal jetzt weiter; auf der Karte italienische Küche.
Snackbar Romba, Rua Guilherme Gomes Fernandes 18. Kleine Auswahl an warmen Gerichten, ansonsten diverse Salate (Thunfisch) und *Bolos de bacalhau*.
Direkt nebenan eine typische **Tasca**, aus deren Küche Wohlgerüche strömen.

Einkaufen

Der **Obst- und Fischmarkt** liegt am Ende der Palmenesplanade am Fluß. Mit dem Boot fahren die Fischer bis vor die Fischhalle und breiten den Fang zur Versteigerung auf dem Boden aus.

Gegenüber der Post liegt ein wüster **Schuhladen** - aufpassen, daß man nicht eines der schiefhängenden Regale auf den Kopf kriegt! Der unscheinbare alte Ladeninhaber ist Seniorchef einer erfolgreichen Großhandelskette und betreibt den Laden mehr als Hobby. Nach Ladenschluß wird er schon von seinem Chauffeur erwartet. In den Regalen gibt es viel Ramsch, doch mit etwas Glück und Geduld findet man gutverarbeitete und preiswerte Schuhe, die auch noch zusammenpassen.

Quatro Aguas

Tavira war früher ein wichtiger Thunfischverarbeiter. Eine riesige alte Fangstation mit Lagerhallen und einem gelben, kirchenähnlichen Verwaltungsbau steht noch heute auf der anderen Flußseite bei Quatro Aguas. Seit Anfang der 70er Jahre ist die Anlage außer Funktion. Davor liegen die vermorschten Skelette der mächtigen

Fangboote, schon halb im Schlick versunken. In der Fangstation wurden die kilometerlangen Netze gelagert und zusammengestellt und Boote repariert. In den kleinen Reihenhäuschen war die Belegschaft untergebracht.

Zweimal pro Sommer war Saison, von Ende April bis Ende Juli wurden die fettesten Thunfische (500 kg) gefangen. Und in den Monaten Juli und August kamen die abgelaichten "Riesenmakrelen" aus Südosten erneut vorbei und wurden abgefischt. Bis zu 3 km lange, trichterförmig angelegte Netze wurden am Meeresgrund verankert, um die Tiere in die Falle zu leiten. Verarbeitet und eingedost wurde der Fisch in der Fabrik am Ortsrand von Tavira. Seit den 80er Jahren blieben die Schwärme aus. Manche Fischereifachleute meinen, daß heute das Meerwasser in Küstennähe zu trübe ist - der Fisch fühlt sich blind und weicht ins tiefere Meer aus.

Bis vor kurzem war in Quatro Aguas ein monströser Sportboothafen in Planung - das Verkaufsbüro gegenüber dem Restaurant *Portas do Sol* existiert noch. Aus Gründen des Landschaftsschutzes und um die zahlreichen Fischlaichplätze im Fluß nicht zu stören, wurde dem Projekt die Genehmigung entzogen.

- *Verbindungen*: Erstes **Boot** zur *Ilha de Tavira* um 8 Uhr, letztes um 20.30 Uhr, an Sonn- und Feiertagen um 21.30 Uhr. Den Wagen über Nacht stehen zu lassen ist relativ problemlos, da hier die *Guarda Fiscal* (Zollfahndung) residiert.
- *Essen*: Empfehlenswert ist das **Restaurant Portas do Mar**, gehobene Preise, Top Service. Bekannt für seine Meeresgerichte, z.B. Fischeintopf (*Caserol de peixe*).

Santa Luzia

Ein kleines Fischerdorf, 3 km westlich von Tavira. Interessant ist die 1975 erbaute *Dorfkirche* wegen ihrer wirren Mischung aus Elementen aller möglichen Baustile (kantig, kubisch, mit Kuppel).

Das Ortszentrum ist die breite, platzähnliche Dorfstraße neben dem morastigen Kanal von Tavira. Auf dem staubigen Platz flanieren Gäste aus dem *Feriendorf*, das etwas außerhalb des Orts liegt.

- *Übernachten*: **Pedras del Rei**, Tel. 325352. Das Feriendorf gehörte früher dem Club Méditerrané. Weit auseinander liegende Sommerhäuser mit viel Rasenfläche dazwischen, schön ruhig. Minihäuser für vier Personen ab ca. 200 DM pro Tag. Auf dem Gelände sind ein Schwimmbad, ein Restaurant und eine Bar.

- *Essen*: **Mar Azul**, leider nicht mit Meeresblick, da in einer Seitengasse. Klein und gemütlich, Preise durchschnittlich. Direkt gegenüber liegen **Bar** und **Restaurant Meia Pipa**. Dort spielen an einigen Tagen der Woche Live-Musiker. Weitere Restaurants liegen an der **Strandpromenade**.

▶ **Baden**: Etwa 500 m westlich des Dorfs, unterhalb der Feriensiedlung, führt eine kurze Schwimmbrücke über den Kanal zur *Sandbank*. Von da aus fährt eine Minieisenbahn durch Marschland zur *Praia do Barril*, ca. 1,5 km entfernt.

Ungewöhnlich, aber nicht unschön – die moderne Kirche von Santa Luzia

Die Praia do Barril ist ein sehr sauberer Sandstrand mit Dünen dahinter. Da am Strand kein natürlicher Schatten zu finden ist, kann man Sonnenschirme leihen. Viele baden nackt. Am Rand liegen ein ganzer Haufen halbverrosteter Schiffsanker und ein paar alte Fischerboote. Im solide gebauten Haus der früheren Küstenwache ist jetzt ein *Sommerrestaurant* eingerichtet worden. Hinter dem Gebäude liegen Tennisplätze für die Clubgäste.

Fuzeta

Fuzeta liegt inmitten üppiger Felder und weißglänzender *Salzgärten*, in denen - wie auch in Tavira - nach der Uraltmethode Salz gewonnen wird. Das Meerwasser verdunstet in großen, sehr seichten Becken; übrig bleibt eine dicke Salzkruste.

Ende des 15. Jhs. waren es die Portugiesen, die als erste die reichen Kabeljau-Fanggründe bei der Neufundlandbank ausbeuteten. Entdeckt wurden sie von *Gaspar Corte-Real*. Gerade die Fischer von Fuzeta waren bekannt für ihre erfolgreichen Fangmethoden im Eismeer.

Zum gerade wohnzimmergroßen Hauptplatz kommt man nach der ersten Hälfte der kerzengeraden Hauptstraße. Auf den Bänken hocken die Dorfältesten und schimpfen gemeinsam über die Jungs auf den knatternden Mopeds, die auf der Hauptstraße hin- und herjagen.

Vom toten Flußarm mit einem kleinen Fischerhafen daneben setzen im

Sommer *Badeboote* auf die *Sandbank* über. Strand ohne Strauch und Schatten, dahinter nur ein paar hölzerne Villen und ein kleines *Restaurant*. In der schlammigen Lagune werden Muscheln gezüchtet. Der "indonesische" Pfahlbau, der über dem Wasser steht, ist die Wohnung eines Wächters, der aufpaßt, daß keiner Muscheln klaut.

- *Verbindungen*: **Eisenbahnstation** am Ortsrand. Mehrmals täglich **Busse** nach Faro.
- *Übernachten*: **Pension Liberdade**, beim Bahnhof, Rua da Liberdade. DZ ohne Bad ca. 40 DM.
- *Camping*: im ehemaligen Park des Dorfes am Lagunenrand; Fischerhafen. Preiswert, da städtisch. Ganzjährig geöffnet. Tel. 793459.
- *Essen*: Im **Restaurant Concha**, Hauptstr. 95, kann man günstig und gut essen. Ein paar Tische stehen auf der Terrasse hinter dem Haus. Die Einrichtung ist unpersönlich.
- *Nachtleben*: Im Dorf gibt es einige **Pubs**: **O Abalo**, **Trevo** und **JB 26**.
An der Hauptstraße, nach 3 km Richtung Faro, besteht in der **Diskothek Joy** die Möglichkeit, die letzten Schweißtropfen beim Tanzen loszuwerden. Geöffnet ab 21 Uhr.

Olhão

Belebte Fischereistadt mit hübschen, weißgekalkten Häusern wie in Nordafrika. Viele der kubischen Bauten, von denen jeder Reiseprospekt schwärmt, sind zum Teil schon unter die Spitzhacke gekommen, besonders im heute modernen Zentrum. Aus der Vogelperspektive, vom Turm der kantigen Kirche, wirkt die Stadt am schönsten.

Die kubische Bauweise ist typisch für Olhão

Für den kleinen Hunger zwischendurch – getrockneter Tintenfisch

Die würfelförmigen Terrassenhäuser mit ihren hohen Kaminen und winkeligen Treppenaufgängen geben Olhão die Konturen einer marokkanischen Wüstenstadt, an der seit Generationen gebaut und viel improvisiert wurde. Bei Familienzuwachs wird ein Kämmerchen aufs Dach gesetzt, die Treppe verlängert und der schön verzierte Kamin aufgestockt, damit der Qualm nicht ins neue Dachzimmer zieht.

> Die arabische Bauweise brachten die Olhão-Fischer im 18. Jh. aus Marokko mit und gleichzeitig auch eine Menge Geld, das sie sich im Handel mit den Engländern und Spaniern verdienten. Die beiden Nationen bekriegten sich damals und wurden von den lachenden Dritten, den Olhão-Fischern, mit dem Allernötigsten beliefert - natürlich mit hohen Gewinnspannen.
> Als der Krieg beendet war und der Handel nicht mehr so gut lief, wurde geschmuggelt. Von den Stützpunkten der Küstenwache, die daraufhin entlang der Sandbank zwischen Vila Real do Santo Antonio und Faro gebaut wurden, sieht man noch an vielen Stellen die Grundmauern. Heute soll die Mafia ihre Finger im Spiel haben. Mit als Fischerbooten getarnten Schmuggelschiffen werden Luxusartikel, wie z.B. amerikanische Zigaretten, aus Marokko und Spanien eingeschleust und an einsamen Stränden in LKWs verladen.

An der Praça Patrão Joaquim Lopes sitzen einige ältere Herren und verkaufen stapelweise Taschenkrebse und eingesalzene, getrocknete

Olhão 251

Ab Olhão – per Boot zu den Inseln Armona und Culatra

Tintenfischköpfe. Besonders schön ist Olhão in den engen, kopfsteingepflasterten Gäßchen hinter dem *Fischmarkt*: hier gibt es billige Fischtavernen und kleine Läden.

In einem blaugestrichenen Gewölbe beim Fischmarkt ist die *Fischertasca Sete Estrela*. Was dort beim Anstoßen auf den Boden schwappt, wird gleich vom Sägemehl aufgesaugt. Daß viel gezecht wird, sieht man auch an den 200-l-Weinfässern hinter der Bar. Weitere in Olhão unter den Fischern einschlägig bekannte Bars sind *Pescador* und *Romantica*.

Olhão war berühmt für sein Sardinenkonserven, Marke Piri Piri. 82 Fabriken existierten hier noch bis Ende der 70er Jahre. Zur Revolution wurden die Sardinenbarone enteignet, und die Fischer machten sich mit kleinen Booten selbständig.

- *Information*: Largo da Lagoa, Tel. 713936. Geöffnet von 9-12.30 und 14-17.30 Uhr.
- *Verbindungen*: 8 km östlich von Faro gelegen, **Eisenbahnverbindung** und häufig **Busse**.
- *Übernachten*: **Pension Bicuar**, Rua Vasco da Gama 5, Tel. 714816. Acht Räume, größtenteils gleich eingerichtet. Geräumige, saubere Zimmer in sehr ruhiger Lage, auf drei Stockwerke verteilt. DZ mit Gemeinschaftsbad ca. 50 DM.
Pensão Bela Vista, Rua Teófilo Braga 65-67, Tel. 702538. Luxuriös renovierter, hübsch verwinkelter Bau. Die Hälfte der Zimmer mit Bad.
Boémia Rooms, Rua da Cérca 20 (ruhige Seitenstraße), Tel. 703146. Neu eröffnet, einige Privatzimmer mit eigenem Bad und Balkon, sauber und freundlich. DZ ca. 50 DM.
- *Camping*: 1,5 km außerhalb Richtung Tavira **Camping Olhão**. Eher für Durchreisende, nicht am Strand gelegen. Weiterer Platz auf der Armona Insel, siehe unten.
- *Essen*: **Taiti**, in der Fußgängerzone. Modern eingerichtet, mit relativ preiswerten Fisch- und Fleischgerichten ab ca. 7 DM.

Insel Armona

Der nächstgelegene Bademöglichkeit bei **Olhão**. Die Überfahrt kostet einfach ca. 1,20 DM und dauert 15 Minuten. Es gibt einen großen öffentlichen Parkplatz neben der Abfahrtsstelle der Boote beim Club Naval. Das Risiko von Autobruch soll gering sein, da sich etwas weiter westlich an der Hafenpromenade eine Polizeistation befindet.

• *Camping*: **Orbitur-Platz** mit 15 kleinen **Holzbungalows**, die zu vermieten sind. In einem schönen Pinien- und Eukalyptuswäldchen gelegen, mit öffentlichen Duschen und Toiletten. Rummel gibt's hier besonders an den Augustwochenenden, wenn halb **Olhão** auf der Insel ausspannt.

• *Essen*: Am Strand führt ein belgisches Pärchen ein gepflegtes Self-Service-Restaurant.

Insel Culatra

Die Insel ist nicht auf Tourismus eingestellt - mit viel Glück ergattert man ein Privatzimmer, andere Touristen campen wild am Strand. Kleine Motorboote laufen die Insel von Olhão aus mehrmals täglich an. Fahrzeit Olhão - Farol (Leuchtturm) ca. 45 Minuten. Das Boot legt zuerst am Ostende der Insel bei Culatra an. Die Rückfahrt erfolgt nur zweimal täglich.

Culatra ist ein kleines Fischerdorf mit 1.000 Einwohnern. Wegen seiner isolierten Lage hat es eine eigene Kirche und Schule. Das Dorf besteht aus vielen kleinen Häuschen, niedlich-farbig, die fast wie Puppenhäuser wirken. Im Ort gibt es viele Kinder, die "Hauptstraße" ist für sie gleichzeitig der Sandkasten. Den Fischern ist das moderne Leben immer noch etwas fremd, Besuchern gegenüber sind sie meist zurückhaltend. Einnahmequelle der Bewohner sind neben der Fischerei hauptsächlich die Muschelfelder im Wattenmeer.

Vom Dorf führt ein Sandweg am Strand entlang zum *Farol* am anderen Ende der Insel, ca. 45 Minuten zu laufen. Ein Großteil der Insel ist, gesichert durch Stacheldraht, für die portugiesische Marine als Manövergelände bestimmt, wird aber wenig genutzt. Man kann aber auch mit dem Boot zum Farol fahren. Um den Leuchtturm steht eine Ansammlung kleiner Sommerhäuser mit Wasserbehältern auf dem Dach. Wenn der Leuchtturmwärter vor Einbruch der Dunkelheit vorbeikommt, um die Lichter des Leuchtturms anzumachen, kann man mit ihm auf den Turm steigen. Von dort hat man eine sehr schöne Aussicht.

Da es auf der Insel keine zentrale Wasserversorgung gibt, hat vor einigen Jahren eine Gruppe wild campierender Studenten aus Lissabon nach Wasser gegraben. Gerade mal 20 m neben dem Meer fanden sie mit unwahrscheinlichem Glück in nur 3 m Tiefe eine Süßwasserader.

• *Essen*: In der Siedlung beim Leuchtturm gibt es nur zwei kleine Sommertavernen. Im **Restaurant A' do João** ißt man gute *Caldeiradas* und Muschelgerichte.

Faro

Die meisten Portugaltouristen kommen via Faro-Airport ins Land. Die wenigen Flugstunden vom verregneten Zuhause sind schnell vorüber. Beim Aussteigen aus der Maschine kneift man in der gleißenden Mittagssonne unwillkürlich die Augen zusammen, so grell ist das Licht, flimmernd und fast schattenlos, weil es vom Meer in die trockene Atmosphäre reflektiert wird.

Faro liegt an einem Wattenmeer mit kleinen Inseln davor. Im Hinterland die fruchtbare Algarve-Ebene, mit ihren typischen Feigen- und Mandelbaumpflanzungen überzogen, dazwischen rotleuchtendes Ackerland. In Algarve-Maßstäben ist die Provinzhauptstadt Faro so etwas wie eine Metropole, obgleich sie nur etwa 30.000 Einwohner hat. Seit Mitte des 16. Jh. gilt sie als Hauptstadt der Algarve.

Zentrum Faros ist der *Palmengarten Bivar* neben dem Yachthafen. Man kann stundenlang im schattigen Straßencafé sitzen, ohne sich zu langweilen. Wir beobachteten beispielsweise einen schweißnassen Bootsbesitzer, wie er sich eine Viertelstunde lang abmühte, den verfluchten Außenborder zum Knattern zu bringen. Dann kam wieder der Knirps mit der Kiste vorbei, der für 60 Pfennig Sommersandalen auf Hochglanz polieren möchte.

Die Altstadt hinter den Resten der Verteidigungsmauer sollte man ruhig mal anschauen. Hinein kommt man durch den *Arco da Vila*, einen Torbogen im neoklassizistischen Stil, der ein Nationaldenkmal darstellt. Er liegt am Ende des Jardim Bivar, und wenn man von dort weiter der engen Gasse folgt, kommt man zum *Largo da Sé* mit einer hübschen Kathedrale romanisch-gotischen Ursprungs, 1251 erbaut. Gegenüber liegt der alte *Bischofspalast*.

*A*dressen

- *Information*: am Jardim Bivar, neben dem Arco da Vila, Tel. 082/803604. Man bekommt hier kostenlos einen Stadtplan. Öffnungszeiten: täglich 9.30-20 Uhr, im Winter bis 19 Uhr.
- *Deutsches Konsulat*, Av. da República 166, Tel. 22050. Konsul Enzio Freiherr von Baselli aus Carvoeiro und Frau Bickmann helfen bei Troubles, sind aber ziemlich überlastet. Das Konsulat wurde bereits 1752 von den Hansestädten gegründet. 3.000 deutsche Residenten werden von hier aus betreut, noch einmal so viele sind wahrscheinlich nicht registriert.
- *Post*: am Largo da Carmo und in der Rua de Santo Antonio. Im Sommer an Werktagen von 9-18 Uhr geöffnet, samstags nur bis Mittag.
- *Geldwechsel*: am Wochenende nur am Flughafen möglich. Zwei Banken sind samstags von 10-12 Uhr geöffnet.
- *Reisebüros*: Fast alle im Zentrum gelegen. Hauptgeschäft sind die verschiedenen Ausflugskombinationen zu den Küstendörfern und in die Berge. Im Reisebüro **Marcus & Harting**, Rua Cons. Bivar 69, spricht man Deutsch.
- *TAP*: Büro der portugiesischen Flugge-

254 Algarve

sellschaft in der Rua D. Francisco Gomes 8, Tel. 25021. Am Flughafen unter Tel. 800222 zu erreichen.

• *Investberatung*: Ein seriöser Ansprechpartner bei Fragen zu Bauplanung, Bauüberwachung, Finanzierung und Genehmigung ist die **Investberatung von Baselli**, Tel. 082/357159.

*V*erbindungen

Bahn: Bahnlinie Vila Real - Portimão. Der Bahnhof liegt im Zentrum.

Bus: Busbahnhof neben dem Hotel *Eva* im Zentrum.

Flugzeug: Der Flughafen liegt 5 km außerhalb im Wattenmeer bei der *Ilha do Faro*. Von 8-21.15 Uhr gehen fast stündlich Busse ins Zentrum (Faro - Praia do Faro). Ein Taxi kostet ca. 9 DM (keine Taxameter), nach 22 Uhr und an Sonn- und Feiertagen 20 % Aufschlag. Die *Bankfiliale* im Flughafen ist von 9-19.30 Uhr geöffnet, *Geldautomat* jederzeit zugänglich. Die Touristeninformation ist von 9-22 Uhr offen.

Mietautos: In Faro gibt es sechs Autoverleihfirmen mit Büros am Flughafen.

*Ü*bernachten

Hotel Eva, Av. da República, Tel. 803354. Der klotzige Hotelbau steht am Jachthafen beim Jardim Bivar. 288 Betten, Klimaanlage in jedem Zimmer. DZ mit Bad ca. 165 DM.

Hotel Faro, Praça Dr. Francisco Gomes 2, Tel. 803276. Blick auf den Jachthafen. DZ mit Bad ca. 120 DM.

Hotel Dom Bernardo, Rua General Teofilo da Trindade 20, Tel. 806806. In der oberen Neustadt, 10 Min. ins Zentrum. Neueröffnung 1992. Tolle Zimmer mit Klimaanlage und Wanne im Bad. Die Zimmer nach Süden zum Meer sind ruhig, auch mit Doppeltüre zum Gang; zur Durchgangsstraße etwas laut. Privatparkplatz hinter dem Hotel. DZ ca. 130 DM.

Residencial Samé, Rua do Bocage 66, Tel. 823370. Sauber und gut geführt. Ruhige Zimmer ohne Verkehrslärm nach hinten. Im Stil der 60er Jahre mit Lift und Korkfußböden, zum Teil mit Air-condition. Einige Zimmer im ersten und zweiten Stock wurden neu ausgestattet

Faro 255

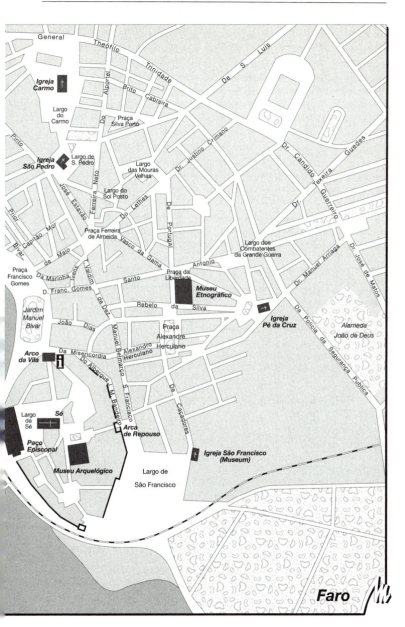

Algarve

und sind etwas teurer. DZ mit Bad und Frühstück ca. 75 DM.
Hotel Albacor, gegenüber vom Samé, Tel. 803593. Gut ausgestattete Zimmer, einige im obersten Geschoß mit eigenem Balkon und Blick über die Stadt.
Hotel Santa Maria, Rua de Portugal 17, im Zentrum, Tel. 824064. Ziemlich modern, 60 Betten. DZ mit Bad ca. 120 DM.
Residencial O Farão, Largo da Madalena 4, Tel. 823356. In einem stattlichen Bürgerhaus in der Altstadt. Wurde gerade neu renoviert - besonders der Eingangsbereich blendet mit üppiger Marmorausstattung. 2 Min. vom Busbahnhof gelegen. DZ mit Frühstück ca. 75 DM.
Pensão Marim, Praça Silva Porto 25, Tel. 24063. Ruhige Wohngegend, ca. 8 Min. zum Zentrum. Saubere, etwas kleine Zimmer mit Dusche und WC. Alle 33 Zimmer haben einen Mini-Balkon zu einem kleinen Platz. DZ ca. 70 DM.
Residencial Pinto, Rua 1 de Maio 27, Tel. 822820. Zentral, gleich hinter dem Hotel Faro gelegen. Eine sympathische Billigpension mit ordentlichen Matratzen. Schon vor 80 Jahren hatte der Großvater das Geschäft. Saubere Gemeinschaftsduschen. Ruhige Zimmer nach hinten. DZ ca. 35 DM.
Privatzimmer gibt es ab ca. 30 DM. Adressen sind im Turismo zu erfragen.
• *Jugendherberge*: **Casa Centro de Alojamento**. Viele der Zimmer mit Fenster zum angrenzenden Park, der einem Dichter gewidmet ist. 11 Zimmer für vier Personen und drei Doppelzimmer stehen zur Verfügung. In der Bar am Haupteingang gibt es Kaffee und Snacks, geöffnet von 9-19 Uhr. Busse vom Busbahnhof bis zum Largo dos Combatentes da Grande Guerra, von hier 5 Min. zu Fuß.

Essen

Potinha, in Hörweite vom "musizierenden" Brunnen neben der Rua Santo António (Pé da Cruz). Zu durchschnittlichen Preisen gute Auswahl an leckeren Fisch- und Fleischgerichten. Für Spezialisten: *Ovo de Esparta*, Fischeier gebraten oder gekocht, immer frisch. Empfehlenswert die *Arjamolho*, eine kalte, sauere Suppe mit Brot, Tomaten und Gurken.
Cervejaria Bock, eine Marisqueira fast wie in Lissabon, etwas abseits des Trubels an der Praça Alexandre Herculano 20. Berühmt für ihren frischen Fisch und anderes Meeresgetier. Auch einige Tische zum Draußensitzen.
Dois Irmaos, Rua Letes 20, im Zentrum. Ältestes Restaurant von Faro. Typisch portugiesische Küche, recht preiswert. Die Wände sind mit Flaggen und sonstigem Schnickschnack überladen. Große Auswahl, darunter verschiedene *Cataplanas*. Vier gebratene Sardinen mit Pellkartoffeln kosten ca. 8 DM, das Glas Rotwein ca. 1,50 DM. Die Salatportionen sind recht klein.
Cidade Velha, Cidade Velha 19. Mit Biedermeierstühlen ausgestattet, 30 Sitzplätze. Spezialität ist das Schweinefilet, gefüllt mit Datteln und Walnüssen, in Portweinsauce für ca. 18 DM. Hohe Preise, Hauptgerichte ab 15 DM - trotzdem empfehlenswert.
Goat Bohaim, Rua Cacadores 45, Nähe Praça Alexandre Herculano. Kleine, saubere Imbißbar. Indische Küche. Man sitzt auf kleinen Hockern wie bei Schneewittchen und den sieben Zwergen. An heißen Tagen reicht locker eine halbe Portion, die auch meistens verlangt wird.
Sport Faro e Benfica. Fischrestaurant in toller Lage an der Hafenmole, wo auch die Bahn entlangfährt. Wer am Donnerstagabend kommt, kann der Jugendkapelle der Freiwilligen Feuerwehr gegenüber beim Üben zuschauen und -hören. Dienstags geschlossen.
Snack Bar O Afonso, Rua do Bocage 47. Für den kleinen Hunger oder den kleinen Geldbeutel - es gibt auch halbe Portionen. Hühnchen nach Gärtnerinnen Art (Eintopf mit Gemüse) z.B. für ca. 7 DM.
Die *besten Kuchen* gibt es in der **Pastelaria Gardy** in der Fußgängerzone, Rua de Santo António 22. Die Mandelplätzchen sollte man unbedingt versuchen. Am besten schmeckten uns die *Broas de amendoa* und *Torta de amendoa* für je 1,50 DM das Stück. Es gibt auch Marzipan mit Eierfadenfüllung (*Queijinho de amendoa*, ohne das geschmacktötende Bittermandelöl).
Café Alianza, Rua D. Francisco Gomes,

Faro 257

gegenüber vom Büro der TAP. Größtes Café von Faro mit schöner alter Einrichtung: hohe Decke, Spiegel, kleine Marmortische. Jeden Mittwoch und Samstag wird hier vormittags die "Börse" abgehalten. Aus dem ganzen Umkreis kommen Gemüse- und Obsthändler, um über den Tisch per Handschlag ihre Produkte an den Mann zu bringen. Eine "Wall Street" in Miniaturausführung.

Nachtleben

Eine sehr nett eingerichtete Kneipe ist die **Porto Vinho Bar**, mit bequemen Korbsesseln und leichter Hintergrundmusik. Treffpunkt der lokalen Abiturentenszene, besonders am Nachmittag. Das Bier kostet ca. 2 DM. Rua Primeiro de Maio 21, gleich ums Eck vom Hotel *Faro*.
Disco Olympus, Rua do Prior 38. Lokkere Atmosphäre, Eintritt frei. Preis für ein Bier ca. 3 DM.
Disco Columbus, direkt beim Taxistand, 100 m von der Touristeninformation entfernt. Hier treffen sich vorwiegend junge Leute, um Popmusik zu hören. Auch kleine Tanzfläche vorhanden.
Chicos Bar, Travessa dos Arcos 7. Jeden Tag Live-Musik unterschiedlicher Stilrichtungen, von 11-1 Uhr nachts. Montags Fado, donnerstags brasilianisch. Es herrscht eine Bombenstimmung. Unbedingt vorbeischauen. Chico betreibt die Bar während des Tages als Restaurant. Sonntags geschlossen.

▶ **Einkaufen**: In der "Bond Street", wie die alteingesessenen Engländer die Fußgängerzone mit den schönen Steinmosaiken am Boden nennen, findet man Touristenramschläden, Boutiquen, Cafés, Imbißbars und einige Straßenhändler (im Herbst frisch geröstete Kastanien). Antiquitäten im Laden *Galeria da Sé* in der Altstadt, Rua da Porta Nova.

Sehenswertes

Am interessantesten ist das **Ethnologische Museum** neben der Praça Herculano. Ausgestellt sind *Kunsthandwerksachen* aus der Provinz Algarve, u.a. Korbtaschen aus Estombar, Schnitzereien aus Monchique, schöne Lederhausschuhe aus Olhão (werden auch verkauft). In anderen Teilen des Museums sieht man, wie die Algarvios zu Hause eingerichtet sind. Öffnungszeiten: täglich 10-13 und 16-19 Uhr, montags geschlossen.

Das **Museu Naval** ist ein interessantes *Seefahrtsmuseum* in der Capitania do Porto, direkt am kleinen Hafenbecken. Die Fangmethoden der Fischer - Schleppnetze, Reusenfallen etc.- wurden hier aufwendig nachgestellt. Auch einige historisch bedeutsame, massige Schiffsmodelle sind hinter Glasvitrinen zu bewundern; z.B. die *Gallone São Gabriel*, mit der Vasco da Gama den Seeweg nach Indien entdeckte, und die *Nossa Senhora da Conceição*.

Retterin des Abendlandes
Die Nossa Senhora da Conceição verteidigte 1717 vor dem griechischen Peloponnes das "Abendland" erfolgreich gegen eine Übermacht türkischer Invasoren. Die Eroberer hatten sich bereits Korfu, Sizilien und Malta unter den Nagel gerissen, als Papst Clemens XI. zu einer Streitmacht aufrief. 7 portugiesische, 26 venezianische und

258 Algarve

> 2 französische Kriegsschiffe stellten sich der Übermacht von 54 türkischen Booten. Alle versuchten zufliehen, bis auf unsere "Senhora da Conceicao"...

Das **Archäologische Museum** ist im alten Klarissen-Kloster untergebracht, einem Renaissance-Bauwerk mit hübschem Portal. Interessante Sammlungen im Museum. Convento de Nossa Senhora da Assunçao, Largo D. Alfonso III.

Feste und Märkte

Die große Algarve-Messen finden jährlich ab 15. Juli und ab 15. Oktober für jeweils 7 bis 10 Tage in Faro statt. Dort wird alles mögliche vorgeführt, von Maschinen bis zu Handwerksartikeln. Während dieser Zeit gibt es in Faro viele Veranstaltungen, Folklore etc.

In dem Dorf **Estoi**, ca. 5 km nördlich an der Straße nach São Braz de Alportel, findet jeden zweiten Sonntag im Monat ein sehr interessanter Markt statt.

Die Insel Faro

Fast 10 km außerhalb gelegen und auch mit dem Wagen zu erreichen: Nach dem Flughafen führt eine einspurige Brücke über die Lagune zur Sandbank. Das Gelände ist enttäuschend karg und größtenteils mit illegal gebauten Holzvillen verschandelt. Um am Strand etwas Ruhe zu finden, muß man schon einige Kilometer Richtung Osten marschieren. Viel Rummel, besonders an Wochenenden, wenn jeder mit seinem eigenen Wagen ankommt und sich vor der Brücke lange Staus bilden.

• *Verbindungen*: am besten per **Badeboot**, das von Mitte Juni bis September zwischen *Porta Nova* (Anlegebrücke im Zentrum Faros, neben der Altstadt) und der Sandbank pendelt. Fahrzeit ca. 20 Minuten. Allein schon die Fahrt durch das von Wasserläufen durchschnittene Wattenmeer ist einen Ausflug wert. Es ist sehr reich an Muscheln.

Die **Buslinie** Nr. 16 verläuft im Zickzackkurs durch Faro zum Strand. Am besten im Hotel fragen, wo die nächste Haltestelle zu finden ist. Fahrpreis und -zeit etwa dieselben wie per Boot.

• *Übernachten*: Wer auf der Insel Komfort wünscht, geht ins **Hotel Ilhamar** (4 Sterne) direkt am Strand.

• *Camping*: Am östlichen Ende der 2 km langen Inselstraße, Tel. 87876. Platz für über 1.000 Leute. Nicht sehr empfehlenswert, da fast kein Schatten vorhanden. Viele Dauercamper haben hier ihre Wohnwägen stehen.

• *Essen*: zwei gute Tavernen westlich der Brücke. Das **Restaurant Casa José Matos** auf der linken Straßenseite und fast gegenüber das **Restaurant Roque** (etwas teurer). Zu empfehlen ist *Arroz de Lingueira*, ein Reisgericht mit Lingueirao-Muscheln, die aus dem Schlick gebuddelt werden.

• *Nachtleben*: Nachts ist viel los in der **Inseldisco Barrakuda** (Mindestverzehr), die bis 4 Uhr morgens geöffnet ist. Dort ist mehr Stimmung als in den teuren Hoteldiscos in Faro.

Bar Os Arcos, Travessa dos Arcos 8. Gemischtes Publikum und ab und zu Live-Musik.

Ausflüge

São Lorenco: Etwa 8 km außerhalb an der Straße nach Lagos steht eines der hübschesten Kirchlein der Algarve, *São Lorenco dos Matos*, innen fast vollständig mit Azulejos ausgekleidet (1730). Etwas unterhalb der Kirche befindet sich das *Centro Cultural São Lorenco*. Hier hat das deutsche Ehepaar Huber eine äußerst vielfältige Sammlung von alten Möbeln und Gemälden zusammengetragen.

São Bras de Alportel: im hügeligen dünnbesiedelten Hinterland gelegen (20 km von Faro entfernt). Die Umgebung ist dicht bewaldet mit knorrigen Korkeichen und Mandel-, Feigen- und Orangenhainen. Der Ort selbst ist nicht sehr attraktiv, bemerkenswert ist jedoch die staatliche *Pousada*. Sie liegt auf einem Hügel zwischen São Bras und Alportel und zählt zu den ältesten Pousadas Portugals. Von den Zimmern schöne Aussicht auf die Umgebung. Eine Übernachtung für zwei Personen kostet in diesen edlen Gemäuern um die 200 DM.

Loulé

Bäuerliche Marktstadt inmitten hügeliger Gartenlandschaft, ca. 16 km nördlich von Faro. Da Loulé nicht an der Küste liegt und somit touristisch weniger interessant ist, hat sich das Ortsbild während der letzten Jahrzehnte nur wenig verändert.

Sehr schön sind die alten Häuser an der baumbestandenen Hauptstraße mit der Markthalle am Anfang der zweispurigen Avenida. Der tägliche *Markt* in der überdachten Innenhalle ist einer der farbenprächtigsten der Algarve. Auf den Tischen stapelt sich eine Menge Obst und Gemüse, darüber hängen geschnitzte Kochlöffel und Kräutersträußchen. Im hinteren Eck des Markthofes haben Dorffrauen Gebrauchskeramik und Wohnzimmerkitsch zum Verkauf aufgebaut. Schön sind die unglasierten, bis zu 60 cm hohen Amphoren, die für ca. 20 DM zu haben sind. Nur die einfachen Tonwaren werden in Loulé hergestellt; die glasierten Töpfe, Karaffen und Figuren kommen aus dem Alentejo oder aus Nordportugal.

Besonders lohnend ist ein Besuch des *Volksmarktes* nördlich der Hauptstraße samstagvormittags. Dieser Tip hat sich allerdings schon herumgesprochen, und so kommen die Leute gleich gruppenweise.

Bei einem Abstecher nach Loulé sollte man sich die alten *Handwerksläden* anschauen. Nirgendwo sonst an der Algarve haben so viele Handwerker die industrielle Massenproduktion überlebt. Es gibt noch zwei Kupferschmiede, einen in der Rua da Barbaca und einen in der Rua Nove de Abril. Die Eisen werden noch immer durch einen Handblasebalg mit dem nötigen Sauerstoff versorgt. Hauptsächlich werden große Kupferkessel hergestellt, die zum Schnapsbrennen benutzt werden. Schöne Mitbringsel sind die handgeschmiedeten Kupfer-Cataplanas für

260 Algarve

ca. 90 DM, die viel stabiler sind als mit der Maschine gepreßte, und kleine Schnapsbrennereien für den Hausgebrauch ab ca. 300 DM.

Neben dem Markt gibt es einen *Kupferladen* mit ziemlich großer Auswahl. Zum größten Teil stammen die Vasen und Kessel aber aus einer Blechwarenfabrik. Die ausgestellten Zinnkrüge bekommt man billiger in Porto, wo sie auch hergestellt werden.

Pferdesättel, Zaumzeug und schöne, handgemachte Gürtel, geflochten aus schmalen Lederriemen, verkauft die *Sattlerei Correaria Taxinha* in der Rua Barbaca, schräg gegenüber vom Kupferschmied.

Eine *Töpferwerkstatt* befindet sich in der Rua Martim Moniz, in der Nähe von der Praça Bernardo Lopes. Die Ware wird noch in einem uralten Ofen gebrannt, in den die Töpfe schubkarrenweise eingeschichtet werden. Hergestellt wird Gebrauchskeramik, in der Hauptsache Behälter, mit denen die Fischer auf Tintenfischfang gehen.

Korbwaren gibt es in den Läden an der Hauptstraße. Die größeren Stücke, insbesondere Korbmöbel, kommen aus Madeira. Sehenswert ist der Laden von *Joaquim Miguel Alfonso*, Rua José Fernandes Guerreiro 28-30. Hier liegt das Rohmaterial noch in großen Bündeln herum. Man findet Körbe, Taschen, Teppiche und vieles mehr aus Stroh und Korb geflochten. Der Laden ist von 9-13 und 15-19 Uhr, an Samstagen nur vormittags geöffnet.

- *Information*: Edificio do Castelo, Tel. 089/63900.
- *Übernachten*: **Pension Avenida**, Av. José da Costa Mealha 40, 1. OG, Tel. 62735. Dunkelgrün gestrichene Zimmer mit etwas geschmackloser Einrichtung. Ruhig und sauber. Kleine, rustikale Bar mit Madeira-Hockern und Familienrestaurant. DZ ohne Bad ca. 40 DM inkl. Frühstück, mit Bad ca. 70 DM.
- *Essen*: **O Avenida**, Av. José da Costa Mealha 9-13. Das gut bürgerliche Lokal in Loulé, gediegen eingerichtet. Hauptgerichte ab 13 DM. Spezialität sind die am Tisch flambierten Pfeffersteaks mit üppig Sauce. Sonntags geschlossen. In der angeschlossenen **Snackbar** kostet ein Gericht ca. 6 DM.

Empfehlenswert ist auch das Restaurant **Bica Velha** mit portugiesisch-französischer Küche.

O Beco, in einer kleinen Seitengasse beim Busbahnhof. Mittags ist hier fast jeder Tisch von Einheimischen besetzt. Täglich wechselnde Karte. Einfaches Gericht ab 8 DM.

Gut essen kann man bei **Maria Faisca**, der Chefin der Pinte rechts im Markt. Auch wer es nicht gewohnt ist, im Markt zu essen, sollte keine Hemmungen haben einzutreten. Man sitzt zusammen mit Portugiesen an kleinen Tischchen neben dem Kochherd. Frisch vom Markt kommt Gemüse und Fleisch in die Töpfe und wird mit viel Knoblauch und Lorbeerblättern so zubereitet, wie man es sonst nur bei privaten Einladungen bekommt. Gut schmeckt *Carne guisado*, Rindfleischstückchen mit Kartoffeln und einer delikaten Karottensauce. Als Beilage bestellt man gedünsteten Blumenkohl oder Gemüse der Saison.

Auf der Hauptavenida, etwas unterhalb vom Markt, liegt das **Café Louletano**. Früher war es vielleicht ein sehr feines Café, heute ist es etwas heruntergekommen. Trotzdem erkennt man noch den typisch portugiesischen Stil. Der Raum ist mit zwei Marmorsäulen unterteilt, im hinteren Part stehen Billardtisch und Theke. Dunkle Holztäfelung an den Wänden, teilweise noch alte Marmortische. Hiert treffen sich die Männer aus Loulé zum Schwatz, zum Würfeln, Billardspiel und Ausfüllen des Lottoscheins.

Sehenswertes

Ein kurzer Spaziergang führt an den Resten der mittelalterlichen Stadtbefestigung vorbei zu der gotischen Pfarrkirche *Igreja Matriz* auf dem Stadthügel. Die Kirche steht in der Mitte eines malerischen Platzes neben einem kleinen Palmengarten. Von der terrassenförmigen Palmenanlage hat man eine schöne Aussicht auf die pinienbewachsene Hügellandschaft der Umgebung. Der moderne *Kuppelbau* auf dem Hügel gegenüber wirkt etwas deplaziert. Er ist eine Kirche.

Quarteira

Der Badeort liegt in einer flachen, mehrere Kilometer breiten Talsenke, die am östlichen Strandende durch ein hohes Kliff mit einer alten Burgruine begrenzt wird.

In der Umgebung sandige Dünenlandschaft mit sattgrünen Pinienhainen. Der Ort selbst hat wenig Charme: Längs des schmalen Sandstrandes führt eine kerzengerade Promenade mit einer langen Reihe unfreundlich wirkender Appartementblocks. Erst ziemlich spät dachte man daran, Bäume zu pflanzen, und so wird es noch einige Jahre dauern, bis das Ortsbild durch etwas Grün aufgelockert wird. Das eigentliche Dorf mit kleinen Bauernhäusern liegt etwas versteckt, ca. 1 km landeinwärts.

Bei der Markthalle am westlichen Strandende ändert sich das auf Urlauber zugeschnittene Ortsbild ziemlich stark. Auf staubigem Lehmgrund stehen bunt bemalte Hütten, die aus Hartfaserplatten zusammengenagelt sind - Behausungen von Heimkehrern aus Angola und Cap Verde, meist Schwarze, die auf Hotelbaustellen beschäftigt sind. Manch einer nennt dies wohl romantisch, die gackernden Hühner, die zwischen den Hütten umherlaufen, und die ausgefranste Wäsche, zum Trocknen auf die Leine gehängt. Am Strand davor liegt eine Flotte bunt bemalter Fischerboote mit Mercury-Außenbordmotoren.

Der Sandstrand vor der Uferpromenade ist ca. 20 m breit und von ins Meer gelegten Wellenbrechern in 100 m lange Parzellen aufgeteilt. Die Wellenbrecher verhindern, daß die Winterstürme den Sand wegspülen. Im Sommer ist das Meer ziemlich ruhig. Ein holländischer Meeresgeologe erzählte uns jedoch, daß das Meer hier die schlechteste Wasserqualität an der ganzen Algarve habe.

Jeden Mittwoch ist *Markt* auf dem Platz vor der Fischhalle. Dort werden regionale Produkte angeboten.

Information Verbindungen

- *Information*: an der Strandpromenade schräg gegenüber des Strandrestaurants Isidro, Tel. 089/312217. Geöffnet von 9-20 h.

- *Verbindungen*: häufig **Busse** nach Loulé und Faro. Busverbindung nach Albufeira, Vila Real und Lagos, 3 bis 6x täglich.

262 Algarve

Bei **Moto-Tours** werden Fahrräder für ca. 8 DM pro Tag und Mopeds (Zweisitzer ca. 30 DM pro Tag) vermietet. Am Ortsrand Richtung Vilamoura bei der Polizei (GNR), Rua 25 Abril 5, Tel. 313401.

Übernachten Camping

Hotel Quarteira Sol, Tel. 302621. Moderner, sechsstöckiger Turmbau an der Strandpromenade. DZ mit Bad ca. 120 DM.
Hotel Dom Jose, Av. Infante de Sagres, Tel. 303750. 250-Betten-Komplex neben dem Hotel Quarteira Sol. EZ ab ca. 120 DM, DZ mit Bad ab ca. 130 DM.
Pension Triangulo, Rua Dr. José Pedro, Tel. 315237. In einer Seitenstraße der Strandpromenade, Nähe Touristenbüro. Die Zimmer im Erdgeschoß kosten ca. 60 DM. In der darüberliegenden Etage haben die Zimmer einen kleinen Balkon und Badezimmer mit Wanne, DZ ca. 80 DM.
Pension Romeu, Rua Goncalo Velho 38, Tel. 314114. Eine der billigsten Unterkünfte im Ort. DZ mit Bad ca. 60 DM.
Pension Nosso Paraiso, Rua do Levantes 7-9, Tel. 315494. Saubere, geräumige Zimmer in ruhiger Lage, alle gleich ausgestattet und mit Balkon. DZ mit Bad ca. 70 DM. Nebenan **Snackbar**, die vom gleichen Besitzer geleitet wird.
Privatzimmer bei Familien gibt es in Quarteira ca. 300 zu vermieten. Auskünfte gibt die Touristeninformation. Preise um die 40 DM für das DZ, außerhalb der Hauptsaison bedeutend günstiger.
• *Camping*: Ein **Orbiturplatz** liegt ca. 1 km östlich vom Zentrum, 500 m vom Strand. Schatten durch Pinien und Eukalyptusbäume. Auch **Pyramidenbungalows** zu vermieten; Bar, Restaurant, Supermarkt. Pro Person ca. 4 DM, Auto ca. 3,60 DM, Zelt ca. 3,90 DM.

Essen

Im Restaurant **Flamingo** kosten die Steaks um die 20 DM, der Teller Muscheln nach spanischer Art mit guter Sauce ca. 15 DM.
Duas Sentinelas, ca. 4 km außerhalb an der Straße nach Faro. In einem duftenden Pinienhain gelegen, ähnelt das Restaurant einem "Forsthaus". Es werden Spezialitäten aus der Region Trás-os-Montes angeboten, z.B. *Cozido a portuguesa* oder *Chispe de porco* (Schweinshaxe). Montags geschlossen.
Alfonso, ca. 1 km vom Turismo in einer Seitenstraße neben der Post. Machte einen etwas noblen Eindruck - entsprechend überdurchschnittliche Preise.
Escondidinho, Rua das Lanranheiras. Schlicht eingerichtet, klein, mit ausreichender Auswahl an portugiesischem Essen. Preiswert, Rindfleisch ca. 10 DM, Fisch ca. 12 DM.

Nachtleben

Im kleinen Pavillon neben dem Touristenbüro spielt in den Sommermonaten oft eine Band. Auf dem Programm stehen Fadosänger, Pop-Bands und Liedermacher. Eintritt je nach Beliebtheit der Musiker zwischen 8 und 20 DM.

Vilamoura

Vilamoura ist das gigantischste Touristenprojekt in ganz Portugal. Das aus dem Boden gestampfte Touristendorf liegt ein paar Hundert Meter westlich von Quarteira; mit zwei zehnstöckigen Hotelklötzen (Hotel Dom Pedro), Yachthafen, Villen und Golfplatz. Dazwischen drei- bis viergeschossige Appartementhäuser in aufgelockerter Bauweise. Außergewöhnlich ist, daß man sich hier nicht an die landestypische Bauordnung anlehnte.

Vilamoura besitzt den größten Yachthafen an der Algarve. Bei diesem Massenbetrieb ist Sicherheit vor Diebstahl klein geschrieben, wie uns ein Bootseigner erzählte. Liegegebühr ca. 40 DM pro Tag.

Ausflüge kann man mit der 34 m langen Segeljacht Condor an der Küste entlang zu den *Felsgrotten von Carvoeiro* machen. Auf dem erst 1986 erbauten Schiff, das eine Nachbildung eines amerikanischen Hochseefischers der Jahrhundertwende ist, haben 120 Personen Platz.

Olhos de Agua

Das ehemalige Fischerdörfchen liegt sehr schön an einer kleinen, sandigen Bucht mit rotbraunen Kliffs zu beiden Seiten. Im pinienbewaldeten Tal dahinter stehen verstreut weißgekalkte Häuser der Fischer und Sommerresidenzen betuchter Pensionäre.

Liebesgrüße auf der Agave

Oberhalb vom Strand liegt der kleine *Fischmarkt* des Dorfes. Am Morgen kann man zusehen, wie die bunten Fischerboote an den Strand gezogen werden und die Sardinen korbweise zur Versteigerung in die Halle kommen.

Olhos de Agua bedeutet "Augen des Wassers" und bezieht sich auf die Süßwasserquellen am Strand. Sie sprudeln aber nur bei Ebbe, wenn sie der niedrige Wasserstand freigibt. Seinen Reiz als ursprüngliches Fischerdorf hat Olhos de Agua weitgehend verloren. In den vergangenen Jahren sind immer mehr Hotels und Appartementhäuser in die Gegend gesetzt worden. Die Hauptstraße ist inzwischen asphaltiert, und vieles richtet sich nach den Wünschen der Touristen.

Als wir dort waren, war der Dorfstrand etwas verschmutzt - vielleicht wird er nur einmal im Frühling gereinigt. Aber nur fünf Minuten zu Fuß vom Dorf entfernt, auf der anderen Seite des Hügels in östlicher Richtung, beginnt der mehrere Kilometer lange Strand von Falesia. Der Strand ist nicht nur zum Baden interessant, sondern seine farbigen Sandsteinformationen bieten auch schöne Fotomotive. Am Anfang des Strandes gibt es mehrere talförmige Auswaschungen, in die man

264 Algarve

hineinspazieren kann. Nicht weit davon steht ein weiß leuchtender Sandsteinhügel mit farbenprächtigem Streifenmuster. Davor läßt es sich gut baden, wogegen man sich etwas weiter weg bei den aus dem Meer ragenden Felsen an den unter Wasser liegenden Brocken anständig die Beine zerkratzen kann.

Übernachten

Das **Hotel und Appartementhaus Natursol** (Tel. 089/50711) steht, ausgerichtet auf die Bucht, hinter dem Dorf. Modern eingerichtet, bietet es allerlei Komfort wie Schwimmbad und Liegewiesen. Von hier aus werden Kreuzfahrten für ca. 40 DM angeboten. DZ ca. 110 DM.
Hotel da Balaia, ca. 1,5 km westlich von Olhos de Agua, Tel. 089/52681. Luxuriöses Strandhotel. Die Empfangshalle ist fünf Stockwerke hoch – durch die dreiecksförmige Anordnung der Gebäudeflügel entsteht eine riesige überdachte Eingangshalle. DZ ca. 260 DM.
Übernachten kann man auch in der **Bar Azul**, am Dorfeingang auf der rechten Straßenseite. Die Wirtsleute haben allerdings nur acht einfach eingerichtete Appartements zu vermieten. DZ um die 60 DM.
Privatzimmer im *Restaurant Cabrita*, an der Straße nach Albufeira, ca. 500 m vom Strand. DZ ca. 40 DM.

Essen

Azul, an der Hauptstraße. Leckere gefüllte Tintenfische.
Caicote, portugiesische Küche, z.B. *Carne Alentejana* (Muscheln mit Schweinefleisch).
La Cigale, direkt am Strand. Bekanntestes Luxusrestaurant, vor allem wegen seiner Meeresfrüchte.
Cabrita, an der Hauptstraße. Gute Auswahl an pfiffigen Fleischgerichten. Innen eine Bar, außen Terrasse. Gerichte ab 10 DM aufwärts.
Snackbar Sleepy Donkey, am weiten Dorfplatz neben dem Strand. Der Wirt ist Engländer. Gutes Essen zu durchschnittlichen Preisen.
Europa, an der Hauptstraße. Neonlicht, unpersönliche Einrichtung. Terrasse zum Draußensitzen. Gericht ab 12 DM.
Tavertino's, innen Bar und Restaurantbetrieb, draußen Sitzgelegenheiten auf Steinbänken umringt von Azulejos. Spezialität des Hauses ist das *Bife a regional*, Schnitzel, gebacken in einer Kartoffel-Tomatensauce, für ca. 10 DM.

Armação de Pera

In dem Badeort Armação de Pera werden noch immer hohe Appartementhäuser hochgezogen - das Ortsbild erinnert etwas an Quarteira. Zwischen dem Fischerstrand mit bunt angemalten Booten und dem alten Fort ist das Dorfbild noch relativ authentisch. In den engen Gassen mischen sich hier Touristen mit schlicht gekleideten Einheimischen.

Der Ort liegt an einer breiten, sandigen Bucht, die nach Westen in eine Felsenküste mit kleinen Sandbuchten übergeht. Richtung Osten sind vom Ort aus insgesamt 7 km Sandstrand, dahinter karg bewachsenes Hinterland.

Armação de Pera

Information Verbindungen

- *Information*: im ehemaligen Casino an der Strandpromenade, Tel. 089/312145. Im Sommer täglich von 9-19 Uhr geöffnet.
- *Verbindungen*: **Bus**: Der Busbahnhof liegt beim Fischerstrand und sieht aus wie eine kleine Flugzeughalle. Busverbindung häufig nach Albufeira, Faro und Portimão. Achtung: Einige Expreßbusse halten nur in der Nähe des Touristenbüros und fahren nicht am Busbahnhof vorbei.
Bahn: nächste Eisenbahnstation in *Algoz*, ca. 7 km nördlich.
Im *Happy-Rent*, 120 m von der Touristeninformation neben Bamba Gasolina, kann man **Fahrräder** und **Mopeds** mieten.

Übernachten Camping

Hotel **Viking**, ca. 3 km außerhalb von Armação de Pera, über einer hübschen Sandbucht (*Praia Senhora da Rocha*), Tel. 08982/312336. 400-Betten-Block mit Klimaanlage etc. DZ ca. 200 DM.
Hotel **Garbe**, Av. da Marginal, Tel. 312194. Sternförmiger, moderner Bau direkt am Strand. Wie üblich in dieser Preisklasse mit Swimmingpool und Tenniscourt. DZ ca. 150 DM.
Albergaria Cimar, Rua das Redes 10, Tel. 312161. Kleines Touristenhotel mit 20 Zimmern. Ruhig gelegen, mit schöner Dachterrasse. DZ ca. 100 DM inkl. Frühstück.
Pension Harni, Rua Reima Santa 4, Tel. 312230. Alle Zimmer mit eigenem Bad (Dusche). DZ ca. 80 DM.
Bungalowdorf Vila Lara, etwas westlich von Armação de Pera, Tel. 312333/4/5. Der Prospekt verspricht "Luxus für eine internationale Elite, die unter sich bleibt". Hübsch sind sie schon, die sandfarbenen, niedrigen Häuser, optimal der Landschaft angepaßt, "weicher" Baustil, keine Kanten und rechten Winkel, erinnern etwas an die von Gaudi entworfenen Häuser in Barcelona. Studio für zwei Personen ca. 400 DM, 2-Zimmer-Appartement für vier Personen ca. 720 DM.
Das Touristenbüro besitzt eine Liste der Vermieter von *Privatzimmern*; insgesamt stehen mehr als 100 zur Verfügung.
- *Camping*: Wenige Kilometer außerhalb des Orts liegen an der Straße nach *Alcantarilha* zwei neu angelegte Campingplätze auf leicht hügeligem Gelände, nur spärlich mit Mandelbäumen bewaldet. Preis für zwei Personen, Auto und Zelt ca. 12 DM. Der näher am Strand gelegene Platz ist geringfügig teurer.

Essen

Santola, am Strand neben dem alten Fort. Mit großen Fenstern zum Meer und Außenterrasse. Das gepflegteste Restaurant im Ort hat eine ausgezeichnete Küche. Etwas gehobene Preisklasse, aber angemessen für das Gebotene. Hauptgerichte ca. 12 DM. Leckere Spezialitäten auf der Tageskarte, z.B. *Curry Garnelen nach Mozambiquer Art* für ca. 15 DM. Geöffnet 12.30-14.45 und 19-23 Uhr, sonntags geschlossen.
Mira Mar, an der Meerespromenade, am östlichen Ortsrand. Sehr sauber. Man kann auch draußen sitzen. Täglich neue Speisekarte. Typisches Bohnengericht *Favas a Algarvia* für ca. 11 DM.
O Serol, Nähe Fischerstrand, an der Promenade. Einfaches Restaurant mit Imbißbar, um die Bedienung zu sparen. Es gibt ausgezeichnete *Caldeiradas de Peica*. Als Vorspeise sind ein Dutzend Meeresschnecken (*Caracoletas*) für ca. 5 DM zu empfehlen. Bis allerdings das Schneckenfleisch mit Hilfe einer Nadel und kräftigen Klopfens aus dem Gehäuse floppt, ist die Caldeirada kalt. Es werden auch **Zimmer** vermietet.
Rocha da Palma, etwa 150 m östlich vom Touristenbüro. Die Terrasse liegt direkt über dem Strand, und man kann dem Koch beim Grillen der leckeren Piri-Piri-Hähnchen zusehen.

▶ **Feste**: Stadtfest am dritten Sonntag im September mit einer Prozession durch den Ort. Abends Tanz zu Akkordeonmusik am Fischerstrand.

Ähnliche Feste finden auch am 4. Juli und am zweiten Sonntag im August statt.

Ausflug zu den Meeresgrotten

Interessante Ausflugsmöglichkeiten gibt es per Boot zu den *Meeresgrotten* von Armação de Pera. Durch die Grotten kann nur bei niedrigem Wellengang gefahren werden. Es ist ein schönes Erlebnis, wenn der Kapitän das Boot ohne Motor treiben läßt und kein Lärm das Glucksen des Wassers stört. Außerhalb der "Fisch-Zeit" fahren Fischer am Strand entlang und werben mit einem Schild für Grottenfahrten. Für maximal sechs Personen kommt der zweistündige Ausflug auf ca. 66 DM. Man kann allerdings auch selbst ein Arrangement mit einem Fischer treffen.

Wandern

Sehenswert sind die kleinen Sandbuchten bei dem Kapellchen *Senhora da Rocha*, einige Kilometer westlich von Armação de Pera. Auf der weit ins Meer ragenden Klippe entdeckt man ein merkwürdiges Kirchlein, das wegen seines weißgekalkten, sechskantigen Pyramidenturms auffällt. Im Innern hängen Wachsbüsten und andere Dankesgaben für die wundertätige Senhora - für viele Bewohner der benachbarten Dörfer ist die Kapelle ein Wallfahrtsort.

Auf dem die Kirche umgebenden Plateau wachsen wilde Orangenbäume hinter weißgestrichenen Mäuerchen. Da das Kliff schätzungsweise 40 m über dem Meer liegt, hat man einen sehr schönen Ausblick auf die rotleuchtende Felsküste. König Alfonso III. wählte diesen Küstenabschnitt für seine Sommerresidenz, doch konnten wir keine Mauerreste finden.

Für Coca-Cola und Snacks gibt es mehrere Tascas, da die asphaltierte Stichstraße auch für Autofahrer den Besuch problemlos macht und die Kirche deshalb im Sommer stark frequentiert wird. Zu beiden Seiten des Kliffs liegen schöne Sandstrände, die durch einen Tunnel miteinander verbunden sind.

Albufeira

Im Sommer von Touristen überlaufen - aber der Vergleich mit Saint Tropez, der in einigen Reiseberichten gezogen wird, ist doch etwas an den Haaren herbeigezogen. Albufeira erinnert schon eher an die griechische Insel Mykonos: viele junge Leute, international besetzt, vom Jet-Setter bis zum Rucksackreisenden, der am Strand übernachtet. Am Abend trifft man sich in den Kneipen und teuren Diskotheken – dann geht's rund bis Sonnenaufgang.

Außerhalb der Hauptsaison hat Albufeira noch echten Charme, da man eine Zerstörung des alten Dorfcharakters durch klotzige Betonfassaden

Albufeira

Am Fischerstrand

zu vermeiden wußte. Die meisten größeren Hotels sind außerhalb des Ortes angesiedelt. Besonders hübsch wirkt das Dorf vom Strand aus betrachtet. Oberhalb der roten Sandsteinklippen stehen die weißgetünchten Häuser terrassenförmig angeordnet auf dem felsigen Dorfhügel. Dort oben liegt der älteste Teil Albufeiras und mit seinen engen Gassen ohne den üblichen Boutiquen- und Diskothekenrummel auch der schönste.

Von den Hausterrassen hat man einen malerischen Blick aufs Meer, der nur durch hochragende, kunstvoll verzierte Algarve-Kamine, deren Form von den Mauren überliefert wurde, beeinträchtigt wird. Das Dächergewirr des alten Dorfes ist das Revier der schwarzen Katzen, die überall herumschleichen, mit Ausnahme des Hafens, wo ihnen verwilderte Hunde das Leben schwer machen.

Beim **Fischmarkt** an einem kleinen, kopfsteingepflasterten Platz hinter dem Fischerstrand hat sich über die Jahre einiges geändert. Die ehemals hübsch ordinären Fischerspelunken, wie z.B. die *Oceano Bar*, haben aufgerüstet und renoviert - inzwischen ist fast die gesamte Platzfläche bestuhlt. Auch die kleine Fischmarkthalle wurde herausgeputzt und beschattet jetzt nur noch die Souvenirhändler und Kunsthandwerker. Bemerkenswert ist die *Louisiana Bar* am Eck, in der ausgewachsene Bands täglich Live-Musik bieten.

Der Fischerhafen ist im Grunde nur ein Stück Strand, auf den die hölzernen Boote jeden Morgen, nach Rückkehr der Fischer, mit dem

268 Algarve

Trecker hochgezogen werden. Daneben sitzen auf dem Mäuerchen des ehemaligen Fischmarkts die alten Fischer, schauen zu oder reden über den schlechten Preis, den sie für ihren Fang bekommen - nur im Sommer wird Fisch knapp und die Preise steigen.

Nachmittags verziehen sich die Sonnenscheuen unter die Markisen vor dem Straßencafé am Hauptplatz. Dort läßt es sich stundenlang gut sitzen - man kann die vorbeischlendernden Passanten beobachten, sich unterhalten oder auch einfach vor sich hin träumen, was bei der Hitze nicht schwerfällt. Man riecht das frische Obst der Marktstände, die gleich nebenan stehen. Hier sind frischgepflückte Honigmelonen, Granatäpfel, Birnen, Trauben, Zitronen, Orangen, Feigen, Artischocken und Säcke voller Mandelkerne aufgetürmt. Außer montags ist in Albufeira täglich Gemüse- und Obstmarkt.

Information *Verbindungen*

- *Information:* links vor dem Tunnel, der zum Badestrand führt. Tel. 089/512144. Täglich von 9.30-19 Uhr geöffnet. Daneben findet man die **Post**.
- *Verbindungen:* **Bus**: mehrmals täglich zu jedem Ort der Algarve und nach Lissabon. Fahrpläne erhält man im Touristenbüro.

Bahn: nächste Station in *Feirreiras*, ca. 6 km von Albufeira entfernt, häufig Busverbindung. Von Feirreiras Direktzug nach Lissabon.

Taxis: am Hauptplatz - Tagesausflüge sollte man auf jeden Fall einen Tag vorher mit dem Taxifahrer absprechen.

Mietautos: sechs verschiedene Firmen im Ort. Anfragen kann man in den Reisebüros im Zentrum. **Auto Atlantico** ist eine der preiswertesten.

Übernachten *Camping*

Das Zimmerangebot wird in den Sommermonaten sehr knapp, was bei dem Massenandrang leicht verständlich ist. Große Hotelbauten und Villendörfer haben sich mehrere Kilometer außerhalb angesiedelt.

Hotel Rocamar, Largo Jacinto d' Ayet, Tel. 586990. Würfelförmig zusammengesetzter Bau am Strand oberhalb der Klippen. Geräumige, wohnlich eingerichtete Zimmer mit Balkon. Insgesamt 180 Betten. DZ ca. 140 DM.

Hotel Sol e Mar, zwischen den Klippen vom Hauptbadestrand. Optimale Lage. DZ ca. 170 DM. Mit dem Bau dieses Hotels begann Anfang der 60er Jahre der Tourismus in Albufeira.

Hotel Boa Vista, Rua Senhora Barros 6, Tel. 52175. Auf dem höchsten Dorfhügel in Strandnähe gelegen, deshalb tolles Panorama. Eigener Swimmingpool. Freundlich eingerichtet - helles Holz und Azulejos in den Salons, teilweise auch in den Zimmern. DZ ca. 150 DM, Appartement für drei Personen ca. 100 DM.

Residencial Vila Bela, Rua Coronel Aguas 15-16, Tel. 512101. Am Rande der Altstadt terrassenförmig an den Hang gebaut. Insgesamt 40 Zimmer, davon die meisten mit Meeresblick. Die Zimmer sind relativ geräumig, fast alle mit Balkon und Wanne. Kleiner Pool auf der Hotelterrasse. DZ ca. 120 DM inkl. Frühstück.

Residencial Atlantica, Rua Padre Semedo Azevedo 13, Tel. 512120. Moderner Bau, ziemlich zentral und dennoch ruhig gelegen. Etwas enge Zimmer, dafür jedes mit kleinem Balkon. Angenehm harte Betten. Konkurrenzlos günstig, DZ ca. 60 DM.

Residencial Vila Branca, Rua do Ténis, Tel. 586804. Am oberen Rand der Altstadt, ca. 5 Min. bis zum Strand. Nur die obersten Zimmer des dreigeschossigen Baus haben einen eigenen Balkon. Relativ preiswert, DZ ca. 75 DM.

Pension Vila Recife, Rua Miguel Bom-

Albufeira

barda 6, Tel. 586747. Ehemalige Villa mit Vorgarten und Palmen am Eingang. 27 Zimmer, die meisten mit Dusche, geräumig mit Stuckdecken und hübschem, antiquiertem Mobiliar. DZ ca. 110 DM.
Pension Silva, Travessa 5 de Outubro 18, Tel. 52669. Im Zentrum, trotzdem wenig Verkehrslärm, da die Gasse für Autos zu eng ist. Einfache Zimmer mit altem Holzfußboden und Waschgelegenheit. Im Haus ein einfaches und preiswertes Restaurant. DZ ca. 60 DM.
Pension Albufeirense, Rua da Liberdade 18, Tel. 52079. Älteres Haus mit 18 Gästebetten. Liegt am Eck des Hauptplatzes, an dem die Taxis stehen. DZ mit Dusche. 60 DM.
Pension Vila dos Flores, Cerro da Piedade 10 beim Hotel *Boa Vista*. Kleines Privathaus der Engländerin Mrs. Gyll, mit gepflegtem Garten. Nur drei, persönlich eingerichtete Zimmer. DZ ca. 60 DM.
Appartementhotel Turial, Av. 25 de Abril, Tel. 586335. Zentral beim Fischmarkt. Hübsch verschachtelte Bauweise, fast jedes Appartement mit kleinem Balkon, Kochecke und glasiertem Fichtenholzmobiliar. Studio für zwei Personen ca. 120 DM, vier Personen ca. 160 DM, sechs Personen ca. 180 DM.
Eidifício Albufeira, gegenüber vom Turial, Tel. 54411. Optisch weniger ansprechende Bauweise - klotzförmig. Innenausstattung mit weißen Schleiflackmöbeln. Im Untergeschoß ein Ladenzentrum mit Boutiquen.
Die Suche nach **Privatzimmern** ist am erfolgversprechendsten auf dem Altstadthügel zwischen den beiden Badestränden und im oberen Ortsteil Richtung Friedhof ("Onde ha um quarto particular?"). Im Sommer meist ausgebucht. DZ ca. 35 DM.
Dona Maria, Rua Dr. Diogo Leote 28. Freundliche Besitzerin. Vier kleine Zweibettzimmer mit Gemeinschaftsbad. Zum Kochen steht eine kleine Küche mit Kühlschrank und 3-Flammen-Gasherd mit Backröhre zur Verfügung. Dachterrasse. DZ ca. 35 DM.
Dona Aurora, Serro da Lagoa 9. Ruhige Wohngegend Alteingesessener, ca. 500 m außerhalb an der kleinen Küstenstraße nach Praia da Oura (vom Fischerstrand den Hügel hinauf nach Osten, 2. oder 3. Quergasse links).
Familie Alice Serrao, Pico Alto 16. Zentral gelegen auf dem Altstadthügel. Drei helle Zimmer im zweiten Stock. Große Dachterrasse zum Sonnenbaden.
● *Camping*: Campingplatz ca. 2 km außerhalb, an der Straße zum Bahnhof. Großflächiges Areal, das sich über ein hügeliges Gelände erstreckt. Die Bäume sind noch klein, daher wenig Schatten. Tennis möglich. Es werden auch **Bungalows** vermietet.

Essen

Die gemütlich aufgemachten Touristenrestaurants liegen preislich beträchtlich über dem Niveau der einfachen Tavernen. Die Qualität des Essens und die Preise dieser Restaurants ändern sich von Jahr zu Jahr, da ständig die Besitzer wechseln. Wir haben auch versucht, ein paar schlichte Tavernen außerhalb Albufeiras aufzutreiben, zu denen es sich für Leute mit Auto hinzufahren lohnt, denn im Ort selbst gibt es keine Geheimtips mehr.

O Cabaz da Praia, Praça Miguel Bombarda, in der Nähe des Hotels *Sol e Mar*. Gepflegte Atmosphäre. Klein, deshalb ist im Sommer eine Tischreservierung empfehlenswert. Dachterrasse an den Klippen mit tollem Blick aufs Meer. Guter Service - Inhaber sind seit vielen Jahren der Engländer David und der Portugiese Manuel. Empfehlenswerte Steaks mit leckerer Seanne Sauce (etwas sahnesüßlich). Bester Nachtisch von ganz Albufeira ist *Lemon meringua*, eine schaumige Zitroneneiertorte. Ein komplettes Menü kostet ca. 40-50 DM. Samstagmittags und sonntags geschlossen.
Tres Palmeiras, im Ortsteil Areias de S. João, ca. 1,2 km östlich des Fischerstrandes an der Küstenstraße (an Inatel vorbei), nicht weit vom großen Kreisverkehr, Tel. 515423. Gutbürgerliches Restaurant. Hier stimmt das Preis-Leistungs-Verhältnis. Täglich wechselnde Karte. Spezialitäten sind z.B. *Camarão de caril* oder *Coelho a palmeiras*

270 Algarve

(Kanincheneintopf). Hauptgerichte ca. 15 DM. Sonntags geschlossen.

Ruina, neben dem Fischerstrand. Mit Ausblick. In dem dreistöckigen Restaurant werden gute Meeresgerichte zubereitet. Unterschiedliches Preisniveau - in der unteren Etage ist es billiger.

António, ca. 2 km außerhalb an der Straße nach Perá, auf der rechten Seite. Der alte António ist seit Jahren bekannt für seine guten Steaks, die über dem Holzkohlegrill gebraten werden, ca. 12 DM die Portion mit Salat und Pommes frites. Er baute vor einigen Jahren eine neonbestrahlte Eßhalle, um dem Andrang der Gäste gerecht werden zu können, und bekam Konkurrenz. Genau gegenüber auf der anderen Straßenseite machte sein Vetter und früherer Mitarbeiter ein Restaurant auf. Hier gibt's noch richtige Kampfpreise, und die Portionen sind keineswegs kleiner.

Bremen, Av. Sacadura Cabral 19, Tel. 515659. Oberhalb vom Fischerstrand in der gleichnamigen Pension mit Heino, dem Wirt. Deutsche und portugiesische Küche. Abends gibt es portugiesische Pfannengerichte, wie z.B. Rumpsteak für ca. 20 DM, und Hausmannskost. Hübsche "Speiseterrasse" im zweiten Stock, mit Blick auf den Fischerstrand. Geöffnet von 9-14 und 17-24 Uhr. Es werden auch **Fremdenzimmer** vermietet.

Snackbar Sotavento, beim Fischmarkt. Hier steht der Wirt, Otilio, selbst am Herd. Es gibt eine große Auswahl an Fleisch- und Fischgerichten. Am günstigsten fährt man mit dem Menü des Tages für ca. 12 DM. Täglich bis 23 Uhr geöffnet, sonntags geschlossen.

Snackbar Cervejaria Mare, neben der BP-Station am Hauptplatz. Wir aßen hier schon des öfteren leckeren Tintenfischsalat. Die Hauptgerichte kosten um die 9 DM. Etwas kleinere Auswahl als bei Sotavento, dafür aber gemütlichere Atmosphäre, da die Räumlichkeiten kleiner sind. Donnerstags geschlossen.

• _Außerhalb_: Nachstehend sind noch einige typische Tavernen der Nachbardörfer angeführt:

Zip Zip in _Purgatorio_, ca. 11 km nördlich an der Straße nach Lissabon. Purgatorio bedeutet in der Übersetzung Fegefeuer. Das "Hähnchen im Fegefeuer" ist sündhaft gut. Der knusprige _Frango no forno_ kommt in einer prima Sauce. Als Vorspeise sind _Caracois_ zu empfehlen, Schnecken, die mittels eines Agaven-Dornes aus dem Gehäuse gezogen werden. Die Café-Bar Zip Zip ist der Dorftreffpunkt - die alten Frauen putzen beim Schwatz das Gemüse für den nächsten Tag. Das Essen wird im kleinen Nebenraum serviert.

Ramires, in _Guia_, an der Straße Faro - Lagos. Das Restaurant ist bekannt für seine Piri-Piri-Hähnchen.

Am westlichen Ortsrand liegt der Baleeira Strand mit einer Bar oben an der Straße.

• _Erlebnisgastronomie_ heißt das neue Schlagwort - geboten wird sie im **Biergarten Paraiso** in _Praia do Ouro_. In einem künstlich angelegten tropischen Garten plätschert ein Wasserfall, zu südamerikanischer Musik gibt es über Holzkohle gegrillte Steaks und jede Menge Salat (an der Self-Service-Salatbar).

Nachtleben

In der Hauptsaison sind die Kneipen und Diskotheken fürchterlich überfüllt. Das verführt so manchen zum _Pub crawl_: Man zieht nach einem Drink sofort in die nächste Bar weiter, und das so lange, bis man nur noch auf allen vieren krabbeln kann. Die Flasche Bier (0,33 l) kostet in den Kneipen ca. 2 DM.

Sir Harry's Bar, am Hauptplatz. Die älteste Bar in Albufeira, seit über 30 Jahren. Etwas exklusiv - eine _English-Style_-Bar, geführt vom schnurrbärtigen Mr. Harry. Sehr gute Möglichkeit, Kontakte zu knüpfen, von vielen eingesessenen Engländern besucht.

Cave do Vinho do Porto (Portweinbar), Rua da Liberdade 23 (Zentrum). Portwein bei Kerzenlicht und Pianomusik. Der Portwein wird hier auch als Longdrink serviert, in einer Mischung mit Limonade und lecker garniert mit Zitronenscheiben. Geöffnet 17-2 Uhr.

Albufeira 271

Bar Bizarro, Rua Silva, neben dem Hotel *Rocamar*. Geschmackvoll, Bildergalerie an den Wänden. Fällt gerade hier, in Albufeira, aus dem Rahmen. Toplage an der Esplanade, die an den Kliffs entlangführt. Sonntags geschlossen.

Café Latino, Rua Latino Coelho, am westlichen Ortsrand. Moderne Café-Bar, sachlich kühl, in einem typischen, eingeschossigen Haus aus den 30er Jahren. Klippenterrasse zum Meer! Im Innenraum auch ein Billardtisch.

Diskotheken gibt es allein in Albufeira acht an der Zahl. So richtig los geht's erst um Mitternacht - dann ist nur noch wenig Platz auf den Tanzflächen. Die Verzehrbons für einen Abend kosten um die 22 DM. **7 1/2** (seven & a half) am Fischmarkt ist der älteste und bekannteste Club dieser Art in Albufeira. Früher waren hier gerne Cliff Richard und *The Shadows* zu Gast, ganz privat. Inzwischen ist der Club beliebt bei jungen Hoteldirektoren, die angespannt auf den Beginn der Show warten: Mädchen mit Federbusch tanzen zu *Money makes the world go round.*

Täglich Live-Musik in der Louisiana Bar

Einkaufen

Lebensmittel sollte man, soweit erhältlich, auf dem *Markt* oder in Tante-Emma-Läden kaufen, da die großen Supermärkte bei verschiedenen Artikeln bis zu 25 % teurer sind! Der Fisch- und Gemüsemarkt ist montags geschlossen. Der Supermarkt *Cerro Grande*, der größte an der Algarve, liegt etwas außerhalb in Friedhofsnähe. Ein weiterer Supermarkt steht an der Straßenkreuzung beim Hotel Montechoro. Beide haben eine große Auswahl teurer Importware. Der neu angelegte Hypermarkt *Marrechino* an der Straße nach Praia da Oura behauptet von sich, noch größer als Cerro Grande zu sein.

Ein **Touristenmarkt** ist jeden ersten und dritten Dienstag im Monat in Orada, 2 km außerhalb (Praia Baleeira). Dort werden viele Handarbeiten aus der Provinz Algarve angeboten.

Baden

Der schätzungsweise 800 m lange Hauptbadestrand ist im Sommer ziemlich überfüllt, aber sauber. Eine weit vorgeschobene Felsnase mit Grotten unterteilt den Strand in zwei Hälften, wovon auf einer Seite der Fischerstrand liegt. Auf der anderen kann man Sonnensegel leihen und eiskalte Limonade an den Buden unterhalb der Klippen kaufen.

Am westlichen Strandende führt ein betonierter Fußweg die Felsküste entlang. Dort hat man auf den Felsen mehr Ruhe als am Strand und findet Schatten in den vom Meer ausgespülten Grotten. Allerdings ist es von hier aus schwierig, zum Wasser hinunterzuklettern.

Schöne Strände findet man in Richtung *Praia da Oura*. Keine Steilküste, sondern felsige Hügellandschaft mit vereinzelten, schattenspendenden Pinien. Am Ende des Strands führen steile Stufen die Klippen hinauf zu einem Trampelpfad, der vorbei am Hotel *Oura Mar* nach Praia da Oura geht. Durch ausufernde Bebauungen verlieren die Spazierwege leider zunehmend an Reiz.

Zu den Küsten um Albufeira ist allgemein zu sagen, daß die Urbanisierung mit Riesenschritten voranschreitet. Immer mehr geteerte Straßen werden angelegt. Appartementbauten schießen wie Pilze aus dem Boden. Die Strände westlich von Albufeira (siehe auch unten) sind noch weniger besucht als die in östlicher Richtung; dort stehen keine größeren Hotels. Erreichbar sind sie allerdings nur nach längerem Fußmarsch oder mit dem eigenen Wagen oder Taxi.

Schnorcheln und Tauchen kann man besonders gut an der Küste beim Hotel Aura Mar. Die Klippen reichen an dieser Stelle auch bei Ebbe ins Meer hinein. Auf dem zum Teil felsigen Meeresgrund, der an dieser Stelle nicht besonders tief ist, verstecken sich viele Tintenfische.

Strand östlich von Albufeira

▶ **Praia da Oura**: An der kleinen, ca. 300 m langen Sandbucht wurde "urbanisiert", wie es so schön heißt. Ein riesig angelegter Appartementblock verbaut einen großen Teil des an der Bucht liegenden Hangs, der schön mit Schirmpinien bewaldet ist. Essen und trinken kann man oberhalb des Strandes auf der Terrasse eines Self-Service-Restaurants. Hauptattraktion und dementsprechend begafft sind die wenigen Fischer, die ihre Boote noch mit Muskelkraft auf den Strand ziehen.

Strände westlich von Albufeira

▶ **Praia S. Rafael**: 4 km westlich von Albufeira. Wenn man zu Fuß entlang des Höhenweges Richtung Praia S. Rafael geht, kommt man kurz vor dem Strand an die sogenannte *Bibliothek*. Verschiedenartige Gesteinsschichten sind hier senkrecht zur Wasserlinie hochgekippt - besonders eindrucksvoll ist die Perspektive vom Boot aus. Der Strand selbst ist noch unverbaut. 300 m oberhalb liegt die *Ferienhaussiedlung S. Raffael*, deren gerade begonnene dritte Bauphase sich immer weiter Richtung Strand frißt. Der Hauptstrand am westlichen Buchtende ist relativ ruhig. Dort ist auch ein *Strandrestaurant*.

▶ **Praia da Coelha**: 6 km westlich von Albufeira. Von der Küstenstraße führt bei den Gewächshäusern ein ca. 10 Minuten langer Fußweg hinunter zur Badebucht. Auf halbem Weg liegt ein provisorischer Privatparkplatz (Acker - 100 Esc). Gänzlich unverbauter Küstenabschnitt. Ein *Strandrestaurant* sowie eine Dusche (50 Esc) sind vorhanden.

▶ **Praia do Castelo:** nur etwa 1 km weiter westlich gelegen, stärker besucht, da direkt oberhalb an den Klippen geparkt werden kann.

▶ **Praia do Galé:** Der Sandstrand zieht sich kilometerlang Richtung Armação de Pera. Das Hinterland überziehen mehr und mehr mächtige Appartementblöcke. Kein historischer Dorfkern vorhanden.

Sport

▶ **Tennis:** Nächstgelegene Möglichkeit im Appartementhotel *Albufeira Jardim*, mehrere Kilometer außerhalb von Albufeira. In der Saison sollte man besser unter Tel. 52085 vorbuchen. Weitere Plätze im Hotel *Monte Choro*, Hotel *Aura Mar* und Hotel *Aldeia*.

▶ **Reiten:** Centro Hipico - *Estalagem da Ceganha*, Tel. 302577. Altes Landgut mit mehreren Stallungen, zwischen Quarteira und Albufeira gelegen. Im ehemaligen Gutsbesitzerhaus gibt es ein prämiertes *Restaurant* und auch einige *Fremdenzimmer* (DZ ca. 50 DM). Die Pferde machen keinen schlechten Eindruck, sind aber schon etwas bejahrt. Die Reitstunde kostet ca. 25 DM. Weiterer Reitclub: *Quinta de Saudade* bei Pera.

▶ **Fahrräder:** Verleih *Aldeira Touristica* neben dem Café Doris, auch Vesparoller für ca. 40 DM pro Tag zu mieten.

▶ **Windsurfen:** *Vila Moura*, Centro Comercial da Marina, Tel. 65772. Ein Fünf-Stunden-Kurs kostet ca. 120 DM. Bretter gibt es für ca. 270 DM pro Woche zu mieten. Von Juni bis August bestehen außerdem an der *Praia de S. Rafael* und der *Praia do Castelo* Surfmöglichkeiten.

Feste und Festivals

Am 14. (15.) August ist das Heiligenfest **Festa da Nossa Senhora do Ourado** mit Prozession durch den Ort um ca. 17 Uhr und abendlichem Musikkonzert auf der Terrasse des Hotels *Sol e Mar*.

Stierkämpfe finden in der Arena nahe dem Hotel *Montechoro* statt. Auskünfte und Eintrittskarten gibt es beim Touristenbüro oder direkt in der Arena.

Carvoeiro

Carvoeiro ist eines der schönsten Küstendörfer der Algarve. Es liegt in einer engen sandigen Bucht mit steil aus dem Meer ragenden Felswänden. Dahinter stehen auf niedrigen Hügeln weißgekalkte und bunt angestrichene Sommerhäuser aus den 30er Jahren.

274 Algarve

An diesem Küstenabschnitt ist die Steilküste schroff und felsig mit wenigen, schmalen Sandbuchten. Direkt an der Küste spärliche Vegetation, Gras. Im hügeligen Hinterland fallen insbesondere Öl- und Mandelbäume ins Auge.

Das Land der Hügel Carvoeiros gehört den Bauern von *Lagoa*, einem Dorf 5 km landeinwärts. Durch den Verkauf von Wein nach Bordeaux, der dort mit den etwas herben französischen Säften verschnitten wurde, kamen die Bauern zu einigem Wohlstand. Ihre Söhne konnten sich ein Studium in Lissabon leisten, erwarben Doktortitel und ließen sich in Carvoeiro Sommerhäuser bauen. Dazu gesellten sich ein französischer Filmdirektor und ein englischer Adliger - und schon war Carvoeiro ein Modeort. Ein Spielcasino wurde gebaut und ging aber wieder pleite.

Später kamen die Grundstücksmakler. Das "wertlose" Land am Meer, das dem Müßiggang frönenden Bauernsöhnen vererbt worden war, wurde jetzt viel wert. So entstand östlich vom Dorf eine "gutbürgerliche Vorortatmosphäre": kleine und große Sommerhäuser, Vorgärten, Grundstücke mit hohen Mauern - Geld spielt offenbar keine Rolle. Große Hotels wurden nicht gebaut, dafür sorgte die starke Villenlobby. Deshalb ist der Ort eher für Individualisten geeignet, denn es ist Glückssache, ein Hotel- oder Privatzimmer ohne Vorbestellung zu bekommen. Es gibt aber inzwischen auch einige große Appartementsiedlungen.

Information Verbindungen

- *Information:* am zentralen Dorfplatz, Tel. 082/357728.
- *Verbindungen:* etwa stündlich Busverbindung nach Lagoa (5 km). Expreßbusse Faro - Portimão halten in Lagoa. Nächste Bahnstation 7 km entfernt in Estombar (an der Linie Faro - Portimão).

Übernachten

Hotel Dom Sancho, Tel. 357301. Moderner zweigeschossiger Bau am Dorfbadestrand. Die Zimmer haben Telefon, Klimaanlage, Radio und Balkon. DZ ca. 180 DM.
Pension Baselli, Tel. 357159. Das Haus liegt sehr schön am Dorfhang oberhalb der Bucht. Die Zimmer sind geräumig und persönlich eingerichtet, zum Teil mit Sitzecke. Insgesamt nur fünf Zimmer zu vermieten. Der Besitzer ist Deutscher. DZ ohne Bad ca. 60 DM inkl. Frühstück mit weichgekochtem Ei und selbstgemachter Marmelade. Auch **Appartements** zu mieten.
Pension Mistral, Tel. 357382. An der Dorfstraße, Ortseingang links. Geräumige Zimmer mit Teppichboden, einige ruhige Zimmer nach hinten mit Blick auf begrünten Hügel. Gemeinschaftsbad. DZ ca. 55 DM.
Togi Appartements, Rua das Flores, Tel. 358517. Relativ preiswert, klein, aber mit separatem Schlafzimmer, ca. 100 DM pro Tag. Zwei Minuten vom Zentrum.
Appartements und **Villen** vermittelt auch Karl Kalkbrenner, Tel. 357205, Fax 357762.
Das **Urlaubsdorf Monte Carvoeiro** liegt auf einem Hügel am Rande von Carvoeiro. Um den "Marktplatz" gruppieren sich Boutiquen, Bars und empfehlenswerte Restaurants. Hier ist auch der bekannte **Manoel's Jazz Club**, den es, aus welchen Gründen auch immer, vom ursprünglichen Ferragudo hierher zog.
Die hübsch überschaubare **Ferienhausanlage Algar Seco** (Tel. BRD, 020/5659339) liegt direkt oberhalb von *Algar Seco*. Alle Häuser mit Blick aufs Meer. Appartements für vier Personen ab ca. 1400 DM in der Hauptsaison.

Carvoeiro 275

Essen

Casa Palmeira, Rua do Cerro. Etwas abseits des Trubels, 100 m vom Markt entfernt. Hübsche Terrasse zum Draußensitzen. Der *Arroz de marisco* ist empfehlenswert.

Boneca Bar, liegt sehr romantisch in den skurrilen Felsformationen des Algar Seco. Wenig Auswahl, dafür aber alles frisch und gegrillt.

Thameside, Est. do Farol, im Ort. Origineller Wirt, dessen beiden Söhne in der Küche stehen. Seit vielen Jahren im Ort etabliert.

Marisqueira, am Ortsausgang an der Straße zum Centianes Beach. Kleine Terrasse mit schönem Blick auf die Stadt. Im Innenraum stehen nur fünf Tische. Billige Fleischgerichte: gegrilltes Schwein ca. 7 DM, Beefsteak ca. 10 DM. Alle Gerichte mit Chips und Gemüse. Sonntags geschlossen.

Mehrere **Bierbars** gibt es in der Gegend um den Dorfplatz, meist von Ausländern geführt.

O'Lotus, außerhalb, in Lagoa direkt an der Durchgangsstraße neben der GALP Station. Rein portugiesisches Lokal mit zwei Speiseräumen. Gute *Cataplana* und empfehlenswerte Tagesgerichte.

O Casarao, ebenfalls in Lagoa. Mit kleinem Garten, allerdings direkt zur Durchgangsstraße, was den guten und preiswerten Mahlzeiten jedoch nicht abträglich ist.

Die große **Weinkooperative** in Lagoa ist für Besucher von 9-17 Uhr geöffnet. Weinprobe möglich.

Baden

Die schmalen Buchten der Gegend sind sehr windgeschützt und lassen das Baden auch in der Vorsaison nicht zu einer Abhärtungskur werden. Nachteil ist, daß die Sonne bereits am Nachmittag hinter den Felsen verschwindet. Wegen der hohen Kliffs zu beiden Seiten der Bucht und der bunten Fischerboote ist der *Dorfbadestrand* besonders malerisch. In der Saison ist er allerdings ziemlich überlaufen, da er nur ca. 200 m lang ist. Dusche vorhanden. Eine Ausweichmöglichkeit bietet der *Paraiso Strand* westlich des Dorfes.

Östlich von Carvoeiro gibt es mehrere *Badebuchten*. Die nähergelegenen sind bequem zu Fuß zu erreichen. Für die anderen gibt es mehrmals täglich die Busverbindung von Carvoeiro nach *Alfanzina*, einer Villensiedlung ca. 5 km östlich.

▶ Der **Val-Sant'Iaro-Strand** gilt als eine der schönsten Buchten der Gegend und liegt ca. 1 km östlich von Almanzor. Der schmale Sandstrand liegt versteckt unter einem überhängenden Kliff und ist von der Straße über Treppen und Muschelfelsen zu erreichen. Die Strandlänge variiert stark, je nach Wasserstand, Durchschnittslänge 100 m. Für kühles Bier und Imbiß sorgt der Kiosk in einer Bretterbude. In den Hang über dem Strand wurde ein monströser Appartementblock gebaut.

▶ Ca. 5 km von Carvoeiro liegt der Strand von **Carvalho**: Nach dem Centianes Beach stehen vereinzelt kleine Villensiedlungen. Rechts vorne taucht dann ein Leuchtturm auf, und einige hundert Meter landeinwärts von der Straße sieht man die *Quinta do Cero Gordo*, ein altes, landwirtschaftliches Gut, das sich über einen ganzen Hügel erstreckt. Wir dachten zuerst, es sei eine Burg. Schon lange wird der riesige Hof nicht mehr bewohnt, Scheunen und Viehställe sind dem Verfall preis-

276 Algarve

gegeben. Etwas weiter, kurz nach der Villensiedlung Alfanzina und dem Club Atlantico, endet die Straße zum Strand. Ein Fußweg führt rechts an der Mauer entlang bis zu einem Durchbruch, dann talwärts über einen Trampelpfad bis zu einem Felstunnel, der einzigen Verbindung zum Beach. Der Strand ist sehr eindrucksvoll. Seit in der Villensiedlung "Club Atlantico" jeden Sommer Hunderte von Touristen untergebracht sind, ist er nicht mehr so abgeschieden, doch immer noch nicht überlaufen. Allerdings verschwindet auch hier die Sonne schon recht früh am Nachmittag wegen der überhängenden Felswände. Der alte Wachturm und das Mäuerchen oberhalb vom Strand stammen aus einer Zeit, als das ganze Gebiet Privatbesitz war (bis 1930). Der Großgrundbesitzer und Tyrann Carvalho litt unter Verfolgungswahn und kapselte sich mit einigen Bodyguards und vielen Bediensteten völlig von der Außenwelt ab. Nicht einmal die Polizei durfte seine Residenz und seinen Privathafen am Strand betreten.

Ferragudo

Das malerische Fischerdorf liegt an der Mündung des Rio Arade, direkt gegenüber der Algarve-Metropole Portimão.

Unverdorbene Dorfatmosphäre, enge Gassen. Die kleinen Fischerhäuser gruppieren sich um einen niedrigen Hügel. Am Dorfrand thront eine märchenhaftes *Kastell* auf einer mit Pinien bestandenen Felsnase. Es wurde auf den Ruinen einer von König *Sebastião* errichteten Burg erbaut. Darunter liegt ein breiter Sandstrand. Besitzerin des Schlosses ist eine Bankierstochter.

Hauptbadestrand bei Ferragudo ist der *Caneiros Strand*. Östlich davon liegt der Nacktbadestrand *Praiha da Corda*, so genannt, weil man sich an einem Strick die Felsen hinunterhangeln muß. In der Nähe des Campingplatzes (siehe unten) gibt es noch viele weitere Strände. Der Strand zum Rio Arade, die *Praiha Grande*, ist wegen des ruhigen Seegangs und wegen der vermutlich schlechten Wasserqualität in erster Linie für Surfer geeignet.

• *Übernachten*: **Appartementhotel Praiha Grande**, im Dorf gelegen. Kleine Appartements mit Balkon. **Hotel Casabela**, Vier-Sterne-Hotel an der Küste.

• *Camping*: ca. 2 km östlich von Ferragudo. Leicht hügeliges Gelände, Schatten durch noch junge Oleander und Olivenbäume. Mehrmals täglich Busverbindung von Portimão.

• *Essen*: **O Velho Novo**, Rua Dr. Manuel Teixeira Gomes 2. Bei Adelino, nach dem Dorfkiosk am Bach die nächste Gasse links. Einfaches Restaurant mit guten Tintenfischen. Es gibt auch kleine Portionen als Snack.

A Mula Cheia (*Das vollgefressene Maultier*), außerhalb gelegen im Dorf *Parchal*, an der alten Straße Faro - Portimão. Man sitzt an langen Holztischen; unaufgefordert kommt ein Gang nach dem anderen auf den Tisch, insgesamt sind es sechs. Diverse Vorspeisen und auch die Nachspeise sind inklusive. Die Gerichte sind zusammengestellt wie Festtagsmenüs bei einer portugiesischen Familie, sonst in keinem Restaurant zu finden. Menü ca. 20 DM. In Parchal sollte man in der Nähe des Mini-Dorfparks parken und auf keinen Fall versuchen, durch die extrem engen Gassen direkt beim Lokal vorzufahren.

Ferragudo – stimmungsvoll und wenig besucht

Palaver (bei Gaby). Das Restaurant liegt etwa 3 km von Ferragudo auf dem Weg zum Campingplatz (s.o.) an einer Kreuzung. Wer sich mit Kartoffelsalat und Würstchen seiner Heimat erinnern möchte, ist hier genau richtig.

Portimão

Portimão liegt 3 km flußaufwärts an der breiten Mündungsbucht des Rio Arade. Im Ort bleiben nur diejenigen länger, die das geschäftige Alltagsleben einer Fischereistadt einem Hotel mit Terrasse zum Meer vorziehen. Aber einen Besuch ist Portimão in jedem Fall wert, allein schon wegen der Einkaufsmöglichkeiten.

Interessant sind die Fischkais unterhalb der Flußbrücke, besonders nachts und am frühen Morgen, wenn die Fischtrawler vom Fang zurückkehren und die glitschigen Sardinen korbweise ausgeladen werden.

Daß Portimão eine *sündige* Stadt ist, merkten wir eines Abends beim Spazierengehen am Fischerkai, als wir plötzlich zwei kräftige Portugiesinnen im Arm hatten. Mit herber Stimme versuchten sie, uns zu ihrer Privatpension abzuschleppen. Um sie nicht zu enttäuschen, luden wir sie zum Sardinenessen in eine der kleinen Tavernen unterhalb der Brücke ein. Die "Casa Bica", auf die unsere Wahl fiel, können wir weiterempfehlen - die Sardinen und ganz besonders der Salat mit gebratenem Paprika schmeckten ausgezeichnet.

Algarve

Information Verbindungen

- *Information*: Am Largo 1. de Dezembro, Tel. 082/23695.
- *Österreichisches Honorarkonsulat*: Tel. 082/416202.
- *Verbindungen*: **Expreßbus** nach Faro, Fahrzeit ca. 1 ½ Std. **Busse** nach Monchique, Ferragudo, Lissabon via Küstenstraße. Häufig Busverbindung nach Praia da Rocha, dem bekannten Badeort an der Küste.

Reisebüro Solamigo, Rua da Guarda 14, Tel. 23031: Busfahrkarten nach Lissabon, Linienflugtickets etc.

Übernachten Camping

Hotel Globo, Rua 5 de Outubro 26, Tel. 22151. Komforthotel. Besonders von den oberen Stockwerken schöner Blick über die Stadt mit ihren moosbedeckten Dächern. Mit seinen kastenförmigen, an der Fassade "aufgehängten" Balkons paßt der moderne vierstöckige Bau nicht so recht ins Stadtbild. DZ ca. 150 DM.

Pension Patio, Rua Dr. João Vitorino Meralha 5, Tel. 24288. Am Largo 1. de Dezembro. Sehr ordentliche Zimmer, die meisten mit blumenbemalten Alentejomöbeln. Hinter dem Haus ein kleiner Garten mit Palmen und Zitronenbäumen. DZ mit Bad ca. 55 DM.

Pension Pimenta, Rua Dr. Ernesto Cabrita 7, Tel. 23203. Saubere Zimmer mit Telefon, Teppichboden und Privatbad. Liegt in einer ruhigen Nebenstraße in der Nähe des Largo 1. de Dezembro. DZ ca. 70 DM.

Pension Arabi, Praça Manuel Teixeira Gomes 13, Tel. 26006. Neu eingerichtet im ersten Stock eines ehemaligen Wohnhauses am Hauptplatz. Blick auf den Rio, etwas laut. DZ mit Bad ca. 65 DM.

- *Jugendherberge*: ca. 2 km außerhalb Richtung Monchique bei *Coca Maravilhas*, mit Bus ab Busbahnhof Richtung Companeira.
- *Camping*: siehe unter *Ferragudo*, ca. 4 km außerhalb. Busverbindung. Ein weiterer Platz ist in *Alvor*, ca. 5 km entfernt.

Essen

Escodinho, Porta de São José 24. Einfache, empfehlenswerte Taverne. Gute Auswahl mit Preisen zwischen 9-13 DM. Gute Eintöpfe und Menüs, soweit auf der Tageskarte vorhanden. *Cataplana* (Muschelgericht) für zwei Personen ca. 40 DM.

Simsa, Rua S. Goncalves 7. Indonesisch-internationale Küche, leicht gehobenes Preisniveau. Jede Woche neue Menüauswahl. Gut sind die mexikanischen Steaks mit viel Pfeffer.

Lucio, an der Mobil-Tankstelle bei der Brücke. Einfach, sauber, mit roten Tischdecken. Gute Auswahl an Krebsgetier. Preiswerte Fischgerichte, ca. 15 DM.

O Mane, Largo Dr. Bastos 1. Portugiesisches Mittelklasserestaurant, zwei mit Holz ausgekleidete Speiseräume. Fixe Bedienung. Empfehlenswert sind die Gerichte vom Grill. Das gebratene *Carne a Mane* für ca. 12 DM kommt mit Ei und viel Olivenöl. Jedes Gericht hat etwas Salat als Beilage. Gut für einen Nachmittagssnack z.B. Muscheln oder Gambas. Durchgehend geöffnet.

O Pipo, Praça de Maio 4, schräg gegenüber von *O Mane*. Kleine Bar mit großer Auswahl an Fischgerichten. Empfehlenswert auch Cordon Bleu und Schweinesteak. Preise ab 10 DM.

Einkaufen

Portimão ist "die Einkaufsstadt" der Algarve. In der Fußgängerzone findet man Bekleidungs- und Schuhgeschäfte mit Preisen, die sich ein Portugiese mit Durchschnittsverdienst kaum leisten kann, z.B. Schuhe von 110 DM aufwärts. Alle Boutiquen und Souvenirläden liegen in der Gegend um die Rua Santa Isabel.

Portimão 279

Blick von Ferragudo über den Rio Arade nach Portimão

Die ehemaligen **Markthalle** im Zentrum ist während der Saison eine vielfältige Verkaufsgalerie hier ansässiger Künstler und Kunsthandwerker. Besuch lohnt in jedem Fall.

In der *Vinda Boutique*, Rua Santa Isabel 32, wird in mehreren Räumen eine große Auswahl an Handarbeiten aus allen Regionen Portugals gezeigt, auch ausgefallene Sachen. Hier wird auch Herrenkonfektion nach Maß gefertigt.

Jeden ersten Montag im Monat wird auf dem staubigen Platz vor der Gemüsemarkthalle (hinter dem Bahnhof) ein *Straßenmarkt* abgehalten. Dort verkaufen Zigeuner Wollpullover und Lederwaren (Gürtel, Taschen etc.). Über den Preis läßt sich meist handeln.

Besitzer der *Kunstgalerie*, Rua Santa Isabel 32, ist ein Engländer. Ein ganzes Haus voller Kunstwerke: Bilder, Skulpturen und Kunstdrucke. Geschmackvoll eingerichtet, mit Patio.

Sehenswertes

Der *Largo de 1. Dezembro* mit seinem kleinen Park lohnt einen Besuch. Die Sitzbänke sind mit Azulejos aus dem 19. Jh. verkleidet. Die Bilder zeigen Szenen aus der Schlacht von Aljubarrota, in der die Spanier mit Hilfe englischer Söldnern geschlagen wurden.

Auf dem "höchsten" Hügel der Stadt liegt die *Pfarrkirche*. Sie wurde nach dem Erdbeben von 1755 errichtet. Hübsch ist das Westportal im manuelinischen Stil. Azulejos aus dem 17. Jh.

Feste und Festivals

Jeden ersten Montag im Monat ist *Viehmarkt* an der Straßenabzweigung nach Monchique. Wen reizt es da nicht, die Bauern etwas zu belästigen und Fotos zu schießen...

Stierkampf ist während der Saison jeden Freitag oder Samstag. Tickets gibt es im Touristenbüro.

Ausflüge

Boots- und Fischsafaris bietet *Surfpesca* an. Die Kapitäne sind ehemalige Berufsfischer. Unterwegs kann man auf traditionelle portugiesische Art angeln oder auch nur die zum Teil sehr bizarren Küstenformationen von See aus betrachten. Ein fünf Stunden dauernder Ausflug kostet für Hochseeangler ca. 80 DM, für "Zuschauer" etwa 60 DM. Kontakt: Rua Santa Isabel 35, Tel. 25450.

Während der Saison besteht täglich die Möglichkeit, mit dem Motorboot *Paluca* vormittags um ca. 9.30 Uhr nach Lagos zu fahren; Rückfahrt am Nachmittag. Abfahrt vom Cais Municipal zwischen Praia da Rocha und der Stadt.

Praia da Rocha

In den 30er Jahren galt Praia da Rocha als der Badeort für reiche Engländer und Portugiesen, die damals noch per Wasserflugzeug aus Lissabon anreisten. Zeugnisse dieser Zeit sind prunkvolle Villen im viktorianischen Stil und grüne, gepflegte Vorgärten wie in Kensington.

Aus den alten Zeiten sind leider nur noch Teile des Ortskerns übrig, und da bröckelt bei etlichen Villen bereits der Putz... Am Ortsrand und bei den Klippen dominieren moderne Hotelbauten: Im Sommer wälzen sich die Autos im Schneckentempo über die erhöhte Strandpromenade. Trotz heute internationalem Publikum ist in Praia da Rocha noch eine gewisse englisch-elegante Art zu spüren, was den Ort für viele Portugiesen reizvoll macht.

Praia da Rocha liegt oberhalb einer Klippenformation an einem ca. 1,5 km langen Strand, der als einer der schönsten der Algarve gilt - Fotos vom "Strand der Felsen" findet man in jedem Prospekt über Südportugal. Der Strand war früher kleiner und wurde mit Hafensand aus Portimão aufgeschüttet. Aus dem breiten Sandstrand ragen honiggelbe Sandsteinfelsen – skurrile Arkaden und Säulengebilde, denen die Einheimischen Namen wie "drei Bären" oder "die versteinerten Riesen" gaben. Vor einigen Jahren donnerte ein Felsbrocken von einem der Riesen auf den Strand. Unglücklicherweise traf er Pedro den Fischer. Aber keine Angst, so etwas passiert nur alle hundert Jahre.

Praia da Rocha 281

Praia da Rocha – die Hochhaussilhouette ist fast ebenso eindrucksvoll wie die mächtigen Sandsteinkliffs

Am östlichen Ende der Strandpromenade entlang den Klippen liegt die *Festung Santa Catarina*, die im 17. Jh. zur Verteidigung von Portimão erbaut wurde. Das Fort liegt genau an der Mündungsbucht des Arade, unterhalb davon befindet sich eine schmale, 200 m lange Mole, von deren äußersten Punkt man eine schöne Sicht auf die Klippenküste hat. Auf der anderen Seite des Flusses sieht man die alte Burg von Ferragudo.

Information *Verbindungen*

- *Information:* an der Uferpromenade Avenida Marginal, kurz vor der Festung Santa Catarina, Tel. 22290. Geöffnet täglich von 9-20 Uhr, außerhalb der Saison bis 19 Uhr.
- *Verbindungen:* im Sommer mindestens alle 10 Min. **Busse** zu dem 3 km entfernten Portimão.
Fahrräder kann man im Hotel Rocha II (Motorent) an der Uferpromenade mieten. Leihgebühr ca. 10 DM pro Tag. **Mopeds** gibt es für ca. 25 DM.

Übernachten

In der Mehrzahl gibt es in Praia da Rocha Hotels der gehobenen Preisklasse. Wer nichts Günstiges bekommt, weil alle entsprechenden Unterkünfte ausgebucht sind, kann nach Portimão ausweichen und täglich mit dem Bus pendeln.

Hotel Algarve, Av. Tomas Cabreira, Tel. 24001. Das "First Hotel" der Algarve, vielleicht von ganz Portugal. Zur Straßenseite hin ein gewöhnlicher Hotelklotz, wird erst im Inneren der Luxus spürbar. Die Wände in den Hallen sind gediegen dunkelblau gekachelt. Großzügige Club- und Aufenthaltsräume. Die Zimmer haben fast alle Balkon und Meerblick, 24-Stunden-Service. Swimmingpool im Garten über den Kliffs, darunter eine Diskothek mit Fenstern zum Wasser. Für all das muß man

entsprechend tief ins Portemonnaie greifen: Das DZ kostet runde 300 DM.
Hotel Bela Vista, Av. Tomas Cabreira, Tel. 24055. Alte Herrschaftsvilla aus der Zeit um die Jahrhundertwende, erst seit 1936 Hotelbetrieb. Innen wie ein Museum, Aufenthaltsraum mit gekachelten Azulejowänden und Bar, Holzschnitzereien etc. Die Zimmer sind mit alten Holzmöbeln und großen Azulejos ausgestattet. Das Hotel liegt direkt auf den Kliffs, mit einem kleinen Palmengärtchen daneben. Große Terrasse zum Meer. DZ mit Bad ca. 250 DM.
Pension Solar Penguim, Av. Tomas Cabreira, Tel. 24308. Neben dem Hotel *Bela Vista* auf den Kliffs, mit Treppen zum Strand hinunter. Die betagte Inhaberin ist eine freundliche Engländerin, deren verstorbener Mann ein begeisterter Hobbymaler war. Seine Bilder schmücken die Aufenthaltsräume und sind unverkäuflich. Im Sommer ist die **Snackbar** auf der Kellerterrasse der Pension geöffnet. Dort gibt es gute Kuchen und kleine kalte Gerichte. DZ mit Bad ca. 90 DM.
Pension Sol, Av. Tomas Cabreira, Tel. 24071. Pension mit 28 sauberen Zimmern, die schlicht eingerichtet sind. Die Zimmer nach hinten sind ruhig, manche haben einen kleinen Balkon. Die Frontzimmer sind etwas laut, Neonbeleuchtung über den Betten. DZ mit Bad ca. 75 DM.
Pension Oceano, Av. Tomas Cabreira, Tel. 24309. Eine der billigsten Unterkünfte im Ort, die gegenüber den teuersten liegt... Sehr einfache Zimmer, die sauberer und besser gelüftet sein könnten. Für die Verhältnisse in Praia Rocha und den Preis jedoch o.k. DZ ohne Bad ca. 50 DM, Gemeinschaftsbad.

Essen

Titanic, im Edificio Columbia. Hohes Niveau der Küche mit entsprechenden Preisen. Große Auswahl internationaler Gerichte (engl./portug. Inhaber).
Safari, bei der Pension *Solar Penguim* rechts den Klippenweg ca. 50 m weitergehen. Vom früheren deutschen Besitzer stammt die Jagddekoration an den Wänden. Heute ist die Küche angolanisch, pikant, mit viel Piri-Piri-Gewürz. Von der Glasveranda hat man besonders bei Abendstimmung eine schöne Sicht auf die Kliffs. Spezialität ist *Curry Safari*, ein Gericht mit Huhn und Reis. Die Speisekarte enthält viele verlockende Speisen wie Truthahnsteak, Lamm in Wein und andere Hauptgerichte für ca. 15 DM.
Castelos, am westlichen Ortsrand links, auf den Klippen gelegen. Mit Terrasse. Große Speisekarte, darunter empfehlenswerte Fischgerichte ab ca. 15 DM. Für den Hamburger-Freund gibt es hier verschiedene "Hamburger-Gerichte".
Im Restaurant der Festung **Santa Catarina** findet man portugiesische Küche. An Knoblauch wird hier nicht gespart. Außerhalb der Essenszeiten sind eine **Snackbar** und ein **Café** geöffnet. Man kann auf dem Platz innerhalb der Festungsmauern oder im Gebäude sitzen.
Pizzeria La Dolce Vita, an der Uferpromenade, gegenüber dem Hotel *Algarve*. Echt italienisches Restaurant mit selbstgemachten Nudeln, leckerem Knoblauchbrot und guter Pizza.
Gutes Gebäck gibt es in der **Pastelaria Palmar**, auf halbem Weg zwischen dem Hotel *Algarve* und der Festung auf der linken Seite.

Nachtleben

Night Star Club: Die Diskothek des Hotels *Jupiter* gilt als eine der exklusivsten der Algarve. Geräumig, mit Samtpolsterung. Jeansträger finden keinen Einlaß, und auch Tennisschuhe und Sandalen sind hier nicht gerne gesehen. Alle standesgemäß Gekleideten zahlen einen Mindestverzehr von ca. 20 DM. Seitlicher Kellereingang des Hotels *Jupiter* an der Uferpromenade.
Jackpot Bar, gegenüber des Hotels *Jupiter*. Der "In-Treff", viel Marmor, oft auch Live-Musik. Geöffnet bis 4 Uhr morgens.
Martini's Bar, Pub mit englischer Atmosphäre. Tagsüber sind Bar und Straßencafé ein beliebter Treffpunkt von Touristen. In der "Happy Hour" von 18-20 Uhr sind alle Getränke billiger. Ab und zu klimpert jemand auf dem Piano. Ab 22 Uhr ist die Diskothek im Hinterraum geöffnet.

Serra da Monchique **283**

Frisches Quellwasser aus den Caldas de Monchique

Serra da Monchique

Von Portimão fährt man die Straße Richtung Norden etwa 25 km weit durch üppige Gartenlandschaften mit kleinen Feldern und Alleen. 1000m hoch ragt der Gipfel "Foia", der an einigen Wintertagen mit einer dünnen Schneeschicht bedeckt ist.

Für das Auge ist die Landschaft eine echte Erholung: Korkeichen, Pinien und silbrig glänzende Ölbäume - mit so viel frischem Grün rechnet man im Süden Portugals nicht. Dazwischen liegen Obsthaine mit leuchtend gelben Orangen.

In einer Bergfalte liegen die Thermalquellen **Caldas de Monchique**. Düster erscheinen die aus Steinquadern zusammengesetzten Gebäude, die ihre besten Zeiten hinter sich haben.

Monchique

Das Dorf Monchique liegt auf halben Weg zum Gipfel, die kleinen weißen Häuser schmiegen sich malerisch an den Hang. Entlang der Dorfstraße eine Menge kleiner Shops, die ganze Ladenfront voll mit Weidenkörben, die geduldig auf Käufer warten.

In einem der Cafés sollten Sie den Medronho-Schnaps probieren, er kommt hauptsächlich hier aus der Gegend, viele Bauern brennen ihn noch selbst.

Foia – abgerundete Granitfelsen bilden das Dach der Algarve

10 Fußminuten oberhalb von Monchique steht die Klosterruine *Nossa Senhora do Pesterro*. Das 1632 vom späteren indischen Vizekönig Pedro da Silva gegründete Franziskanerkloster wurde durch das Erdbeben 1755 stark beschädigt.

Übernachten Essen

Estalagem Abrigo da Montanha, 1,5 km oberhalb von Monchique, Tel. 082/92750. Inmitten eines gepflegten Gartens. Nur fünf Zimmer, die alle einen tollen Blick auf die Küste bieten. Relativ kleine, aber gemütliche Räume. DZ ca. 120 DM.
Auf dem Weg nach Foia liegen noch zwei weitere **Landhotels**.
Residencial Miradoura, Rua dos Combatentes do Ultramar, Tel. 92163. Von den insgesamt 16 Zimmern haben acht einen Balkon und Blick aufs Tal. 5 Min. vom Zentrum. DZ ca. 70 DM.
Residencial Estrela do Monchique, Rua do Porto Fundo 46, Tel. 93111. Gepflegtes Haus, relativ neu. Bestes Zimmer ist die Nr. 204 mit kleinem Balkon und toller Sicht auf den Ort. DZ ca. 65 DM.
Restaurant Rampa, ca. 4 km von Monchique Richtung Foia, letztes Restaurant vor Foia, auf der rechten Seite. Von der Terrasse hat man eine schöne Aussicht. Sehr zu empfehlen ist das *Frango Piri-Piri*. Das Huhn wird in pikante Piri-Piri-Sauce eingelegt und schmeckt dann fast nußähnlich - die Schärfe macht sich erst später bemerkbar. Als Vorspeise ist geräucherter Schinken (*Presunto*) sehr lecker, als Dessert das hausgemachte Marzipan.
Albergaria Bica Boa, an der Ausfallstraße nach Lissabon, Estrade de Lisboa 266, Tel. 92271 oder 92360. Außergewöhnlich gute und ausgefallene Küche. Bei der Auswahl kann man nichts falsch machen, jedes Gericht schmeckt. Serviert wird bei gutem Wetter im blumigen oder grünen Vorgarten mit spektakulärem Blick ins Tal. Nach dem lukullischen Genuß kann man an einer echt englischen **Bar** sorgfältig gemixte Drinks einnehmen. Gericht ab ca. 12 DM. DZ ca. 85 DM.

▶ **Foia**: Der Gipfel des Monchique-Gebirges – eine schmale Straße windet sich vom Dorf aus hoch. Von hier hat man an klaren Tagen das phantastische Panorama der Küste vor sich. Ein Wald von Sendemasten, militärischen Abhör- und Radarantennen stört leider etwas.

Lagos

Einer der ältesten Orte der Algarve mit historischer Kleinstadtatmosphäre. Optimale Bedingungen zum Baden und Tauchen: Man hat die Wahl zwischen einem kilometerlangen Strand mit Dünen auf der anderen Flußseite und kleinen Felsbuchten mit kristallklarem Wasser westlich von Lagos.

Der Ort liegt auf eng bebauten Hügeln am Ufer des *Rio Alvor*, der hier in eine breite Meeresbucht mündet. Entlang des Flußufers verläuft eine lange Hafenesplanade, die inzwischen mit Palmen begrünt wurde. Im historische Zentrum dominieren niedrige rotgedeckte Häuser aus dem 18. Jh., renovierungsbedürftige Paläste und die halbzerfallene Stadtmauer mit altem Kastell an der Flußmündung.

> Besonders interessant ist, daß es hier den ersten *Sklavenmarkt* Europas gab (Mercado dos Escravos). Als die portugiesischen Entdecker von ihren Fahrten an die afrikanischen Küsten zurückkehrten, brachten sie ihren erstaunten Landsleuten "schwarze Menschen" mit. Allzuviel anzufangen wußte man noch nicht mit ihnen; man behandelte sie wie Kuriositäten oder exotische Haustiere. Das Geschäft mit dem Menschenhandel entwickelte sich erst, als Amerika Bedarf an billigen Arbeitskräften anmeldete: Dort waren zu jener Zeit alle Farmer selbständig, da für alle genug Land vorhanden war. Lagos wurde so für Tausende verschleppter Afrikanern zum Alptraum...
>
> Immer wieder fanden vor Lagos große Seeschlachten statt. Heinrich der Seefahrer rüstete hier seine Flotten aus, mit denen zu den Entdeckungsfahrten ausgeschwärmt wurde. Im Schlamm der Hafenbucht werden noch viele vermoderte Rümpfe der Seelenverkäufer vermutet.

Auch an Lagos ging der Massentourismus nicht spurlos vorüber. Am Stadtrand, besonders in Richtung Porto de Mos, wachsen neue Hotelbauten in den Himmel. Die kleinen Strände bei den Kliffs sind hier im Sommer völlig überlaufen. Aber nicht nur der Tourismus verändert das Stadtbild: Die wirtschaftlich "unterentwickelte" Region der Algarve wird nach dem immer noch anhaltenden Tourismusboom zunehmend Standort von Industrieansiedlungen und modernen, exportorientierten Agrar-

286 Algarve

betrieben. Besonders augenfällig ist dies im benachbarten Portimão, wo neue Wohnanlagen nach dem "Neue-Heimat"-Muster entstanden.

> Die Geschichte der Stadt Lagos ist eng verknüpft mit dem *Sebastianismus*, dem Glauben und Wunsch der Portugiesen, daß König Sebastião, 1573 bei einer für Portugal katastrophalen Schlacht in Marokko verschollen, eines Tages zurückkehren und sein Land zur Weltmacht erheben würde. König Sebastião, der "Ersehnte", war in Lagos zu seinem Afrikafeldzug aufgebrochen. Von den ausgezogenen 18.000 Soldaten kamen nur 60 zurück. Sie auch Geschichtsteil am Anfang des Buches.
>
> Eine übermannsgroße Statue des Königs Sebastião mit auffallend weiblich-knabenhaftem Aussehen steht heute vor dem Rathaus - sie wirkt wie ein Raumfahrer auf dem Weg zum Mond.

Hinweis: Die Stadtpolizei von Lagos ist bekannt für ihre Prügelfreudigkeit. Jede Saison kann man in der "Algarve News" entsprechende Schlagzeilen lesen. Ein deutscher Wirt wurde 1992 halbtot geprügelt und lag vier Tage im Koma. Also: immer freundlich sein und keine frechen Sprüche!

Information Verbindungen

- *Information*: Largo Marques de Pombal, Tel 082 / 63031. Am kleinen Platz gegenüber dem Zentralcafé.
- *Verbindungen:* **Busse** nach Salema via Praia da Luz, Burgau und entlang der Westküste nach Lissabon. Direktbus nach Sagres (Cabo de São Vicente). Westliche Endstation der **Algarve-Bahnlinie**. **Fahrräder-Verleih** bei Motolagos.

Übernachten

Hotel De Lagos, Rua Nova da Aldeia, Tel. 769967. Komforthotel im Ort. Wegen der Hanglage hat fast jedes Zimmer einen schönen Blick. Subtropischer, üppiger Garten mit Süßwasser-Swimmingpool. Zum nächsten Strand sind es ca. 500 m. DZ mit Klimaanlage ca. 300 DM.

Hotel Rio Mar, Rua Cándido dos Reis, Tel. 763091. Modernes Hotel in der Altstadt, mit Bar und Diskothek im Keller. DZ ca. 160 DM.

Casa São Goncalo, Rua Cándido dos Reis 7, Tel. 762171. Alte ehemalige Stadtvilla aus dem 18. Jh. Die meisten Zimmer haben ein Fenster zum Innenhof mit Springbrunnen. Jedes Zimmer ist anders eingerichtet, hauptsächlich mit antiken Möbeln. DZ mit Bad ca. 140 DM. Geöffnet von April bis Oktober.

Apartamentos Sol, Av. dos Descobrimentos, Tel. 763491. Moderner, gepflegter Bau an der Flußesplanade. Studios mit geräumigem Schlaf- und Wohnraum, Badezimmer mit Wanne, kleiner Kochnische mit Kühlschrank im Korridor. Für zwei Personen pro Tag ca. 75 DM, drei Personen ca. 85 DM.

Pension Lagosmar, Rua Dr. Fariae Sousa 13, Tel. 763523. In der Nähe des Platzes Gil Eanes. Kleine Terrasse mit Bar. Modern eingerichtete, ruhige Zimmer. DZ mit Dusche ca. 65 DM.

Pension Cidade Velha, Rua Dr. Joaquim Tello 7, Tel. 762041. Moderner, dreigeschossiger Bau mit Lift, im Zentrum gelegen. Geräumige Zimmer, Teppichboden, meist mit kleinem Balkon. Badezimmer mit Wanne. Von der dritten Etage schöner Ausblick auf das Meer und die Altstadt. DZ ca. 100 DM.

Lagos 287

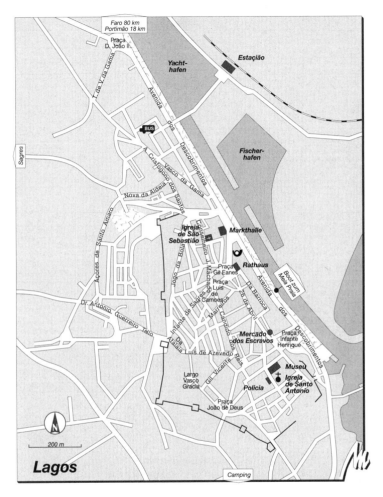

Pension Gil Vincente, Rua Gil Vincente, Tel. 762982. Ca. 5 Min. vom Zentrum, ruhig gelegen. Altes Stadthaus, insgesamt acht Zimmer mit Waschgelegenheit und Gemeinschaftsbad. Saubere, aber nicht sehr große Räume. DZ ca. 40 DM.

Pension Dona Ana, Praia de Dona Ana, Tel. 762322. Neben dem Hotel *Golfinho* am Dona-Ana-Strand, tolle Lage. DZ mit Bad ca. 80 DM, ohne Bad ca. 50 DM.

Pension Caravela, Rua 25 de Abril 13, Tel. 763361. Altes, zweistöckiges Haus, sehr zentral gelegen. 17 saubere Zimmer, die wenigsten mit Bad. Die Zimmer an der Frontseite haben einen kleinen Balkon und Sicht auf die Fußgängerzone. DZ ohne Bad ca. 50 DM, mit Dusche ca. 60 DM.

Motel Santa Maria, Av. das Comunidades Portuguesas, Tel. 63011. Hübsche Lage in einem kleinen "Park" zwischen Altstadt und Stränden. Die billigsten Appartements (Typ "To") sind kom-

Algarve

binierte Wohn-Schlafzimmer mit Kochnische, Bad mit Wanne und kleiner Terrasse, in der Hauptsaison ca. 110 DM pro Tag.
Eiras Velhas, 10 km außerhalb in Almádena. Auf dem alten Bauernhof vermietet Jenny Murat insgesamt sechs Doppelzimmer. In diesem *open minded* Haus kann man sich wohlfühlen - großzügiger Pool vorhanden. Almádena liegt an der Straße Lagos - Sagres, ca. 4 km vom Strand (Burgau) entfernt, Tel. 69466.
• *Jugendherberge*: Rua Lancerote de Freitas 50, Tel. 761970. Neu eingerichtet, in der Altstadt, Richtung Campingplatz. Auch einige DZ zu vermieten.

Camping

Am Stadion des Lagos Fußballclubs, ca. 10 Fußminuten außerhalb, an der Pflasterstraße zum Dona Ana Strand. Um den Campingplatz eine weißgekalkte Mauer, innen viel Schatten durch Eukalyptusbäume.

Ein weiterer, größerer Campingplatz mit 3.000 Plätzen, der auch etwas teurer ist, liegt in der Nähe von *Porto de Mos*, ca. 4 km außerhalb von Lagos. Wenig Schatten, Swimmingpool.

Essen

Kalunga, in einer kleinen Fußgängerpassage neben dem Touristenbüro. Der frühere Besitzer, ehemals Sprecher bei Radio Angola, gab sich viel Mühe, einige ausgewählte afrikanische Currygerichte auf den Tisch zu bringen. Sein Nachfolger will die Speisekarte beibehalten. Besonders zu empfehlen ist *Frango al caril* (Curryhuhn) mit Reis und einer scharfen Piri-Piri-Sauce zum individuellen Nachwürzen. Angenehme Räumlichkeiten mit viel Platz zwischen den Tischchen. Da das Restaurant unauffällig über einem Zeitungsladen im ersten Stock liegt, findet man auch in der Hauptsaison Platz.
Veneza, Av. 25 de Abril 73. Eines der empfehlenswertesten Restaurants in der "Hauptstraße". Prompter Service - das Personal versteht meist sogar ein paar Brocken Deutsch. Gute Fleischgerichte, preislich etwas teurer.
Pizzeria Gattopardo, Urbanizacão Dona Ana, Lote 7. Ein "echter" Italiener in Lagos. Gute Pizzen aus dem Holzofen. Am Ortsrand zwischen Campingplatz und Hotel *Golfinho*.
Inzwischen gibt es auch ein italienisches Ristorante im Zentrum von Lagos.
Pizzeria Pic-Nic, Praça Gil Eanes 24. Im Zentrum, gleich neben dem Platz mit der grotesken Statue. Einfache Gerichte - Pizzen, Spaghetti.
O Trovador, Largo do Cenovento, etwas oberhalb vom Hotel *Lagos*. Gemütliche Atmosphäre wegen der hohen, giebelförmigen Holzdecken und des offenen Kamins für die Wintermonate. Deutscher Besitzer. Garniertes Rumpsteak vom Grill ca. 25 DM, knuspriges Hähnchen nach "Großmutterart" ca. 17 DM. Sonntags und montags geschlossen.
A Gruta, Rua do Ferrador 9. "Sick of fish and chips?" fragen die Besitzer des Restaurants und bieten dem gelangweilten Magen als Alternative zahlreiche, frisch zubereitete Gemüsesorten und abwechslungsreiche Fischgerichte. Empfehlenswert ist auch die Hähnchenbrust mit Orangensauce für ca. 12 DM. Täglich ein vegetarisches Gericht im Angebot. Geöffnet von 19-24 Uhr.
Casa do Zé, kleine Bar neben der Markthalle. Hier gibt es die besten *Amêijoas* (Herzmuscheln) von Lagos. Im Sommer stehen ein paar Tischchen draußen.
Jardim, am Ende der Meia Praia (beim kleinen Kreisverkehr), ca. 5 km außerhalb. Die jungen deutschen Inhaber haben ein hübsches Anwesen ausgesucht: eine geräumige Villa mit schattigem, weitläufigem Garten. Innen gemütliche Bar und Restaurant. Meist geringe Auswahl, auch deutsche Menüs. Viele kommen auch nur auf einen Drink vorbei.
Der Angolaner, beim Restaurant *Jardim* am Strand gegenüber. Eine Strandhütte aus Hartfaser und Wellblech, was der gemütlich familiären Atmosphäre allerdings keinen Abbruch tut. Bekannt für seine gegrillten Hähnchen nach angolanischer Art.
Bistro, Travessa do Alfandega, neben Praça da República. Rico, der Wirt, hat

Lagos 289

meist gute Laune, sicher nicht nur von der starken Sangria, die es hier in riesigen Glaskrügen gibt. Das kleine Bistro hat seine Garküche hinter dem Bartresen. Neben Snacks wie Hamburgern (mit viel Salat) gibt es auch üppigere Menüs für Anspruchsvolle.
Christa & António, Rua Marreiros Neto 33-41, in der Nähe des Turismo. Massiv eingerichtet, geräumig, deutsche und portugiesische Gerichte.

• *Außerhalb*: **Casa Lisa**, außerhalb, in *Mexilhoeira Grande*, einem Dorf an der 125 Richtung Portimão. Links im Ort ist ein kleiner Parkplatz, gegenüber steht das weißblaue Haus von Lisa. Im Sommer sitzt man draußen auf langen Holzbänken und an alten, zusammengewürfelten Tischen. Unaufgefordert wird ein Menü mit mehreren Gängen aufgetischt: Brot, Butter, Oliven, Suppe, Fisch, Fleisch, Wein, Nachtisch und Café. Kostenpunkt ca. 25 DM.
Florestal, ca. 10 km nordwestlich von Lagos in *Barão de São João*; beim "öffentlichen Wasserhahn" in das Dorf abbiegen und den Berg hochfahren bis zur Schotterstraße; nach 800 m links abbiegen. Wer etwas Besonderes, noch dazu in landschaftlich reizvoller Umgebung sucht, wird in diesem Bauernhaus fündig. Das Lokal wird seit fünf Jahren von dem Engländer John und seiner amerikanischen Frau Jalin geführt. Etwas gehobenes Preisniveau.

• *Cafés*: **Café Gelanel**, ums Eck von der Touristeninformation. Meist ofenfrisches Gebäck. Große Auswahl an Eisbechern, aber teuer.
Café Gombá, Rua Cándido dos Reis 56. Gemütliches Café mit gutem Kuchen, viel von Einheimischen besucht. Nachmittags sitzt hier oft der alte Sebastian und malt hübsche Postkarten mit Landschaftsmotiven. Bei guter Laune verkauft er auch welche.
Amelia Goncalves, Av. dos Descobrimentos 27, Nähe Rathaus. Hier gibt es Zuckerschleckereien in Form von Marzipan und diversen Schokoladeneiern.

Nachtleben

In Lagos fällt es ebenso leicht wie in Albufeira, sich die Nacht um die Ohren zu schlagen. Der Unterschied ist, daß man in Lagos am nächsten Morgen noch etwas Geld im Beutel hat. Es gibt mehrere holländische Kneipen und Diskotheken (verschiedene Musikrichtungen), die von jungen Portugiesen aufgezogen wurden.

Moulins, Rua Cándido dos Reis. Ein geräumiger Lagerschuppen, Typ Weinlager, mitten im Zentrum. Hier ist immer was los, sogar außerhalb der Saison. Ausgewählte Musik und angolanische Barmixer, die jederzeit zu einer Performance-Einlage aufgelegt sind.
Shaker Bar, Rua 25 de Abril. Gepflegte Atmosphäre, nicht nur wegen des Barmanns, der eine Krawatte trägt. Dem gesetzteren Publikum zu empfehlen.
Stones Bar, direkt gegenüber der *Shaker Bar*. Lockere Atmosphäre, normale Preise.
Navegador Bar, Rua Vasco da Gama. "Jazzbar" genannt, es gibt aber nur Konservenmusik, mehr Old-time-Jazz. Dartwettbewerbe.
Rockcafé Zapata, Rua Cándido dos Reis. Die frühere "Undergrounddisco" von Lagos hat sich gewandelt und beherbergt jetzt ein kühles, fast "waviges" Café. Die Musik ist noch immer gut und ausgefallen. Die Besitzer streben an, aus ihrem Lokal einen Club zu machen, damit nicht mehr jeder hineinkommen kann. Wann die Umbenennung allerdings stattfindet, ist noch nicht geklärt.
Phoenix Club, Rua 5 de Outubro. Diskothek - Inhaber sind zwei junge Portugiesen. Treffpunkt von Urlaubern und portugiesischen Studenten.

Einkaufen

Jeden Samstag ist **Markt** am Ortsausgang Richtung Aljezur, am ersten Samstag im Monat ist besonders viel los: Kleidung, Schuhe und etwas Kunsthandwerk.

Algarve

Für Selbstverpfleger gibt es einen **Bauernmarkt** (ebenfalls samstags) in der kleinen Markthalle neben dem Busbahnhof. Die Kleinbauern (auch ein belgischer Biobauer) der Umgebung verkaufen Gemüse, Obst, Hühner, Eier preisgünstiger als in der Markthalle im Zentrum.

In der *Casa das Vergas*, Rua 25 de Abril 77, findet man regionales Kunsthandwerk und Korbwaren für wenig Geld.

Die *Boutique Eclipse* in der Rua Cándido dos Reis hat Nippes und schönen Schmuck, Lederwaren und Erzeugnisse aus Ton sowie eine große Auswahl an Erinnerungsstücken oder Mitbringseln.

Sehenswertes

Die **Igreja de Santo António** ist eine der schönsten Kirchen Portugals. Man fühlt sich im Inneren wie in einem Schatzkästchen. Die einschiffige Kirche ist überladen mit vergoldeten *Schnitzereien*: An den Seitenwänden hängen kugelbäuchige Engelskinder mit enormen Gewichten auf ihren Schultern, zwischen ihnen groteske, fast surrealistische Ornamente von Pflanzen, Tieren, Monstern und Szenen weltlicher Episoden wie Fischerei, Jagd. Die acht *Seitenbilder* stellen die Wunder des Hl. Antonius dar; der Heilige selbst thront im Zentrum des Altars, das Jesuskind auf dem Arm. Die *Deckenmalerei* imitiert ein Kreuzgewölbe - die Säulen, Fenster und das Wappen im Zentrum wirken so plastisch, daß man sie fast für echt halten möchte.

Über die Geschichte der Kirche ist fast nichts bekannt, außer, daß sie bereits lange vor dem Erdbeben 1755 stand. Es heißt, sie wäre früher einmal mit Reichtümern bestückt gewesen, die jedoch von den Truppen Napoleons geplündert wurden.

Im ehemaligen **Palast Heinrich des Seefahrers** an der Praça Infante Henrique ist heute das Bezirkskrankenhaus untergebracht. Das ins Auge fallende Fenster im manuelinischen Stil ist das berühmte *Janela Manuelina*, von dem aus König Sebastião den Abzug seiner Truppen beobachtet haben soll, ehe er selbst die Karavelle bestieg.

Links vom Palast steht das *Zollhaus*, unter dessen Arkaden der erste **Sklavenmarkt** abgehalten wurde.

Unbedingt sehenswert ist das **Regionale Museum**, ein Anbau der Antonius-Kirche. Archäologische, sakrale und volkstümliche Gemälde, Münzsammlungen. Interessant ist insbesondere die Abteilung mit Nachbildungen von Handwerksgeräten sowie echten Produkten der Algarve. Auch ein Sardinenkutter in Miniaturausgabe mit ausgelassenem Netz ist ausgestellt, in Wirklichkeit reichen die Netze 120 m tief und haben eine Länge von 300 m. Die Netzmaschen sind gerade so weit, daß die Sardine bei ihren Versuchen, mit dem Kopf voran durchzuschlüpfen, steckenbleibt. Im sakralen Teil sind Kirchengewänder zu sehen, die bei der Feldmesse zur Abreise der Truppen unter Sebastião von den Priestern getragen wurden.

Täglich von 9.30-12.30 und 14-17.30 Uhr geöffnet, montags und feiertags geschlossen. Dom Carlos arbeitet bereits seit 25 Jahren im Museum, kennt jedes Stück und weiß allerlei interessante Geschichte zu erzählen; er spricht auch Englisch.

Sport

▶ **Tauchen**: Das planktonreiche Wasser des Atlantik bietet Tauchern eine weniger gute Sicht als das glasklare Mittelmeer. Schon bei 12 m Tiefe müssen die Lampen eingeschaltet werden. Entschädigt wird man dafür durch eine größere Artenvielfalt. Das Meer fällt nicht, wie man bei einer Steilküste erwartet, schnell tief ab, sondern geht flach in sandigen Meeresgrund über, der oft auch weiter draußen nur 20 m tief liegt.

Sea Sports Center Detlef Seeger, Praiha da Luz, Av. dos Pescadores, Loja 4, Tel. 082/789538. Der bayerische Inhaber lebt seit Anfang der 80er Jahre hier und hat schon etliche versunkene Schiffe entdeckt. Ohne Ausrüstung kostet eine Tauchfahrt ca. 45 DM, mit Ausrüstung ca. 65 DM.

Tauchbasis Schwarze Koralle, Peter Wagemann, Café Rossio das Eiras, Tel. 082/66242. Die Tauchschule Schwarze Koralle liegt etwas westlich, bei Vila do Bispo an der Praia da Ingrina.

▶ **Reiten**: *Quinta dos Almarjoes*, bei Burgau, auf der Farm eines Engländers, insgesamt 14 Pferde; die Stunde kostet ca. 25 DM. Etwas außerhalb von Lagos an der Straße nach Sagres, ungefähr 1 km vor dem Dorf Almádena, gibt es außerdem seit 1988 das Reitcenter *Tiffany's*: Elf gute Ponies und Pferde stehen hier für Anfänger und Fortgeschrittene zur Verfügung; auf Wunsch gibt es Unterricht. Kutschen können gemietet werden. Die Stunde Reiten kostet ca. 18 DM, eine 5 Std. lange Tour mit Picknick ca. 90 DM.

Baden

▶ Die Klippenbadestrände **Praia do Pinhão** und **Praia Dona Ana**: In den Sommermonaten fährt etwa stündlich ein Bus ab Lagos/Zentrum zum Strand Dona Ana, zur Ponta da Piedade und zum Badestrand Porto Mos an der Ostküste. Die Praia do Pinhao liegt nahe der Flußmündung, ca. 500 m vom Zentrum entfernt - ein ziemlich kurzer Sandstrand unterhalb hoher Klippen, die leider die Sonne am späten Nachmittag verschwinden lassen.

Von der Praia do Pinhão führt ein schöner Trampelpfad an den Klippen entlang zum Hauptbadestrand von Lagos, dem Dona Ana Beach. Der ca. 200 m lange Sandstrand unterhalb der Sandsteinkliffs wird durch eine bis zum Meer vorspringende Felsformation in zwei Hälften geteilt. In *Strandtavernen* gibt es Getränke und gegrillte Sardinen.

▶ **Ponta da Piedade**: Kleine ruhige Badestrände sind zu entdecken, wenn man zu Fuß an der Küste Richtung Ponta da Piedade weitergeht. An der Ponta da Piedade stehen hohe, ins Meer ragende Klippen mit ausgewaschenen Grotten und einem Leuchtturm. Statt eines Ausflugs die Straße entlang sollte man einen Trip mit dem Boot wählen, um an der Ponta da Piedade die bunten Sandsteinfelsen aus der beeindruk-

kenden Wasserperspektive bewundern zu können.
- **Meia Praia**: Neben den malerischen, von hohen, rotleuchtenden Klippen umgebenen Sandstränden östlich von Lagos ist insbesondere die Meia Praia als Badestrand zu empfehlen. Sie ist ein mehrere Kilometer langer Sandstrand mit flachem Hinterland auf der anderen Flußseite. Am bequemsten erreicht man sie mit dem Badeboot, das etwa in Höhe der Post in Lagos abfährt. Zu Fuß oder per Auto muß man einen kleinen Umweg in Kauf nehmen, da die Flußbrücke etwas weiter stromaufwärts liegt.

• *Übernachten*: **Hotel Meia Praia**, Tel. 082/62001/2. Nicht weit vom Strand gelegen, mit Meerblick. Ein für die Algarve typischer Hotelkomplex, in dem auch Deutsch gesprochen wird. Er bietet Swimmingpools für Erwachsene und Kinder, Minigolf- und Tennisplätze (ca. 10 DM pro Stunde). DZ mit Bad und Fernsehgerät ca. 150 DM mit Seeblick, ca. 120 DM mit Landblick.

Die Küste zwischen Lagos und Sagres

Burgau

Ein ehemaliges kleines Fischernest, in dem sich inzwischen viele Engländer niedergelassen haben. Der Strand ist wenig reizvoll. Zwei empfehlenswerte *Strandbars*, englisch geführt.

Quinta da Fortaleza

Etwa 3 km westlich von Burgau ist ein sauberer Sandstrand unterhalb hoher Kliffs. Auf einem über 100 ha großen Gelände entsteht direkt an der Küste eine Ferienanlage der gehobenen Kategorie. Auch ein zugehöriger Golfplatz wird in Zukunft nicht fehlen. Die Bungalows von 80-150 qm Größe haben doppelte Außenmauern und Isolierglasfenster (Kontakt: Quinta da Fortaleza, Casa Catarina, 8650 Burgau, Tel. 65211). In die alte Fortaleza, die ins Meer hineinragt, soll ein Restaurant gebaut werden. Bis dahin Strandbar.

Salema

In der Vorsaison ist Salema ein ruhiges, angenehmes Dorf; im Sommer allerdings ist viel Rummel. Da früher Hotels und Restaurants weitgehend fehlten, wurden viele ausländische und einheimische Rucksacktouristen und Studenten angelockt. Zwischenzeitlich gibt es Campingmöglichkeiten und mehrere Hotels.

Um die Sauberhaltung des Strands muß man sich allerdings selbst kümmern. Übrigens läuft das Waschwasser aus den Fischerhäusern über das Pflastergäßchen direkt auf den Strand hinunter. Eine Ausweichmöglichkeit zum Baden bietet sich östlich des Dorfes auf der anderen Seite des Hügels.

- *Übernachten/Essen*: **Pension/Restaurant Mare**, am Dorfeingang links, Tel. 65165. Englisch geführt, nur fünf Zimmer zu vermieten. DZ ca. 55 DM. Im Restaurant große Auswahl an Vorspeisen; Hauptgerichte ca. 15 DM, hauptsächlich Grillspezialitäten. Die Küche hat ab 19 Uhr geöffnet, sonntags und dienstags geschlossen.

Hotel Infante do Mar, Tel. 65137. Zweigeschossiger, langgestreckter Bau etwas außerhalb am Hang (ca. 8 Min.). Tolle Lage mit schönem Blick. Massive, rustikale Betten, Badezimmer etwas einfach für den Preis. Balkon mit vielen Grünpflanzen. Swimmingpool. DZ ca. 100 DM.

Entlang der alten Dorfstraße stehen viele Häuser mit dem Hinweis "Zimmer zu vermieten". Zu empfehlen ist die **Casa Sousa**, Rua dos Pescadores 6, Tel. 65194, ziemlich am oberen Ende der Dorfstraße. Die sympathische Hauswirtin vermietet insgesamt drei saubere Zimmer.

- *Camping*: Ein top gepflegter Campingplatz liegt an der Straße, die vom Meer zur Hauptstraße Sagres-Lagos führt. Des Inhabers liebstes Gartengerät ist die Herbizidspritze.

Vila do Bispo

Der Verwaltungsort des südwestlichsten Zipfels Europas.

- *Übernachten/Essen*: freundliche Familienpension **Mir a Sagres**, gegenüber der Post. Zwar kann man von hier nicht bis nach Sagres blicken, doch die meisten Zimmer haben dennoch eine hübsche Aussicht. Im Hausrestaurant im ersten Stock, klein wie ein Wohnzimmer, gibt es preiswerte Hausmannskost bei freundlicher Bedienung. Im Sommer voll mit Franzosen.

Sagres

Ein kleines Dorf am südwestlichen Zipfel Europas. Besonders hübsch ist der natürliche, in einem Felsenkessel gelegene Fischerhafen. Der Ort selbst liegt am oberen Rand des kargen Plateaus; meist bläst ein heftiger Wind, der wenig Vegetation aufkommen läßt.

Eine interessante Ausflugsmöglichkeit ist ein Trip mit einem renovierten Fischkutter zum Hochseefischfang. Teilnehmen müssen mindestens vier Personen. Der etwa achtstündige Trip kostet pro Person ca. 100 DM. Nähere Auskünfte gibt es bei Sr. Arthur Nunes de Carvalho, Sagres, Tel. 64193.

▶ Kurz vor dem Dorf ragt eine kleine Halbinsel mit der *Ponta de Sagres* weit ins Meer. Hier befindet sich, durch eine hohe Verteidigungsmauer vom "Festland" getrennt das **Promontorium Sacrum**. Es beherbergte bis 1460 die berühmte Seefahrtschule von Heinrich dem Seefahrer und war somit der Keim der Epoche der Entdeckungsfahrten Portugals. Einige Gebäude der Anlage wurden rekonstruiert und beherbergen heute auch das Touristenbüro.

Die Theorien Heinrichs des Seefahrers basierten auf der alten chinesischen Wissenschaft der Astronomie. Sein System ermöglichte den ihm zugeordneten Kapitänen, die Lage ihrer Schiffe nach Sonne und Sternen zu bestimmen, und war Grundvoraussetzung, aus der damals völlig unbekannten "dunklen See" zurückfinden zu können. Zu seiner Navigationsschule kamen etliche europäische Kapazitäten gereist, u.a. Martin

Behaim aus Nürnberg und auch Christoph Kolumbus, später Entdecker Amerikas. 1928 fand man innerhalb der Mauern der Navigationsschule eine eigenartige geometrische Figur mit 43 m Durchmesser auf dem Boden: Klobige, verschieden große Steine gehen aus einem Zentrum hervor. Man nannte die Formation "die Windrose" - sie stammt vermutlich aus Heinrichs Zeiten.

Das Ungeheuer von Sagres

Fährt man in das *Promontorium Sacrum* hinein und hält sich rechts, so kommt man nach ca. 1 km an den südlichsten Zipfel der Anlage, die *Ponta de Sagres*. Sie soll durch eine Steinmauer zu den Klippen hin Angler davor bewahren, von den hier ca. 40 m hohen Felsen zu stürzen. Geht man von dort ca. 100 m in Richtung Norden, so hört man bei Wellengang das Schnauben des "Ungeheuers". Verursacht wird das Geräusch durch austretende Luft, die durch eine Öffnung von Wellen durch einen Tunnel von der Meeresoberfläche bis hier hoch gepreßt wird.

Das ganze Jahr über, besonders jedoch im Herbst, donnern die hohen Atlantikwellen mit Getöse gegen das Kliff. Der Wind ist dann so stark, daß die Gischt auf das 70 m über dem Meeresspiegel liegende Plateau getragen wird. Hobbyfischer lassen von den Kliffkanten Köder in das brodelnde Wasser hinunter - durch das Zusammentreffen der warmen Algarvegewässer mit der kälteren Biscaya sammeln sich hier viele Fische. Zudem werden "altersschwache" Muscheltiere durch die Brecher von den Felsen gespült - dadurch wird der Ort ein optimaler Tummelplatz für vielerlei Meeresgetier. Weiter draußen im Atlantik lauern Haie und Schwertfische den vollgefressenen Klippenfischen auf.

• *Information*: Im Promontorium Sacrum, Tel. 64125. Täglich von 10-19 Uhr geöffnet, im Winter bis 18 Uhr.
• *Verbindungen*: 50 km westlich von Portimão gelegen. Im Sommer ca. stündlich Busse von Lagos nach Sagres.
• *Übernachten*: Zur Zeit gibt es keine preiswerte Pension im Ort. Das Turismo vermittelt **Privatzimmer**, von denen reichlich vorhanden sind. Man kann auch direkt nach den Schildern in Fenstern und Vorgärten suchen.
Pousada do Infante, Tel. 64222. Sehr schön am Rande des Kliffs gelegen, etwas außerhalb des Orts. Gemütlich, mit viel Geschmack eingerichtet. Nur 14 Zimmer, Vorbuchung erforderlich. DZ mit Bad ca. 230 DM.

Hotel da Baleira, Tel. 64212/3. Drei-Sterne-Hotel mit Blick auf die Bucht von Sagres. Rustikale Zimmereinrichtung, mit Zentralheizung und kleinem Balkon. Im Garten meerwassergespeister Swimmingpool. DZ ca. 170 DM.
• *Camping*: 3 km außerhalb von Sagres, Richtung Leuchtturm, dann rechts. Hübsch, schattig durch recht hohe Pinien.
• *Essen*: **Telheiro**, oberhalb am Mareta Strand. Viel frischer, gegrillter Fisch, große Portionen, durchschnittliche Preise. Abends ziemlich lange geöffnet.
Carlos, an der Hauptstraße. Bestes Restaurant im Ort, mit großer Terrasse. Auf der Karte finden sich auch einige nicht alltägliche Gerichte wie *Cataplana* (für zwei Personen ca. 30 DM) oder *Arroz de Marisco*.

Der Leuchtturm am Cabo Vicente – ein Wunderwerk der Technik

Cabo de São Vicente

Die felsige Halbinsel, ca. 6 km westlich von Sagres, reicht weit in den Atlantik hinein. Der *Leuchtturm* ist der lichtstärkste Europas und ein Wunderwerk der Technik. Ist der Leuchtturmwärter gut gelaunt, so kann der Turm besichtigt werden. Er wurde bereits 1846 erbaut; sein altes Petroleumsystem dient seit 1926 nur noch für den Notfall, statt dessen ist eine riesige 3000-Watt-Birne in Betrieb, die ihr Licht 90 km weit verbreitet. Sie hängt inmitten einer ca. 3,5 m Prismakugel. Man fühlt sich wie in einem goldenen Spiegelkabinett - nur gut, daß die Glühbirne tagsüber nicht brennt. Fünf Wärter sind rund um die Uhr mit Wartung und Pflege der Anlage betraut; sie leben hier mit ihren Familien.

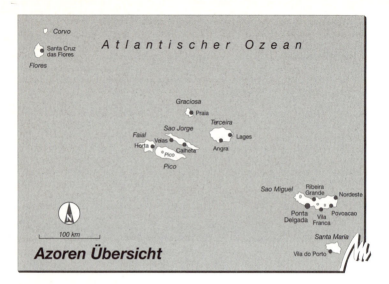

Azoren -
Inseln zum Entdecken

"Portugiesische Inselgruppe im mittleren Atlantik, mildes Klima, üppige Pflanzenwelt" - so bringt es ein Lexikonschreiber auf den Punkt. Die exotischen Vulkaninseln liegen der kanadischen Ostküste näher als Hannover und sind immerhin ca. 1.600 km von Lissabon entfernt.

Die neun Inseln sind in drei Inselgruppen unterteilt; die beiden äußersten Inseln, *Santa Maria* und *Corvo*, liegen ca. 530 km voneinander entfernt. Die Landschaften sind äußerst vielfältig, und das feuchte, subtropische Klima läßt eine zum Teil urwüchsige Vegetation gedeihen. Besonders zum Ende der Regenzeit im Juni/Juli sind die Inseln ein einziges Blumenmeer.

Die Azoren sind alle vulkanischen Ursprungs, was ihr Bild stark prägt: heiße Quellen auf São Miguel, einsame Kraterseen und spitz zulaufende Vulkanberge. Bemerkenswerterweise steht der höchste Berg Portugals auf den Azoren, der *Pico* mit 2.350 m. An die 20 Vulkanausbrüche und eine Vielzahl von Erdbeben sind auf den Azoren seit ihrer Entdeckung

Inselhüpfen mit der Turboprop-Maschine

registriert worden; der letzte Ausbruch war 1957/58 auf *Faial*. Ein portugiesischer Vulkanexperte versuchte einmal, die Erdbeben im Zusammenhang mit Sonnenflecken etc. vorauszusagen. Für den Zeitraum von 1960-1964 und von 1978-1980 hat er Ausbrüche vermutet: 1964 war ein starkes Erdbeben auf São Jorge, und am 1. 1. 1980 wurden auf Terceira ganze Dörfer in Schutt und Asche verwandelt.

Anreise

Mit dem Flugzeug

Das Flugzeug bietet die einzige Anreisemöglichkeit zu den Azoren und nach Madeira. Von Lissabon aus werden folgende Inseln angeflogen: Funchal/Madeira mindestens zweimal täglich, Sao Miguel einmal täglich, Horta am Donnerstag, Terceira fünfmal wöchentlich. Von Sao Miguel (Ponta Delgada) gibt es dienstags und mittwochs die Möglichkeit, nach Madeira (Funchal) zu fliegen, zurück nach Sao Miguel jeweils montags und samstags ein Flug.

Preise: Ein Linienticket von Frankfurt nach Lissabon und auf die Azoren kostet zum *Exkursionstarif* ca. 1.400 DM (Hin- und Rückflug). Stopover in Porto, Faro, Madeira gegen einen geringen Aufpreis möglich. Die preiswerteste Möglichkeit, auf die Inselgruppe zu fliegen, bietet *Check-In*. Dort kostet ein Rundflugticket Frankfurt/Main - Azoren inkl. Rück-

298 Azoren

Zicklein werden gerne spazieren getragen

flug ca. 1.150 DM, in der Nebensaison vom 1. Oktober bis 31. Mai sogar nur ca. 1.000 DM (Check-In, Am Herrengarten 30, 61169 Friedberg, Tel. 06031/62062; großes Angebot an Azorenrundreisen, Fly & Drive etc.).

Buchen: Flugbuchungen sollten sehr frühzeitig erfolgen, denn die Julitermine sind z.B. meist schon Mitte März zur Hälfte ausgebucht. Buchen kann man auch in Deutschland von jedem IATA-Bür aus (z.B. Lufthansa); eine Reservierung kostet keinen Pfennig und kann jederzeit storniert werden. Der Fluggast wird unter einem Code im Computer gespeichert. Gezahlt wird in Portugal, da in Deutschland nur die üblichen Flugtickets erhältlich sind. Der Flug muß innerhalb der drei letzten Tage vor dem Abflugtermin nochmals bestätigt werden. Sollte ein bestimmter Termin ausgebucht sein, so ist es ratsam, sich bei mehreren Flügen auf die Warteliste setzen zu lassen. Bei der Buchung sollte man den Rückflugtermin festmachen und darauf bedacht sein, daß ein "O.k." auch in den Flugschein eingetragen wird - sonst kann es böse Überraschungen geben (d.h. Mitflug trotz mündlicher Bestätigung unter Umständen nicht möglich!).

Empfehlenswerte **Zielflughäfen** zur Anreise: Wer eine Rundtour über die Inseln plant, sollte *São Miguel* anfliegen. Durch kostenlosen Stopover bietet sich von dort die preiswerteste Möglichkeit, die westlichen Inseln zu besuchen. Auch Horta und Terceira werden direkt von Lissabon angeflogen.

Für einen Aufpreis von ca. 50 DM kann ein **Stopover auf Madeira** gemacht werden. Die Flugstrecke wäre dann Lissabon - Madeira - São Miguel. Nach unseren Informationen muß man bei diesem Rundflugtikket auf jeder der beiden Inselgruppen, Azoren und Madeira, mindestens sechs Tage bleiben.

Verbindungen zwischen den Inseln

Der alte Fährdampfer "Ponta Delgada" hat inzwischen ausgedient, was äußerst bedauerlich ist. Die einen sagen, es hätte sich nicht gelohnt, andere meinen, daß dadurch jetzt zumindest die azorianische Fluggesellschaft SATA aus den roten Zahlen kommt. Die SATA fliegt mit zweimotorigen Turbo-Propellermaschinen ATR (74 Sitzplätze) und auch mit einer Dornier (18 Sitzplätze). Die besten Plätze sind hinten im Flugzeug; hier sind weniger Vibrationen und man hat eine bessere Sicht.
Alle Inseln haben inzwischen einen eigenen Flugplatz. Nur Corvo wird nicht von der Linienmaschine angeflogen; auf Corvo kommt man von Flores mit dem Postboot.

Einige Preisbeispiele für verschiedene Flugkombinationen über die Inseln:

São Miguel - Horta	12.500 Esc
São Miguel - Terceira	11.300 Esc
São Miguel - São Jorge	12.500 Esc
São Miguel - Graciosa	12.500 Esc
São Miguel - Pico	12.500 Esc
São Miguel - Flores	14.000 Esc
São Miguel - Santa Maria	7.800 Esc
Terceira - Horta	11.300 Esc

Ohne Probleme sind kostenlose Zwischenstops auf den Inseln möglich, auf denen die gewählte Linie landet. Wer z.B. von Santa Maria nach Flores fliegt, kann auf São Miguel, Horta und Terceira zwischenlanden.
Rabatt gibt es für Babies 90 % und für Kinder von 2-12 Jahren 50 %, allerdings nur für die auf den Azoren erworbenen Inselflüge.

Punks haben wir auf den Inseln keine getroffen

Wissenswertes

Essen und Trinken

Grundsätzlich ist festzuhalten, daß Vielfalt und Qualität auf den Azoren nicht so gut sind wie auf dem portugiesischen Festland. Nachfolgend werden einige typische Spezialitäten beschrieben.

Vorspeisen: Ziegenkäse, der *queijo de cabra*, wird oft in Blättern der Conteirasblume eingewickelt serviert. Im Vergleich zu griechischem Käse schmeckt er mild und "labbrig". *Lapas com arroz*, Meeresschnekken, werden roh oder gekocht mit Reis serviert.

Hauptspeisen: *Alcatra* ist ein Fisch- oder Rindfleischeintopf mit vielen Gewürzen, der in einem Tongefäß gekocht wird. *Linguicas*, geräucherte Fleischwürste mit viel Fett, werden zur Konservierung in schmalzgefüllten Töpfen aufbewahrt.

Nachtisch: Gute Auswahl an frischem Obst, z.B. Ananas aus São Miguel.

Getränke: Der *vinho de ceiro* ist ein Wein, dessen Reben hauptsächlich auf Vulkanerde gezogen werden. Als Apéritif ist der fruchtigsüße *licor da maracuja* aus der Passionsfrucht zu empfehlen. Besonders lecker ist er als *tracado*, mit *aguadente* verdünnt. Weitere typische Liköre sind der *licor de ananás* und der *licor de anis*.

Klima

Oft hört man in Wetterberichten vom "Azorenhoch", wenn sich mal wieder eine dauerhafte Schönwetterlage über Mitteleuropa ausbreitet. Dabei handelt es sich um ein subtropisches Wärmehoch, das erheblichen Einfluß auf den europäischen Kontinent ausübt. Es entsteht durch die Zirkulation warmer Luft, die am Äquator aufsteigt, nach Norden strömt und im Gebiet der Azoren wieder nach unten sinkt. Von dort bläst dann der sogenannte "Passatwind" zurück zum Äquator. Die Existenz des Azorenhochs bedeutet allerdings nicht, daß auf den Inseln immer strahlender Sonnenschein und subtropische Temperaturen herrschen; eigentlich gibt es ziemlich viele bewölkte Tage und oft sogar Regen (aber keinen Dauerregen).

Alte Tradtionen sind noch immer lebendig – zwei der hl. Drei Könige auf Santa Maria

Insgesamt ist das Klima auf den Azoren mild und ausgeglichen, ohne Extremtemperaturen. Im Winter ist es oft neblig, regnerisch und sehr windig; die Temperaturen fallen aber selten bis zum Nullpunkt. Im Sommer wird es nur ab und zu bis 30 °C warm; nicht selten wird sengende Hitze noch am gleichen Tag von einem Schauer abgelöst. Die Jahresmitteltemperatur liegt bei 17,6 °C. Durchschnittlich 176 Regentage bedingen eine hohe Luftfeuchtigkeit und große Niederschlagsmengen. In Verbindung mit dem relativ milden Klima konnte eine üppige Vegetation entstehen, die durch eifrigen Import von fremden Pflanzen außergewöhnlich vielfältig wurde. Hortensien finden sich in größter Artenvielfalt auf den Azoren, z.B. auf der Insel Flores ("Insel der Blumen").

Landwirtschaft

Besonders augenfällig ist die Parzellierung der Inseln, die vom Flugzeug aus betrachtet wie ein einziges Labyrinth aus Mauern und Hecken erscheint. Da der fruchtbare Vulkanboden mit einer Schicht von Felsbrocken bedeckt war, häuften Bauern daraus einfach Mauern auf und schufen so eingegrenzte Weidegebiete. Somit waren die Weideplätze für das Vieh nicht mehr allgemein zugänglich. Dagegen wehrten sich die Kleinbauern; sie warfen die

Mauern wieder ein. Eine von den Grundbesitzern eingesetzte Privatpolizei hatte die Übergriffe bald unter Kontrolle.
Angebaut werden Tabak, Ananas, Passionsfrüchte, Bananen, Zuckerrüben, Mais, Getreide, Tee und vieles mehr. Der Haupterwerbszweig der Landwirtschaft ist jedoch die Milch- und Fleischproduktion.

Reisezeiten

Die beste Reisezeit ist von Juli bis September; ein Besuch der Azoren ist aber auch noch bis Ende November lohnenswert. In den Monaten Mai bis Juli ist die Vegetation besonders schön - überall Blüten und frisches Grün.

Telefon

Besonders bei Regenwetter wird eine Verbindung nach Deutschland oft unmöglich. Die Inseln stehen über Richtfunk miteinander in Verbindung. Von São Miguel nach Lissabon wird handvermittelt über Satellit telefoniert. Der Preis beträgt pro Minute ca. 3 DM.

Übernachten

Das Hotelangebot ist äußerst knapp. Auf den abseits gelegenen Inseln sind nur Privatquartiere zu finden. Auf den übrigen Inseln, wie Terceira und Faial, gibt es je zwei Hotels und einige kleine Privatpensionen. Die meisten Hotels finden sich auf São Miguel. Eine Besonderheit in den Azorenhotels ist, daß in jeder Nachttischschublade eine Kerze und eine Schachtel Streichhölzer liegen, mit deren Gebrauch man wegen der häufigen, kurzzeitigen Stromausfälle schnell vertraut ist.
Privatzimmer sind auf den Inseln für wenig Geld, ab ca. 22 DM pro Nacht, zu haben. Adressen gibt es in den Touristenbüros der Inseln. Wer sein Frühstück also ebenso gerne in einem kleinen Café einnimmt wie in einem Hotel, dem raten wir zu Privatzimmern. Sie sind meist in Ordnung und die billigste Übernachtungsmöglichkeit neben Camping.

Geschichte

In der Geschichte der Azoren gibt es mal keine Griechen, Römer, Kelten etc. als Eroberer und Ansiedler in der Antike. Wahrscheinlich waren die Inseln wegen ihrer großen Entfernung zum Mittelmeer überhaupt nicht bewohnt. Nur die Karthager (Phönizier), große Seefahrer ihres Zeichens, kannten sie.

Offiziell wurden die Azoren erst durch Schiffe Heinrichs des Seefahrers (1427-1452) entdeckt; vermutlich auf Grund der Tatsache, daß damals mittelalterliche Seekarten aus Italien auftauchten, auf denen mehrere unbekannte Inseln eingezeichnet waren. Die "Entdeckung" durch Heinrich den Seefahrer ist also nur als Wiederentdeckung zu werten.

Zur Zeit ihrer Entdeckung waren die Inseln völlig mit Wald bedeckt.

Strohgedeckte Hütten sind heute eine Seltenheit

Scharen von Vögeln nisteten in diesem unberührten Paradies. Die Portugiesen, die sich hier bald niederließen, hielten die am zahlreichsten vertretene Vogelart für Habichte, portugiesisch "*açores*", und benannten die Insel nach ihnen. Tatsächlich waren die vermeintlichen Habichte jedoch Milane, "*milhafres*".

Bald erschienen in Scharen die *Kolonisten*, in erster Linie Portugiesen, da der Christusritterorden die Besiedlung organisierte; aber auch viele Flamen und Bretonen zog es auf die atlantischen Inseln.

Politisch wurden die Azoren erstmals bedeutsam, als die Spanier 1580 Portugal unterwarfen und *Philipp II.* von Spanien auch König von Portugal wurde. Begünstigt durch ihre strategisch gute Lage, hielten die *Açoreanos* jedoch weiterhin dem portugiesischen Thronanwärter, dem *Prior von Cato*, unehelicher Sohn aus der portugiesischen Herrscherdynastie, die Treue. Dieser flüchtete auf Terceira und wurde von den dortigen Inselbewohnern als rechtmäßiger König anerkannt. Nach starkem Widerstand gegen die Spanier kam es 1583 zu einer großen Seeschlacht, nach der sich schließlich auch die Azoren unterwerfen mußten. Diese Episode ist im Geschichtsbewußtsein der Inselbewohner lebendig geblieben.

Interessant ist die Tatsache, daß den Azoren schon bald nach ihrer Besiedlung große wirtschaftliche und strategische Bedeutung zukam. Die Inseln lagen auf dem neuen Seeweg nach Indien, Süd-, Mittel- und Nordamerika. Ständig liefen Schiffe und Expeditionen aus verschiedesten Ländern die Azoren an, nahmen Wasser und Proviant auf, und boten ihre exotischen Waren an. Bald enstand ein reger *Handelsverkehr*, insbesondere Angra auf Terceira entwickelte sich zum Geschäftszentrum. Hier konnte man alles haben, was man brauchte. Kaufleute aus aller Welt waren hier ebenso vertreten wie die internationale Diplomatie. Dementsprechend mußte man sich schon bald vor Überfällen der Freibeuter schützen und starke Verteidigungsanlagen errichten - die schwer beladenen spanischen und portugiesischen Goldschiffe, die aus Mittel- und Südamerika zurückkamen, waren lohnende Beuteobjekte.

Unter Marquês de Pombal wurde *Angra* 1766 zur Hauptstadt der Azoren; die Inseln wurden in verschiedene "Capitanias" (militärische Kommandaturen) eingeteilt. 1832 erfolgte schließlich eine Gliederung der Inseln in drei Distrikte, die nach und nach ihre Autonomie erhielten. Dieses System ist noch heute intakt; die Azoren und Madeira gehören als *Ilhas Adjacentes* ("anliegende Inseln") zum Staatsgebiet Portugals.

Noch ein zweites Mal wurde den Azoren eine wichtige Rolle in der politischen Entwicklung Portugals zuteil. Mit vielen hartnäckigen Aufständen und Kämpfen hatte sich das portugiesische Volk 1821 eine liberale Verfassung erkämpfen können. Der Abfall der Kolonie Brasilien stärkte jedoch die Absolutisten, König *João VI.* hob die Verfassung auf und setzte das Grundgesetz von 1143 wieder in Kraft. Nach dem Tod des Königs kam es 1826 zum Thronfolgestreit zwischen dem liberalen *Pedro* und dem adelshörigen *Miguel*. Pedro und seine Tocher *Dona Maria II da Gloria* fanden damals entscheidenen Rückhalt auf den Azoren. Angra wurde Regierungssitz und Zentrum der Befreiungsarmee. Der jahrelange *Bürgerkrieg* blutete Portugal und die Ilhas vollständig aus. 1830 gelang der Widerstandsbewegung der entscheidende Sieg über die Flotte Miguels bei Vila da Praia auf Terceira. Dona Maria übernahm die Krone, Angra erhielt für die jahrelange Unterstützung den Ehrennamen "*Angra do Heroismo*" (Stadt des Heldenmutes).

Im 19. Jh. wuchs die Bedeutung der Azoren, als Horta Hafen für die großen *Walfangflotten* wurde. Bemerkenswert ist auch, daß in der Bucht von Horta seit Anfang des 20. Jh. die großen Überseekabel für Telefon und Telegrafie zusammenlaufen.

In den zwei Weltkriegen wurden auf den Azoren einige wichtige *Stützpunkte der Alliierten* aufgebaut (Ponta Delgada, Horta etc.). Der Militärflughafen auf der Insel Santa Maria wurde nach dem Zweiten Weltkrieg in einen Zivilflughafen umfunktioniert, da der Flugverkehr zwischen den USA und Europa immer mehr zunahm. Santa Maria erlangte im folgenden erhebliche Bedeutung als Zwischenlandeplatz für alle Fluggesellschaften; es wurde wichtigster Zivilflughafen im mittleren Atlantik. Doch die heutigen Düsenclipper überqueren den Atlantik in wenigen Stunden ohne Zwischenlandung, deshalb wurde es wieder ruhiger.

> Die Autonomiebestrebungen der "FLA" (Frente de Liberacion Açoriana), die nach der Nelkenrevolution hauptsächlich als Gegengewicht zu den in Lissabon regierenden Kommunisten gegründet wurde, hatte Erfolg. Seit 1976 hat die Inselgruppe einen autonomen Status und am 27.6.1976 wurde das erste Regionalparlament gewählt. Fünfmal jährlich treffen sich die "Inselparlamentarier" zu Sitzungen im neu erbauten Parlamentsgebäude auf Horta. Die Sitzverteilung unterscheidet sich wenig von der auf dem Kontinent.

Insel São Miguel

Mit 126.000 Einwohnern die größte und landschaftlich interessanteste Insel der Azorengruppe. Auch touristisch ist sie am weitesten erschlossen, was jedoch niemanden davon abhalten sollte, São Miguel aufzusuchen - Massentourismus wird es wohl auch hier nicht so bald geben.

Im Inneren der Insel sind ausgedehnte Kraterseen, die auch den Sommer über die Bäche mit Wasser füllen. An der Küste liegen zwischen Felsformationen Sandstrände, zum Teil von beachtlicher Länge.

Aus brodelnden Heißwasserquellen zischt geysirartig Dampf heraus. São Miguel ist die vulkanisch aktivste Insel - seit 150 Jahren wartet man schon auf den periodisch auftretenden Ausbruch. Amerikanische Forschungsschiffe überprüfen regelmäßig die Unterwasservulkane, die ca. 50 km vor der Küste aktiv sind. Solange deren Ausflußöffnungen frei bleiben, ist wenig zu befürchten.

Die Insel wird landwirschaftlich intensiv genutzt - überall sieht man große Haziendas. Die luxuriösen Herrenhäuser stehen meist leer. Die Großgrundbesitzer leben häufig in Lissabon oder Paris und versuchen verzweifelt, ihre Ländereien unters Volk zu bringen, da der Großgrundbesitz seit 1974 mit hohen Steuern belegt ist.

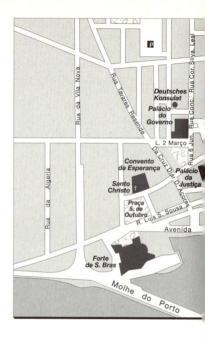

Ponta Delgada

Der lebhafte Ort mit 35.000 Einwohnern ist die wichtigste Azorenstadt und Sitz der Provinzregierung. Enge Gäßchen mit alten Kolonialhäusern und kleine Parks bestimmen das hübsche Stadtbild. Durch die Innenstadt drängeln sich die Autofahrer und lassen Fußgängern kaum Platz auf den äußerst schmalen Bürgersteigen.

An der breiten Hafenpromenade steht ein Hotelneubau mit ca. 20 Etagen, daneben mehrere Appartementhäuser. Um die Mole ist das alte Hafenbild noch erhalten. Dort liegen ein Fort aus dem 16. Jh. und zwei alte Klosterbauten.

Lohnenswert ist der Besuch des *Museums Carlos Machado*, das in einem ehemaligen Kloster aus dem 16. Jh. untergebracht ist. Dort bekommt man Einblick in das traditionelle Leben der Bevölkerung. Zu sehen sind alte Trachten, Puppenhäuser, Antiquitäten, Porzellan, Gemälde und eine Töpferwerkstatt. In einem Gewölbe liegt ein gemütliches Café. Während der Öffnungszeiten des Museums (14-17.30 Uhr, montags geschlossen), kann man dort nette Stunden bei Kaffee und Zeitung verbringen - besonders bei Regen ein guter Zufluchtsort.

Die schönste Kirche in Ponta Delgada ist die *Matriz* am Hauptplatz mit den vielen Taxis. Bei ihr fallen die verspielten manuelinischen Portale aus Marmor ins Auge.

Insel São Miguel

Ponta Delgada

Adressen

- *Information*: neben dem Postamt an der Hafenpromenade, Tel. 096/25743. Dort gibt es kostenlos einen Stadtplan.
- *Reisebüros*: Die Büros der Fluggesellschaften TAP, SATA sowie der Reedereien liegen alle an der Hafenpromenade.
- *Deutsches Honorarkonsulat*: Travessa Desterro 18, Tel. 23935. Der derzeitige Honorarkonsul Leo Weizenbaur, ein freundlicher, etwa 70 Jahre alter Herr, war noch nie in Deutschland. Sein Großvater kam aus Königsberg auf die Azoren, und sein Vater ließ sich als Schiffsingenieur auf São Miguel nieder.
- *Mietautos*: Auf São Miguel kann jeder, der länger als zwei Jahre im Besitz eines Führerscheins ist, ein Auto mieten. Auskunft über die verschiedenen Unternehmen erteilt das Touristenbüro.

Verbindungen

Mehrmals täglich fahren **Busse** von der Haltestelle an der Promenade in folgende Städte der Insel: Povoaçao (4x), Furnas (4x), Nordeste (3x), Ribeira Grande (5x), Mosteiros (5x), Sete Cidades (3x).

Übernachten Camping

Praktisch alle Unterkunftsmöglichkeiten von São Miguel befinden sich in Ponta Delgada und Umgebung. Deshalb ist die Auswahl an ruhiggelegenen Fremdenzimmern recht klein. Je ein Hotel gibt es in Furnas und an der Küste von Lagoa.

Hotel S. Pedro, an der Hafenpromenade, neben "Sheraton", Tel. 22223/4/5. reichausgestatteter Bau aus dem 19. Jh. (1812) mit kleinem Vorgarten. Die Gesellschaftszimmer sind mit wertvollen Antiquitäten aus der viktorianischen Zeit eingerichtet. Aus dieser Epoche scheinen auch die Gäste zu kommen: gekünstelt wirkende Amerikaner und Geschäftsleute aus Lissabon. DZ ohne Luxus, mit Wanne, ca. 150 DM.

Casa das Palmeiras, Rua Diario des Açores 26, Tel. 22621. Alte Villa mit kleinem, palmenbestandenem Vorgarten im Zentrum. Persönliche Atmosphäre, da nur wenige Zimmer. Die Wände sind wie in französischen Hotels mit Blumentapeten bedeckt, die Treppenaufgänge mit rotem Stoff. In den renovierungsbedürftigen Zimmern hängen schwere Vorhänge von der Decke bis zum Boden; Kühlschrank, gefüllt mit Drinks in jedem Zimmer. DZ ca. 70 DM, Suite ca. 90 DM.

Hotel/Appartements Gaivota, Tel. 23286. Ein von viel Grün umwucherter Stahlbetonbau an der Hafenpromenade. Innen sehr geschmackvoll eingerichtet. Im fünften Stock Frühstücksraum und Lobby mit tollem Blick. Sehr geräumige Studios; die mit Balkon zur Hafenfront haben zwei Schlafzimmer mit je einem Bad und kosten für vier Personen ca. 180 DM. Preis für die kleineren Studios an der Rückfront: für zwei Personen ca. 130 DM.

Barracuda Apparthotel, ca. 5 km außerhalb, direkt am Praia do Popolo, Tel. 31421. 20 Studios mit Balkon zum Meer. Geräumige Zimmer mit kleiner Kochnische. Für zwei Personen ca. 120 DM, vier Personen ca. 150 DM.

Residencial Central, Rua Machado dos Santos 82, Tel. 2449150. Altes Gebäude im Zentrum. Insgesamt ca. 40 renovierte, geräumige Zimmer mit blauem Teppichfußboden. DZ mit Waschgelegenheit ca. 50 DM, mit Bad ca. 60 DM.

Residencial Roma, Rua do Melo 53. Sieben Zimmer im zweiten Stock eines Altstadtgebäudes. Räume etwas muffig, aufmerksamer Besitzer. DZ mit Dusche ca. 45 DM, ohne Dusche ca. 35 DM.

Hotel Terra Nostra: siehe "Furnas".

Caloura Motel, ca. 20 km westlich von Ponta Delgada, einsam auf einer Felsnase im Meer gelegen. Von dem Dorf *Agua de Pau* führt ein schmaler Feldweg an der Küste zu zwei kleinen Bauten in Pyramidenstumpfform. Vom Hof gehen lange Treppen in die oberen Zimmer. Zur Zeit 50 Zimmer zu vermieten, alle mit Balkon und Bad, ca. 160 DM. Während der Winterstürme verschwand der lange Sandstrand an der Küste - vielleicht kommt er wieder?

• *Camping*: Der einzige offizielle Campingplatz der Insel liegt in "Nordeste". An den Seen besteht eigentlich Campingverbot.

Essen

Bom Apetite, Largo de Marco. Kleines Restaurant mit Tischen für vier Personen, die zusammengerückt werden, wenn man zu mehreren kommt. Ausgezeichnete Fischsuppe, die in Marseille gemacht worden sein könnte. Schweinelendchen in schmackhafter Sauce für ca. 12 DM. In dieser Preisklasse wahrscheinlich das beste Restaurant in Ponta Delgada.

Coliseu, Av. Roberto Ivens, Ecke Rua Lisboa. Hohe Speisehalle mit einer langen Kühlvitrine gegenüber des Eingangs. Nicht besonders gemütlich, laut und unpersönlich (der Fernseher läuft). Wegen der großen Portionen und frisch zubereiteten Gerichten zur Essenszeit voll. Guter Service. Exzellente "Amêijoas" auf spanische Art. Zum Nachtisch ist "Pudim de coco" empfehlenswert.

National, Rua do Açoreano Oriental 18. Langgezogener Speisesaal, durch eine Treppe und Mauerbogen unterteilt. Der Fußboden und Teile der Wand sind mit weißem Marmor verkleidet. Massive Lederstühle mit Chrombeschlägen. Große und gute Auswahl an Gerichten: Hühnerfrikassee, gekochtes Huhn, Sardinen, Steaks etc.

O Roberto, an der Hafenpromenade neben dem Turismo. Empfehlenswerte Snackbar. Gute "Lulas" für ca. 8 DM, Schwertfisch. Ein Restaurant ist angeschlossen.

Chinesa, ca. 3 km landeinwärts in Faja de Baixo, 100 m unterhalb der Dorfkirche, an der Hauptstraße auf der rechten Seite. Ein bekanntes, einfaches Restaurant mit typisch portugiesischer Hausmannskost. Wie uns der Wirt versicherte, kam das Lokal in einer Schnapslaune zu seinem etwas irreführenden Namen.

Cavalo Branco, an der Nordwestküste in

Santa Barbara. Ein Besuch des Restaurants läßt sich gut mit einem Ausflug nach Sete Cidades verknüpfen. Riesige Portionen zu durchschnittlichen Preisen. Zu den Speisen werden "Pao de milho", ein hausgebackenes Maisbrot, und "Recheio de pao de trigo para a carne" gereicht, eine knödelartige Masse aus Brot. Gebratenes Zicklein gibt es für ca. 14 DM. Montags geschlossen.

Nachtleben

Treffpunkt schlechthin ist in Ponta Delgada das **Café Central**, direkt gegenüber der Kirche im Zentrum. Hier lernt man binnen kürzester Zeit die jugendliche Stadtbevölkerung kennen. Täglich, außer sonntags, von 9-23 Uhr geöffnet. Nach Kneipenschluß ist es Sammelplatz für eine gemeinsame Tour zur nächsten Disco oder in die nächste Bar. Besonders zu empfehlen ist hier das hausgemachte Eis. Wer von der Ruhe der Insel die Nase voll hat, kann sich abends in einer der beiden **Diskotheken** von Ponta Delgada die Ohren volldröhnen und beim Tanzen den Schweiß fließen lassen. Das **Cheers** findet man etwa 5 km außerhalb des Ortes in östlicher Richtung auf der rechten Straßenseite. Eintritt ca. 15 DM. Beim Kassieren der Getränke kann es vorkommen, daß die Bedienung einen höheren Touristenpreis verlangt; der liegt dann nicht mehr unter bundesdeutschem Niveau.

Einkaufen

Die *Casa Regional* am Largo Vasco Bensaude führt eine große Auswahl an regionalem Kunsthandwerk und Spezialitäten: Stickereien, Keramik aus den beiden Fabriken von Lajes, Miniaturnachbildungen der Tötungswerkzeuge von Walfängern, Maracujalikör und vieles mehr.

Interessanter ist es, die Erzeugnisse direkt beim Hersteller zu erwerben: *Stickereien* kauft man billiger in der "Fabrik". Die Tischuntersetzer und vielfältigen Deckchen werden in Handarbeit zu Hause gefertigt und dann zum Reinigen und Bügeln in die Fabrik gebracht, in Ponta Delgada in der Rua do Mercado 8 und in der Rua da Cruz (Fabrica Rodrigo). Typische Erzeugnisse sind die sechseckigen Tücher zum Abdecken von Brot, Tassenuntersetzer und kleine Toilettenbeutel. Besonders schön sind die Motive tropischer Pflanzenblätter.

Blau-weiße *Keramikprodukte* kommen aus den Fabriken von Lagoa.

Beliebt sind auf den Azoren *Walschnitzereien* aus Zähnen und Knochen. Da seit einigen Jahren Walfangverbot besteht, sind die Vorräte rapide geschrumpft. Die Wahrscheinlichkeit, statt des vermeintlichen "Elfenbeins" ordinäres Ochsenhorn zu erwerben, ist ziemlich hoch. Walzähne sind gelb wie die Zähne eines Rauchers oder haben einen gräulichen Ton; doch selbst Einheimische haben Schwierigkeiten, Horn und Zahn zu unterscheiden. Exklusive Schnitzereien, in Silber oder Gold eingefaßt, werden in den Juwelierläden an der Hauptstraße verkauft. Hübsche, einfache Walarbeiten gibt es in der Rua Tavares Resendes 166 A: Antonio Ramos und seine Töchter Delia und Alta fertigen dort typische Motive wie beispielsweise Schlüsselanhänger in Form einer geballten Faust mit dem Daumen zwischen Zeige- und Mittelfinger, Brieföffner etc.

Eine gute Auswahl an *Korbwaren* bietet der Laden Acor Vimes in der Rua Aristides M. Mota. Etwas billiger bekommt man die Sachen auf dem Markt.

Feste

Das größte und bekannteste Fest der Azoren ist wohl das von *Santo Christo dos Milagres* in Ponta Delgada. Seit bald 300 Jahren wird es am fünften Sonntag nach Ostern mit großem Aufwand und überschwenglicher Begeisterung in den Straßen der Stadt gefeiert.

> Die Überlieferung berichtet von einem Christusbild, das Papst Paul III. 1541 den ersten Nonnen von São Miguel schenkte. Nachdem das Bild einige Zeit verschwunden war, geschahen nach seinem Wiederauftauchen etliche Wunder, die man ihm zuschrieb. Zu der Prozession reisen die Exil-Açoreanos von überall an, aus Portugal, Brasilien, Kalifornien, Afrika etc.

Das Fest dauert drei Tage. Am ersten Tag wird das Christusbild in seiner ganzen Herrlichkeit durch die festlich dekorierten Straßen getragen. Danach steht die ganze Stadt drei Tage Kopf mit Feuerwerk, Musik, Volksfeststimmung...

Sport

Angeln: Angelscheine für die Seen und Flüsse auf São Miguel gibt es bei *Servico Florestais* am Largo de Camoes. Der Staat sorgt bei Furnas für den Nachwuchs: Dort gibt es mehrere Zuchtbecken, aus denen die halbausgewachsenen Forellen in die Bäche gesetzt werden; es gibt aber auch Karpfen und Barsche.

Game Fishing: eine luxuriöse Sportart, bei der ein Tagesausflug (max. vier Personen) auf ca. 1.500 DM kommt. Die Boote müssen mindestens 80 Knoten schnell sein, um die Formiga Rocks, eine Felsformation zwischen Santa Maria und São Miguel, morgens zu erreichen und abends wieder zurückzukehren. Thunfischsaison ist von Mitte April bis Mitte Juli. Den Marlin, eine Schwertfischart, fängt man von Ende Juli bis Ende Oktober. Die Chance auf einen kapitalen Fang beträgt 50 %.

> ### Warum hat der Schwertfisch ein Schwert?
> Sobald er einen Fischschwarm geortet hat, vorzugsweise Babythunfische von 6 kg Gewicht, beschleunigt er auf 70 km/h, um dann wild mit dem Schnabel um sich schlagend durch den Schwarm zu zischen. Danach kehrt er um und verspeist geruhsam die verletzte und betäubte Beute.

Segeltörns: Ausflüge mit Mittagessen organisiert *Pescator* am Largo do Teatro.

Reiten: Bei *Mastre João dos Cavalos*, Rua M. de Chaves, werden auch Tagesausflüge unternommen.

Golf: *Green Fee*, ein gepflegter Platz mit exotischen Farnen am Wegesrand liegt bei *Furnas*. Die Platzgebühr ist mit ca. 20 DM niedrig.

Tennis: Platz beim Hotel *Terra Nostra* in *Furnas*.

Baden

Optimale Bademöglichkeiten bieten sich an den beiden *Kraterseen Furnas* und *Lagoa Verde* bei Sete Cidades. Der einsam gelegene *Lagoa do Fogo* mit Sandstränden aus zerriebenem Tuffstein ist mit einer Wassertemperatur von 16-18 °C der kälteste See.

Schöne *Sandstrände* am Meer findet man an der Nordküste bei *Ribeira Grande* und *Porto Formoso*, an der Südküste bei *Agua d'Alto* und *Ribeira Quente*.

Ca. 5 km östlich von Ponta Delgada liegt die *Praia Populo*, zwei Sandbuchten, die durch eine mit Gras bewachsene Landzunge voneinander getrennt sind. Die erste Bucht ist mehrere hundert Meter lang; am Anfang stehen eng aneinander gebaute Häuschen. Während der Sommermonate hat hier eine Snackbar geöffnet. Am Ende des Hafenbeckens gibt es in Ponta Delgada ein *Naturschwimmbecken* (1 DM Eintritt), das allerdings demnächst dem Ausbau des Hafens zum Opfer fallen soll.

Weitere Bademöglichkeiten an der Südküste siehe "Vila Franca do Campo".

Südostküste

Caloura

Steilküste mit hübschem kleinen Sandstrand (nur im Sommer) und einem malerischen kleinen Fischerhafen. Sehenswert wäre das alte *Kloster* aus dem 16. Jh, das innen mit Azulejos dekoriert ist und schnurrbärtige Engel auf dem Altaraufsatz hat, doch leider ist es in Privatbesitz und nicht zu besichtigen.

• *Übernachten*: **Hotel Caloura**, Tel. 93240. Drei-Sterne-Hotel, eine architektonische Meisterleistung der Moderne. Großzügige, unkonventionelle Anlage mit Pool und Sauna. DZ ca. 120 DM.

Ribeira Cha

Kleiner Ort oberhalb der Küstenstraße. Beim Fußballplatz wurde ein kleines *Landwirtschaftliches Museum* eingerichtet, in dem altes Ackergerät und die wichtigsten Nutzpflanzen der Insel zu besichtigen sind; sogar eine im "traditionellen Stil" erbaute Hundehütte fehlt nicht.

Vila Franca do Campo

Das lange Straßendorf mit gepflegten Parks und einem kleinen Fischerhafen war im 16. Jh. die Hauptstadt von São Miguel. Durch ein Erdbeben wurde der Ort 1522 völlig zerstört; viele Überlebende

312 Azoren

Der azulejogeschmückte Treppenaufgang zur Kirche Senhora da Paz

zogen nach Ponta Delgada. So verlor Vila Franca do Campo immer mehr an Bedeutung.

Dem Ort vorgelagert ist die kleine Felsinsel *Ilheu da Vila Franca*. Dort liegt ein kleiner, natürlicher Pool zwischen den Felsen. Im Sommer fahren ca. stündlich Badeboote. Kurz vor Vila Franca do Campo ist ein feiner, kristallen schimmernder Sandstrand neben der Küstenstraße, *Agua d'alto* genannt.

Traditionelle, unglasierte *Tonwaren* werden heute nur noch in drei kleinen Werkstätten in Vila Franca hergestellt. Bekannt ist "Batata" - "Die Kartoffel" töpfert Gebrauchskeramik, kleine Kännchen für die Puppenküche und Tonpötte mit Kopf, die man als Sparbüchse verwenden kann. Unbedingt sollte man sich bei dieser Gelegenheit die Funktionsweise der Wasserflaschen erklären lassen - ein beeindruckendes Ergebnis der angewandten Physik.

Ca. 2 km landeinwärts liegt an einem Berghang die Pilgerkirche *Senhora da Paz*. Von hier aus bietet sich eine tolle Fernsicht auf die Küste.

• *Übernachten*: **Hotel Vinha d'Areia**, Tel. 52501. Stattliches Landhaus direkt an der Küste. In der Bucht unterhalb finden sich auch kleine Sandflächen.

• *Essen*: **Jaime**, an der Durchgangsstraße, Hausnr. 108, gegenüber der "Matriz". Ein empfehlenswertes Restaurant mit gemütlichem Speiseraum hinter der Bar. "Lombo assado" für ca. 12 DM; auch Hummer ist zu haben.

Die Nordküste

Landschaftlich bietet der Norden einen der reizvollsten Küstenabschnitte: abgeschiedene Küstendörfer, versteckte Sandbuchten und üppige Obst- und Teeplantagen.

Rabo de Peixe

Einer der wichtigsten Fischerorte der Insel, der an einer kleinen Bucht mit niedriger Steilküste liegt. Die Fischerboote werden auf den kopfsteingepflasterten Platz neben der Fischversteigerungshalle mit einer Seilwinde hochgezogen - hier kann man lange zuschauen.

Eine typisch azoreanische Hundehütte

Wie so oft in Portugal sind auch hier die Häuser in vielen Farben gestrichen. Um die Fenster und Türen sind blaue und grüne Farbrahmen angebracht. Die Frauen tragen noch ihre traditionelle schwarze Kleidung und mummen sich bei Regenwetter vollständig in ihre Tücher ein.

Ribeira Seca

Ribeira Seca liegt an einem ca. 600 m langen Sandstrand. Am Ortsrand stehen Holzgerüste, auf denen Tabak getrocknet wird. Am Strand fließt ein Bach entlang, der sich tief in die dicke Sandschicht eingegraben hat. Unten im Dorf gurgelt das Wasser aus dem arkadenförmigen Turbinenkanal einer alten Maismühle. Im Dorf sind noch mehrere Mühlen in Betrieb; eine Besichtigung lohnt sich. Müllermeister sind stolz auf ihre Mühlen und freuen sich, wenn sie jemanden für ihr Metier begeistern können.

Säckeweise wird Mais in einen trichterförmigen Behälter oberhalb des Mahlwerks geschüttet und läuft als goldgelber Schrot in eine Kiste - ein angenehmer Geruch liegt in der Luft. In der Hauptsache wird der Schrot als Viehfutter verwendet. Der Müller führte uns durch seine Mühle und auf den Trockenboden, wo das Getreide bleibt, bis es mahl- und lagerfähig ist. Die Wasserzufuhr zu den einzelnen Mini-Turbinen wird mit Hilfe von Schiebern geregelt. Jedes der vier Mahlwerke hat einen eigenen Antrieb. Nur wenige Meter bachaufwärts liegt eine weitere Wassermühle. Unterhalb einer Brücke sind Steine zum Wäschewaschen schräg in die Bacheinfassung eingelassen; sie werden auch heute noch rege als Waschbretter von Hausfrauen benutzt.

Täglich Waschtag

Ribeira Grande

Mit 15.000 Einwohnern ist Ribeira Grande der zweitgrößte Ort der Insel. Eigentlich ein sehenswertes Städtchen mit einigen imposanten Monumenten, insbesondere der *Pfarrkirche* an einem großzügig gestalteten Platz. Je näher man allerdings an den Strand kommt, desto verwahrloster wird das Ortsbild - man ist an brasilianische Favelas erinnert, menschliche Behausungen inmitten von Müllbergen.

Östlich der langen Bucht ist in der Rua da Feira eine alte Wassermühle, die noch in Betrieb ist.

Am östlichen Ende der langen Sandbucht liegen auf einer kurzen, ins Meer reichenden Inselspitze kleine Betonterrassen und ein Meerwasserschwimmbad mit 5 m hohem Sprungturm.

Insel São Miguel 315

- *Essen*: **Açoreano**, Rua Poeta Oliveira San Bento 2, in der Nähe des Hospitals. Zwei kleine Restauranträume neben einer Bar, einfach eingerichtet, mit Hockern ohne Lehne und Stahlrohrtischen. Sorgfältig zubereitete Speisen; sehr sauber. Gut sind die Fischgerichte: "A brotea cozido", ein leckeres Thunfischsteak mit reichlich Reis und Kartoffeln, für ca. 12 DM.

▶ **Erdwärmekraftwerk** etwas oberhalb vom Ort an der Straße zum See. Japanische Mitsubishi-Techniker sind seit 1978 hier am bauen. Das erste Bohrloch wurde bis auf 1220 m Tiefe getrieben. Erst im April 1990 wurde eine 3 MW Turbine installiert, die, weil der Dampf aus den Bohrlöchern zu schwach ist, nur 0,8 MW Energie liefert. Bei den Politikern macht sich etwas Enttäuschung über die "sanfte" Energie breit, insbesondere da das Projekt schon viele Millionen Dollar verschlungen hat. In Italien (Toskana) sind solche Kraftwerke aber rentabel.

Lagoa do Fogo

Von Ribeira Grande führt eine Straße ins Innere der Insel zur Lagoa do Fogo, einem der malerischsten Kraterseen der Azoren. Der See kann auch von Ponta Delgada aus via Lagoa angefahren werden, es gibt allerdings keine Busverbindung.

Die üppige Vegetation am Kraterhang ist schon etwas ausgedünnt. Die "Leiva", das Urgestrüpp wird von den Ananasbauern abgeholzt, um damit in ihren Gewächshäusern zum Wärmeschutz den Boden abzudecken.

Zum Seeufer führt ein glitschiger Eselspfad, der Abstieg dauert ca. 20 Min. Unten angekommen, fühlt man sich wie in einer anderen Welt. Das einzig wahrnehmbare Geräusch ist das Quaken der Frösche. Kristallklares Wasser, feiner Sandstrand aus zerriebenem Bimsstein. Der See wird langsam tiefer, auf der Oberfläche treiben Bimssteinbrocken, mit denen man sich nach geglücktem Wiederaufstieg die Hornhaut von den Fußsohlen schaben kann. Die Lagoa do Fogo ist zwar der kälteste Bergsee auf São Miguel, aber mit einer Sommertemperatur von 18 °C durchaus zum Baden geeignet.

Badewasserfall

Ca. 5 km oberhalb von Ribeira Grande gibt es an der Straße zum Lagoa do Fogo einen *Thermalwasserfall* in einer üppig begrünten Schlucht zu entdecken. In dem großen natürlichen Becken darunter wird Warmwasser mit Hilfe einer Steinmauer aufgestaut. Gerade außerhalb der Saison, wenn der Platz verlassen ist, wird dort ein Bad zum bleibenden Erlebnis (Vorsicht - es gab schon Diebstähle!).

Wegbeschreibung: 2,6 km oberhalb der geothermischen Anlage mit ihren Dampfschwaden. Am Anfang des Walds in der ersten scharfen Linkskurve rechts den Weg hinuntergehen. Mit dem Wagen kann man bis zu einem provisorischen Parkplatz neben dem Fumarol fahren; der Wasserfall liegt 20 m oberhalb.

In der Teefabrik Gorreana werden manuell die dicken Stengel aussortiert

Caldeiras da Ribeira Grande

Zu dem Heilbad zweigt ca. 3 km östlich von Ribeira Grande ein schmaler Teerweg ab. Am Ende des kleinen Tales liegt ein Weiler mit einigen Badehäusern, kleinen Sommerhäuschen und einem Café. Ein großes, seichtes Becken mit sprudelndheißem Wasser dominiert den kleinen Platz. Im Restaurant/Café wird während der Saison auch in den Caldeiras gegartes "Cozido à portuguesa" angeboten. Eine Riesenportion kostet ca. 11 DM und reicht eigentlich für zwei Personen (in Furnas kostet es das Doppelte).

Fährt man die kurvenreiche, kopfsteingepflasterte Küstenstraße weiter Richtung Osten, so kommt man an mehreren schönen Aussichtspunkten, z.B. *Ponta de Santa Iria* vorbei. Zu beiden Straßenseiten wächst ein Filz aus Conteira-Blumen und "Weihnachtsbäumen", die ursprünglich aus Japan stammen. An den Berghängen von *Gorreana* liegen kleine Bananen- und Teeplantagen; dort ist auch die letzte der einstmals zahlreichen Teefabriken der Azoren. Im "chinesischen Mikroklima" der Nordküste wird Tee schon seit Anfang des 19. Jhs. angebaut. Die Großfarmer von São Miguel zogen damals zwei Spezialisten aus China zu Rate.

Teefabrik Gorreana

Auf den insgesamt 30 ha großen Pflanzungen rund um die Fabrik werden pro Jahr 30 bis 40 Tonnen Tee erzeugt. 90 % der Produktion werden auf den Inseln vermarktet. Ein kleiner Prozentsatz wird auch in Deutschland als pestizidfreier Biotee vertrieben. Zehn Leute sind in der Teefabrik fest angestellt, weitere 15 Arbeiter bringen in der Erntezeit von April bis September die Schnitte ein. Alle drei bis vier Wochen werden während dieser Zeit die Triebspitzen der gepflegten Hecken nachgeschnitten; eine Pflanzung hält 100 Jahre. Die ersten Schnitte der Saison ergeben die beste Qualität. Die Teeblätter werden bei der Verarbeitung zuerst von einer Maschine zerrieben, damit die Pflanzensäfte austreten. Dadurch wird sofort ein natürlicher Fermentierungsprozeß in Gang gesetzt, der bereits einige Stunden später in einer Trockenanlage gebremst wird.

Porto Formoso

Kleine Felsbuchten mit Sandstränden, die Hänge mit Schilfrohr bewachsen. In Felsnischen und am Steilhang stehen vereinzelt Häusergruppen; einige Häuser sind noch mit Stroh gedeckt. Das Ortszentrum ist wie aus dem Bilderbuch, mit einer Kirche am Rande der Klippen. Darunter liegt ein Fischerstrand.

Die *Praia do Moinho*, übersetzt "Mühlenstrand", ist ein hübscher, relativ geschützt liegender Sandstrand mit Süßwasserbach. Die wenigen Häuser in der engen Bucht sind völlig verschachtelt.

● *Essen*: In der ehemaligen Mühle direkt oberhalb des Strands hat **Eduardo** eine gemütliche **Strandbar** eingerichtet. Während der Saison gibt es dort täglich frischen Fisch und selbstgebackenes Brot.

● *Übernachten*: **Privatzimmer** zu vermieten, z.B. bei der Dänin Birthe Duedahl in **Berta's Paradise**; sie hat insgesamt drei kleine Häuschen (ab ca. 70 DM pro Tag) am Hang oberhalb der Bucht zu vermieten. Adresse: Rua dos Moinhos, Porto Formoso, Tel. 442148.

Praia do Moinho – hier kann man ein paar geruhsame Tage verbringen

Nordeste

1439 kamen die ersten Siedler hierher und errichteten Holzhäuser. So entwickelte sich ein Ort in recht ungünstiger Lage; besonders der Zugang zum Meer gestaltete sich für die Fischer wegen der Steilküste äußerst mühsam.

Nur wenige Touristen verirren sich an den "verlassenen" Inselzipfel mit 700 Einwohnern. Gerade deshalb ließ der Bürgermeister den einzigen offiziellen *Campingplatz* der Insel in Nordeste anlegen; ein *Hotel/Residencial* soll 1995 fertiggestellt sein. In der *Casa de Trabalho* werden alte Kunstfertigkeiten gepflegt; hier werden Flickenteppiche gewebt und hübsche, aber teure Puppen hergestellt.

Vale das Furnas

Das Naturschauspiel schlechthin: brodelnde Felsspalten und blubbernde Schlammlöcher, ein 38 °C warmer Badeteich und ein frischer, kristallklarer Bergsee mit Eukalyptuswäldchen am Ufer. Der Bergsee liegt in dem 6 km breiten Vulkankrater.

Auf der anderen Kraterseite findet man das Dorf Furnas mit seinen heißen Dampfquellen am Ortsrand. Schon beim Näherkommen liegt der Geruch von Schwefel in der Luft. Zwischen frischem Grün und angelegten Blumenbeeten blubbert kochendheißes Wasser aus den Felsen; urtümliche Geräusche und Gerüche, Dampf, der die Fotolinsen beschlagen läßt. Am Wegrand sprudeln verschiedenartige Mineralquellen, die man ruhig mal probieren sollte, aus kurzen Rohrstutzen: Eine ist kalt und schmeckt salzig, eine andere prickelt vor Kohlensäure.

S.O.S. Lagoa – Badeverbot im Lagoa das Furnas

Umweltverschmutzung auf den paradiesischen Azoren - kaum zu glauben, aber wahr. Eine kleine Gruppe von Naturschützern hat daher "S.O.S. Lagoa" gegründet, um mit fundierten Fakten und Verbesserungsvorschlägen politischen Druck auszuüben. Denn da der See keinen natürlichen Abfluß besitzt, ist kein Austausch der eingespülten Schadstoffe aus der Landwirtschaft möglich.

Preiswert hergestellte Düngemittel ermöglichten den azorianischen Landwirten den Umstieg auf Viehzucht, nachdem das "Orangenzeitalter" nach einem Preisverfall in den 50er Jahren zu Ende ging. Auch die höhergelegenen Bergregionen, die für den Orangenanbau nicht geeignet waren, wurden daraufhin ihres natürlichen Baumbestands beraubt und als Weideflächen kultiviert. Der extrem leichte, humusarme Bimssteinboden besitzt kaum Rückhaltevermögen für den eingebrachten Kunstdünger; bei Regen

Vale das Furnas – hier brodelt und blubbert es an allen Ecken

wandert dieser zusammen mit den Exkrementen der Tiere und weggespülten Erdreich in den See. Durch den steigenden Seegrund ging die Wassertiefe allein in den Jahren 1977 bis 1987 von 17 m auf nur noch 12 m zurück.

Universitätsbiologen arbeiteten Pläne zur Verringerung der Einschwemmungen aus. Leidtragende wären in erster Linie die Bauern, die gezwungen werden müßten, ihre Hangflächen stillzulegen. Auch Vorklärbecken könnten dazu beitragen, den Schadstoffeinfluß zu verringern. Es wird jedoch wohl noch etliche Jahre brauchen, bis politische Entscheidungen getroffen werden, die der Verschmutzung und Verlandung des Sees Einhalt gebieten.

Um zur Lagoa das Furnas zu kommen, nimmt man von Ponta Delgada aus den Südküstenbus und steigt vor Furnas aus; das Dorf liegt ca. 2 km entfernt. Direkt am Seeufer sind heiße Dampfquellen, die aber nicht so intensiv sind wie im Ort selbst. Es besteht jedoch die Möglichkeit, sein Essen in kurzen, in den Boden eingelassenen Betonröhren zu bereiten: Essen rein und Deckel drauf, ohne Wasser vier Stunden lang garen lassen.

Die auffällige kleine Kirche am Seeufer dient als Familiengruft von José do Canto, einem der wichtigsten Unternehmer der Insel im letzten Jahrhundert. Nach einem Gelübde seiner Gemahlin wurde die Kirche von 1884 bis 1886 im neugotischen Stil erbaut; die Innenausstattung stammt aus Paris.

Furnas

Das Dorf hat sich bis heute einen Teil seines bäuerlichen Charakters bewahrt. Nur am Ortsrand stehen kleine Sommerhäuschen und auf einem Hügel oben beim Krater der "Mountain Dream" eines Kanadiers. Wegen der exotischen Umgebung mit einer großen Artenvielfalt von Blumen und Farnen und wegen seiner Heilquellen wurde Furnas bereits in den 30er Jahren von Gesundheits- und Entdeckungsreisenden besucht.

Noch früher, 1770, war ein betuchter Nordamerikaner von der Exotik dieses Plätzchens angetan und errichtete ein Villa am Rande des Thermalteichs. Ein Park mit Pflanzen, Bäumen und Blumen aus allen Kontinenten wurde angelegt: Agaven, Platanen, Eichen, Bananen, Palmen, Farne aus Neuseeland und vieles mehr. Um den sulfathaltigen Badeteich mit ca. 30 m Durchmesser wurden Zedern gepflanzt, die inzwischen mehrere Meter dicke Stämme aufweisen. 1932 entstand neben dem Park das Hotel "Terra Nostra" mit abgerundeten Hausecken und Bullaugenfenstern im Art-Deco-Stil. Nicht-Hotelgäste können hier täglich außer sonntags gegen eine Gebühr von ca. 3 DM ein heißes Bad nehmen.

- *Information*: bei den Fumarolen, Tel. 54525. Geöffnet 9-12.30 und 14-18 Uhr. Hier werden auch **Privatzimmer** vermittelt.
- *Übernachten*: **Hotel Terra Nostra**, Tel. 54304. Geräumige Bauweise, alt, aber gepflegt. Fußböden aus brasilianischem Edelholz. Die meisten Zimmer haben einen kleinen, runden Balkon zum Park, sehr ruhig. DZ ca. 130-150 DM. Ein großer Speisesaal im Erdgeschoß mit Fensterfront zum Park ist durch bogenförmige Zwischenwände etwas unterteilt.
- *Camping*: in einem dichten Eukalyptuswald am südlichen Seeufer, ca. 4 km vom Ort entfernt. Der Boden ist mit einer weichen Schicht aus Laub und Rinde bedeckt (Ungeziefer!). Toiletten vorhanden. Beim alten Haus am See werden auch Boote vermietet.
- *Essen*: Spezialität von Furnas ist die "Cozida portuguesa", gekocht in den heißen Quellen. Die Geschmacksveränderung ist wirklich bemerkenswert. Die Speisen werden nicht ausgekocht, sondern wie in einem Dampfkochtopf ohne Wasserzusatz gegart; eine weitere Geschmacksnote bringen die verschiedenen Mineralstoffe der Quellen. "Bolo levedo", ein Fladenbrot aus Weizenmehl, das auf Eisenplatten im Holzofen gebacken wird, bieten die Frauen des Dorfes an der Straße bei den Fumarolen an. Normalerweise wird es noch warm aufgeschnitten und mit Ziegenkäse gefüllt.

Tony's, in der Nähe der Kirche, Tel. 54290. Großer Speiseraum mit Plastikstühlen, weißgetüncht, sauber. Hier gibt es die "Cozida portuguesa Spezial". Mindestteilnehmer für ein Essen sind 10 Personen, der Preis beträgt ca. 11 DM pro Person - einen Tag vorher anmelden.

Ribeira Quente

Die Straße von Furnas zum 7 km entfernten Küstendorf Ribeira Quente zählt zu den schönsten Strecken der Insel. Man fährt durch üppige Vegetation und vorbei an kleinen Wasserfällen.

Am westlichen Dorfende ist der geschützt liegende Sandstrand *Praia do*

Insel São Miguel 321

Abholzaktion im Park von Furnas

Fogo; eine heiße Quelle entspringt knapp unterhalb des Strandes im Meer. Bei Ebbe sind die Wassertemperaturen merklich höher. An der neugestalteten Promenade findet man eine öffentliche Toilette.

- *Verbindungen*: Bus von Furnas nach Ribeira Quente ca. dreimal täglich außer sonntags.
- *Essen*: **Costaneira Bar**, kleine Fischerkneipe kurz vor der Praia do Fogo. Hier kann man den lokalen Wein probieren. Spezialität ist "Arroz de lapas" (meist nur an Wochenenden) und Eintöpfe.

Caravela, das "bessere" Restaurant, befindet sich direkt am kleinen Hafen. Speisesaal im ersten Stock.

Der Westen der Insel

Ferraria

Von Ginetes führt eine abenteuerliche Schotterpiste in engen Serpentinen hinunter zu einer wilden Lavalandzunge. Heiße Quellen, die an der Ostseite ins Meer münden, erwärmen hier das Meerwasser an einigen Stellen bis auf 30 °C. Ein Badevergnügen kann man sich allerdings nur bei ruhigem Seegang gönnen, da scharfe Lavaklippen die Küste prägen. Während der Saison gibt es eine kleine improvisierte Bar.

Das einsam gelegene Haus war übrigens früher eine Heilanstalt, in der sich Rheumakranke Linderung erhofften. Das heiße Mineral-Meerwasser Gemisch wurde mit einer Handpumpe in die Badewannen geleitet. Bei dem oft feuchtkalten Azorenklima verschlimmerte sich allerdings meist der Zustand der Kurgäste, und so mußten die Pforten bald wieder geschlossen werden.

Mosteiros

Nettes Dorf mit freundlichen Einwohnern. Am östlichen Dorfende liegt eine malerische Sandbucht mit kleinen Fischerhäuschen. Hier mündet ein kleiner, meist ausgetrockneter Bach ins Meer.

Bretanha

Der Nordwestzipfel der Insel wurde ursprünglich von Einwanderern aus der Bretagne besiedelt. "Qui y là" sagt man hier, wenn es an der Tür klopft, und auch das unportugiesische "ü" klingt oft aus den Unterhaltungen.
- *Übernachten*: **Privatzimmer** in Joa Bom, Ralph und Herta Kunze, Tel. 069/7189. Beim Café an der Durchgangsstraße nach dem Weg fragen.

Die Vulkanseen
Lagoa Azul und Lagoa Verde

Die zwei malerisch miteinanderverbundenen Bergseen liegen im Westen der Insel, ca. 27 km von Ponta Delgada entfernt. Der riesige Krater, in dem die beiden Seen liegen, entstand Mitte des 15. Jhs. während der ersten Siedlungsepoche.

Anfahrt: ab Ponta Delgada am Flughafen vorbei, dann die Küste entlang bis nach Relva. Danach führt die Straße bergaufwärts ins Inselinnere durch sattgrüne Weidelandschaft, vorbei an Kühe mit bimmelnden Glocken. An einigen Stellen sind auch Schweinegehege, die mit alten Ölfässern eingegrenzt sind. Weiter oben grüner Nadelwald mit großen, kahlgeschlagenen Flächen. In einem Steinbruch wird Bimsstein abgebaut, der gemahlen und gereinigt als Zusatz von Reinigungsmitteln verwendet wird.

Aussichtspunkt Vista do Rei

Am Kraterrand gelegen, Parkmöglichkeit und Schautafel. Zu Füßen liegen die beiden Seen inmitten des ausgedehnten, ovalen Kraterbeckens. Direkt unterhalb ist der "Grüne See", dessen Wasseroberfläche jedoch nur bei Sonnenschein grün schimmert, wenn das Grün der Bäume reflektiert wird. In einer Linie dahinter liegt die größere *Lagoa Azul*. Die beiden Seen sind durch einen schmalen Wasserlauf miteinander verbunden, über die eine kurze Brücke führt.

Oberhalb der Vista do Rei steht das *Hotel Monte Palacio*. Trotz der traumhaften Lage - eine Hälfte der Zimmer mit Blick auf die Seen, die

Insel São Miguel 323

Die beiden Kraterseen – neben Furnas der interessanteste Fleck auf São Miguel

andere Hälfte mit Aussicht aufs Meer - mußte das Fünf-Sterne-Hotel eines französischen Unternehmens Konkurs anmelden.

Vom Aussichtspunkt zweigt nach rechts eine Straße nach Sete Cidades ab, nach links die landschaftlich einmalige Panoramastraße entlang dem Kraterrand: auf der einen Seite das zum Meer abfallende Weideland, auf der anderen die Kraterseen.

Sete Cidades

Das kleine Bauerndorf liegt direkt am Ufer der Lagoa Azul. Am Ortsrand bei der Brücke schrubben schwarzverhüllte Frauen ihre Wäsche im See. Neben den niedrigen Bauernhäusern stehen kleine Pfahlbauten aus Holz, in denen die Feldfrüchte den Winter über gelagert werden. Herausragende Bauwerke von Sete Cidades sind die hübsche *Dorfkirche* mit einer kerzengeraden Baumallee und die *Sommerresidenz* eines Großgrundbesitzers, umgeben von einem blumenreichen Privatpark.

Vom Dorf führt eine schmale Schotterstraße am Ufer entlang zu einem Tunnel. Da der See keinen natürlichen Abfluß besitzt, wurde dieser Tunnel 1933 gebaut, um die jährlich auftretenden Überschwemmungen während der Regenzeit zu verhindern. Der ca. 2 m hohe, schmale Tunnel wird von den Einheimischen als Abkürzung nach Mosteiros an der Küste benutzt. Er ist ziemlich lang und glitschig - eine Taschenlampe sollte man unbedingt mitnehmen!

- *Übernachten*: Drei Privatzimmer bei Brigitte Dallmer und Angela Thorwest, Rua Nova 4, Tel. 0035/19695349. Die zwei Schwestern ließen sich 1988 nicht weit vom See in einem kleinen Häuschen am Dorfrand nieder. Die Zimmer haben alle Privatbad überm Gang. Das im Übernachtungspreis enthaltene Frühstück ist opulent. DZ ca. 55 DM.
Für die Hausgäste liegt eine Mappe mit Wanderrouten um den Kratersee bereit. Eine Rundwanderung um beide Seen auf der Caldera (29 km) dauert mindestens einen Tag.

- *Camping*: Rechts der Straße zur Lagoa Verde ist ein Campingplatz geplant. Auf der dafür vorgesehenen Fläche gibt es einen Wasseranschluß und meist viel Müll. Wildcampen wird eigentlich nicht geduldet; es gibt aber jeden Sommer "neu entdeckte" Fleckchen, bis die Polizei erscheint.

- *Essen*: **O Arado**, Rua da Caridade 21. Zur Zeit das einzige Restaurant im Dorf. Klein, einige Stühle zum Draußensitzen.
In der **Casa do Pasto** treffen sich die Einheimischen auf ein Glas Wein. Hier sind auch Sandwiches und Snacks zu haben.

Insel Santa Maria

Weiche Landschaft mit abgerundeten Hügelkuppen. Nackter Fels ist nur an der Küste zu sehen. Die geologisch älteste Azoreninsel ist mit einer dicken Erdschicht bedeckt und daher sehr fruchtbar. An der Nordseite findet man bis zu 500 m hohe Hügel und dichten Baumbewuchs.

Vom Flugzeug aus stellt sich ein erster Eindruck der ca. 5.800 Einwohner zählenden Insel so dar: grün und lila angestrichene Wellblechunterkünfte, Kasernenatmosphäre der 30er Jahre. Santa Maria war früher ein bedeutender Luftwaffenstützpunkt für die Amerikaner. Nach deren Abzug nach Terceira blieben die Notunterkünfte stehen und fanden portugiesische Bewohner. Der Flugplatz wird heute noch von den alten Charterjets der Billigflieger und von der Concorde angeflogen, die hier zum Auftanken landen. Die Bewohner der Nachbarinseln erzählen mit leichtem Lokalpatriotismus, daß Santa Maria die uninteressanteste Azoreninsel sei.

Vila do Porto

Der Hauptort von Santa Maria liegt nur wenige Kilometer vom Flughafen entfernt. Ein langgezogenes Straßendorf, das an den Klippen endet. Dort steht das *Forte São Bras* mit seinen alten Gußeisenkanonen, die auf das Meer zielen. In der Hafenbucht liegen nur kleine Frachtkähne und Fischerboote, weiter draußen sind Tanker zu sehen. Die Pumpstation am Hafen schafft das Kerosin durch eine Pipeline zu den Tanklagern am Flughafen. Im Ort stehen längs der Hauptstraße kleine Kaffeeshops und Läden.

- *Übernachten*: **Hotel do Aeroporte**, Tel. 069/82811/5. Lange Holzbaracken mit ca. 100 Zimmern, ein Überbleibsel des amerikanischen Stützpunkts. Etwas Middle West-Atmosphäre aus der Pionierzeit. Die Wände sind aus Sperrholz, so weiß man

immer Bescheid, was der Zimmernachbar gerade treibt. Die Toilettenbrillen aus Massiv-Edelholz sind das Wertvollste an der ganzen Einrichtung. DZ mit Dusche ca. 90 DM. Ein Restaurant ist angeschlossen.
Pensão Travassos, Dorfstr. 110, Tel. 82831. Einige Zimmer ohne Luxus. DZ ca. 45 DM.

Vila da Baia

Hübsche Badebucht ca. 9 km östlich von Vila do Porto. Hinter der breiten Bucht ansteigendes Ackerland mit niedriger, baumloser Vegetation. Linienförmig ziehen sich zahlreiche Agaven den Hang hinauf. Dazwischen stehen weißgetünchte Häuser mit Hausbacköfen, halbrund ans Haus gebaut. Während der Sommermonate hat am Kieselstrand ein kleines *Restaurant* geöffnet. Eine Idylle, die durch einen im Bau befindlichen Natohafen zerstört wird. Im Sommer mehrmals täglich Busverbindungen mit Vila do Porto.

Baia de S. Lourenço

Die schönste Badebucht von Santa Maria liegt an der Ostküste. Die steilen Berghänge laufen zum Meer hin sanft aus. Auf den kleinen, von Steinmauern begrenzten Parzellen wird Wein angebaut. Längs der Bucht zieht sich eine schmale Asphaltstraße. Oben am Hang stehen kleine Adegas und Sommervillen portugiesischer Auswanderer aus Kanada. Unten liegt die Bucht, zum Teil Sandstrand, durch Felsen unterteilt, mit einem kleinen Fischerhafen am Ende. Im Sommer hat eine bescheidene *Tasca* geöffnet, in der es Imbisse, z.B. "Lapas", gibt.

Die Zentralgruppe
Faial, Pica, São Jorge, Terceira

Die eng beieinanderliegenden Inseln werden von der Provinzregierung gemeinsam beworben, da sie die einzigen mit regelmäßiger Fährverbindung sind.

Verbindungen

▶ **Flugzeug:** Direktverbindung mit der *TAP* von Lissabon auf Faial und Terceira: im Winter dreimal wöchentlich, im Sommer fünfmal wöchentlich.

Von Insel zu Insel fliegt die *SATA* mindestens einmal täglich; nach Flores allerdings nur fünfmal die Woche. Außerdem werden von der Mini-Fluggesellschaft *Oceanair* weitere Inselflüge in achtsitzigen Maschinen angeboten (nähere Auskünfte in den Reisebüros oder direkt beim Flughafenbüro, Tel. 93575).

▶ **Schiff:** Mit dem *Cruzeiro das Ilhas* regelmäßige Verbindungen zwischen den Inseln Horta, São Jorge, Pico und Terceira. Tickets für den kleinen Passagierdampfer für 200 Personen bekommt man jeweils 30 Min. vor Abfahrt an der Ablegestelle, immer nur Oneway-tickets. Nähere Informationen im Turismo oder direkt beim Reedereibüro in 9900 Horta, Rua Nova 29 r/c, Tel. 23334.

• **Cruzeiro das Ilhas** - Fahrplanbeispiel:
Folgende Häfen werden angelaufen, z.T. abwechselnd: Angra do Heroismo (Terceira), Velas und Calheta (São Jorge), Cais do Pico und Madalena (Pico), Faial (Horta).
Dienstags: Horta - Pico - São Jorge - Terceira
Mittwochs: Vom 7.6. bis 12.9. Terceira - Graciosa, sonst Terceira - Horta
             Terceira - Pico - Terceira
Donnerstags: Terceira - Graciosa - Horta - São Jorge - Pico - Horta
Freitags: Terceira - São Jorge - Pico - Horta
Samstags: Horta - São Jorge - Pico - Horta
Preisbeispiele: Horta - Pico (Madalena) 4 DM; Terceira - Horta 50 DM; São Jorge - Terceira 40 DM; São Jorge - Horta 15 DM; São Jorge - Graciosa 30 DM.

Das etwas größere Schiff *Cruzeiro do Canal* (244 Personen) pendelt mehrmals täglich zwischen Horta (Faial) und Pico (Madalena). Ab Horta um 7.45/13/16 Uhr, ab Madalena um 8.30/13.45/16.45 Uhr.

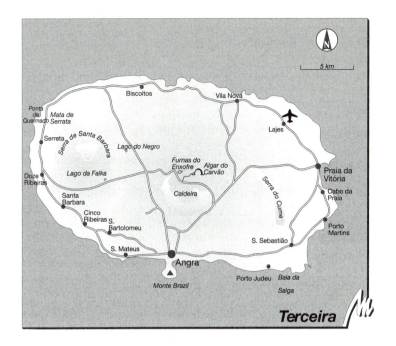

Insel Terceira

Die vier Kilometer lange Sandbucht der Insel ist ideal zum Campen; eine andere Unterkunftsmöglichkeit ohne lange Vorplanung und Reservierung gibt es an der sonst felsigen und wilden Küste nicht. Die nächsten Hotelzimmer sind 25 km weit entfernt in Angra do Heroismo, der Inselhauptstadt. An der Küste geht kilometerweit ein Reihendorf in das andere über, denn Terceira ist mit ca. 59.300 Einwohnern nach São Miguel die meistbevölkerte Insel der Azoren.

Das Innere der Insel ist praktisch unbesiedelt; an dem über 1.000 m hohen *Vulkan Santa Barbara* grasen Ziegen und Kampfstiere. Die Stiere werden bei jedem festlichen Anlaß zum Zeitvertreib der Einheimischen ins Dorf getrieben. Die Stierkämpfe finden in kleinen Betonarenen statt - am besten eignen sich Vulkankrater, der Strand und die Dorfgassen als Amphitheater.

Besonders auf Terceira werden Traditionen gepflegt, die auf dem Kontinent

Beim Erdbeben 1980 klappten viele der Lehm- und Holzhäuser in sich zusammen

schon vor Jahrhunderten verschwanden; Fernsehen gibt es auf den Azoren übrigens erst seit 1976. So wird insbesondere der Stierkampf hier noch "spontan" in einer volkstümlichen Form vorgeführt. Meist zu Kirchweihfesten oder auch bei anderen Festivitäten wird der Bulle ins seichte Wasser getrieben und von der Dorfjugend an der Flucht ans Land gehindert. In einer anderen Variante wird der Stier, von ein paar kräftigen Männern an einer Leine gesichert, auf das sensationslüsterne Publikum gejagt. Bei Interesse können Sie das Touristenbüro bitten, bei der Polizeidienststelle anzufragen, ob gerade eine "Corrida" gemeldet ist.

Überall auf der Insel fallen kleine wohlgepflegte, meist frisch gestrichene, weiß-blaue *Heilig-Geist-Kapellen* auf. Zum wichtigsten Heilig-Geist-Fest, 7 Wochen nach Ostern, sind diese sogenannten *Imperios* geöffnet, und Brot wird als symbolische Armenspeise verteilt. Diese mittelalterliche Tradition läßt sich auf den deutschen Kaiser Otto IV. von Braunschweig zurückführen, der von 1197 bis 1218 regierte und sich besonders gegen die Verelendung der Bevölkerung engagierte. Zu jener Zeit war der ganze Kontinent von Hungersnöten geplagt. Für Bessergestellte wurde es Brauch, bei persönlicher Not oder Krankheit Beistand vom Heiligen Geist zu erbitten. Dabei wurde gleichzeitig gelobt, einen Ochsen oder ähnliches zur Verteilung an die Bedürftigen zu stiften. Die Tradition zum Heilig-Geist-Fest verbreitete sich in ganz Europa und ist heute in dieser Form nur noch auf den Azoren anzutreffen.

Und das alles trotz "Little America", einer US-Air-Base an der Nordostecke der Insel, deren zwei Mammutrollbahnen im Ernstfall als Luftbrückenpfeiler dienen sollen. Ringsherum wurden an den Berghängen Kerosintanklager in die Landschaft gesetzt - das Risiko eines strategisch wichtigen Punktes. Bei der Bevölkerung ist die etwa 500 Mann starke amerikanische Besatzung beliebt. Ein Landwirt, der gerade seine störrische Herde über die Straße trieb, grüßte uns mit "How are you?".

Das Erdbeben

Viele Silvesterparties waren noch voll in Gang, als am 1. Januar 1980 um 3.40 Uhr der Boden wie ein Fischerboot bei hohem Seegang zu schaukeln begann. Dem lautlosen Beben folgte das Krachen: Ganze Häuserzeilen fielen in sich zusammen, und Kirchtürme kippten um. Nach Ausfall der Stromversorgung brach Panik aus.

Am schlimmsten traf es die Südwestküste. In dem kleinen Dorf Doze Ribeiras blieben ganze fünf Häuser unbeschädigt. In der Inselhauptstadt Angra do Heroismo wurden 65 % der Häuser unbewohnbar; sie waren entweder zusammengefallen oder so stark beschädigt, daß sich ein Wiederaufbau nicht lohnte. Über 50 Todesopfer wurden allein in Terceira aus den Trümmern geborgen.

Das Zentrum des Bebens befand sich zwischen Terceira und der Nachbarinsel São Jorge, ca. 50 km vor der Küste Terceiras. Auslöser war ein riesiger Erdeinbruch mehrere Tausend Meter unter dem Meeresspiegel. Ein Fischer, der zum Zeitpunkt des Bebens gerade auf hoher See war, berichtete, der Meeresspiegel sei plötzlich um mehrere Meter abgefallen.

Schnell wurde eine internationale Hilfsaktion gestartet. Für die Obdachlosen wurden Zelte und provisorische Aluminiumhäuser eingeflogen; um Angra do Heroismo entstanden Zeltlager. Die USA und Kanada boten den Geschädigten Einwanderungsvisa an. Viele Bewohner machten davon Gebrauch - doch werden sie nur so lange wegbleiben, bis genug Geld für ein neues Haus gespart ist.

Inselfest

Am Tag des Hl. João, dem 23. Juni, findet jährlich abwechselnd in Angra do Heroismo und Praia da Vitoria das bedeutendste *Inselfest* mit Stierkämpfen und Theatervorstellungen statt.

Angra do Heroismo

Die Inselhauptstadt liegt in der geschützten Bucht einer 200 m hohen vulkanischen Halbinsel, die weit ins Meer reicht. Hohe, graue Hafenmauern und zwei niedrige, der Landschaft angepaßte Verteidigungsforts sind das erste, was vom Inseldampfer aus von Angra do Heroismo zu sehen ist.

Im Vergleich zu anderen Azorenstädten wirkt Angra do Heroismo keineswegs beschaulich. Auf dem Hauptplatz Praça da Restauraçao ist der Autoverkehr an Werktagen so heftig, daß zwei Polizisten mit der Regelung des Verkehrs beschäftigt sind.

In der Oberstadt mit den Häusern aus der Kolonialzeit geht es ruhiger zu. Aber auch dort wurde das Stadtbild stark vom Erdbeben geprägt: 60 % der Altstadt wurde mit alten Fassaden neu aufgebaut.

Information *Verbindungen*

• *Information:* neben der Sé, Tel. 095/23393. Öffnungszeiten: Mo-Fr 9-12.30 und 14-17.30 Uhr.

• *Verbindungen:* **Bus**: insgesamt drei Buslinien auf der Insel. 6x täglich Angra - Biscoitos (entlang der Westküste), stündlich Angra - Vila da Praia da Vitoria (nicht an der Küste entlang), ca. 4x täglich Vila da Praia da Vitoria - Lajes (Flughafen) - Biscoitos.

Flugzeug: Bei kurzfristiger Buchung des Azorenflugs hat man nach Terceira am ehesten eine Chance, einen Platz zu bekommen. Airbusse der TAP machen hier auf den Weg nach Boston eine Zwischenlandung.

Touristeninformation am Flughafen Lajes, geöffnet von 9-12.30 und 14-17.30 Uhr, Sa/So geschlossen; im Sommer bei Ankunft von TAP-Maschinen meist auch am Wochenende geöffnet. Büro der SATA gegenüber der Hauptpost.

Mietautos: Rosa & Escobar LDA, Rua Serpa Pinto 13-15, Tel. 24222; insgesamt ca. 20 Autos zu vermieten.

Übernachten *Camping*

Hotel Angra, im Zentrum an der Praça da Restauraçao, Tel. 27041. Moderner Bau mit 86 Zimmern, je zur Hälfte zur lauten Straße und zum ruhigen, gepflegten Stadtpark. DZ mit Bad ca. 120 DM.

Ango Residencial, Alto das Covas 29, Tel. 22095. In der Oberstadt. Geräumige, freundlich eingerichtete Zimmer, viele mit Ausblick. DZ ca. 70 DM.

Residencial da Sé, Rua Rio de Janeiro 25-27, schräg gegenüber der Kathedrale. Nicht gerade leise. DZ mit Bad ca. 55 DM.

Residencial Zenite, Rua da Rosa 42, Tel. 22260. Zentral gelegen. Alle Zimmer mit Bad und Telefon. DZ ca. 60 DM. Bar und Restaurant angeschlossen.

Monte Brasil, Altos Covas 8-10, Tel. 22440. Erst einige Jahre alt, ansprechende Zimmer und ein extravagantes, luftiges Treppenhaus. Mäßig laut sind die Zimmer zur Querstraße. DZ ca. 75 DM.

Casa de Hospedes Freitas, Rua de Santo Espirito 86, Tel. 22794. Zimmer unterschiedlich, einige zum etwas düsteren Innenhof, sauber. Alle Zimmer mit eigenem Kühlschrank zur Selbstverpflegung. DZ ca. 40 DM.

• *Camping*: Zwei Plätze zwischen Angra do Heroismo und Praia da Vitoria: **Baia de Salga** und **Salgueiros** unterhalb von S. Sebastiao. Eine weitere Möglichkeit besteht an der Nordküste in **Biscoitos**.

Insel Terceira 331

Am Hauptplatz von Angra wird der Verkehr von einem Polizisten geregelt

Essen

Beira Mar, Rua de São João, Tel. 25188. Gepflegtes Speiselokal in einem alten Stadtpalast. Guter Service, auf der Karte auch einige azoreanische Spezialitäten. Wer mittags die frisch zubereitete "Alcatra" probiert, wird sicher nicht enttäuscht. Die Portion reicht fast für zwei Personen und kostet ca. 12 DM. Es gibt auch hüsche **Zimmer** zu mieten.

Casa da Roda, Rua Principe de Monaco 64. Tolle Lage oberhalb der Hafenbucht. Eines der wenigen Lokale mit Terrasse zum Draußensitzen. Hauptgerichte ca. 15 DM. Mittwochs geschlossen.

Adega Lusitania, Rua de São Pedro 63, westlich am Ortsausgang. Eine rustikales "restaurante tipico". Nur zwei Kühlvitrinen, davon eine mit frischem Fisch, die andere mit gutabgehangenem Rindfleisch, trennen den Speisesaal von der Küche mit den flinken Köchinnen. Besonders beim Fisch wird hier sehr auf den guten Ruf geachtet.

Café/Snackbar People, Rua Direita 10. Kleines, freundliches Café mit vier Tischchen. Besonders mittags wegen seiner guten und preiswerten Gerichte beliebt, meist drei verschiedene zur Auswahl.

Quinta do Martelo, 7 km außerhalb bei S. Mateus da Calheta (2 km landeinwärts), Canada do Martelo 24, Tel. 31842. Alter Bauernhof, der ohne Politur in den ursprünglichen Zustand versetzt wurde. Beim Hofeingang die "burra di milho", das typische Trockengestell, auf dem die Maiskolben festgebunden wurden; darunter die Hundehütte als Rattenschreck. Auch die Toiletten scheinen auf den ersten Blick 100 Jahre alt zu sein. Besonders beliebt ist bei den ausländischen Touristen die "Alcatra de peixe". Als Beilage bekommt man hier auch "inhame", ein selten gewordenes Wurzelgemüse, das einst von den Mauren in Portugal eingeführt wurde. Mittwochs geschlossen.

Nachtleben

Twins Pub, Rua Diogo de Teive 54, im Stadtteil Silveira am Berghang (an der Straße nach S. Mateus rechts abbiegen). Zweigeschossig, sehr "intim" mit Fußbodenbeleuchtung und greller Lightshow auf der Tanzfläche. Um dem Club einen seriösen Anstrich zu verleihen, hängt am Eingang ein Schild "Off limits for blue jeans". Mindestverzehr ca. 10 DM.

Sehenswertes

Der **Stadtpark** ist der hübscheste der Azorenhauptstädte. Ein kleiner botanischer Garten, in dem Treppchen und verschlungene Wege hinauf zum spitzen, gelb gestrichenen Obelisken führen, der zum Gedenken an Don Pedro IV. aufgestellt wurde; an dieser Stelle befand sich die erste kleine Festung der Stadt.

Die **Sé-Kathedrale** aus dem Jahre 1570 wurde bei dem Erdbeben stark beschädigt. Während der Sanierungsarbeiten brach ein Feuer aus, das lediglich einige Teile der Außenmauer stehen ließ. Anschließend wurde die Kathedralle völlig neu aufgebaut, wobei versucht wurde, den alten Eindruck so weit wie möglich wiederherzustellen.

Das **Regionalmuseum** ist im Convento São Francisco, Rua de São Francisco, untergebracht. Im Vorhof stehen alte Geschütze - Erinnerungsstücke an den Ersten Weltkrieg. Im Inneren findet man typische Ausstellungsstücke eines Regionalmuseums: Ausgrabungsfunde, Gemälde, Schiffsmodelle und Münzen. Dazu noch Oldtimer aus der Automobilgeschichte: Der prächtig erhaltene "Bel Air"-Straßenkreuzer, Repräsentationskutsche der Provinzregierung, wird dort auch bald ausgestellt sein; bisher ist er meist am Hauptplatz geparkt.

Monte Brasil

Von der Hügelspitze der Halbinsel hat man einen schönen Blick auf die Küste und den Hafenort Angra do Heroismo. Mitten auf der Halbinsel steht ein mit Gras bewachsener, niedriger Vulkankrater. Im Sommer dient er als natürliches Amphitheater für Stierkämpfe. Von Angra do Heroismo Zentrum bis zur Hügelspitze kann man einen schönen, 2,5 km langen Spaziergang auf einem schmalen, asphaltierten Weg machen.

Wegbeschreibung: Von der Hafenpromenade über Rua Boa Nova zum *Castelo de São Baptista*. Nach dem Tor der Verteidigungsmauer kommt ein Wachposten der portugiesischen Armee, die das Kastell als Kaserne nutzt. Dort links in die kleine Straße abbiegen, nach mehreren hundert Metern kommt eine Weggabelung; nach rechts führt der Weg zu vorher beschriebener Hügelspitze. Geradeaus erreicht man den üppig mit Eukalyptusbäumen bestandenen Osthang des Monte Brasil und eine kleine, gelb gestrichene Kapelle, die stark mit der üppig grünen Vegetation kontrastiert. Sie ist ein beliebter Ort zum Heiraten. Etwas weiter in den Wald hinein liegt ein hübscher Platz zum Picknicken.

Insel westlich von Angra

São Mateus

Hübsches Fischerdorf an einer leicht zum Meer abfallenden Landzunge. Der Ort wird von einer klotzigen Kirche überragt, die beim Erdbeben stark beschädigt wurde. Da der Turm einzustürzen drohte, beschloß man, ihn kurzerhand wegzusprengen. Dabei kippte er unglücklicherweise schräg ab und begrub zwei bis dahin verschont gebliebene Häuser unter sich.

An der Hafenbucht im unteren Ortsteil liegen kleine, blaß bemalte Fischerhäuschen und die einfachen Holzboote der Fischer. Bei Sturm werden sie an Land gezogen, um nicht an den schwarzen Lavabrocken im Wasser zu zerschellen. Lohnenswert ist ein morgendlicher Besuch am Hafen, wenn die Fischer von ihrem nächtlichen Fang zurückkehren.

> Der Hafen bietet die richtige Kulisse für das im August (Dienstag) stattfindende **Stierkampfspektakel**. Dabei wird der Stier mit vereinten Kräften ins Wasser getrieben und dort eine Weile gehalten; gerne werden auch unbeteiligte Zuschauer am Ärmel gepackt und ins Wasser geworfen. Die Regierung Salazars versuchte einmal, die Stierkämpfe per Dekret auf das Wochenende zu verlegen (weniger Arbeitsausfall), doch das ließen sich die Inselbewohner nicht gefallen.

Ponta do Queimado

Eine Aussichtsplattform, von der aus man die bemerkenswerte Farbabstufung der Küste bewundern kann: unten am Meer grauer Fels, der nach oben hin tiefschwarz und mehr und mehr von Grün überwuchert wird. Wegbeschreibung: An der Westküste entlang bis Biscoitos, nach Serreta dem Wegweiser mit der Aufschrift "Farrol" folgen; eine schmale Straße führt zur Küste hinunter, an einem Leuchtturm vorbei zur Ponta do Queimado.

Mato de Serreta

Fährt man die Hauptstraße von der Ponta do Queimado in Richtung Biscoitos, kommt man zum nordwestlichsten und zugleich grünsten Punkt der Insel. Der Wald von Serreta duftet nach Eukalyptus. Unter hohen, schattigen Bäumen ist der Boden mit Büschen und Moos überwuchert. Wie an vielen anderen Stellen der Insel gibt es auch hier kleine Steintische zum Picknicken.

Weiter die Küstenstraße entlang, kommt man zu einem dritten Aussichtspunkt. An dieser Stelle fällt das Kliff senkrecht zum Meer ab. Ein Teil der Aussichtsplattform rutschte beim Erdbeben ins Meer.

Biscoitos

Im Ort steht der schönste Heilig-Geist-Tempel von Terceira. Vom Dorf führt eine schmale Straße zum Meer hinunter. Der flache Hang ist das beste Weinanbaugebiet der Insel: kleine Parzellen mit Steinmauern, an denen sich die Reben hochranken. Der Wein ist sehr empfehlenswert.

Unten am kleinen Fischereihafen liegen noch einige verrostete Kessel, in denen früher der Lebertran der Wale ausgekocht wurde. An der niedrigen, schwarzen Lavaküste befindet sich ein kleiner, natürlicher Swimmingpool, ca. 70 m lang und mehrere Meter breit. Auf Grund seiner geringen Wassertiefe ist er eher für Nichtschwimmer geeignet. Im Sommer ist der betonierte Liegeplatz hauptsächlich von Einheimischen belegt.

• *Essen*: **Lota**, beim natürlichen Pool. Schöner Ausblick. Hier wird die "Alcatra" mit Fisch bereitet.

Westteil der Insel

Porto Judeu

Kleines, unberührtes Dorf an der Küste, ca. 15 km östlich von Angra do Heroismo. An der Dorfkirche führt ein kurzer Fußweg vorbei am Waschhaus zur Geröllküste. Eine Müllabfuhr scheint es im Dorf nicht zu geben: Der Strand ist mit Unrat übersät.

Biegt man am Ortsausgang von Porto Judeu rechts ab und fährt an der Küstenstraße weiter, so kommt man zur *Baia da Salga*, einer gegen die hohe Brandung geschützten Badebucht mit Toilettenhäuschen und Frischwasser. Es gibt keinen Sandstrand, nur spitze Lavabrocken; zum Sonnen dient eine kleine Betonplattform. Am Hang neben der Straße stehen zwei etwas kitschige, kleine Ferienhäuser, ansonsten Weingärten. Gecampt wird etwas weiter oberhalb.

Praia da Vitoria

Bis Mitte der 80er Jahre galt der 2 km lange Sandstrand der Praia da Vitoria als schönster Badestrand der Insel. Heute trennt ein kilometerlanger Hafendamm die gesamte Bucht vom offenen Meer ab. Ein Teil wird von der US-Base genutzt, im südlichen Bereich entsteht ein neuer Fischereihafen mit Kühlhäusern. Unterhalb des Ortes, wo einst die alte Fischabladestelle war, soll man wieder baden können - bei dem geringen Schiffsverkehr ist dies durchaus denkbar.

• *Übernachten*: **Residencial Teresinha**, Praceta Dr. Machado Pires 45, Tel. 095/ 53032. Moderne kleine Privatpension im oberen Ortsteil; ca. 500 m zum Meer. DZ ca. 60 DM.

Heilig-Geist-Tempel – diese kleinen Kapellen sind typisch für Terceira

- *Essen*: **Churrasqueira**, an der Uferpromenade, Nähe Zentrum. Wird viel von den Mitarbeitern der US-Base besucht. Eine leckere Vorspeise ist "Pipis", Hühnerklein; die Fleischgerichte sind top, ein T-Bone-Steak kostet ca. 18 DM. Mittwochs geschlossen.
Arcada, an der Esplanade beim alten Fischereihafen. Im Speisesaal und auf der überbauten Terrasse finden über 100 Gäste Platz, viel besucht. Gute "Petiscos" für den kleinen Hunger (Hühnerklein, Thunfisch ...).
Café Zigue-Zague, nicht weit vom Hotel "Teresinha" im oberen Ortsteil. Sauber, leckere Tagesgerichte, auch halbe Portionen; sehr gut ist der Tintenfisch (in Sauce).

Das Inselinnere

Im Inneren der Insel gibt es mehrere kleine Kraterseen, die meist auch im Sommer mit Wasser gefüllt sind.

Lagoa do Negro

Der kleine Bergsee, eingebettet in sattgrüne Landschaft, erinnert an Schottland. Von der Asphaltstraße zweigt ein kurzer Feldweg zum See ab. Neben der Parkfläche führt eine steile Holztreppe in eine grünbemooste Höhlenöffnung, die *Gruta da Natal*, so benannt, weil dort alljährlich an Weihnachten eine Mitternachtsmesse gehalten wird.

Lagoa da Falka

Von den Einheimischen wird der kleine See, der romantisch in einem jungen, dicht bemoosten Zedernwald liegt, "Lagoa da Batas", Ententeich, genannt. Aber die dort ausgesetzten Wildenten wurden längst von Wilderern geholt. Zum Picknick stehen kleine Steintische zwischen den Bäumen.

Furnas do Enxofre

Die Schwefeldampfquellen sind der einzige vulkanisch aktive Fleck auf Terceira. Von der Straße geht es ca. 30 Minuten zu Fuß bergauf.

Algar do Carvão

Ca. 1 km östlich der Furnas do Enxofre führt ein Weg zu der Vulkanhöhle. 70 m weit hinunter gehen Treppen zu einem kleinen, unterirdischen See; von oben dringt Sonnenlicht durch einen Kamin, es gibt aber auch elektrische Beleuchtung. Von Mai bis September Führungen. Das Taxi von Angra do Heroismo kostet ca. 20 DM. Empfehlenswert ist die etwa dreistündige Wanderung zurück zur Inselhauptstadt. Im Turismo gibt es eine fotokopierte Wanderkarte mit englischsprachiger Wegbeschreibung.

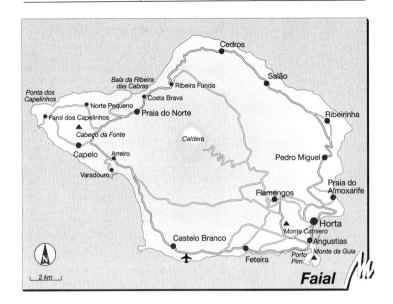

Insel Faial

Eine Insel zum Ausspannen, mit ca. 20 km Länge, 15 km Breite und ca. 15.300 Einwohnern übersichtlich klein - wenig Hektik. Gute Badestrände liegen um die Inselhauptstadt Horta. Während des Sommers Anlaufstelle vieler Segelyachten - internationale Weltenbummleratmosphäre. Horta ist ein guter Ausgangspunkt zur Entdeckung der anderen Inseln der Zentralgruppe - häufige Bootsverbindungen.

Horta

In der langgezogenen Bucht reiht sich bogenförmig ein Haus an das andere. Zu beiden Seiten der Bucht liegen hohe, ins Meer reichende Halbinseln, Reste eines zum größten Teil im Meer versunkenen Vulkankraters.

Zentraler Platz im Ort ist die palmenbestandene Praça do Infante. Sie wird gesäumt durch die reichgeschmückten Fassaden alter Bürgerhäuser und das niedrige, an das Hafenbecken gebaute Kastell. Weiter außerhalb liegen zum Teil würfelförmig ineinander verschachtelte Fischerhäuser an der Bucht, vom Meer getrennt durch einen schmalen

Horta besitzt eine hübsche Stadtarchitektur. Im Hintergrund der Vulkan Pico auf der gleichnamigen Nachbarinsel

Grünstreifen und die Uferstraße. Parallel dazu verläuft im Ort die ca. 1,5 km lange Hauptgeschäftsstraße mit vielen kleinen Krämerläden, Tavernen, kleinen Plätzen und dem Postamt.

Ein langer Bootskai streckt sich weit in die Bucht hinein. Jeder Mauerwinkel davon ist mit bunten Motiven bemalt: Visitenkarten der Yachten, die hier anlegten. Horta ist eine Anlaufstelle für Leute, die per Yacht um die Welt bummeln. Dem Golfstrom folgend, kommen die Boote aus der Karibik oder machen hier einen Stopover auf der Fahrt von England nach Südafrika. Das große Hafenbecken von Horta ist besonders geeignet, da nur einige verrostete Frachtkähne zum Entladen einlaufen.

> Früher diente der Hafen als wichtige Verbindungsbrücke nach Nordamerika. Die amerikanischen Walfangflotten füllten hier ihre Vorräte auf und nahmen viele auswanderungswillige Abenteurer mit über den Teich. Ende des 19. Jhs. wurden via Horta die Telefonkabel nach Nordamerika verlegt. Auf Faial entstanden Ausländerkolonien. Später, ab 1938, landeten die Wasserflugzeuge der Lufthansa zum Auftanken, und Transatlantikdampfer bunkerten neue Kohle.
> In der Zeit des Massentourismus wird sich das traditionelle Inselleben Faials mit Sicherheit stärker verändern als durch sämtliche Fremdeinflüsse der vorhergegangenen Epochen.

Insel Faial 339

Globetrotter der Meere – mit der Yacht von Portsmouth nach Barbados

Information

Turismo in der Rua Vasco da Gama, gegenüber der Fortalezza Santa Cruz, Tel. 092/22237. Sr. José Gaspar gibt sich große Mühe, erschöpfend Auskunft in englisch oder französisch zu geben. Samstag nachmittags und sonntags geschlossen.
Landkarten gibt es in der *Tabacaria da Sorte*, Rua Conselheiro Medeiros 20.

Verbindungen

Bus: Täglich außer samstags und sonntags fährt in Horta je ein Bus in und gegen den Uhrzeigersinn um 12 Uhr zu einer zweistündigen Inselrundfahrt ab; Ticket ca. 7 DM, Abfahrt in der Nähe des Turismo. Bei dieser Rundfahrt kann man leider keine Stops machen, es sei denn, man trampt weiter bis zur nächstgelegenen Bushaltestelle, was relativ problemlos geht. So kann man beispielsweise mit dem Bus zur Halbinsel *Capelinhos* fahren, dann die 10 km bis *Cedros* trampen und von dort um 16.15 Uhr den Bus zurück nach Horta nehmen. Mehrmals täglich Busse nach Flamengos, Pedro Miguel, Cedros, Praia do Almoxarife und Castelo Branco; Abfahrt oberhalb des Yachthafens.
Taxi: Der Kratersee im Inneren der Insel ist nur per Mietwagen oder Taxi zu erreichen. Eine ca. dreistündige Inselrundfahrt inkl. Kratersee und Caldeira kostet per Taxi ca. 65 DM.
Mietautos: Zwei Unternehmen befinden sich nebeneinander in der Rua Cons. Medeiros 14 und 12, *IlhAzul*, Tel. 31150, und *Auto Turistica Faialense*, Tel. 22308. Beide haben die gleichen hohen Preise; ein Wagen Typ B kommt bei unbegrenzter Kilometerzahl auf ca. 100 DM pro Tag.
Motorroller: Für ca. 50 DM pro Tag können auch Scooter gemietet werden bei *Protur*, Rua T. Valedim (neben Peter's Bar) und *Lusapark*, Pastelaria Lusa, Rua Vasco da Gama.
Flugzeug: Ein *Flughafen* liegt ca. 7 km außerhalb von Horta an der Küste; das Taxi in die Stadt kostet ca. 12 DM. Flugverbindungen siehe Einleitung.
Die *SATA* hat ein Büro in der Rua Serpa Pinto, Tel. 23911.

340 Azoren

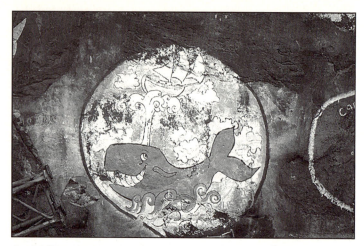

An der Pier verewigen sich die Yachtbesatzungen in Ölfarbe

Übernachten Camping

Estalagem Santa Cruz, Tel. 23021. Stilvolle Unterkunft in einem Neubau innerhalb der alten Hafenfestung. Die Zimmer werden allerdings während der Regenzeit nicht gelüftet, so daß dem Autor der Schimmelpilz fast in die Nase wucherte und ihm die Luft wegblieb. DZ ca. 170 DM.

Hotel Faial, Tel. 22181. Die Räumlichkeiten wurden vorher von der amerikanischen Telefon-Company "Western Union" genutzt. Die sechs schmucklosen Häuser liegen in einem mit Gras bewachsenen Parkgelände etwas oberhalb vom Ort. Je zehn Zimmer in einem Haus, nüchtern eingerichtet, kühl, mit modernem Mobiliar vollgestellt. DZ mit Bad ca. 90 DM inkl. Nutzung Schwimmbad und Tennisplatz. Der Speisesaal im Hauptgebäude bietet einen schönen Blick auf den Hafen.

Residencial do Infante, am Praça do Infante, Tel. 22837. Altes, geräumiges Bürgerhaus mit hellen, sehr sauberen Zimmern mit Deckenstuck, oft mehrere Fenster zum Meer. DZ mit extrem geräumigen Bad ca. 80 DM, ohne Bad aber auch nicht schlecht für ca. 50 DM.

Residencial São Francisco, Rua Cons. Medeiros 13, Tel. 22957. Nicht weit vom "Residencial do Infante". Geräumige Zimmer mit halbmodernen Möbeln im Altbau. Die kleinen Zimmer im Neubau haben Balkons zum Meer. Etwas teurer als das "Residencial do Infante", DZ mit Bad ab ca. 85 DM.

Casa Walter, Canada das Dutras 29, ca. 1,3 km oberhalb von Horta, Tel./Fax 22427. In absolut ruhiger Lage haben sich Armgard und Thomas ein Haus mit Nebengebäuden und Fernsicht auf die Nachbarinsel Pico gekauft. Die gut ausgestatteten Gästezimmer haben alle ein eigenes Bad. Berühmt ist das üppige Frühstück mit "echtem" Kaffee, selbstgebackenem Vollkornbrot... DZ inkl. Frühstück ca. 70 DM.

● *Camping*: wildes Camping z.T. an der **Praia Porto Pim**. Einen "offiziellen" Platz gibt es an der **Praia do Almoxarife**; ein weiterer Platz soll an der Nordküste der Insel in **Salao** entstehen; dort wird es allerdings mit Sicherheit ziemlich windig werden.

Insel Faial 341

Essen

Capote, eines der letzten Häuser an der Hafenpromenade. Klipperbar. Frisch getünchte Wände, Decke und Fußboden sind mit Kork verkleidet. Empfehlenswertestes Restaurant im Ort, alllerdings ein langer Anmarsch vom Zentrum. Gute Fischgerichte mit reichlich Beilagen. Sehr sauber. Preislich minimal teurer als die nachfolgend beschriebenen Restaurants.
O Biraca, Rua da Conceicao 4, neben dem Largo Bispo. Wie man sich ein kleines, empfehlenswertes portugiesisches Restaurant vorstellt: 6 Tische mit kleinen Bänken und karierten Tischdecken, die von einer Folie geschützt werden. Sehr sauber, gute Preise. Alle Gerichte nach "Hausfrauenart" - frisch, meist mit leckerer Sauce - zubereitet. Hier bekommt man auch kleine Snacks, z.B. Thunfischsalat ("Polvo").
O Lima, Rua Pinto 9, in der Nähe des Postamts. Die Tagesplatte für ca. 7 DM; Beilage sind meist "inhames", Süßkartoffeln, die nicht jedem munden. Bezahlen Sie auf keinen Fall, wie einige Gäste vor Ihnen, mit einem ungedeckten Scheck! Der wird nämlich ins Schaufenster gepinnt - eine Art Pranger für Zechpreller.
Europa, Largo da República 7. Der Wirt Manuel holt oft den Fisch, der auf den Tisch kommt, noch mit dem eigenen Boot. Typisch azoreanisch, gute Salatplatten (!).
Capitolio, Rua Cons. Medeiros 23. Gute Fleischgerichte, ordentliche Portionen; es können daher auch "meio pratos" bestellt werden. Sitzgelegenheiten sind die massiven Holzstühle, die man des öfteren in Horta sieht. Menü für ca. 12 DM.
Varadouro, liegt außerhalb. Frank and Mary, zwei Rückkehrer aus den USA, bereiten die besten gegrillten Hähnchen der Insel; das Gemüse kommt aus dem eigenen Garten. Mittwochs geschlossen.
Peter's Café Sport, Treffpunkt der Yachtmannschaften, Informationsbörse - der frisch aus dem Fernschreiber gelaufene Wetterbericht (auf Englisch) hängt an der Wand. Hier wird auch Geld gewechselt, wenn die Banken schon geschlossen haben. An den Wänden hängen vom Wind zerfranste Bootswimpel und stehen Glasvitrinen voller geschnitzter Walfischzähne - die beste Auswahl am Ort.

Im Obergeschoß ist eine *Sammlung* wertvoller Walzähne und Figuren zu besichtigen. Prunkstück ist ein gänzlich aus Elfenbein gefertigtes Kruzifix. Eintritt: 150 Esc. Auf den Walfängerschiffen war das Verzieren der Walfischzähne ein beliebter Zeitvertreib. Im Einglischen hat sich für diese Kunst der Begriff *Scrimshaw* eingebürgert.

• *Diskothek* in einem kleinen Häuschen auf dem Terrain des "Hotels Faial".

Sehenswertes

Ein Spaziergang zu dem 145 m hohen **Monte da Guia** lohnt sich von Horta unbedingt. Der Hügel liegt auf einer kleinen Halbinsel vor Horta. Selbstverständlich bietet sich von dort oben ein toller Ausblick. Die Hügelspitze ist mit einem Labyrinth unterirdischer Gänge durchzogen, die während des Zweiten Weltkriegs von den Alliierten genutzt wurden.

In der Kirche S. Francisco ist das **Museu de Arte Sacra** untergebracht. Geöffnet von 9.30-12.30 und 14-17 Uhr; Sa/So vormittags und Mo geschlossen.

Das **Heimatmuseum** von Horta befindet sich im ehemaligen Jesuitenkolleg an der Rua W. Bansaude. Interessant ist die Ausstellung des *Artesanato em Miolo de Figueira*: Modelle von Segelschiffen, Windmühlen, Gebäuden, die aus dem Mark des Feigenbaumes zusammengepuzzelt wurden. Diese Technik wurde wahrscheinlich schon zu Beginn des 19. Jhs. in Klöstern entwickelt. Öffnungszeiten: 9.30-12.30 und 14-17 Uhr; Sa/So vormittags und Mo geschlossen.

Ca. 2 km oberhalb von Horta in Richtung Flamengos liegt der **Jardim Botanico do Faial**, ein kleiner botanischer Garten mit Teich. Die Identifizierung der Pflanzen erleichtert ein kleiner Plan; nähere Erläuterungen finden sich leider nicht.

Game Fishing

Im Juli, August und September ist die Saison der Sportangler. Für eine Chartergebühr in Höhe von ca. 1.800 DM pro Tag wird hauptsächlich der Blaue Marlin gejagt. Alle gefangenen Fische, soweit sie nicht rekordverdächtig sind, werden wieder freigelassen (was auch den hohen Preis erklärt). Rekord in Horta war 1992 der Fang eines 1.051 lbs schweren, ca. 4 m langen Marlins; er war der 23. "Grander" (Gewicht mehr als 1.000 pound), der in atlantischen Gewässern gefangen wurde. Nähere Auskünfte gibt der in Südafrika geborene *Captain Joseph Gerit Frack*, Shangai Pesca Desportiva, Apartado 165, 9900 Horta, Tel./Fax 092/93720.

Baden

Der Hauptbadestrand von Horta ist die *Praia Porto Pim*, nur wenige Hundert Meter vom Hafen und vom Zentrum entfernt. Der ca. 200 m lange Strand wird durch die weit ins Meer reichende Halbinsel Monte da Guia gegen die hohe Brandung geschützt. Er liegt zum Großteil unter einem hohen Kliff aus Lavaasche. Am Strandende beginnt düniges Hinterland. Hier steht die alte Walfischfabrik, die erst seit mehreren Jahren außer Betrieb ist; vorher färbte sich bei den häufigen Schlachtungen das Meerwasser blutrot.

Weitere Badestrände sind *Praia do Almoxarife*, *Baia da Ribeira* und *Varadouro*; nähere Beschreibungen nachstehend.

Der Walfang – ein Nachruf

Er hat auf den Azoren eine lange Tradition. Im Hafen von Horta liegen zwischen den Fischerbooten Walfangboote, die sich in Form und Größe deutlich von den "Sardinenfängern" unterscheiden. Die Waljäger sind meist alte Fischer; für den harten und risikoreichen Job wäre heute kaum Nachwuchs zu bekommen.

Die auf den Azoren angewandte Walfangmethode war jahrhundertealt: An hoch über der Küste liegenden Aussichtspunkten stehen kleine Häuschen, die bei gutem Wetter immer besetzt sind. Hauptsaison ist Juli und August. Die Beobachter suchen den Meeresspiegel nach Wasserfontänen ab, die der Wal in die Luft stößt. Entdeckt der Beobachter eine Fontäne, so wird nach Horta telefoniert, und die Fischer werden mit einer Knallrakete mobilisiert. Ein Motorkutter schleppt die antriebslosen Boote aufs Meer, wo sie sich auf die Lauer "legen". Die Boote werden jetzt nur noch mit leichten Ruderschlägen manövriert, um den Wal nicht zu verjagen. Oft taucht der Wal unter und kommt erst über eine Stunde später an einer anderen Stelle wieder zum Vorschein. Dieses Spiel kann sich bis zur Harpunierung mehrmals wiederholen. Ist die Harpune einmal gesetzt, beginnt ein langer Kampf. Die Leine wird freigelassen, der Wal taucht unter und wird beim Wiederauftauchen mit Lanzen erstochen. Dann wird er in die Lebertranfabrik nach Pico transportiert, den Rest verarbeitet man zu Fischmehl als Tierfutter; aus Knochen und besonders Zähnen werden Schmuckstücken gefertigt. Der Preis für das "Elfenbein" hat sich seit 1970 etwa verzehnfacht; 1986 zahlte man ca. 200 DM pro kg. Das Fangergebnis der Zentralgruppe Azoren schwankte zwischen 60 und 120 Walen pro Jahr. Der Lohn der Fischer wurde nach einem Prämiensystem errechnet: 50 % des Erlöses gingen an die Walfabrik, den Rest, auch die Walzähne, bekam die Bootsmannschaft; Beobachter, Kapitän und Harpunier erhielten doppelte Prämien. Der Lohn eines Mannschaftsmitglieds betrug pro erlegtem Wal ca. 250 DM.

Praia do Almoxarife

Die schwarze Sandbucht liegt an der Nordseite der *Ponta Espalamaca*, ca. 8 km östlich von Horta. Vom Hügelrücken, auf dem das Dorf *Lomba* steht, führt rechts eine schmale Teerstraße zur Küste hinunter. Dort bietet sich ein sehr schöner Ausblick auf Morta. Oberhalb des Dorfes steht eine ganze Reihe alter Windmühlen, die noch immer in Betrieb sind. Um sie vor dem Verfall zu bewahren, kaufte der Turismo in Horta einige auf und überläßt sie nun dem früheren Besitzer für einen symbolischen Mietpreis zur Nutzung.

An der Bucht liegen nur wenige Häuser verstreut im leicht ansteigenden Hinterland. Um die für das Dorfbild überproportionierte Kirche stehen weißgekalkte Häuser.

- *Camping*: kleiner, von der Stadtverwaltung eingerichteter Platz, Tel. 99305. Für zwei Personen und Zelt ca. 6 DM pro Tag; es werden auch Zelte vermietet. Geöffnet vom 1. Juni bis 30. September. Grundnahrungsmittel können im kleinen Café neben dem "Praia Mar" gekauft werden.
- *Essen*: **Praia Mar**, kleines Restaurant am Strand. Im dunklen Innenraum hängt die Decke voll mit Fischernetzen. Auf einer kleinen Terrasse kann man auch im Freien sitzen. Spezialität des Restaurants sind "Mariscos" vom Fisch. Am Sonntag kommen gerne die Einwohner Hortas zum Mittagessen; allerdings sind sie mit dem neuen Pächter noch nicht so recht zufrieden.

> Vom Strand wird auch heute noch im urtümlichen Ochsenkarren Bausand geholt. Beim Hausbau arbeitet die ganze Verwandtschaft mit; so ziehen bisweilen ganze Karawanen der zweirädrigen Karren den Berg hinauf. In dem Windmühlendorf Lomba werden die Ziegelsteine noch Stück für Stück mit der Hand gefertigt.

Die Caldeira

Mehrere Kilometer talaufwärts von Horta liegt *Flamengos*, früher eine Siedlung der Flamen, die schon sehr frühzeitig nach Faial kamen (eine Tochter der Siedler heiratete Martin Behaim). Bis Flamengos fährt der Inselbus. Die 8 km lange Teerstraße bis zum Caldeira, einem der ausgeprägtesten Vulkankrater der Azoren, kann man nur zu Fuß oder mit dem Taxi zurücklegen. Die Straße endet nur wenige Meter unterhalb des Kraterrandes.

Für bequeme Besucher wurde ein kurzer Stollen zum inneren Kraterrand gegraben. Der Krater ist gewaltig und erinnert in Form und Ausdehnung an den Vulkankrater der Osterinseln. Auch hier findet man einen blau leuchtenden See in der mehrere hundert Meter tiefer gelegenen Kratersole, der im Sommer häufig ausgetrocknet ist.

Aus dem grün bewachsenen Krater ragt ein schroffer, stark durch Erosion gezeichneter Felskopf. Wer rechtzeitig oben ankommt, kann um den ca. 8 km langen Kraterrand wandern oder die steile Böschung hinab dem Krater auf den Grund gehen.

Baia da Ribeiro

Von der *Costa Brava*, dem Aussichtspunkt an der Nordwestküste nahe

Insel Faial 345

Praia do Norte (an der Straße, die oben am Kliff entlangführt), hat man einen berauschenden Blick auf die Steilküste hinunter zu der Baia da Ribeiro. Die Hänge der Bucht fallen sanft zum Meer ab und sind dicht mit tropisch anmutender Vegetation überzogen. In Küstennähe liegen Weinparzellen, daneben Adega-Häuser und wohlgepflegte Sommerhäuschen.

Die Dorfstraße führt zum Sandstrand, wo im Sommer Limonade und Bier in einer Bretterbude zu haben sind. Der ca. 150 m lange Strand wird von hohen Kliffs begrenzt. Unterhalb der Kliffs finden Sporttaucher gute Beute: Krebse verschiedenster Arten.

Ponta dos Capelinhos

Die Mondlandschaft mit der ockerrot und schwarz gestreiften Lavasteilwand, eine vegetationslose Steinwüste, steht in starkem Kontrast zur übrigen Insel. Hier, an der Südwestküste von Faial, spuckte ein Vulkan 1957/58 mehr als ein Jahr lang insgesamt ca. 30 Millionen Tonnen Asche und Lava aus. Durch den Ausbruch entstand einen neue kleine Insel; die Landschaft wurde mit einer meterhohen Lavaschicht bedeckt. Die Öffnung des Vulkans lag im Meer; die entstandene Lavainsel wurde immer größer und wuchs in der letzten Phase mit dem "Festland" zusammen.

Vegetationslose Mondlandschaft an der Ponta dos Capelinhos

346 Azoren

Im kleinen Museum sind Fotos von der Eruption ausgestellt

So wurde Faial um etwa einen Quadratkilometer größer. Vor der Nase eines Walbeobachtungspostens und eines Leuchtturms stand plötzlich ein Berg. Die Vulkaninsel hat heute nicht mehr die gleichen Ausmaße wie kurz nach der Eruption - Wind und starke Meeresbrandung setzen ihr zu.

Norte Pequeno war am stärksten von dem Vulkanausbruch betroffen. Aus der nur spärlich bewachsenen Wüstenlandschaft ragen noch die halbverfallenen Hausgiebel. Die meisten Dorfbewohner gingen nach dem Ausbruch nach Amerika, da auch der Ackerboden zerstört wurde. Im östlichen Dorfteil steht übrigens noch das letzte strohgedeckte Haus der Insel - es dient heute als Viehstall. Ziegeldächer kamen erst später auf.

In einem unscheinbaren Häuschen des Dorfs Capelinhos wurde eine *Exposiçao Fotográfica do Vulcan dos Capelinhos* eingerichtet. Die umfangreiche Fotoausstellung dokumentiert in mehreren Räumen die verschiedenen Eruptionsstufen des Vulkans. Erst ein funkensprühendes Feuerwerk à la Stromboli. Plötzlich steigt ein steiler Rauchpilz auf wie bei der Explosion einer Atombombe. Es hagelt Felsbrocken und Lavafladen, in der Atmosphäre kommt es zu starken, gewitterartigen Entladungen; durch das in die Luft geschleuderte Salzwasser folgen sturzbachähnliche Wolkengüsse. Alle Fotografien sind mit Datum und kurzen englischen Untertiteln versehen. Sr.a Maria José wohnt einige Häuser neben der Ausstellung und paßt auf, daß nicht noch mehr Bilder geklaut werden. Öffnungszeiten: 10-13 und 14-17.30 Uhr; Sa/So vormittags und montags geschlossen.

Varadouro

Der kleine Ferienort für die Inselbevölkerung liegt mit seinen verspielten Sommerhäuschen auf einer leicht zum Meer abfallenden Landzunge unterhalb der Steilküste. Das Meer hat in der stark zerklüfteten Lavaküste einen kleinen natürlichen Pool ausgespült. Das mit Beton befestigte Meerwasserschwimmbecken ist wohl eher für Nichtschwimmer und Kinder geeignet. Unterhalb der hohen Kliffs liegt ein kurzer *Sandstrand*; dort steht auch ein bescheidenes *Thermalbad* für Rheumakranke. Während der Sommermonate hat ein kleines *Restaurant* geöffnet, dessen gegrillte Hähnchen empfehlenswert sind.

Insel Pico

Wer länger auf Faial bleibt, nimmt in Horta um 7.45 Uhr das Fährboot zur 6 km entfernten Nachbarinsel Pico, einem riesigen, aus dem Meer ragenden Vulkan. Die flach aus dem Meer steigenden Hänge der Insel werden zur Bergspitze hin immer steiler und bilden 2.350 m über dem Meeresspiegel einen exakten Kegel - der höchste Berg Portugals steht mitten im Atlantik!

Die Insel hat ca. 15.100 Einwohner; wie fast alle Azoreninseln ist sie im Inneren unbesiedelt. An der Küste liegen typische Reihendörfer, Sandstrände gibt es keine.

Die wichtigsten Orte auf Pico sind *Cais do Pico*, *São Roque*, *Lajes* und *Madalena*. In Lajes lohnt sich insbesondere ein Besuch des *Walfangmuseums* "Museu de Baleia" am Hafen in der Rua Pesqueira. Es ist den Walfängern gewidmet und zeigt wertvolle Schnitzereien aus Walzähnen und eine Fotodokumentation. Angeschlossen ist eine international bestückte Bibliothek mit Literatur über dieses Säugetier.

Madalena

Madalena liegt Horta am nächsten und hat einige Kilometer außerhalb einen kleinen, neu erbauten Flugplatz - sogar ein deutscher Reiseveranstalter hat Pico im Programm.

Von Mitte April bis Mitte Oktober kann am Kai von Madalena, einem wichtigen Thunfischhafen, mächtiges Gedränge herrschen. Wenn die Boote vom Fang heimkehren, haben sie bis zu 500 Tonnen Thunfisch geladen; 1986 wurden hier 10.000 Tonnen des edlen Dosenfisches angelandet.

Azoren

Information Verbindungen

- *Information:* im Hotel "Caravelas", Tel. 092/622500.
- *Verbindungen:* **Fährboot** von Horta nach Madalena im Winter dreimal täglich, während der Sommermonate mindestens viermal täglich. Die Überfahrt dauert ca. 30 Min. und kostet ca. 3,50 DM.

Busverbindungen jeweils zweimal täglich von Madalena nach Cais do Pico und Lajes sowie von Cais do Pico nach Lajes.

Rundfahrten mit dem Taxi: Eine *Litoral Tour* an der Küste entlang um die ganze Insel dauert von 8-13 Uhr und kostet ca. 70 DM; eine etwas ausführlichere Version auf der gleichen Route mit Mittagspause, kommt auf ca. 120 DM. Eigentlich ist eine kleinere Variante interessanter, die mehr das Innere der Insel rund um den Pico zeigt. Für 13 Leute kann man auf Pico ein Kleinbustaxi mieten - so eine Tagestour kommt auf ca. 300 DM.

Mietautos/Motorroller: In Madalena gibt es zwei Verleihfirmen; es empfiehlt sich, vorher zu reservieren.

Übernachten Essen

Hotel Caravelas, oberhalb vom Hafen gelegen, Tel. 622500. Im Erdgeschoß kleine Zwei-Zimmer-Appartements, alle mit separatem Eingang, ca. 120 DM pro Tag.

Residencial Pico, ca. 1 km außerhalb, Tel. 622392. Gut geführt, DZ ca. 80 DM. Angeschlossen ist ein empfehlenswertes **Restaurant**; hier sollte man den Pico-Käse probieren.

Residencial Minibela, Tel. 622286. Freundliche Inhaber, einfache, hellhörige Zimmer. DZ mit Waschgelegenheit ca. 50 DM.

Residencial Acor, *Lajes do Pico*, Rua D. João Paulino 5, Tel. 97243. DZ ca. 40 DM.

Residencial Castelete, *Lajes do Pico*, Rua São Francisco, Tel. 97304. Sauber, billig, DZ ca. 35 DM.

Residencial Montanha, *São Roque do Pico*, Tel. 642699. DZ ca. 40 DM.

- *Camping*: Bis jetzt gibt es noch keinen Campingplatz auf der Insel. Wildes Campen wird zum Teil geduldet, z.B. in *Madalena* hinter dem Hospital und in *Lajes* hinter der Escola Secondaria.
- *Essen*: **Lagoa**, Largo São Pedro. Restaurant mit guten Fischgerichten.

Snackbar Gin-Tonico, Rua do Cais.

Besteigung des Pico

Ohne Führer und alleine sollte der Berg nicht erklommen werden. Schnell hereinbrechender Nebel macht es schwierig, dem Pfad zu folgen; auch gibt es etliche kleine aktive Krater ("Fumaroles"), in die man stürzen kann. Insbesondere das letzte Drittel des Aufstiegs über steile, oft glitschig nasse Geröllhalden erfordert Durchhaltevermögen.

Ab *Horta* gibt es *Zweitagesausflüge*, die einen Sonnenaufgang am Krater beinhalten. Über die Touristeninformation kommt man in Kontakt mit einem Bergführer. Abfahrt ist von Horta um 16 Uhr mit dem letzten Boot nach Madalena. Dann per Taxi bis zum Ausgangspunkt des Fußmarsches. Von dort ca. 20 Min. Aufstieg zu einer Höhle, die als Nachtlager dient. Weitermarsch um ca. 2 Uhr morgens, um rechtzeitig zum Sonnenaufgang am Krater zu sein (3-4 Std.). Preis für Taxi und Führer (Antonio Costa) ca. 35 DM pro Person.

Der Krater hat einen Umfang von 700 m und ist nur etwa 30 m tief. Aus seiner Mitte erhebt sich ein 70 m hoher Kegel, der *Pico Pequeno*. Eine Besteigung des Pico lohnt nur in einer Schönwetterperiode; sonst wird schon

Inseln São Jorge und Flores

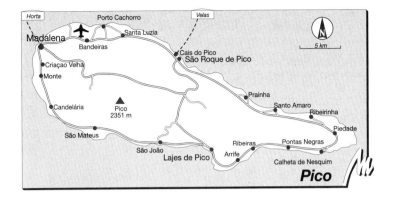

nach wenigen Hundert Höhenmetern die Sicht von Wolken verdeckt. Von November bis Anfang März liegt hier eine dünne Schneeschicht.

Wale Watching
Seit 1991 versucht der Franzose *Serge Viallelle* das in den USA seit Jahren etablierte "Wale Watching" auf Pico in *Lajes* als Touristenattraktion anzubieten. Dies scheint ein schwieriges Unterfangen: Wenn Wale an der Küste gesichtet werden, müssen erst mal genügend interessierte Touristen vor Ort sein, um das kleine Motorboot zu füllen. Besonders Mutige springen dann sogar ins Wasser, um mit dem Wal zu spielen - hoffentlich ergeht es dabei keinem wie einst Jonas...
Kontaktadresse: Atalante, Caminho de Baixo 17, S. Pedro, 9700 Angra do Heroismo, Ilha Terceira, Tel. 36196 oder 32359.

Insel São Jorge

Die Insel liegt wie ein langgestreckter, spitzer Stein vor Faial und Pico. Typisch für São Jorge sind seine flachen Landzungen, die unterhalb steiler Kliffs ins Meer ragen. Sie bot ihren Einwohnern mit 50 km Länge und an den meisten Stellen nur 8 km Breite nur ein karges Auskommen. Der Boden ist an den "Fajas", den schmalen Küstenebenen, am fruchtbarsten und wird dort intensiv für den Obst- und Gemüseanbau genutzt.

• *Übernachten*: **Residencial Neto**, Tel. 42403. DZ ca. 60 DM.
Estalagem das Velas, Tel. 42632. DZ ca. 100 DM.
Residencial Solmar, Tel. 46120. Am preiswertesten - DZ ca. 50 DM.

Insel Flores

Die westlichste Insel der Azorengruppe ist reich an Niederschlägen und hat eine üppige Vegetation - die "Insel der Blumen".

Per Flugzeug ist sie leicht von den anderen Hauptinseln aus zu erreichen. Für einen längeren Aufenthalt kommt Flores mit seinen ca. 4.400 Einwohnern nur für Leute mit Zeit und Rucksack in Frage, da nur drei Pensionen vorhanden sind (vorher anrufen!).

Lohnende Ziele ab dem Hauptort der Insel *Santa Cruz* sind *Faja Grande* und *Faja Zinha*, flache Landzungen unterhalb steiler Kliffs. Faja Grande liegt näher am Meer und ist daher empfehlenswerter für einen Ausflug. Um Faja Grande gibt es viele kleine Wasserfälle und eine üppig grüne Vegetation; es ist auch per Inselbus zu erreichen.

Das Inselinnere ist oft von Wolken verhangen; dort findet man sechs kleine Lagoas in verträumter Umgebung. Wer länger auf Flores bleibt, kann mit dem Inselbus eine Rundfahrt machen und die Küstendörfer besuchen; ins Innere der Insel fahren die Busse aber leider nicht.

Ausflüge per Boot zu den *Seegrotten Furnas dos Inchareus*, die etwa 1 km von Santa Cruz entfernt sind, kommen dann zustande, wenn genügend Touristen Interesse haben.

- *Übernachten*: **Pension Vila Flor**, *Santa Cruz das Flores*, Tel 092/52290. DZ ca. 35 DM.
Pension Toste, *Santa Cruz das Flores*, Tel. 52119. DZ ebenfalls ca. 35 DM.
Pension Lajes das Flores, *Lajes das Flores*, Tel. 52496.
- *Essen*:: **Adelio Manes**, einfaches Restaurant am Hafen von Santa Cruz.

Insel Corvo

Corvo ist mit seinen 17,45 Quadratkilometer und einem einzigen Ort, Vila Nova do Corvo, die kleinste und touristisch unberührteste der Azoreninseln. Sie liegt ganz im Norden.

Touristen verirren sich nur selten hierher: Es gibt weder Hotels noch Restaurants, Geschäfte oder eine Bank. Wer hier landet, muß auf sein Improvisationstalent und die Gastfreundschaft der Insulaner bauen. Man sollte unbedingt ein Zelt mitnehmen; oft bekommt man allerdings auch eine Unterkunft in einem der Häuser des Orts. Von Flores/Santa Cruz fährt nach Ankunft eines Flugzeugs ein kleines Postboot nach Corvo; bei gutem Wetter ist man ca. 1 ½ Stunden unterwegs.

Die Küste von Corvo fällt steil zum Meer ab; nur am südwestlichen Zipfel gibt es einen kleinen Sandstrand mit Zeltplatz. Die ca. 370 Inselbewohner leben noch unberührt von Tourismuseinflüssen. Jeder kennt jeden, die Türen der Häuser stehen offen. Man lebt hauptsächlich vom

Insel Corvo 351

Export der Rinder und Schafe, die an den fruchtbaren Hängen im Inneren der Krater weiden, und ihren Produkten. Auch Algen und Fische werden ans portugiesische Festland gebracht.

Eine Straße führt zum Caldeira, der bis auf 718 m ansteigt. In seinem Inneren liegen mehrere kleine Kraterseen - schön zum Wandern. Die Insel bietet außerdem ideale Bedingungen für Taucher.

Was haben Sie entdeckt?

Haben Sie *die* Tasca mit wundervollen *petiscos* gefunden, das freundliche Albergo, den Top-Campingplatz, einen schönen Wanderweg?

Wenn Sie *Ergänzungen*, *Verbesserungen* oder *neue Tips* zum Portugal-Buch haben, lassen Sie es mich bitte wissen.

Bitte schreiben Sie an:

Verlag Michael Müller
- Stichwort Portugal-
Gerberei 19
91054 Erlangen

Madeira

Zur heutigen Autonomen Region Madeira, deren Status in etwa mit dem unserer Bundesländer vergleichbar ist, gehören insgesamt vier Inseln bzw. Inselgruppen. Die Hauptinsel Madeira, so benannt nach ihrem üppigen Baumbewuchs (Madeira = Holz), liegt etwa 700 km vor der afrikanischen Küste, fast auf der Höhe von Casablanca, im Atlantischen Ozean.

Neben Madeira ist nur noch die zuerst entdeckte Insel *Porto Santo* bewohnt, die wegen ihres 9 km langen Sandstrands ein beliebtes Ferien- und Ausflugsziel ist. Die Inselgruppen *Desertos* und *Selvagens*, karge, vegetationslose Eilande, waren nie besiedelt und dienten einst allenfalls Fischern oder Piraten als Unterschlupf.

Madeira ist vulkanischen Ursprungs. Manche meinen, die Insel sei ein Teil des sagenumwobenen Atlantis. Wenn das zutrifft, dann haben die Untertanen Poseidons nicht schlecht gelebt. Mit ihrem Pflanzenreichtum erinnert Madeira an einen tropischen Regenwald: undurchdringliche Täler, in denen dank des feuchten und milden Klimas alle Arten tropischer Früchte und Hölzer wachsen und gedeihen, die sonst nur in Ostasien oder Lateinamerika zu finden sind. Lorbeer und Mahagonibäume stehen neben Ananas, Mangos und Bananenstauden. Dennoch gestaltet es sich schwierig, auf der Insel in den Genuß frischer Früchte zu kommen - fast alle sind zum Export bestimmt. Aufgrund seiner schönen Natur eignet sich Madeira in erster Linie für einen Wanderurlaub; es gibt gutausgeschilderte Routen.

Wissenswertes

Baden

Madeira ist mehr zum Sonnen und Wandern denn zum Baden geeignet. An der Küste Madeiras, die zum größten Teil bis zu 580 m steil ins Meer abfällt und nur selten Zugang zum Meer erlaubt, gibt es fast ausschließlich Kiesstrände. Im Norden findet man einige Naturschwimmbecken mit Meerwasser. Einziger Sandstrand ist ein kleines Stückchen in karger Landschaft bei *Caniçal* am östlichen Ende der Insel. Dort ist eine Strandtaverne in Bau. Gute Bademöglichkeiten gibt es auch in den natürlichen Meeresschwimmbecken in *Porto Moniz* (öffentliche Badeanstalt) und *Machico* (Kiesstrand). Zugang zum Meer, mit Kiesstränden, haben Santa Cruz, Ponta Delgada und Câmara de Lobos. Fast alle Hotels verfügen über Swimmingpools, meist mit Blick aufs Meer; in *Funchal* ist ein öffentliches

Bad mit Zugang zum Meer am westlichen Stadtrand (Lido). Strandfetischisten finden Rettung am 9 km langen Sandstrand von Porto Santo, von Funchal aus mit dem Boot oder Flugzeug zu erreichen.

Essen und Trinken

An erster Stelle ist hier der **Madeirawein** zu nennen, berühmtestes Exporterzeugnis der Insel. Im 18. und ersten Viertel des 19. Jhs. galt er als teuerster und meistgeschätzter Wein der Welt; damals erreichte er seinen Zenit an Exportmengen. Die Weinlese findet im August und September in Höhen bis 800 m statt. Einen guten Einblick erhält man in der *Madeira Whine Association*, Funchal, Avenida Arriaga 28. Führungen Mo-Fr um 10.30 und 15.30 Uhr, Eintritt ca. 5 DM.

Der **Malvasier** brachte Madeira seinen guten Ruf in Sachen Wein ein. Der süße, schwere Wein wurde von der griechischen Insel Minos eingeführt und wird heute insbesondere aus den niedrig gelegenen Anbaugebieten von Fajá dos Padres und Paul do Mar im Süden der Insel geschätzt. Beste und teuerste Marke ist der *Harança Paterna*, "HP" abgekürzt.
Der **Boal** ist halbsüß und dunkler als der Malvasier. Seine Reben wurden aus Burgund gebracht, und er wird gerne zum Nachtisch gereicht.
Der **Sercial**, ein trockener, starker Wein, stammt aus dem Rheinland. Ihn sollte man erst nach acht bis zehn Jahren Reifung als Aperitif nehmen.

354 Madeira

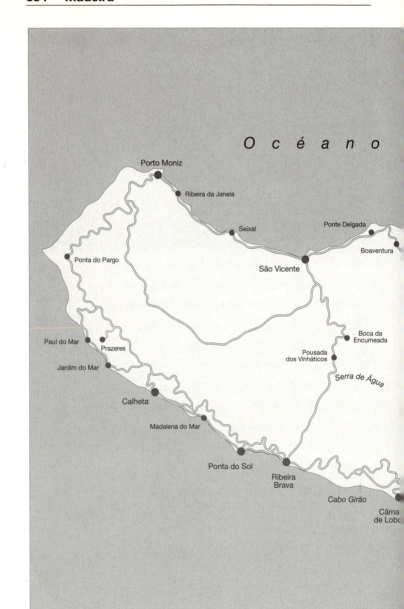

Wissenswertes 355

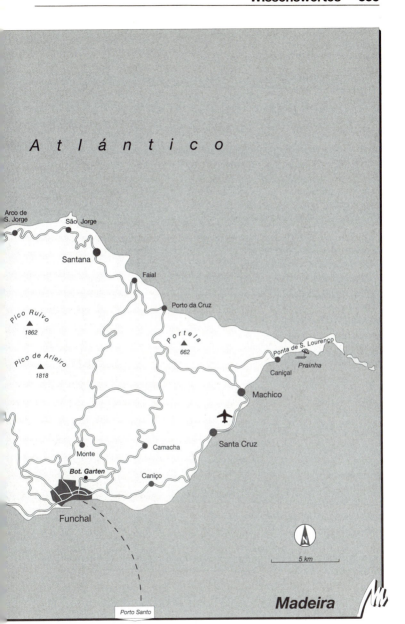

Gut ist auch **Poncha**, ein Mixgetränk aus weißem Rum, Honig und Zitrone. Das Angebot an Fruchsäften ist leider nicht so gut, wie man aus dem vielfältigen Obstanbau der Insel schließen könnte. Die meisten sind, wie fast überall im Süden, viel zu süß.

Regionale Spezialität ist die **Espetada**, ein Fleischspieß. Da sie jedoch ständig in Broschüren und Reiseführern gepriesen wird, stieg ihr Preis erheblich. Billiger und immer frisch bekommt man **Espada**, Degenfisch. Wie der "Bacalhau" auf dem Festland wird er in zahlreichen leckeren Zubereitungsarten angeboten.

Zum Nachtisch oder zwischendurch sollte man **Bolo de mel**, Honigkuchen, probieren, der mit zahlreichen indischen Gewürzen und kandierten Früchten verfeinert wird. Wer zur Reifezeit unterwegs ist, kann sich außerdem frische Mangos und Passionsfrüchte von den Bäumen pflücken.

Feste

Zu Ehren **São Pedros**, des Schutzheiligen der Fischer, wird in der Nacht vom 28. auf den 29. Mai in dem Fischerdorf *Ribeira Brava* gefeiert. Vor allem junge Leute zieht es zu Tanz und Getränken auf die Straße. Zum Abschluß findet am 29. Mai eine Prozession der Fischer statt.

Die **Festa da Nossa Senhora da Monte** am 14. und 15. August ist eines der ältesten Volksfeste der Insel. In dem kleinen Ort Monte, nördlich von Funchal, gibt es eine kirchliche Prozession und einen bunten Jahrmarkt; abends wird dann richtig einer draufgemacht.

Funchal ist berühmt für seine **Silvesterspektakel**: Von den Luxushotels bis zu den Armenvierteln wird getanzt und gesungen, ehe um Mitternacht ein riesiges Feuerwerk die Bucht in allen Farben erstrahlen läßt.

Klima

Madeira verfügt über ein sehr mildes und ausgeglichenes Klima. Die Durchschnittstemperaturen schwanken von 16 °C im Februar bis 22 °C im August/September; die Wassertemperatur liegt bei 18-21 °C. In den Bergen und an der Nordküste ist jedoch auch im Sommer mit Niederschlägen zu rechnen; strahlend blauer Himmel während eines ganzen Tages ist selten, allerdings gibt es auch nur 48 Regentage im Jahr, davon 25 im Winter.

Landwirtschaft

Auf Madeira gibt es nur eine größere Ebene, karg und trocken, oberhalb der Baumgrenze. Früchte und Wein werden auf Terrassen angebaut, die in die steilen Berghänge geschlagen wurden. Aufgrund des dichten Baumbewuchses konzentrierte sich die landwirtschaftliche Nutzung der Insel seit jeher auf die Küstengebiete, deren Baumbestand kurzerhand abgebrannt wurde. Da es trotz des feuchten Klimas

Wissenswertes

Nur noch die ältere Generation bewirtschaftet die schmalen Terrassenfelder

im Sommer besonders im Süden an Wasser mangelt, wurden sogenannte *Levadas* angelegt, kleine Kanäle, die die Grundlage für das Bewässerungssystem Madeiras bilden. Einige erreichen eine Länge von 100 km, graben sich durch Berge und führen über Täler und Abgründe. Ihr Bau wurde zu Beginn der landwirtschaftlichen Nutzung vorwiegend von schwarzen Sklaven ausgeführt. Früher waren die Levadas im Besitz desjenigen, der sie anlegen ließ; andere mußten die Nutzung teuer bezahlen. Heute kontrolliert der Staat die Kanäle und die Verteilung des Wassers. Doch trotz des "Levadeiro", der für Zuteilung und Überwachung zuständig ist, gibt es immer wieder Anlaß zu Streit, Intrigen und Schlägereien.

Reisezeiten

Am schönsten ist Madeira zu den Blütezeiten im Frühling und im Herbst. Im Sommer ist dafür das Wetter wesentlich beständiger, ohne daß man mit drückender Hitze rechnen müßte.

Sport

Angeln: In den Bächen bei *Ribeira Frio* werden u.a. Forellen gezüchtet und ausgesetzt. Angelscheine bekommt man beim örtlichen Forstamt an der Hauptstraße (Servicio Florestais). Hochseeangelausflüge und **Tauchlehrgänge** werden in *Machico* angeboten (siehe dort).

Golf: Im Inselinneren gibt es bei *Santo da Serra* einen schöngelegenen 9-Loch-Platz. Vorbestellung ist empfehlenswert; Platzmiete ca. 30 DM, für Mitglieder die Hälfte. Adresse: Quinta do Lago, Santo da Serra, Tel. 5321.

Tennis: Fast alle großen Hotels verfügen über Tennisplätze, die auch von Nichtgästen genutzt werden können.

Übernachten

Das *Hotelangebot* konzentriert sich fast ausschließlich auf die Umgebung von Funchal sowie auf das Seebad Machico und auf Porto Santo. Auf Madeira gibt es jedoch in den kleineren Orten oft *Pensionen,* und es lohnt sich immer, nach *Privatzimmern* zu fragen. Die Insel ist touristisch nicht so sehr erschlossen, wie man angesichts der zahlreichen Farbprospekte in heimischen Reisebüros meinen möchte. Daher sind auch viele Berghütten entlang der Wanderwege nicht in Betrieb, so daß man entweder ein Zelt mitnehmen oder die Rückkehr für denselben Tag einplanen muß.

Campingplätze gibt es nur auf Porto Santo und in Porto Moniz im Nordwesten Madeiras. Wildcampen ist fast überall möglich, selbst im Garten der Pousada, wo man allerdings um Erlaubnis fragen sollte. Besondere Zentren gibt es nicht.

Wandern

Madeira verfügt über ein gutes Netz ausgeschilderter Wanderwege. Routenbeschreibungen und eine (nicht besonders gute) Karte gibt es beim Turismo in Funchal.

Lohnenswerte Ziele sind der *Pico Ruivo*, mit 1.816 m der höchste Gipfel der Insel, der *Curral das Freiras*, im Innern eines erloschenen Vulkans gelegen, und zuvor die *Eira do Serrado* mit weitem Blick auf den Krater und die umliegenden Täler. Auch in der Umgebung der *Pousada dos Vinhaticos* und bei *Ribeira Frio* gibt es schöne Touren. Einige Wanderungen, beispielsweise vom Pico Ruivo nach Encumenda oder Curral das Freiras, sollten besser mit einem Führer unternommen werden, der vom Turismo vermittelt wird. Von den zahlreichen Berghütten sind einige leider nicht in Betrieb. *Rabaçal* und *Bica da Caría* werden privat geführt (nähere Auskünfte beim Turismo), Vorbestellung ist schwierig. Die *Pousada dos Vinháticos* ist wunderschön an der Verbindungsstraße Ribeira Brava - São Vincente gelegen; DZ mit Frühstück ca. 120 DM, Tel. 091/952344; zu buchen über Tel. 765658. Die beiden Berghütten *Casa de Abrigo do Poco Ruivo* und *Queimadas* sind seit 1991 wegen Vandalismus geschlossen.

Geschichte

Aus europäischer Sicht beginnt die Geschichte des Archipels im Jahre 1419, als João Gonçalves Zarco und Tristao Vaz, beide aus der Schule Heinrich des Seefahrers, in einem Sturm außerhalb der Sichtweite des Festlandes gerieten. Nach Wochen auf dem unendlichen Ozean entdeckten sie eine Insel, der sie konsequenterweise keinen anderen Namen als *Porto Santo* ("Heiliger Hafen") geben konnten. Eine weitere Expedition erreichte ein Jahr später die wesentlich größere, ebenfalls unbewohnte Insel *Madeira* - mit ihren zahlreichen Süßwasserquellen ein Juwel im Ozean.

Portugiesische Geschichtsschreiber verschweigen jedoch oft die Tatsache, daß auf Landkarten aus dem 13. Jh. bereits eine Insel an der gleichen Stelle eingezeichnet war. Die Araber nannten sie "djaziral ghannam" (Schafinsel) und nutzten sie vermutlich auf ihren Fahrten entlang der afrikanischen Küste als Zwischenstop. Legenden englischer Herkunft schreiben hingegen Robert Machim und Ana de Arfet die zufällige Entdeckung der Insel im 14. Jh. zu.

Die Besiedlung Madeiras durch die Portugiesen begann um 1425. Zu gleicher Zeit wurden die Inseln administrativ unterteilt und die Entdecker als Gouverneure eingesetzt. Dieses Verfahren wurde in größerem Ausmaß bei der Entdeckung und Besiedlung Brasiliens fortgeführt.

In den folgenden Jahren gewann Madeira durch sein reichlich vorhandenes Holz an Bedeutung für den Schiffbau. Heinrich der Seefahrer ließ Zuckerrohr und Wein auf die Insel einführen; beides gedieh prächtig, und bald florierte der Handel. Ab Ende des 15. Jh. wurde Zucker nach Portugal, England, Flandern, Frankreich und Italien exportiert. Handelsschiffe nutzten Madeira nicht mehr nur als Zwischenstop, sondern fuhren die Insel allein wegen des Zuckerhandels an. Während dieser prosperierenden Epoche wurden die Städte *Machico*, *Santa Cruz*, *Ponta do Sul* und *Calhata* erbaut. Der Norden wurde erst wesentlich später besiedelt - hier wurde die erste Stadt, *Vicente*, 1744 gegründet. Ende des 15. Jh. machte auch Kolumbus auf dem Archipel halt. Damals noch als Zuckerhändler auf Reisen, heiratete er auf Porto Santo die Tochter des Gouverneurs und lebte dort einige Jahre.

Auf dem Gebiet der Zwangsarbeit afrikanischer Sklaven spielte Madeira eine traurige Vorreiterrolle. Die Eroberer nutzten die hier gewonnenen Erfahrungen später bei der Ausbeutung Brasiliens und der Antillen.

Zwei Jahrhunderte später löste der Wein den Zucker als Haupteinnahmequelle der Insel ab. Obgleich schon Mitte des 15. Jh. von ausländischen Reisenden die hohe Qualität des auf Madeira angebauten Weins vermerkt wurde, begann der Boom erst später und erreichte Anfang des 17. Jhs. sein größtes Ausmaß. Bereits 100 Jahre früher ließ William Shakespeare jedoch einen Protagonisten in "King Henry IV." seine Seele für ein Glas Madeirawein verkaufen. Mit Hilfe der Engländer, die bald den größten Teil des Weinhandels beherrschten, wurde während der Napoleonischen Kriege selbst der Zar beliefert. Auch Napoleon kam in den Genuß des flüssigen Goldes. Auf dem Weg ins Exil nach St. Helena wurden ihm vom englischen Konsul persönlich einige Flaschen Wein überreicht.

Mit der Zerstörung der Weinberge durch Unwetter und Schädlinge kam Mitte des vergangenen Jahrhunderts der Kollaps. In der Folgezeit wurden resistentere, aber minderwertige Reben eingeführt, die Madeiras frühere Bedeutung als Weinerzeuger nie wiederherstellen konnten. Stattdessen bekam der Zuckeranbau wieder Auftrieb. Mit Hilfe von aus England und den USA importierten Zuckermühlen wurde auch Rum hergestellt. Einige dieser Mühlen sind heute noch in Betrieb (Funchal, Machico).

Wirklich bedeutend wurde Madeira aber erst wieder durch die Entdeckung des Archipels für den Tourismus, der, wieder einmal durch die Engländer, Anfang des 20. Jhs. begann.

Funchal

In der Hauptstadt lebt rund ein Drittel der etwa 300.000 Madeirenser. Sie breitet sich weit über das ganze Tal aus und wurde benannt nach dem Fenchel, der hier einst wuchs. Als erste Stadt, die Europäer auf einer außerhalb ihres Kontinents entdeckten Insel erbauten, war sie von kolonialen und manuelinischen Stilelementen geprägt, von denen heute nur wenig erhalten ist.

Als einziger Hafen der Insel erlangte Funchal durch den Zucker- und Weinhandel schnell große Bedeutung. Im Jahre 1508 wurden dem Ort die Stadtrechte verliehen. Heute ist Funchal ein lebhaftes, aber nicht hektisches Touristenzentrum. Mit dem Bau zahlreicher Hotels, vor allem am westlichen Stadtrand, verlor das alte Ortszentrum an Bedeutung. Es ist relativ ruhig und lädt zu kleinen Spaziergängen ein.

Ohne Auto kommt man hier abends allerdings nicht weit. Das Nachtleben spielt sich in der Nähe der Hotels ab. Wer die gesamte Insel kennenlernen möchte, sollte sich ohnehin überlegen, einen Wagen zu mieten, obgleich auch Trampen recht gut geht.

Adressen

- *Information*: Avenida Arriaga 18, Tel. 225668. Geöffnet Mo-Fr 9-20 Uhr, Sa/So 9-18 Uhr. Hier kann bis 18 Uhr auch Geld gewechselt werden.
- *Deutsches Konsulat*: Largo de Phelps 6, Tel. 20338.
- *Post*: Avenida Zarco. Post von 8.30-20 h geöffnet, Telefonate von 8.30-22 h möglich.

Funchal 361

Vom Botanischen Garten hat man einen phantastischen Ausblick auf Funchal

Verbindungen

Bus: mehrmals täglich Busse zu fast allen Städten der Insel. Abfahrt am östlichen Ende der Avenida do Mar. Die Abfahrtszeiten wechseln ständig; um sich in dem Wirrwarr der verschiedenen Busgesellschaften zurechtzufinden, sollte man sich frühzeitig informieren. Zur Nordküste nach Boaventura und Porto Moniz fahren nur zwei Linien.

Flugzeug: Vom Flughafen gehen von 7.30-20 Uhr etwa stündlich Busse nach Funchal. Seit 1991 ist die Straße nach Funchal breit ausgebaut; die Fahrzeit mit dem Bus verringerte sich dadurch um die Hälfte auf 40 Min. Mit dem Taxi kostet eine Fahrt nach Funchal Zentrum ca. 3.000 Esc. Bitte beachten Sie das Schild mit den aktuellen Tarifen an der Wand der Gepäckausgabe. Die Taxifahrer sind notorische Preistreiber. So wollte ein Chauffeur sogar mir trotz umfangreicher Recherchen über die Fahrpreise 500 Esc mehr für die Fahrt abknöpfen. Er bestand so massiv auf seinem überhöhten Tarif, daß ich mich in der Diskussion schon fast als Betrüger fühlte.

Büro der *TAP* an der breiten Hafenpromenade.

Schiff: Die Boote nach Porto Santo fahren von der Hafenpromenade ab.

Mietautos: In Funchal gibt es neun Autoverleihfirmen, zum Teil mit Vertretungen am Flughafen, in Machico und Ribeira. Preise ab ca. 60 DM aufwärts pro Tag. Eine der preiswertesten Firmen ist *Rodavante*, Edificio Baia, Estrada Monumental und Rua Nova da Q.a Deao 19, Tel. 742448; auch am Flughafen mit einem Schalter vertreten. Seat Marbella inkl. Versicherung und unbegrenzten Kilometern bei vier Mietagen ca. 60 DM pro Tag.

Übernachten

Hotel Reid's, am Ortsausgang Richtung Lido, Tel. 763001. Der Schotte William Reid erbaute dieses traditionsreiche Luxushotel Ende des letzten Jahrhunderts.

Madeira

Sehenswert sind die Salons und Terrassencafés; der "botanische Garten" des Hauses ist für Besucher nicht zugänglich. DZ ca. 450 DM.
Hotel Alto Lido, Estrada Monumental 316, Tel. 765197. Hotelneubau an der Hauptstraße, außen schön mit Blumen und Ranken geschmückt. Alle Zimmer zum Meer. Im Gebäude Einkaufszentrum, Autoverleih und Reisebüro. DZ mit Bad und Kitchenette ca. 115 DM.
Casa do Caseiro, Caminho do Monte 62, Tel. 49025. Landhaus, etwa 2,5 km oberhalb von Funchal gelegen. Wegen der nur acht Zimmer private Atmosphäre.
Quinta da Pena da Franca (= Adresse), Tel. 229087. Altes portugiesisches Landhaus inmitten eines schönen Gartens direkt am Meer. Auch einige **Bungalows**. Sehr ruhige Atmosphäre. DZ ca. 100-150 DM, je nach Ausstattung und Lage.
Hotel Monte Carlo, Calçada de Saúde 10, Tel. 226131. Wunderschöne alte Villa, etwa 1 km vom Zentrum entfernt auf einem Hügel. Herrlicher Rundblick auf das Tal. Zimmer im Stil der 50er Jahre eingerichtet, nicht besonders gemütlich. Swimmingpool. DZ mit Bad ca. 90 DM, drei Personen ca. 120 DM. Angeschlossen ist ein gar nicht so teures **Restaurant** mit weitem Panoramablick.

Residencial Santa Clara, Calçada do Pico 16 B, Tel. 224195. Herrschaftshaus mit Erkern und Türmchen inmitten eines ruhigen Gartens. Die Vorderfront mit steinerner Eingangstreppe und Säulenportal ist leider verschlossen, der Eingang liegt hinten. Vom Frühstückssaal und der sich anschließenden Terrasse herrlicher Ausblick. Kleiner Swimmingpool, freundliche Wirtin. Einfache, aber gemütliche Zimmer. DZ mit Bad ca. 57 DM.
Residencial Avenida, Rua do Aljube 49 (Zentrum), Tel. 223043. Einfach eingerichtete Zimmer. Die Atmosphäre ist ruhig, aber etwas unpersönlich. Schöner, heller Frühstücksraum mit kleiner Dachterrasse, Blick auf die Kathedrale und das Meer. DZ mit Bad ab ca. 37 DM, Drei-Bett-Zimmer ca. 62 DM.
Residencial Mira Sol, Rua Bela de Santiago 67, Tel. 229069. Etwas außerhalb des Zentrums gelegen. Die freundliche Wirtin spricht etwas Deutsch. Zimmer nicht modern, aber gepflegt und sauber. DZ mit Bad ca. 38 DM.
Pension Universal, Rua de João Tavira 4, Tel. 220618. Sehr zentrale Lage. Riesige, etwas heruntergekommene und laute Zimmer, mäßig sauberes Gemeinschaftsbad. DZ ohne Frühstück ca. 40 DM.

Essen

O Celeiro, Rua dos Aranhas 22. Edel ausgestattetes Kellergewölbe. Die mehrsprachige Speisekarte verspricht internationale und regionale Spezialitäten gehobener Qualität - und sie hält, was sie und die Preise versprechen.
Jaquet, Rua de Santa Maria 5 A, in der kleinen Gasse unterhalb der Markthalle. Einfache, saubere Tasca mit exzellenten Fischgerichten. So zarten, mit Zitronensaft gebeizten Schwertfisch bekommt man selten auf den Teller; als Beilage eine üppige Platte mit verschiedenen Gemüsesorten. Geschäftstüchtigkeit kann man dem Wirt nicht absprechen. Sonntags geschlossen.
Tokos, direkt an der vielbefahrenen Estrada Monumental. Unscheinbar von außen, das alte Leuchtreklameschild besagt auch noch "Snackbar". In diesem engen, kleinen Häuschen bekommt der Gast jedoch Menüs erster Klasse, und der Service ist umwerfend. Preislich liegt das Restaurant nicht weit über dem Durchschnitt.
O Presidente, Rua das Merces 18, in der Altstadt oberhalb des Turismo. Die einfache, auf rustikal getrimmte Inneneinrichtung läßt Touristenfütterung befürchten. Wer dem portugiesischen "Arme-Leute-Essen" *Bacalhau* nichts abgewinnen kann, sollte es hier einmal versuchen - das Salz wurde fast vollständig herausgelaugt, die Fasern sind so zart, das sie auch dem empfindlichsten Zahnfleisch nichts anhaben.
Combatentes, Rua Ivens/S. Francisco. Dieses am kleinen Stadtpark gelegene Restaurant wird von Einheimischen wie Touristen gleichermaßen besucht. Einfache Gerichte, typisch zubereitet (Pommes). Empfehlenswert.
Lido Surf, Rua dos Aranhas 16. Eigentlich eher eine Pastelaria. Mittags und abends gibt es aber hervorragenden und vor allem billigen Fisch. Die Auswahl ist klein, dafür

Mehr als nur ein Hauch Luxus – auf der Terrasse des Hotel Reid's

liegt meist Gemüse mit auf dem Teller.
Solar do F, Av. Luis de Camões 19. Ausgezeichnete regionale Küche der gehobenen Preisklasse. Besser ist ein Besuch bei schönem Wetter, da die Terrasse wesentlich gemütlicher ist. Große Auswahl an Grillgerichten.
Die Schwesterrestaurants **Solar da Ajuda**, Caminho Velgo da Ajuda (bei Hotel *Belo Sol*), und **Solar da Santola**, am Yachthafen, haben sich auf Fischgerichte spezialisiert.
Toca do Polvo, Rua do Gorgulho (bei Hotel "Eden"), Tel. 61516. Wunderschön gelegen, mit Terrasse direkt über dem Meer. Den frischen Fisch sucht man sich selbst aus. Sardinen sind schon ab ca. 4 DM zu haben, "Espada" ab ca. 6,50 DM. Auf Wunsch kann man sich vom Hotel abholen lassen.
Carochinha, Rua de São Francisco. Ein echt englisches Restaurant, in dem der Abend zum wahren Touristenspektakel gedeiht: Silberbesteck und Kerzenlicht gehören dazu, ebenso wie die Flagge des Heimatlandes auf dem Tisch. Das Essen ist ausgefallen und gut, die Preise entsprechen dem Aufwand. Wer nur mal reinschauen möchte, sollte dies zum "Afternoon-Tea" mit hausgemachtem Kuchen tun. Sonntags geschlossen.

Nachtleben

Durch den großen Touristenandrang gibt es natürlich ein reichliches Angebot an **Bars** und **Diskotheken**. Aus dem gleichen Grund wechseln die In-Kneipen jedoch fast monatlich. Probieren kann man mal einen Besuch der **Disco Vespas**, Av. do Mar. Ansonsten besser Einheimische oder Langzeittouristen um Tips bitten.

Sehenswertes

Die **Sé** Kathetrale wurde während der Blütezeit des Zuckerhandels von 1453 bis 1514 erbaut. Sie vereint hispanisch-arabische Stilelemente (Dach) mit während der Manuelistik vorherrschenden romanisch-gotischen Motiven.

364 Madeira

Im **Santa-Clara-Kloster**, zwischen 1489 und 1496 errichtet, beeindrukken besonders die mit Azulejos bedeckten Innenwände. Die Kacheln stammen zum Teil noch aus dem 17. Jh. Auch hier wurden gotischer und arabischer Baustil vermischt.

Aufgrund eines Gelübdes der Inselbewohner, als Madeira von einer Pestepidemie heimgesucht wurde, errichtete man im Jahre 1523 die **Kirche Santa Maria Maior**. Im 18. Jh. wurde der primitive Bau abgerissen und eine größere Kirche errichtet, in der eine Kreuztafel aus dem 16. Jh. zu sehen ist.

Die **Carmo-Kirche** wurde 1660 nach vierjähriger Bauzeit fertiggestellt. Sie beherbergt einen Altar im Barockstil mit vergoldeten Schnitzereien sowie vier Bildnisse aus bemaltem und vergoldetem Holz.

In der **Quinta da Magnolia**, Rua Dr. Pita, findet man zwischen hundertjährigen Bäumen die verschiedensten Pflanzen. Manche Ecken erinnern an den afrikanischen Dschungel - die entsprechenden Vögel sind auch da. In dem Park gibt es außerdem vier Tennisplätze, einen Swimmingpool und einen Minigolfplatz.

Neben dem **Botanischen Garten** liegt am nördlichen Stadtrand der **Tropische Vogelpark**. Dort gibt es Papageien aus allen Erdteilen, Kakadus, Loris und Nashornvögel zu sehen.

Museen

Fotomuseum Vicentes: Die ältesten gezeigten Aufnahmen stammen aus dem Jahre 1856 und dokumentieren sehr anschaulich den Beginn des Tourismus auf der Insel. Eine ganze Fotoserie zeigt betuchte Engländer, die sich damals per Hängematte durch die Landschaft tragen ließen. Auch ein Foto der Kaiserin Sissi, die den Winter 1865/66 auf Madeira verbrachte, ist ausgestellt - sie war damals 25 Jahre alt.

Quinta das Cruzes: Hier stand früher mit großer Wahrscheinlichkeit das Haus des ersten Gouverneurs, Gonçalves Zarco. Zu sehen sind Möbel aus dem 16. und 17. Jh., chinesisches Porzellan, Silberschmuck aus dem 15.-19. Jh. und anderes. Im Garten zwei schöne manuelinische Fenster.

Museu de Arte Sacra: Das Gebäude, in dem das "Museum Heiliger Kunst" untergebracht ist, stammt aus dem Jahre 1750, es existieren jedoch auch noch Teile des zerstörten bischöflichen Palastes aus dem Jahre 1600. Ausgestellt ist eine wertvolle Sammlung flämischer Gemälde aus dem 15. und 16. Jh., die damals von Händlern gegen Zucker eingetauscht worden waren, sowie ein Prozessionskreuz (Geschenk König Manuels) und anderer Schmuck.

Naturgeschichtliches Museum: Der deutsche Ornithologe Johannes Schmitz, der sich 1874 auf der Insel niederließ, interessierte sich nicht nur für Vögel, sondern sammelte auf Madeira auch heimische Insekten, Fische und Meerespflanzen, die hier begutachtet werden können.

In einem Vorgarten – Affe als Haustier

Stadtmuseum: In einem der mächtigsten Gebäude der Stadt, dem St.-Peters-Palast (Ende 18. Jh.), untergebracht, informiert das Museum nicht nur über Stadtgeschichte, sondern beeindruckt insbesondere mit seinem riesigen Aquarium, das Einblick in die Unterwasserwelt des Atlantischen Ozeans bietet.

Einkaufen

Am *Madeirawein*, der an jeder Ecke angepriesen wird, kommt ohnehin keiner vorbei. Ihn hier noch einmal gesondert anzuführen, ist überflüssig.

Es gibt aber durchaus noch andere interessante Erzeugnisse auf Madeira. So ist die Insel berühmt für ihre *Handstickereien*. Das Design wird in der Fabrik entworfen, die Arbeit dann meist von Dorfbewohnern in Heimarbeit ausgeführt; das fertige Produkt bekommt in der Fabrik den letzten Schliff und wird dort für den Export verpackt.

Unter den Korbflechtern haben sich hingegen noch einige kleinere Betriebe halten können. Im Hinterzimmer lagern die Bastbündel, die vorne zu *Korbstühlen* verarbeitet verkauft werden.

Eine Ausstellung typischer *Handwerksartikel* über drei große Hallen findet man im Instituto do Bordado, Tapeçarias e Artesanato da Madeira, Rua Visconde do Anadia, in Funchal. Hier werden auch die Unterschiede zwischen den verschiedenen Webtechniken erklärt.

Die meisten Geschäfte sind in der Altstadt und in den Straßen rund um das Touristenbüro. Empfehlenswert ist ein Blick in die Kooperative

Nervenkitzel bei der Schlittenfahrt

Vimescoope, Rua da Carreira 102. Die Preise sind durchwegs deutlich niedriger als in der BRD, doch wer kann es sich schon leisten, seine Wohnzimmereinrichtung per Flugzeug nach Hause zu schaffen. Da bleibt dann doch nur die Tischdecke.

Monte

An die hochherrschaftliche Vergangenheit dieses Ortes erinnern heute noch das Grabmal Kaiser Karls von Österreich und zahlreiche Villen und Landsitze sowie ein großer Park. Schöne Ausblicke auf Funchal und ein tiefes Tal. Spaziergänge zum *Pico das Rosas*, den Quellen von *Tornos* und nach *Choupana* bieten sich an. Zurück von hier oder dem nördlich, noch etwas höher gelegenen *Terreiro da Luta* mit den "typischen" Korbschlitten.

Trockenschlittenfahrt: Mit dem Korbschlitten kann man von Monte ein schmales Teersträßchen steil nach Funchal hinunterrasen. Die Schlittenskipper warten gelangweilt auf die nächste Kundschaft. Zwar ist die Schlittenfahrt einerseits eine reine Touristenattraktion, andererseits wäre es aber schade, wenn sie ausstirbt. Die 2,5 km lange Fahrt bis Livramento kostet ca. 15 DM pro Person. Nach Monte fährt alle 30 Minuten (sonntags stündlich) Bus Nr. 21 oder 22 ab Rua 31 de Janeiro.

Cabo Girão – schwindelerregende 580 m über dem tobenden Meer

Westlich von Funchal

Camara de Lobos

Kleine Stadt mit lebhaftem Fischerhafen und Kiesstrand zum Baden. Unten am Hafen stehen zahlreiche kleine Tascas, freundliche Atmosphäre. Der Strand wird vor allem von Jugendlichen besucht, die sich anschließend im benachbarten Straßencafé treffen.

- *Übernachten*: Wer hier bleiben will, um dem Trubel von Funchal zu entgehen, kann im Café nach Sr. Marqués fragen, der **Privatzimmer** vermietet (Tel. 942163). Preise werden nach Aussehen und Verhandlungsgeschick festgelegt.
- *Essen*: **Riba-Mar**, am westlichen Ortsrand gegenüber des Cafés. Die Inneneinrichtung aus Schiffszubehör ist knapp vor "Kitsch" einzuordnen. Freundlicher Service und schöner Ausblick von der Terrasse. "Den Fisch fängt das familieneigene Boot."

Cabo Girão

Ein Stückchen weiter die Küstenstraße entlang kommt man zum Cabo Girao, mit seinen 580 m eines der höchsten Kaps der Welt. Kurz vor dem Aussichtspunkt steht ein Restaurant mit sehr luftiger Dachterrasse. Das Panorama ist aber auch vom Saal aus imposant.

Ribeira Brava

Ein kleiner Verkehrsknotenpunkt an der Südküste; hier biegt die Landstraße nach São Vicente von der Küstenstrada ab.

• *Übernachten/Essen*: **Hotel Brava Mar**, Tel. 952220. Das Drei-Sterne-Hotel ist eher auf Geschäftsleute eingerichtet. DZ ca. 110 DM.
Agua Mar, modernes, empfehlenswertes Strandrestaurant. Gute Fischspieße.

Ponta do Sol

Das ehemals kleine Fischerdorf, eine der ältesten Ansiedlungen der Insel, ist in den letzten Jahren stark gewachsen. Es bietet eine weitere Übernachtungsmöglichkeit auf Madeira.

• *Übernachten/Essen*: **Restaurant Dos Amigos**, an der Straße nach Porto Moniz, am nördlichen Ortsrand, Tel. 972335. Der freundliche Besitzer vermietet einige Zimmer mit Bad und Kochgelegenheit. Preis für zwei Personen ca. 25 DM.

Calheta

Malerisch gelegen, an der Straße ein kleiner, neu geschaffener Park auf dem Gelände einer ehemaligen Zuckerrohr-Destille. Der Schornstein und einige uralte Maschinenräder dienen noch zur Dekoration des Ortes.

• *Übernachten*: **Estalagem Onda Azul**, Tel. 823230, an der kleinen Fischermole, 2 km vor Calheta an der Küstenstraße. Unter den Balkons rauscht die Brandung. Geschmackvoll "gestylter" Speisesaal mit Panoramablick. DZ ca. 80 DM.

Prazeres

An den Hang der Klippen geklebt, entstand hier 540 m über dem Meer schwebend das *Refugio Atlantico*, ein "Naturhotel" für gehobene Ansprüche. Baumeister der Anlage ist die Familie Bachmeier aus Caniço.

Östlich von Funchal

Caniço

Unterhalb des Dorfes haben sich nahe den Klippen Deutsche festgesetzt. Hier betreibt die bereits seit 40 Jahren auf Madeira ansässige Familie Bachmeier das Hotel Galomar, das mit seinen diversen Dependancen inzwischen fast ein mittelgroßes Feriendorf ist.

• *Übernachten*: **Hotel Galomar**, Tel. 932410. Die geräumigen Zimmer dieses Vier-Sterne-Hotels werden zumeist pauschal von Deutschland aus gebucht; DZ ca. 130 DM.
Residencial Lareira, im Dorf, 2 km oberhalb der Küste, Tel. 934284. Eine moderne Pension mit 17 Zimmern. DZ ca. 60 DM.
Quinta Splendida, Tel. 934027. Ein Schweizer Unternehmen in einem alten Landhaus, in dem einige Zimmer für gehobene Ansprüche bereitgestellt werden. Die gediegenen, top renovierten Zimmer kosten ca. 200 DM. Im Erdgeschoß gibt es ein **Feinschmeckerrestaurant**.

• *Essen*: **Pizzeria Gian's**, in der "Quinta Splendida". Empfehlenswerte, normalpreisige Pizzeria. Pastas aus eigener Herstellung.

Zum Schmunzeln – Denkmal zu Ehren des ersten Fußballspiels auf portugiesischem Boden

Camacha

Zum Pflichtprogramm vieler Tagesausflüge gehört ein Besuch des Cafés *Relogio*. Hier werden auf drei großflächigen Etagen Korbwaren aller Art bis hin zum Möbelstück zum Verkauf angeboten. Sogar das 4 m lange Modell eines alten Seglers und eine komplette Arche Noah mit Besatzung vom Frosch bis zur Giraffe sind ausgestellt (unverkäuflich). Über die Aufschrift eines auf dem weitläufigen Dorfplatz errichteten Denkmals schmunzeln viele Besucher: "Hier wurde 1875 das erste Mal in Portugal Fußball gespielt."

● *Übernachten*: Einen berauschenden Ausblick hat man von den Zimmern der 1993 fertiggestellten **Pension** neben dem Café Relogio.

Santa Cruz

Nettes, kleines Dörfchen mit Park und Kiesstrand. Wenn nicht gerade ein Kettenkarussell am Strand aufgebaut ist, ist hier wenig los. Täglich wird ein Markt in der Halle am Strand abgehalten.

● *Übernachten/Essen*: **Pension Matos**; um dort Unterkunft zu finden, muß man beharrlich in der benachbarten Eckbar nachfragen. DZ ohne Frühstück, mit Gemeinschaftsbad ca. 25 DM.

Oben am Hang ist ein **Luxusrestaurant** in einer weinumrankten Villa untergebracht. Im **Café** am Park gibt es hervorragende "Queijadas", kleine Käseküchlein.

Machico

Das ehemalige Fischerdorf mit heute 12.000 Einwohnern war die erste Siedlung auf der Insel; Funchal wurde erst später gegründet. Trotz der fast vollständigen und noch andauernden Erschließung durch große Touristikkonzerne konnte sich Machico einige seiner Reize bewahren. Auf dem baumbestandenen Kirchplatz herrscht ruhige Atmosphäre. Lebhafter geht es am schmalen Kiesstrand zu. Hier steht das Hotel "Dom Pedro" mit Swimmingpool und Tennisplatz. Dort haben auch Nichtgäste die Möglichkeit, das Angebot von Angelausflügen und Tauchlehrgängen zu nutzen.

• *Information*: Rua do Ribeirinho, Tel. 965712. Sonntags und samstags nachmittags geschlossen. Im Turismo bekommt man einen 50 Seiten umfassenden, farbigen Führer mit Wanderbeschreibungen in deutscher Sprache.

• *Übernachten*: **Hotel Dom Pedro**, Tel. 965751. Moderner "Getreidesilo". Hell eingerichtete Zimmer mit allem Komfort. Swimmingpool, Diskothek und ein breites Sportangebot (Surfen, Hochseefischen, Tauchlehrgänge). DZ ca. 160 DM.
Residencial Machico, Tel. 966511. In Strandnähe an einem kleinen Platz gelegen. Freundliche, einfache Zimmer mit Balkon, unten ein Restaurant. DZ mit Bad ca. 70 DM.
Gemütliche **Zimmer**, davon einige mit Blick aufs Meer und alle mit Balkon, vermietet auch das Restaurant **O Facho** gegenüber (Tel. 962786). DZ mit Bad ca. 70 DM.

• *Essen*: **General**, Rua General Antonio Aguiar 91, nicht weit von der Kirche. Klein und appetitlich.
El Padrino, an der Ausfallstraße nach Santo da Serra. Freundlicher Service. Edles Interieur, von der Terrasse schöner Blick übers Tal aufs Meer, leider manchmal mit Autos zugeparkt. Hauptgerichte ab ca. 15 DM.
O Xadrés, ebenfalls an der Straße nach Santo da Serra, ein Stückchen weiter oberhalb. Hier essen auch viele Portugiesen. Durch ein großes Fenster kann man der Köchin in die Töpfe gucken. Preise ab ca. 11 DM.
S. Cristovão, von der Straße nach Santo da Serra an der Kirche rechts abbiegen (Hinweisschild), Tel. 962444. Einfaches Restaurant mit spektakulärem Blick von der Terrasse. Auf Bestellung gibt es Schweinshaxe. Mittwoch Ruhetag.

Caniçal

An der Ostspitze Madeiras mit ihren kleinen Hügeln fehlen die regenbringenden hohen Berge. Dementsprechend trocken und kahl zeigt sich die Vegetation.

Der Ort selbst wirkt ziemlich modern. Dieser Eindruck wird durch das weiter östlich gelegene, 1991 eingeweihte Freihandelshafengelände verstärkt; dort haben sich inzwischen bereits vier kleinere Fabriken angesiedelt, die z.B. Zigaretten oder Plastiktaschen herstellen.

Am Hafen richtete die Gemeinde ein kleines *Walmuseum*, "Museu da Baleia", ein, das an die Zeiten erinnert, als Caniçal noch eine florierende Walfangstation besaß. Sehenswert ist der dort gezeigte Film über Madeira, Naturschutz und Walfang, der 1987 vom NDR gedreht wurde. Öffnungszeiten: 10-18 Uhr, montags geschlossen.

Grandiose Bergwelt im Inselinneren

Prahina

Ca. 3 km östlich von Caniçal lockt, zumindest außerhalb der Saison, Madeiras einziger Sandstrand. Die Bucht ist ca. 100 m lang und fast vollständig von einem monströsen Restaurantgebäude verbaut.

Nordküste

Schon die Fahrt quer über die Insel, durch Täler über meist nebelverhangene Berge, bietet ein grandioses Naturspektakel. Gleiches gilt für die Strecke an den Küstenstraßen nach Porto Moniz und Santana, die durch Tunnels und vorbei an Wasserfällen führt. Bewundernswert sind die Busfahrer, die ihre Vehikel zentimetergenau zwischen Felswand und steilen Klippen hindurchsteuern. Und dann die Blumen, immer wieder Blumen, vor allem Hortensien, mal in Pastelltönen, mal in knalligen Farben.

Porto Moniz

Mit seinen natürlichen Meeresschwimmbecken ist Porto Moniz die Attraktion Nr. 1 der Nordwestküste Madeiras. Der Ort liegt in einer breiten, fruchtbaren Schwemmlandzone unterhalb hoch aufragender Steilwände. Das Land ist in kleine Parzellen aufgeteilt, die zum Schutz gegen den Wind mit hohen Steinmauern umgeben sind.

372 Madeira

Porto Moniz – beschauliche Ruhe und ein großes Felsschwimmbecken lohnen ein paar Tage Aufenthalt

In Porto Moniz gibt es nur zwei Läden für Selbstversorger, ansonsten ist es sehr ruhig. Von dem herrlichen Schwimmbad mit natürlichen Felsenbecken hat man leicht Zugang zum Meer; Eintritt ca. 50 Pfennig. Als Liegefläche gibt es allerdings nur Betonboden. An den Wochenenden herrscht viel Betrieb; in einer kleinen Snackbar bieten freundliche Besitzer ebenso gute wie teure gegrillte "Lapas" an.

• *Übernachten*: **Residencial Orca**, direkt oberhalb des Schwimmbads am Meer gelegen, Tel. 852359. Geräumige Zimmer mit Balkon, riesiger Speisesaal. DZ mit Bad ca. 70 DM mit Sicht auf die Berge, ca. 80 DM mit Meeresblick.
Residencial Calhau, gleich neben "Residencial Orca", Tel. 852104. Alle Zimmer zum Meer und mit Balkon. An den Wänden hängen schöne Wandteppiche aus der Region. Freundliche Wirtin. DZ mit ca. 70 DM.
Alojamento Rodrigues, Tel. 852233. Die alteingesessene Fischerfamilie Rodrigues hat sich seit fünf Jahren auf den Tourismus eingestellt. Der Großvater war der erste Fischer am Ort, der ein motorbetriebenes Boot sein eigen nennen konnte. Herr Rodrigues hat auch selbstgekelterten Wein im Haus, den man in den Tascas von Porto Moniz selten angeboten bekommt. 9 Zimmer, ca. 60 DM inkl. Frühstück. Auch eine Gästeküche steht zur Verfügung.
• *Camping*: sehr wenig Schatten. Nur durch einen Maschendrahtzaun von der Straße getrennt, die allerdings wenig befahren ist. Im Dezember geschlossen.
• *Essen*: Das von außen unscheinbarste **Restaurant**, am kleinen Platz unterhalb des Campingplatzes gelegen, ist hier das beste: große Portionen, guter Salat und faire Preise.

Der schönste Friedhof der Insel

Seixa

Das kleine Reihendorf wirkt mit seinem dichten Blumenbewuchs sehr gemütlich. Es gibt ein kleines, nicht besonders schönes Schwimmbad und ein empfehlenswertes *Restaurant* an der Hauptstraße, in dem man nach *Zimmern* fragen kann. Eine alte Dame vermietet an der Hauptstraße.

São Vicente

Das Küstendorf *Calhau*, eine Ansammlung von Häusern und Restaurants entlang der Küstenstraße, lohnt weniger einen Besuch. Interessant ist, sonniges Wetter vorausgesetzt, das breite, üppig grüne Tal, das Richtung Südküste zum *Encumeada-Paß* führt. Kurz unterhalb des Gipfels liegen Rastplätze inmitten dichter Lorbeerwälder.

• *Essen*: **O Virgilio**, kleines Restaurant mit angeschlossener Metzgerei. Hier bekamen wir zum ersten Mal, nach vier Recherchetagen auf Madeira, einen leckeren Bohneneintopf als "prato do dia" vorgesetzt.

Ponta Delgada

Vor dem Panorama einer imposanten Steilküste liegt das ruhige Dorf Ponta Delgada, ebenfalls von dichtem Blumenbewuchs geschmückt. Am Strand gibt es ein kleines Schwimmbad. Auch die Kirche steht direkt am Strand. Ein malerischer Fleck, gesäumt von einer Platanenallee; auf ihrem Vorplatz mahnt ein offiziöses Graffiti, den Ort nicht als Spielplatz zu mißbrauchen.

Selbstversorger finden in Ponta Delgada einen *Supermarkt* und schräg gegenüber eine Tankstelle. Neben dem Café vermietet eine sehr freundliche Frau ein Zimmer mit Blick auf den schönen Garten. Wenn sie Lust hat, vermietet sie auch noch ein zweites.

Santana

Das Dorf ist vor allem bekannt wegen seiner typischen strohgedeckten Häusern mit spitzen Giebeln. Einige dieser Gebäude dienen heute, mit alten Möbeln ausgestattet, als Museum. Ansonsten gibt es in Santana nicht viel zu sehen. Der Ort ist allerdings ein guter Ausgangspunkt für Touren zum Pico Ruivo.

- *Übernachten/Essen*: **Restaurant O Colmo**, Tel. 572478. Gute regionale Gerichte, dazu frische Säfte und leckeres Graubrot. Guter Service. Hier werden auch freundliche, helle **Zimmer** vermietet, die schön mit alten Möbeln eingerichtet sind. DZ mit Bad und Telefon ca. 60 DM.

Porto Santo

Die karge Insel bildet einen schönen Kontrast zur üppigen Vegetation von Madeira. Beliebt ist Porto Santo vor allem wegen seines langen und breiten Sandstrands, der sich fast über die gesamte Länge der Südküste zieht.

Von der höchsten Erhebung der Insel, dem *Pico do Castelo* mit 437 m, hat man einen schönen Rundblick über die Insel. Sehenswert ist auch die *Fonte da Areia*, eine Süßwasserquelle, die direkt aus dem Strand sprudelt.

In Vila Baleira gibt es mehrere Möglichkeiten zum Wassersport. Das *Centro de Mergulho* bietet Tauchen unter deutscher Leitung an (Auskünfte: Tel. 982162). Surfbretter, jedoch keine Kurse, vermittelt das *Hotel Porto Santo* (Tel. 982381).

Information Verbindungen

- *Information:* In Vila Baleira, Tel. 983111.

- *Verbindungen:* **Flugzeug**: mehrmals täglich Flugverbindung von Madeira. Flugzeit ca. 20 Min., Preis für Hin- und Rückflug ca. 130 DM.
Schiff: Seit ein moderner Katamaran den Liniendienst Madeira - Porto Santo übernommen hat, beträgt die Fahrzeit nur noch 1 Std. 45 Min. Hinfahrt jeweils 8 und 15 Uhr, Rückfahrt 11 und 18 Uhr. Preis bei Übernachtung auf der Insel ca. 70 DM, sonst ca. 62 DM. Die Schiffe legen am westlichen Ende der Hafenpromenade ab.
Bus: Auf Porto Santo verkehren Busse von Vila Baleira nach Camacha, Campo de Baixo, Campo de Cima, Serra de Fora und im Sommer, den Strand entlang, nach Ponta da Colheta.
Mietautos: zwei Verleihfirmen in Vila Baleira. Außerdem **Fahrrad-** und **Mopedverleih** im Ortszentrum.

Porto Santo

Übernachten Camping

Aparthotel CanSão do Mar, nur 100 m vom Strand entfernt. Appartements mit zwei Zimmern, Bad und Kitchenette, für maximal vier Personen ca. 50 DM. Vermittlung über den Turismo.

Pension Palmeira, Av. Henrique Vieira de Castro, Tel. 982122. In Vila Baleira an der Strandpromenade gelegen. Zimmer zum Teil mit Blick aufs Meer, nicht alle mit Bad, aber mit schönen, alten Möbeln ausgestattet. DZ mit Bad und Frühstück ca. 45 DM.

Das Touristenbüro vermittelt auch **Häuser** für maximal drei Personen, ca. 20 Min. vom Zentrum und 30 m vom Strand entfernt. Preis ca. 65 DM pro Tag.

• *Camping*: Campingplatz am westlichen Dorfrand am Strand. Wenig Schatten.

Reisenotizen

Reisenotizen

Verlagsprogramm

Mit der Eisenbahn durch Europa

von Eberhard Fohrer:
Unsere Reihe bietet maßgeschneiderte Bücher für Bahnfahrer in Europa (Interrail, Euro-Domino, Bahnpässe). In den regional (und neuerdings auch nach den 1994 eingerichteten Zonen) gegliederten Büchern sind die schönsten Bahnlinien, Städte, günstige Übernachtungsmöglichkeiten, preiswerte und gute Lokale, Sehenswürdigkeiten und Routen enthalten. Die Reihe umfaßt bisher folgende Titel:

- **Europa-Gesamt,** 724 Seiten.
- **Europa Mitte / Süd,** 560 Seiten.
- **Skandinavien/Dänemark** (Zone B+Dänemark) 204 Seiten.
- **Frankreich/Benelux/GB/Irland** (Zone A/E), 348 Seiten

NORWEGEN

Neu Nordkap und Fjorde, vielleicht noch Ibsen, Grieg oder der Friedens-Nobelpreis und, natürlich, die leidige Walfang-Politik – sonst noch was im Land der Fjorde? Überall naturverliebte Wanderer und skiverrückte Loipenläufer – sonst noch wer im Eldorado der Outdoor-Fans? Jenseits von Klischees und Superlativen stellen wir die Heimat von Telemark-Schwung und Büroklammer vor. Wo man/frau radfahren oder wandern kann, wann welche Fähre verkehrt, und wo die preiswertesten "hytta" zu finden sind – das und vieles mehr verrät dieses Norwegenbuch.
Koch, Hans-Peter; ca. 550 Seiten.

GROSSBRITANNIEN

England
Hohe Kliffs bei Dover, endlose Sandstrände im Süden. Im Inland wechseln sanfte Hügel und Täler mit weiten Weide- und Heideflächen, dazwischen zwängen sich kleine, urige Dörfer mit schlichten Steinkirchen und alten Fachwerkhäusern. Im Süden Cornwall - die englische Riviera mit subtropischer Pflanzenwelt, zerklüfteter Steilküste und pittoresken Hafenstädten. London: europäische Metropole und ethnischer Schmelztiegel, Parks und Paläste, Kirchen und Museen, die roten Doppeldeckerbusse - und ein vielfältiges Kultur- und Nachtleben.
Zeutschner, Michael; 576 Seiten.

Schottland
Zu Besuch bei den Volksbarden **Neu** Scott und Burns und den Schlössern der Lowlands. Bottlenose-Delphine, die nichts mit Whiskeyflaschen zu tun haben. Traumstrände auf den Hebrideninseln Barra und Lewis, Wanderungen durch einsame Heidelandschaften. Mystische Kultstätten und die Steingräber der Könige. Puffins in der atemberaubenden Klippenszenerie entlang der Westküste. Dazu die Orkney- und Shetlandinseln – wo die Sonne nicht mehr untergeht und der Whiskey aus Wikingerhelmen geschlürft wird.
Neumeier, Andreas; ca. 500 Seiten.

IRLAND

Ist die "grüne Insel" wirklich ein **Neu** Patchwork unverdorbener Landschaften? Hat jedes Dorf einen Pub? Was blieb von den Kelten? Diesen und anderen Fragen ist unser Autor nachgegangen. Er hat dabei die düsteren Hinterhöfe Dublins genauso erkundet wie die halsbrecherischen Klippen am Atlantik, neue Wanderwege und alte Wasserstraßen aufgespürt, Betten getestet, Speisen gekostet, Fahrpläne studiert, die irische Gemütslage am Tresen und anhand von Gay Byrne's "Late Night Show" erkundet – damit Sie die guten Erfahrungen teilen können und die schlechten nicht selbst machen müssen.
Braun, Ralph-Raymond; ca. 500 Seiten.

NIEDERLANDE

Niederlande
Wasser ist das dominierende Element - unzählige Kanäle, Flüsse und Wasserläufe durchkreuzen die weiten Ebenen. Im Sommer wird auf jeder Wasserfläche gesurft, gesegelt oder gerudert. Die Badestrände am Meer reichen von der belgischen bis zur deutschen Grenze. Aber auch die Städte, allen voran Amsterdam, sind ein Muß - entlang der zahllosen Grachten ziehen sich lange Reihen von bilderbuchreifen Patrizierhäusern aus dem 17. und 18. Jh.
Sievers, Dirk; 576 Seiten.

Amsterdam
Ein detaillierter Führer durch sämtliche Viertel der jugendlichsten Hauptstadt Europas mit einer Fülle praktischer Tips: Grachten und Märkte, Museen und Galerien, Hotels und Restaurants, Theater, Konzertsäle, Discos, Bars . . . Alles über die holländische Kultur von Hieronymus Bosch bis zum Jenever, dem holländischen Gin.
Dunford / Holland; 244 Seiten.

PORTUGAL

Im Norden wildromantische Gebirgslandschaft mit saftig grünen Wiesen und das einsame Gebiet **Neu** "Tras-os-Montes" (hinter den Bergen). In Zentralportugal lockt die nostalgische Weltstadt Lissabon und an der rauhen Westküste unzählige Strände. Nur in den äußersten Süden, am schmalen Küstenstreifen der Algarve, konzentriert sich der internationale Tourismus.
Müller, Michael; 400 Seiten.

FRANKREICH

Bretagne
Meerumspülte und sagenumwobene Granit-Halbinsel, die man für das Ende der Welt hielt - Hinkelsteine, Kirchenkunst und 4000 km Küste. Wo einst die Druiden ihre Zaubertränke brauten, locken heute moderne Badeorte und kilometerlange Strände. Rund 500 Seiten prall gefüllt mit handfesten Informationen und wunderschönen Geschichten über Dolmen und Menhire, Kirchen, Kapellen und Calvaires von Mont St. Michel bis La Baule . . .
Grashäuser / Schäffer; 636 Seiten

Korsika
Die "Insel der Schönheit": von traumhaften Badebuchten hinauf zu entlegenen Hochtälern. Kastanienwälder, Korkeichen und eine wild duftende Macchia. Geschichte und Geschichten von der Menhir-Kultur bis zur Gegenwart. Vorschläge zu aufregend schönen Wanderungen - und natürlich eine Fülle praktischer Tips: Hotels, Campingplätze, Restaurants etc.
Schmid, M. X.; 396 Seiten.

Südwestfrankreich
Atlantikküste und Pyrenäen -
im Gleitflug entlang der höchsten Düne Europas, endlose Sandstrände, kleine Städte mit großer Geschichte. La Rochelle, Bordeaux, Biarritz und das Baskenland. Viele Ausflüge ins Hinterland und in die Pyrenäen.
Schmid, M. X.; 384 Seiten.

SPANIEN

Spanien

Ein faszinierendes Reiseland mit vielen Gesichtern: endlose Atlantikstrände und hochalpine Bergwelt, gotische Kathedralen und maurische Burgen, Paella in Valencia oder Austern in Vigo. Zahllose wertvolle Tips zu Badeplätzen, Verkehrsmitteln und Tapa-Bars, zu Paradores, Hostals und Campingplätzen, zu urbanen Abenteuern in Barcelona und Madrid; dazu detaillierte Infos über Sehenswürdigkeiten und Hintergründe. Von der Costa Brava bis Galizien: ganz Spanien im Griff.
Schröder, Thomas; 684 Seiten.

Andalusien

Flamenco und Stierkampf, Sonne am Meer und Schnee auf der Sierra, menschenleere Wüsten und weiße Dörfer. Orient in Sevilla, Cordoba und Granada. Schloßquartiere und Landgasthöfe, Landrovertour am Guadalquivir und Streifzug durch die Alhambra, Gazpacho in Ronda und Sherry in Jerez: detaillierte Tips zu Hotels, Camping, Restaurants und Verkehrsmitteln; zuverlässige Infos über die einsamsten Badeplätze, die reizvollsten Wanderungen und Autotouren, zu Sehenswürdigkeiten und Geschichte.
Schröder, Thomas; 396 Seiten.

Nordspanien

Von den sanften Buchten des Baskenlandes bis zu den tiefen Rías Galiciens: Das "grüne Spanien" ist anders. In unserem Reisehandbuch finden Sie Entdeckungstips für jeden Geschmack: elegante Seebäder an der Küste, Naturparks im Hochgebirge, uralte Kirchlein am Jakobsweg, steinzeitliche Zeichnungen in Tropfsteinhöhlen. Und natürlich alle praktischen Informationen: Übernachten im familiären Hostal und im Burgparador, Reisen mit Auto, Mietwagen, Bus und der längsten Schmalspurbahn Europas, Apfelweinbars in Asturien und Austernstrände in Vigo, das Nachtleben der Großstädte, Fiestas und Ferias und und und...
Schröder, Thomas; 384 Seiten.

Katalonien

Eine selbstbewußte Nation im Nordosten Spaniens, mit eigener Sprache und Kultur.
Die schönsten Winkel der Costa Dorada, Wandern in den Pyrenäen, Entdeckungstouren im unberührten Ebro-Delta; griechische und römische Ausgrabungsstätten, romanische Kirchen und gotische Klöster. Und natürlich die schillernde Metropole Barcelona.
Schröder, Thomas; 288 Seiten.

KANARISCHE INSELN

Gomera

Das immergrüne Paradies vor der Küste Afrikas - Lorbeerwälder und bizarre Schluchten! Niveauvoller Winterurlaub neben Palmen und Bananenhainen auf der abwechslungsreichsten Kanarischen Insel. Die schönsten Wanderungen, die preiswertesten Residencias, die besten Bars und Strände.
Zeutschner / Burghold / Igel; 250 Seiten.

La Palma

"La Isla Verde", die grüne Insel! Bislang vom Massentourismus übersehen, gilt La Palma, drittkleinste und westlichste der Kanarischen Inseln, als Geheimtip für Wanderer und Individualreisende. Höchste Zeit also für einen Trip zu den Lorbeerurwäldern und einem der größten Vulkankrater; an menschenleere, vulkansandige Badebuchten und in noch gesunde Pinienwälder.
Koch, Hans-Peter / Börjes, Irene; 324 Seiten.

La Palma Info-Karte `Neu`

Die Straße zur Hauptstadt kann niemand verfehlen, aber mit dem Weg zu den Höhlen der Ureinwohner ist das schon schwieriger. Die La Palma Info-Karte macht noch lange nicht Schluß wo herkömmliche Straßenkarten aufhören.. Die Karte enthält auf Vorder- und Rückseite ausführliche Textteile zu den wichtigsten Sehenswürdigkeiten, beschreibt Wanderungen, etc.
Börjes, Irene / Ladik, Judit

Lanzarote `Neu`

Die nordöstlichste Kanarische Insel weist eindrucksvolle Zeugnisse des Vulkanismus auf – eine Mondlandschaft mit über 300 Vulkanen. Ausflüge z.B. in die Feuerberge verdeutlichen dem Besucher eindrucksvoll die Wirkungskraft vulkanischer Tätigkeit. Berühmt und beliebt ist die Insel aber vor allem wegen ihrer kilometerlangen schwarz-, aber auch weiß- und goldsandigen Strände.
Fohrer, Eberhard; 452 Seiten.

Teneriffa `Neu`

Spaziergang über den Wolken, ganz allein inmitten von 1000 Blüten und summender Bienen oder lieber ein Bad im schäumenden Atlantik? Mit dem Reisehandbuch von Irene Börjes findet man sie noch, die stillen Ecken auf der klassischen Urlauberinsel Teneriffa, die kleinen Orte, wo in unscheinbaren Lokalen das deftige Essen der Bauern oder frischer Fisch auf den Tisch kommt. Das Buch ist vollgepackt mit Informationen über die Insel und ihre Menschen.
Börjes, Irene; ca. 300 Seiten.

GRIECHENLAND

Griechenland Gesamt
Eine konzentrierte Zusammenfassung unserer Griechenlandreihe. In seiner Informationsfülle bestechend. Gesamtes Festland, Peloponnes und über 65 Inseln! Flächendeckend zahllose Tips, die sich schnell bezahlt machen: günstige Hotels, lohnende Tavernen, Nachtleben, Sehenswürdigkeiten, Ausgrabungen u. v. m.
Fohrer / Kanzler / Siebenhaar; 726 Seiten.

Griechische Inseln
Inseln wie Sand am Meer - Nördliche und Südliche Sporaden, Ionische und Saronische Inseln, Dodekanes, Kykladen, Kreta und mehr. 75 griechische Inseln in einem Band vom Norden bis tief in den Süden! Alles Notwendige und viel Wissenswertes: Übernachten, Baden, Camping, Wandern, Tavernen, Klöster, Bootstrips, Sport, Ausflüge ins unberührte Hinterland.
Fohrer / Kanzler / Siebenhaar; 660 Seiten.

Kykladen
Mittelpunkt der griechischen Inselwelt: Mykonos, Paros, Naxos, Santorini und 21 weitere Inseln. Die schönsten Strände, Tavernen, die nicht jeder kennt, preiswerte Pensionen und Hotels. Vulkane, Klöster, Eselspfade - vom Rummel in die Einsamkeit.
Fohrer, Eberhard; 576 Seiten.

Peloponnes
Alles zum "Herzen" Griechenlands und der umliegenden Inselwelt. Kilometerlange Sandstrände bei Killini, die weltberühmten Ausgrabungen von Olympia und Mykene, das Theater von Epidauros, die karge Halbinsel "Mani", Mistra - die verfallene Klosterstadt, die Inseln Kephallonia, Ithaka, Zakynthos, Lefkas, Hydra, Spetse, Ägina und und.
Siebenhaar, H.-P.; 516 Seiten.

Korfu und Ionische Inseln
Griechenland mal anders - italienisches Flair und griechische Lebensart. Viele praktische Tips zu den grünen Inseln vor der Westküste Griechenlands. Korfu, Kephallonia, Zakynthos, Ithaka und die winzigen Eilande im Umkreis - bis auf Korfu noch abseits der Touristenströme.
Kanzler P./ Siebenhaar H. P.; 288 Seiten.

Kreta
Schluchten, Meer, Palmenstrand. Über 600 Seiten Information und Hintergründe - die schönsten Strände, versteckte Fischerdörfer, minoische Paläste, byzantinische Fresken, familiäre Pensionen. Außerdem jede Menge detaillierte Wanderrouten. Ein unentbehrlicher Begleiter, der sich schnell bezahlt macht.
Fohrer, Eberhard; 672 Seiten.

Kreta Info-Karten
Unsere Kreta-Info-Karten enthalten auf 3 Blättern (West, Mitte u. Ost) alles Wissenswerte zu Straßen, Routen, Stränden, Campingplätzen, etc. sowie im Textteil (auch auf der Kartenrückseite) relevante Sehenswürdigkeiten, empfehlenswerte Hotels, Restaurants u. v. m. Integrierte Stadt- und Ausgrabungspläne runden das gleichermaßen sehenswie lesenswerte *Kretakompendium* ab.
Fohrer, Eberhard / Ladik, Judit; 3 Info-Karten.

Kos
Eine attraktive, einladende Insel, die für jeden Geschmack etwas zu bieten hat: weite Sandstrände, klares Wasser, gut erhaltene Sehenswürdigkeiten, winzige Bergdörfer sowie viel Kultur - von Hippokrates bis zu den alten Römern. Das durchgehend vierfarbig gestaltete Buch enthält jede Menge Tips auch abseits ausgetretener Touristenpfade.
Naundorf, Frank / Greiner, Yvonne; 256 Seiten.

Samos, Chios, Lesbos
Inseln für Individualisten - reich an Landschaft, Kultur und Architektur. Unser Buch, aktuell, vielseitig und genau recherchiert, führt Sie an unverbaute Strände, zu versteckten Sehenswürdigkeiten u. a. auf reizvolle Wanderungen, bringt Ihnen Mythologie, Geschichte und Alltagsleben der Inseln nahe und erleichtert mit einer Fülle praktischer Informationen die Reisepraxis.
Schröder, Thomas; 444 Seiten.

Nord- und Mittel-Griechenland
Reisehandbuch mit vielen praktischen Tips zum griechischen Festland. Baden auf Chalkidiki, Bergwandern auf dem Olymp, Meteora-Klöster zwischen Himmel und Erde, das Orakel vor Delphi . . . Athen, die Millionenstadt. Dazu die vorgelagerten Inseln: Korfu, Skiathos, Thassos, Samothraki, Limnos u. v. m.
Kanzler, Peter / Neumeier, Andreas; 610 Seiten.

Rhodos & Dodekanes
Aktuelle Informationen zu einer der schönsten Ecken Griechenlands. In der unendlichen azurblauen Weite der Südägäis zwischen Kreta und der türkischen Küste liegen ein Dutzend Inseln: Rhodos - mittelalterliche Gäßchen zwischen wuchtigen Burgmauern; Kos - ein schwimmender Garten; Kalymnos - das Schwammtaucherparadies.
Kanzler, P. / Siebenhaar H.-P., 324 Seiten.

Karpathos `Neu`
Die Außenseiterin! Zwischen Rhodos und Kreta liegt die Oase, die ohne den Tourismus groß geworden ist. Wenige, aber motivierte Besucher kommen - und entdecken eine der abwechslungsreichsten Inseln der Ägäis! Abgesehen von der Region um die Hauptstadt Pighadia, ist Karpathos noch nahezu frei von jeglicher touristischer Ausuferung. Das Buch enthält viele Wandervorschläge nebst nachvollziehbaren Skizzen.
Schwab, Antje / Schwab, Gunther; ca. 220 Seiten.

Lesbos `Neu`
Die drittgrößte Insel Griechenlands bietet entsprechend viel Raum für Entdeckungen. Landschaftlich sehr vielfältig, gilt Lesbos als bevorzugtes Reiseziel für Individualisten. Der Titel ist durchgehend vierfarbig gestaltet und enthält 20 ausgesuchte Wandervorschläge.
Schröder, Thomas; 256 Seiten.

ITALIEN

Italien
Gelato, Cappuccino, Campari ... Viele praktische Tips für jeden, der den Stiefel bereist, ausführlich und aktuell: Kneipen, Ristoranti, Übernachtungsmöglichkeiten, Camping, Sehenswürdigkeiten, Badeurlaub - vom hektischen Mailand bis zum faszinierenden Palermo, Surfen am Gardasee, Camping am Gargano, endlose Sandstrände an Adria und Tyrrhenischem Meer und Mittelalter in der Toscana.
Fohrer, Eberhard; 742 Seiten.

Oberitalien
Südtirol, die oberitalienischen Seen, die historischen Städte der Poebene, Riviera, Adria und Venedig. Jede Menge handfester Tips: Wandern in Cinque Terre, Bummeln in Venedig, Mode in Mailand, Surfen am Gardasee, Opernfestspiele in Verona, Schlemmen in Bologna... Ein praktisches Reisehandbuch für das Land zwischen Alpen und Mittelmeer.
Fohrer, Eberhard; 384 Seiten.

Toscana
Toscana, Umbrien, Elba - ein nützliches Reisebuch zur vielfältigsten Region Italiens. Zahllose praktische Tips zu Unterkunft, Ristoranti, Sehenswertem, Kunst und Kultur ... Florenz, Siena, Perugia - Chianti kosten in Castellina, Filetto im Chiana-Tal, Michelangelo und die Medici-Gräber.
Müller, Michael; 540 Seiten.

Rom
Umfassender Reiseführer über die Weltstadt und ihre Provinz (Latium) - zahlreiche Tips zu Sehenswürdigkeiten aus der ganzen Geschichte bis heute. Außerdem Café Greco, Eis bei "Giolitti", die Gärten von Tivoli ... Restaurants / Hotels / Nachtleben, Bekanntes und Verstecktes, kleine Orte wie vor 100 Jahren ...
Hemmie, Hagen; 488 Seiten.

Sardinien
Eine Insel zum Entdecken - kilometerlange Sandstrände, meerumspülte Felsbuchten, uralte Korkeichenwälder, winzige Bergnester ... Eine Fülle praktischer Hinweise zu Übernachten, Essen, Baden, Sehenswertem, außerdem viele Hintergrundinformationen, Geschichte und Geschichten u. v. m.
Fohrer, Eberhard; 580 Seiten.

Apulien
Ein detaillierter Führer zum äußersten Südosten des Stiefels. Abwechslungsreich die Landschaft von der Ebene des Tavoliere um Foggia bis hin zum felsigen - im Innern über 1000 m hohen - Gargano, dem Sporn des Stiefels, oder der langgezogenen Stiefelferse, dem Salento, weithin flach und steinig, trotzdem ungewöhnlich und keinesfalls uninteressant. Badeurlaub vom Feinsten an den weißen Sandstränden des Gargano, Bummeln in Lecce und viel Geschichte in Castel del Monte.
Machatschek, Michael; 336 Seiten.

Sizilien
Italiens südlichste Ecke - Sommer von April bis November! Griechische Tempel und normannische Kathedralen, lange Strände und malerische Schluchten. Wertvolle Tips zu Camping, Hotels, Restaurants und Fortbewegung, reichlich Infos zu Geschichte und Sehenswürdigkeiten. Sightseeing in Palermo, Vulkanbesteigung auf Stromboli, Baden im Nationalpark Zingaro. Unentbehrlich für Sizilien-Entdecker.
Schröder, Thomas; 468 Seiten.

Italienische Riviera/ Cinque Terre `Neu`
Die italienische Riviera – 300 Küstenkilometer – zwischen der französischen Cote d´Azur und der toscanischen Versilia: seit über 100 Jahren ein Zauberwort. Ob Baden an der Blumenriviera, Wandern in der dramatischen Küstenlandschaft der Cinque Terre oder Ausflüge zu den mittelalterlichen Bergdörfern des ligurischen Hinterlandes – der Titel bietet hierzu alle notwendigen Informationen.
Machatschek, Michael; ca. 300 Seiten.

SÜDOSTEUROPA

Slowenien & Istrien `Neu`
Ob Wandern in den Julischen Alpen und den Karawanken, Badeurlaub an den ausgedehnten Stränden der Istrischen Halbinsel, flanieren in Ljubljana oder ein Besuch der weltberühmten Grottensysteme von Skocjan und Postojna – das Buch bietet jede Menge brandneuer Informationen für Reisende jeglicher Couleur.
Marr-Bieger, Lore; ca. 350 Seiten.

OSTEUROPA

Baltische Länder
Jahrelang versteckt hinter dem Eisernen Vorhang, eröffnet sich nun ein völlig neues und abenteuerliches Reiseziel, in dem es noch viel zu entdecken gibt. Das Baltikum – menschenleere Strände entlang der Bernsteinküste. Mystischen Höhlen, dichten Wäldern und glasklaren Seen stehen alte Ordensburgen und die wiederaufblühenden baltischen Metropolen gegenüber. Ein gelungener Wechsel zwischen wilder nordischer Natur und einer Reise in das Zeitalter der Hanse und Kreuzritter.
Marenbach, Claudia; 552 Seiten.

Polen
Die hohen Gipfel der Tatra, die beschaulichen Masurischen Seen und die urwüchsige Bialowiezer Heide lohnen einen Besuch, und abseits der ausgetretenen Pfade birgt Polen noch viele Überraschungen.
Am Kreuzungspunkt zwischen Ost und West war Polen oft das turbulente Kernland Europas. Jahrhunderte von Invasionen und Auswanderung haben ihre Spuren hinterlassen, aber trotz der Schrecken der jüngsten Vergangenheit hat Polen seinen Sinn fürs Reisen und seine traditionelle Gastfreundschaft bewahrt.
Salter M. / McLachlan G.; 506 Seiten.

Ungarn
Alles über Land und Leute - nicht nur Budapest und Plattensee. Für den Reisenden akribisch recherchiert und detailliert beschrieben: Übernachten, Essen, Sehenswertes, Shopping, Kultur, Camping, Wandern, Heilbaden, Reiten usw. Dazu viele Hintergrundstorys zu Interessantem und Kuriosem: Tokajer Weine, Pferdezucht, Donaukraftwerk, Pußtaausflüge...
Zeutschner, Heiko; 528 Seiten.

Tschechische u. Slowakische Republik
Von Westböhmen mit seinen pompösen Kurbädern bis zum Mährischen Karst mit bizarren Felsen, Höhlen und unzähligen Burgen – von der Donau-Niederung in die Hohe Tatra – das Buch ist hierbei ein nützlicher und unentbehrlicher Begleiter: ob in Prag, Bratislava oder Olomouc . . .
Humphreys, R; 552 Seiten.

ZYPERN

Zypern
Die drittgrößte Mittelmeerinsel liegt geographisch, ethnisch und politisch an der Schwelle zwischen Orient und Okzident. Bizarr, gegensätzlich und vielseitig präsentiert sich das Eiland auch dem Besucher: Wandern im Pentadaktilos- und Troodosgebirge, Badefreuden an den Stränden des Südens und Flanieren in den englisch geprägten Städten. Das Buch enthält viele praktische Tips zum Reisen im griechischen Süden und türkischen Norden der Insel.
Braun, Ralph Raymond; 466 Seiten.

TÜRKEI

Türkei - Gesamt
Verlockung des Orients - gut erhaltene Ausgrabungsstätten, einsame Sandstrände und preiswertestes Urlaubsland am Rande Europas. Türkei komplett: Istanbul, gesamte Ägäis- und Mittelmeerküste, Inneranatolien, Kappadokien, Schwarzmeer, Van-See, Ararat und Nemrut-Dagi. Tausende von Adressen und Tips, aktuell und gründlich recherchiert.
Weber u. a.; 828 Seiten.

Türkei - Mittelmeerküste, Kappadokien, Istanbul
Alles Wissenswerte zur "türkischen Riviera" - Übernachten, Essen, Sehenswertes . . . Badeurlaub im Schatten von Kreuzritterburgen und Minaretten. Im Hinterland Ausgrabungen von Weltrang: Ephesus, Troja, Milet. Kleinode in Inneranatolien, Istanbul, an der Südküste.
Grashäuser / Weber; 636 Seiten.

Türkei - der Osten incl. Istanbul
Vom großen Tourismus unberührt: Anatolien mit der unendlichen Weite seines Hochlands und der tiefgrünen Küste des Schwarzen Meeres. Die bergumrahmte Van-See, Erzurum, die orthodoxe Metropole des Ostens, der Bibelberg Ararat oder Trabzon und die alte Kaiserhauptstadt Trapezunt, locken zu einer Entdeckungsreise. Ein zuverlässiger und unterhaltsamer Reisebegleiter.
Grashäuser / Schmid; 574 Seiten.

DEUTSCHLAND

Fränkische Schweiz
Ursprüngliche Mittelgebirgslandschaft in Oberfranken. Üppiger Mischwald an den Talhängen, dazwischen helle Kalksteinfelsen, versteckte Dörfer, Tropfsteinhöhlen, Burgen, Mühlen und 100 Privatbrauereien (!). Viele Tips zu urigen Kneipen, Wanderungen, Kultur zwischen Heinrich II. und Wagner...
Siebenhaar / Müller; 280 Seiten.

Altmühltal und Fränkisches Seenland
Ein praktisches Reisehandbuch mit vielen Hinweisen zu Kultur und Geschichte des Altmühltals. Tips zum Segeln, Surfen, Wandern, Radeln und Bootfahren. Viele aktuelle Übernachtungstips und Restaurantadressen.
Schrenk, Johann; 342 Seiten.

Berlin
Das Handbuch zur Weltstadt - für Neuentdecker und Fortgeschrittene. Prall gefüllt mit praktischen Informationen aus Ost und West. Ausführlich, aktuell und unentbehrlich - für Einheimische und Zugereiste.
396 Seiten.

Sauerland
"Heiko Zeutschner (...) geht ausführlich (...) ans Werk und geht dabei die Details so dicht an, daß er mit seiner interessanten, praktischen und unterhaltsamen Darstellung (...) die Grenzen eines gängigen Reiseführers (...) überschreitet."
Frankfurter Allgemeine Zeitung
"Der zur Zeit beste Urlaubsführer durch die Region...", Einkaufszentrale für öffentliche Bibliotheken
Zeutschner, Heiko; 428 Seiten.

Bodensee
Alles über den Bodensee - von Meersburg bis Lindau, von Bregenz bis Konstanz. Die schönsten Wandergebiete, Baden, Camping, Sport, Einkaufen, gute Restaurants, preiswert Übernachten (aber auch mit mehr Komfort) u. v. m. Einsame Plätze und Touristenrummel; Hermann Hesse und Graf Zeppelin auf der Spur...
Siebenhaar, H.-P.; 350 Seiten.

Donau `Neu`
Von der Quelle bis nach Passau
Die Donau, der vökerverbindende Strom, der sagenumwobene Fluß der Kelten und Nibelungen. Wie auf einer Perlenkette aufgereit die ehemals freien Reichstädte Ulm und Regensburg, die Domstadt Passau, die Kunststadt Neuburg, Ingolstadt, die "Schanz" und Kelheim mit seiner Walhalla. Das Reisehandbuch enthält alles Wissenswerte über Landschaft, Kultur, Geschichte und Sehenswertes.
Schrenk, Johann; ca. 350 Seiten.

Nürnberg/Fürth `Neu`
Nürnberg hat nicht nur innerhalb der Stadtmauern Sehenswertes zu bieten: Das "multikulturelle" Gostenhof, die "bürgerliche" Nordstadt und die "rote" Südstadt sind genauso einen Besuch wert wie die barocken Hesperidengärten in St. Johannis, das Industriedorf Hammer oder die Trabantenstadt Langwasser. Aber auch Fürth, "Nürnbergs kleine Schwester" kommt nicht zu kurz – dabei werden die Sehenswürdigkeiten zwischen Maxbrücke und Hornschuchpromenade ebenso beschrieben wie an die große jüdische Tradition der Stadt erinnert.
Nestmeyer, Ralf; 204 Seiten.

Bestellung

☐ Ich möchte gerne unverbindlich das aktuelle Verlagsprogramm mit den Neuerscheinungen übersandt haben.

Alle unsere Titel sind im Buchhandel lieferbar, bitte bestellen Sie dort. Falls sich kein Buchladen in Ihrer Nähe befindet, liefern wir auch direkt.

Bitte schicken Sie mir

Preisangaben in DM

- ... **Altmühltal** 29.80
- ... **Amsterdam** 26.80
- ... **Andalusien** 32.80
- ... **Apulien** 29.80
- ... **Baltische Länder** 39.80
- ... **Berlin** 29.80
- ... **Bodensee** 29.80
- ... **Bretagne** 36.80
- ... **Donau** (deutsche) ca. 29.80
- ... **England** 36.80
- ... **Fränkische Schweiz** 29.80
- ... **Gomera** 29.80
- ... **Griechenland/Gesamt** 39.80
- ... **Griechische Inseln** 39.80

Mit der Eisenbahn durch Europa
- ... Gesamt 29.80
- ... Mitte/Süd 32.80
- ... Skandinavien/Dänemark (Zone B + Dänemark) 22.80
- ... Frankreich/Benelux/Großbritannien/Irland (Zone E/A) 26,80

- ... **Irland** ca. 36.80
- ... **Italien-Gesamt** 42
- ... **Italienische Riviera** ca. 29.80
- ... **Karpathos** ca. 24.80
- ... **Katalonien** 26.80
- ... **Korfu/Ionische Inseln** 29.80
- ... **Korsika** 36.80
- ... **Kos** 29.80
- ... **Kreta** 39.80
- ... **Kreta Info-Karten** 16.80
- ... **Kykladen** 36.80

- ... **La Palma** 29.80
- ... **La Palma** Info-Karte ca. 12.80
- ... **Lanzarote** 32.80 DM
- ... **Lesbos** 29.80
- ... **Niederlande** 36.80
- ... **Nord/Mittelgriechenland** 39.80
- ... **Nordspanien** 32.80
- ... **Norwegen** ca. 39.80
- ... **Nürnberg** 24.80
- ... **Oberitalien** 32.80
- ... **Peloponnes** 36.80
- ... **Polen** 39.80
- ... **Portugal** 36.80
- ... **Rhodos & Dodekanes** 32.80
- ... **Rom/Latium** 32.80
- ... **Samos/Chios/Lesbos** 34.80
- ... **Sardinien** 32.80
- ... **Sauerland** 29.80
- ... **Schottland** ca. 36.80
- ... **Sizilien** 34.80
- ... **Slowenien/Istrien** ca. 29.80
- ... **Spanien-Gesamt** 39.80
- ... **Südwestfrankreich** 36.80
- ... **Teneriffa** ca. 29.80
- ... **Toscana** 36.80
- ... **Tschechische und Slowakische Republik** 39.80
- ... **Türkei-Gesamt** 39.80
- ... **Türkei-der Osten** 34.80
- ... **Ungarn** 36.80
- ... **Zypern** 32.80

Ausschneiden, auf eine Postkarte kleben oder in einen Briefumschlag stecken und ab geht die Post (Absender nicht vergessen)! Zustellung postwendend und portofrei, gegen Rechnung

Michael Müller Verlag, Gerberei 19, 91054 Erlangen

Etwas Portugiesisch

Kleiner Wortschatz

Frau	*Senhora*
Herr	*Senhor*

wobei bei Frauen immer der Vorname mitgenannt wird, also z.B. Senhora Maria Gomez. In der Anrede werden auch gesellschaftliche Unterschede deutlich: so wird eine besser angesehene Frau oft mit Senhora Dona Maria angeredet.

Unverheiratete, junge Frauen spricht man gerne mit *Menina* (Mädchen) an, was etwas dem deutschen "Fräulein" ähnelt.

Wie geht es Ihnen?	*Como está?*
Danke, sehr gut	*(Muito) bem obrigado (beim Mann) obrigada (bei der Frau)*
Guten Morgen	*Bom dia (bis mittags)*
Guten Tag	*Boa tarde (nachmittags)*
Gute Nacht	*Boa noite*
Auf Wiedersehen	*Adeus*
Bis bald	*Até logo*
Ich heiße...	*Me chamo...*
Es tut mir sehr leid	*Tenho muita pena*
Entschudigung	*Desculpe*
Keine Ursache	*De nada*
Ja	*Sim*
Nein	*Não*
Bitte	*Faz favor*
Ich verstehe nichts	*Nâo compreendo nada*
Ich bin Deutscher (Deutsche)	*Eu sou alemão (alemã)*
Sprechen Sie!	*fala*
Deutsch	*alemão*
Französisch	*francês*
Englisch	*inglês*
Italienisch	*italiano*
spanisch	*espanhol*
Ich spreche ein bißchen Portugiesisch	*falo um pouco de português*
Sprechen Sie bitte etwas langsamer	*Faz favor, fale mais devagar*
Was bedeutet das?	*Que quer dizer isso*

Etwas Portugiesisch

Weg und Richtung

Wo ist...?	*Onde está? Onde fica?*
Wo sind ...?	*Onde estão? Onde ficam?*
Gibt es hier...?	*Ha aqui...?*
Können Sie mir ein Hotel empfehlen?	*Qual hotel me recomenda?*
Wo ist ein Tourist-Info?	*Onde há um posto de turismo?*
Wo ist ein Reisebüro?	*Onde há uma agência de turismo?*

Zeiten

Wie spät ist es?	*Que horas São?*
Es ist 7 Uhr früh	*São as sete da manhã*
Es ist neun Uhr abends	*São as nove da noite*
Gegen Mittag	*Pelo meio – dia*
Es ist 10 nach vier	*São as quarto e dez*
Es ist viertel nach sechs	*São as seis e um quarto*
Es ist halb sieben	*São as seis e meia*
Es ist spät	*É tarde*

Tageszeit

morgens	De manhã	morgen	Amanhã
mittags	Ao meio - dia	vorgestern	Anteontem
nachmittags	De tarde	Morgen nachmittag	amanhã à tarde
abends	À noite		
nachts	À noite	Heute	Hoje
Heute abend	Esta noite	Wann?	Quando?
gestern	Ontem		

Zahlen

um, uma	1	dezesseis	16
dois, duas	2	dezessete	17
três	3	dezoito	18
quatro	4	dezenove	19
cinco	5	vinte	20
seis	6	trinta	30
sete	7	quarenta	40
oito	8	cinquenta	50
nove	9	sessenta	60
dez	10	setenta	70
onze	11	oitenta	80
doze	12	noventa	90
treze	13	cem	100
quatorze	14	cento e cinco	105
quinze	15	mil	1000

Wochentage

Montag	segunda–feira	Freitag	sexta–feira
Dienstag	terça–feira	Samstag	sábado
Mittwoch	quarta–feira	Sonntag	domingo
Donnerstag	quinta–feira		

Monate

Januar	Janeiro	Juli	Julho
Februar	Fevereiro	August	Augosto
März	Março	September	Setembro
April	Abril	Oktober	Outubro
Mai	Maio	November	Novembro
Juni	Junho	Dezember	Dezembro

Hotel

Kennen sie ein gutes, nicht zu teures Hotel?	Conhece algum hotel bom e barato?
Ich möchte ein Zimmer	Queria um quarto
Haben Sie ein Einzelzimmer	Tem um quarto de uma cama
...Doppelzimmer	...quarto de casal
...mit Bad	...quarto com casa de banho
...mit Dusche?	...quarto com chuveiro?
Wir haben ein Zimmer reserviert	Tinhamos mandado reservar um quarto
Kann ich das Zimmer sehen	Posso ver o quarto?
Es ist zu teuer	É muito caro
...zu laut	...barulhento
...klein	...pequeno
Ich möchte ein Zimmer, das nicht auf die Straße geht	Qeria um quarto, que não desse para a rua
Ich nehme das Zimmer	Fico neste quarto
Vollpension	Pensão completa
alles inbegriffen	com tudo incluido
Bedienung inbegriffen	com serviço incluído
Ich möchte noch eine Wolldecke	queria mais um cobertor
...warmes Wasser	água quente
...ein Handtuch	uma toalha
Wieviel kostet das pro Woche?	quanto custa por semana?
... pro Tag?	... por dia?

Post

Wo ist die nächste Post bitte?	Onde fica o correio mais próximo?
Ein telegramm aufgeben?	Mandar um telegrama
Geld einzahlen	Mandar um vale de correio
Briefmarken	Selos

Etwas Portugiesisch

Luftpostbrief	*Carta por via aérea*
eine Postanweisung	*um impresso para vale*
Paß	*O passaporte*
Ich möchte ein Telegramm aufgeben	*Queria mandar um telegrama*
Wo kann man telefonieren?	*Onde se pode telefonar?*
Ortsgespräch	*Uma chamada local*
Ferngespräch	*Uma chamada interurbana*
Kann ich Ihr Telefon benutzen?	*Posso usar o seu telefone?*

Geldwechsel

Geldwechsel	*O Câmbio*
Wo ist eine Bank?	*Onde fica um Banco*
...eine Wechselstube	*...casa de câmbio*
Ich möchte Geld wechseln	*queria trocar dinheiro*
...einen Scheck einlösen	*...descontar um cheque*
Kleingeld	*troco*
den Tageskurs	*a cotação do dia*
eine Quittung	*um recibo*

Apotheken

Ich möchte gerne Tempotaschentücher	*queria lenços de papel*
...Tampons	*...tampões*
...Damenbinden	*...panos higiênicos*
...Kopfschmerztabletten	*...comprimidos para dor de cabeça*
...Abführtabletten	*...um laxativo*

Arztbesuch

Ich fühle mich schlecht	*Não me sinto bem*
Rufen Sie einen Arzt	*Por favor, chame um médico*
Können Sie einen Arzt empfehlen?	*Me pode indicar um medico bom*
Was tut Ihnen weh?	*Que lhe dói?*
Ich habe hier Schmerzen	*Me está doendo aqui*
Ich habe eine Erkältung	*Apanhei um resfriado*
...Kopfschmerzen	*Tenho dor de cabeça*
...Rückenschmerzen	*...nas costas*

Blinddarmentzündung	*A apendicite*		Krampf	*a convulsão*
Blutvergiftung	*a septicemia*		Lungenentzündung	*A pneumonia*
Arm(Bein)bruch	*Fratura de braço (perna)*		Nierenentzündung	*A nefrite*
Entzündung	*A inflamação*		Quetschung	*A contusão*
Fieber	*a febre*		Sonnenstich	*A insolação*
Geschwür	*A úlcera*		Unfall	*O acidente*
Husten	*A tosse*		wunde	*A ferida*
			Zahnschmerzen	*Dor de dentes*

Ärger mit dem Auto

Wir haben eine Panne	O nosso carro está avariado
Können Sie mir Hilfe schicken?	Me pode procurar ajuda
Ich hatte einen Unfall	Tive um acidente
Wo ist die nächste Werkstatt?	Onde fica a estação de serviço mais próxima?
Machen Sie nur das Nötigste!	Faça só o indispensável
Es ist sehr dringend	Tenho muita pressa
...ist nicht in Ordnung	...não funciona(m) bem
...ist defekt	Tem um defeito

Achse	O veio	Stoßdämpfer	O amortecedor
Auspuff	O escape	Zündung	A ignição
Batterie	A bateria	Zylinder	O cilindro
Bremsen	Os travões	Scheinwerfer	O farol
Ersatzteil	A peça de substituição	Kupplung	a embreagem
		Lichtmaschine	O dinamo
Gangschaltung	A mudança de velocidades	Nockenwelle	O veio da distribuição
Gas	A mistura gasosa	Reifen	Os pneus
Getriebe	A transmissão	Kühlung	A refrigeração
Keilreimen	A correia	Schaltung	a mudança de velocidades
Kerze	A vela		

Einige wichtige Wörter...

Abtei	Abadia	Aussichtsturm	Miradouro
offen	aberto	Berg	Montanha
Trinkwasser	água potável	Museum	Museu
Gasthof	Albergue	Landschaft	Paisagem
Dorf	Aldeia	Park	Parque
Aquädukt	Aqueduto	Heiligtum	Santuário
Umgebung	Arredores	Grabmal	Túmulo
Nachtlokal	Boîte	Turistenbüro	Turismo
Bahnhof	Estação	Bucht	Bahia
Seebad	Estância balnear	Schiff	Barco
Straße	Estrada	Friseur	Cabeleireiro
Steilküste	Falésia	Kapelle	Capela
Streichhölzer	Fósforos	Schloß	Castelo
Schlucht	Garganta	Kloster	Convento
Benzin	Gasolina	Sehenswürdigkeit	curiosidade
Kirche	Igreja	Sport	Desporto
Insel	Ilha	Polizei	Esquadra de polícia

Etwas Portugiesisch

Büglerei	engomagem
geschlossen	fechado
Auskünfte	Informações
Zeitung	Jornal
See	Lago
Wäscherei	Lavandaria
mittelalterlich	medieval
Spaziergang	Passeio

Fischer	Pescador
Hafen	Porto
Stierkampfarena	Praça de touros
Strand	Praia
Tabakladen	Tabacaria
Tal	Vale
Haus	Casa

...und Redewendungen

Wie komme ich am besten nach...?	Qual é o melhor caminho para...?
Ist die Straße nach... gut befahrbar?	A estrada para... está em boas condições?
Geben sie mir 10 Liter Super	Queria dez litros da super
...Normalbenzin	... da gasolina normal
Kann ich Kühlwasser haben?	Tem água para o radiador
Der wievielte ist heute?	A quantos estamos?
Wo ist ein Campingplatz?	Onde fica o parque de campismo?
Wo ist eine Apotheke?	Onde fica uma farmácia?
Ist es nicht gefährlich?	Não e perigoso?
Wo kann man baden?	Onde se pode nadar?
Kann ich ... mieten?	Posso alugar...?
Wo kann man tanzen?	Onde se pode ir dançar
Wo ist ein Bäcker?	Onde fica um padeiro?
... ein Fischhändler?	...um vededor de peixe?
... ein Lebensmittelgeschäft	uma mercearia
... eine Obsthandlung	... uma frutaria
...ein Photograph	um fotógrafo
...ein Metzger	... um açougue
...ein Schuhgeschäft	uma sapataria

Essen und Trinken

Im Restaurant

Ist hier in der Nähe ein Restaurant?	Há um restaurante aqui perto?
Ich möchte was essen	Queria comer alguma coisa
Haben Sie einen freien Tisch?	Tem uma mesa livre?
Bitte die Karte	Faz favor, a ementa
Ich nehme ...	Eu tomo...
Alles zusammen	Tudo junto
Ober	faz favor
Frühstück	Primeiro almoço
Mittagessen	Almoço
Abendessen	Jantar (ceia=später Nachtimbiß)
Ich möchte gerne...	Queria...
...noch etwas Brot	...mais um pouco de pão
...noch ein Bier	mais uma cerveja
Wo ist die Toilette?	Onde fica a casa de banho?
Was können sie empfehlen?	Que pode recomendar?
Kleinigkeit	Um prato ligeiro
Spezialität	A'especialidade
Die Rechnung bitte	Faz favor, a conta
Guten Appetit	Bom aproveito
Auf Ihr Wohl!Prost!	Saúde!

Suppen	sopas
Grünkohlsuppe	Caldo verde
Alentejo - Suppe	Sopa Alentejana
(Fleischbrühe, Brot, Ei, Knoblauch, Petersilie)	
Gemüsesuppe	sopa de legumes
Muschelsuppe	... de mariscos
Fischsuppe	...de peixe
Hühnerbrühe	canja

Eierspeisen	ovos
Spiegeleier	Ovos estrelados
Eier mit Speck	Ovos com presunto
Hartes Ei	ovo cozido
Weiches Ei	Ovo quente
Rührei	Ovos mexidos
Omelett	Omelete simples
Omelett mit Muscheln	Omelete de berbigão
... mit Krabben	... de camarão
... mit Schinken	...de presunto/Fiambre
... mit Käse	...de queijo
Spanisches Omelett (mit Kartoffeln)	Tortilha

Meeresfrüchte und Fisch	marisco e peixe
Herzmuschel	Amêijoas
Herzmuschel	Berbigão
Thunfisch	Atum
Kabeljau (Stockfisch)	Bacalhau

Etwas Portugiesisch

Krabben	*Camarão*
Krebs	*Caranguejo*
Stichling	*Carapau*
Makrele	*Cavala*
Silberbarsch	*Cherne*
Kleiner Tintenfisch (zartes Fleisch)	*Choco*
Grundmoränenart (bis ca. 2m lang)	*Congro*
Riesenseepocken	Cracas
Aal	Enguia, eiró
Degenfisch	Espada
Schwertfisch	Espar tarde
Garnelen	Gambas
Languste	Lagosta
Neunauge	Lampreia
Taschenmessermuschel	Langueirão
Entenschnecken	Lapas
Seezunge	Linguado
Tintenfisch	Lula
Miesmuschel	Mexilhao
Austern	Ostras
Felsmuscheln (hühnerfußähnlich)	Percebes
Schellfisch	Pescada
großer Tintenfisch (Krake)	Polvo
Rochen	Raia
Seebarsch	Robalo
Rotbarsch	Salmonete
Taschenkrebs (Reisenkrebs)	Santola
Seespinne	Sapateira
Sardinen	Sardinhas
Brassen	Sargo
Alse (Maifisch, Febr. - Juli)	Sável
Sägefisch	Serra
Forelle (März - Juli)	Truta
Haifisch	Tiburon

Fleisch	**carne**
Beefsteak	Bife
Lamm	Borrego
Zicklein	Cabrito
Schnecken	Caracóis
Hammel	Carneiro
Ziegenfleischgericht, zuvor in Wein eingelegt	Chanfana
Schweinshaxe	Chispe
Wurst	Chouriço
Wachtel	Codorniz
Hase	Coelho
Kotelett	Costeletas
Schnitzel	Escalopes
Schmorbraten	Estufado
Leber	Iscas
Spanferkel	Leitão
Zunge	Língua
Lende	Lombo, Lombinho
Ente	Pato
Truthahn	Perú
Hackbraten	Picado
Taube	Pombo
Schwein	Porco
geräucherter Schinken	Presunto
Nieren	Rins
Gericht mit Schweinefleischstückchen, geronnenem Scheineblut, Leber, Innereien und Kartoffeln	Rojões
Wurst/Würstchen	Salpicão, Salsichas
Schweineblutgericht	Sarrabulho
Kutteln	Tripas
Rind	Vaca
Kalb	Vitela

394 Etwas Portugiesisch

Gemüse	legumes, hortaliça
Grüner Salat	Alface
Reis	Arroz
Oliven	Azeitonas
gekochte Kartoffeln	Batatas cozidas
Pommes Frites	Batatas fritas
Zwiebel	Cebola
Karotte	Cenoura
Pilze	cogumelos
Kohl	couve
Blumenkohl	Couve-Flor
Gemischter Salat	Salada Mista
Erbsen	Ervilhas
Spargel	Espargo
Spinat	Espinafre
Große Bohnen	Favas
Bohne	Feijão
Kichererbsen	Grão
Gurke	Pepino
Petersilie	Salsa
Tomate	Tomate

Gewürze	Condimentos
Zucker	Açucar
Knoblauch	Alho
Olivenöl	Azeite
Butter	Manteiga
senf	Mostarda
Pfeffer	Pimenta
scharfes, afrikanisches Pfeffergewürz	Piri-Piri
Salz	Sal
Essig	Vinagre

Nachspeisen	Sobremesas
Reispudding	Arroz doce
Kuchen	Bolo
Eiscreme	Gelado, Sorvete
Backapfel	Maçã assada
Schokoladenpudding	Mousse de chocolate
Törtchen	Pastéis
Pudding	Pudim flan
Käse	Queijo
"Arme Ritter"	Rabanadas
Fruchtsalat	Salade de frutas

Obst	Frutas
Avocado	Abacate
Pflaume	Ameixa
Ananas	Ananás
Banane	Banana
Kirsche	Cereja
Feige	Figo
Orange	Laranja
Zitrone	Limão
Apfel	Maçã
Wassermelone	Melancia
Honigmelone	Melão
Erdbeere	Morango
Birne	Pêra
Pfirsich	Pêssego
Dattel	Tâmara
Grapefruit	Toronja
Trauben	Uvas

Zubereitung/Zubehör	
gebacken	assado
Eintopf	Caldeirada
Fleischspieß	Carne espetada
mariniert	... de escabeche
in Fett ausgebacken	frito
gegrillt	grelhado

Sauce	Molho
über Holzkohle gegrillt	na braza
süße Sahne	Nata
Zahnstocher	Palitos
Brot	Pão

Getränke / Bebidas

Mineralwasser, ohne Kohlensäure	Água mineral, sem gás
...mit Kohlensäure	... com gás
Bier	cerveja
Tee	Chá
Milch	Leite
Fruchtsaft	sumo de fruta
Limonade	sumol
Weißwein	Vinho branco
Rotwein	Vinho tinto
"Grüner"Wein (weiß - rot)	Vinho verde (branco - tinto)

Sach- u. Personenregister

Agrarreform 72
Albergaria 24
Alfonso Henriques 56, 93
Alleinreisende Frauen 33
Anreise 7
Appartements 25
Araber 55
Autobruch 19
Autoreisezüge 10
Azulejos 41
Baden 34
Banken 40
Barlavento 236
Barock 64
Bartolomeus Dias 60
Benzinpreise 7
Bier 32
Botschaften 36
Cabral, Pedro 186
Caetano 70
Cafés 32
Camoes, Dichter 136
Camping 26
Cavaco Silva 73
Charterflüge 13
Dinis 57
Dormida 25
Einreisebestimmungen 36
Erdwärmekraftwerk 315
Essen & Trinken 27
Estalagem 24
Fado 42
Fahrrad 22
Fisch 28
FLA, Frente de Liberacion Açoriana 305
Fly & Drive 14
FRELIMO 70
Geld 38
Geldstrafen 19
Geldwechseln 38
Germanen 54
Geschäfte 40
Geschichte 52
Getränke 31
Gotik 58
Grao Vasco, Maler 120

Grenzübergänge 11
Gungunhana 79
Heilig-Geist-Kapellen 328
Heinrich der Seefahrer 60
Heinrich von Burgund 56
Höchstgeschwindigkeit 19
Hotel 24
Hunde od. Katze 37
Informationen 39
Jugendherbergen 26
Jugos (Zugjoche) 88
Klima 39
Klimatabelle 40
Krustentiere 29
Levadas 357
Linienflüge 11
Lusitanier 53
Magellan, Fernão 186
Manuel I. 60
Manuel II. 66
Manuelistik 42, 61
Mariana Alcoforado 234
Marquês de Pombal 63, 164, 238
Mauren 57
Medronho 32
MFA - Movimento das Forças Armadas 71
Mietautos 21
Mittelalter 56
Moliceiros, Seegrassammler 116
Nacktbaden 35
Nelkenrevolution 71
Öffentliche Verkehrsmittel 19
Pannenhilfe 18
Parken 19
Pensão 24
Petiscos 29
PIDE 67
Portwein 31, 98
Post 40
Pousada 24
Pousadas de Juventude 26
Promontorium Sacrum 293

Pub crawl 270
Reiserücktrittsvers. 15
Reiseveranstalter 13
Reisezeiten 39
Reparaturen 18
Residencial 25
Restaurants 27
Ria 110
Rilke, Rainer Maria 234
Romanik 58
Römer 53
Salazar, Antonio de Oliveira 67
Sancho I. 57
Saudade 45
Schlacht von Aljubarrota 57
Schnorcheln und Tauchen 35
Schwertfisch 310
Scrimshaw 342
Sebastian (König) 62
Sebastianismus 286
Skizentrum 125
Sklavenmarkt 285
Sotavento 235
Spínola, Antonio de 70
Stierkampf 46
Tasca 33
Tauchen 291
Taxi 20
Telefon 22
Thunfisch 247
Touristikämter 39
Trampen 15
Turismo de Habitacao 25
Übernachten 23
Vasco da Gama 186, 257
Verkehrsbestimmungen 18
Verkehrstips Spanien 10
Vinho Verde 31
Wale Watching 349
Walfang 343
Wein 31
Zoll 36

Geographisches Register

a

Afife 82
Aguada de Baixo 113
Albufeira 266
Alcafache 121
Alcobaça 149
Alcoutim 240
Aldeia de Gondesende 78
Alentejo 49; 214
Algar Seco 274
Algarve 51; 235
Aljezur 211
Almádena 288
Almanzor 275
Almograve 210
Amarante 96
Anadia 112
Apulia 84
Armação de Pera 264
Armona, Insel 252
Arrifana 212
Aveiro 112
Avo 125
Azenhas do Mar 198
Azoren 296
  Algar do Carvão, Terceira 336
  Almoxarife, Strand, Faial 343
  Angra do Heroismo, Terceira 330
  Baia da Ribeiro, Faial 345
  Baia de S. Lourenço, Santa Maria 325
  Bretanha, São Miguel 322
  Caldeiras da Ribeira Grande, São Miguel 316
  Caloura, São Miguel 311
  Corvo, Insel 350
  Ferraria, São Miguel 321
  Flamengos, Faial 344
  Flores, Insel 350
  Furnas do Enxofre, Terceira 336
  Furnas, São Miguel 320
  Gorreana, São Miguel 316
  Horta, Faial 337
  Insel Faial 337
  Lagoa da Falka, Terceira 335
  Lagoa do Fogo, São Miguel 315
  Lagoa do Negro, Terceira 335
  Madalena, Pico 347
  Mato de Serreto, Terceira 333
  Monte Brasil, Terceira 332
  Mosteiros, São Miguel 322
  Nordeste, São Miguel 317
  Pico, Berg 348
  Pico, Insel 347
  Ponta Delgada, São Miguel 306
  Ponta do Queimado, Terceira 333
  Ponta dos Capelinhos, Faial 345
  Porto Formoso, São Miguel 317
  Porto Judeu, Terceira 334
  Praia da Vitoria, Terceira 334
  Rabo de Peixe, São Miguel 313
  Ribeira Cha, São Miguel 311
  Ribeira Grande, São Miguel 314
  Ribeira Quente, São Miguel 320
  Ribeira Seca, São Miguel 313
  Santa Maria 324
  São Miguel 305
  São Jorge, Insel 349
  São Mateus, Terceira 333
  Sete Cidades, São Miguel 323
  Terceira, Insel 327
  Vale das Furnas, São Miguel 318
  Varadouro, Faial 347
  Vila da Baia, Santa Maria 325
  Vila do Porto, Santa Maria 324
  Vila Franca do Campo, São Miguel 311
  Vista do Rei, São Miguel 322

b

Baleeira, Strand 271
Barão de São João 289
Barca do Lago 84
Barcelos 85
Batalha 143
Beira Alta 121
Beja 232
Berlenga Inseln 159
Boca do Inverno 193
Bom Jesus 92
Borba 218
Braga 91
Braganza 76
Buarcos 141
Buçaco 126
Burgau 292

c

Cabanas 243
Cabedelo 82
Cabo de São Vicente 295
Cabo Espichel 203
Cacela Velha 242
Caldas de Monchique 283
Campo Maior 221
Caparica 200
Caramulo 118
Carrapateira 213
Carreco 82
Carvalhal 88
Carvalho, Strand 275
Carvoeiro 273
Cascais 192
Castelo de Vide 221
Castro Marim 239
Citania de Briteiros 95
Coimbra 128
Coja 125
Colares 197
Conimbriga 138
Convento dos Capuchos 197
Convento Novo 203
Costa da Prata 139
Costa Nova 115
Costa Vicentina 210
Culatra, Insel 252

d

Da Coelha, Strand 272
Da Oura, Strand 272
Do Castelo, Strand 273
Do Galé, Strand 273
Douro Alto 48
Douro Litoral 48

e

Elvas 216
Esposende 83
Estoi 258
Estombar 274
Estoril 190
Estremadura 49
Estremoz 219
Evora 223

f

Fabrica 243
Falesia, Strand 263
Fao/Ofir 83
Farmalicao 94
Faro 253
Fatima 148
Ferragudo 276
Figueira da Foz 139
Foia 285
Foz de Douro 109
Fuzeta 248

398 Geographisches Register

g
Galegos S. Martinho 87
Gerêz-Nationalpark 88
Gondomar 105
Guarda 121
Guia 270
Guimarães 93
Guincho 194

i
Ingrina, Strand 291

l
Lagoa 274
Lagos 285
Lissabon 161
 Adressen 173
 Alcantara 180
 Alcántara 168
 Alfama 168
 Archäologisches Museum 189
 Zeitungen 173
 Auto abgeschleppt? 173
 Bahnhöfe 170
 Bairro Alto 165
 Baixa 165
 Barreiro, Bahnhof 170
 Belém 186
 Botschaften 173
 Bus 172
 Busbahnhof 170
 Cafés 178
 Cais do Sodré, Bahnhof 170
 Camping 176
 Chiado 165
 Diebstahl 173
 Discoszene 180
 Einkaufen 181
 Fluggesellschaften 173
 Flughafen 170
 Fundpolizei 173
 Geldwechsel 169
 Graça 168
 Information 169
 Internationale Buchhandlungen 173
 Jerónimos Kloster 186
 Jugendherberge 175
 Kastell, S. Jorge 183
 Lapa 168
 Märkte 182
 Mietautos 173
 Monsanto Park 176
 Nachtleben 179
 Palacio de Ajuda 188
 Parken 169
 Portwein 180
 Post 173
 Reisebüros 173
 Rossio, Bahnhof 170
 Rossio-Platz 162
 Santa Apolónia, Hauptbahnhof 170
 Santos 168
 Sehenswertes 183
 Stierkampf 180
 Torre de Belém 188
 Tram 172
 Transporte 171
 U-Bahn 172
 Übernachten 174
 Verbindungen 170
 Verkehrsmittel 171
 Wäschereien 173
 Weinprobierstube 180
Lissabons Riviera 190
Loulé 259
Lousa 138
Luso 125

m
Madeira 352
 Cabo Girão 368
 Calhau 373
 Calheta 368
 Camacha 369
 Camara de Lobos 367
 Caniçal 370
 Caniço 368
 Funchal 360
 Machico 370
 Monte 366
 Pico Ruivo 368
 Ponta Delgada 373
 Ponta do Sol 368
 Porto Moniz 372
 Porto Santo 374
 Prahina 371
 Prazeres 368
 Ribeira Brava 368
 Santa Cruz 369
 Santana 374
 São Vicente 373
 Seixa 373
Mafra 199
Maia 105
Manhente 87
Manta Rota 241
Marachoao 84
Marvão 222
Mealhada 126
Mexilhoeira Grande 289
Minho 48; 75
Moledo do Minho 80
Monchique 283
Mondego, Fluß 128
Monsaraz 229
Montargil 218
Monte Clerigo 212
Monte Gordo 240
Montemor o Velho 139
Murtosa 116

n
Nazaré 150
Nordportugal 75

o
Óbidos 154
Odeceixe 211
Oia 112
Olhão 249
Olhos de Agua 263

p
Palacio da Pena 196
Palmela 203
Parchal 276
Penacova 127
Penha 94
Peniche 156
Pico 116
Ponta da Piedade 291
Portalegre 220
Portelo 78
Portinho 203
Porto 98
Porto Corvo 207
Póvoa de Varzim 84
Praia da Rocha 280
Praiha da Luz 291
Purgatorio 270

q
Quarteira 261
Queluz 199
Quinta da Fortaleza 292

r
Reguengos de Monsaraz 230
Ribatejo 49
Rio Alcoa 149
Rio Alva 125
Rio Alvor 285
Rio Arade 276
Rio Ave 85
Rio Baça 149
Rio Cavado 83
Rio Douro 78; 108
Rio Gelao 244
Rio Guadiana 238
Rio Lima 80
Rio Minho 80; 88
Rio Mondego 127; 128
Rio Sabor 78

Geographisches Register 399

S

S. Bartolomeu do Mar 83
S. Jacinto 113
S. Rafael, Strand 272
Sabugeiro 124
Sagres 293
Salema 292
Santa Luzia 247
Santarém 146
Santiagi do Escoural 231
São Bras de Alportel 259
São Lorenco 259
São Pedro de Muel 142
São Pedro do Sul 121
Seia 123
Serra da Estrela 122
Serra de Santa Catarina 93
Serra do Marao 96
Serrazes 121
Sesimbra 202
Sines 206
Sintra 194
Sta. Maria 87

t

Tabuado 96
Tavira 244
Tibaldinho 121
Tomar 144
Torreira 117
Tras-os-Montes 49
Trás-os-Montes 75

v

Val Sant'Iaro, Strand 275
Vale da Telha 211
Viana do Castelo 80
Vieira do Minho 88
Vila do Bispo 293
Vila do Conde 85
Vila Franca de Xira 46
Vila Nova de Gaia 98
Vila Nova de Milfontes 208
Vila Praia de Ancora 79
Vila Real de Santo António 238
Vila Viçosa 218
Vilamoura 262
Viseu 119
Vouga, Fluß 121

z

Zambujeira 211

***Die orangen Travel Handbücher:
aktuell, kompakt, praktisch und zuverlässig***

Neuerscheinung 1995
**Für alle,
die auf eigene Faust bis
ans andere Ende der Welt reisen.**

Unsere Titel:
- Australien
- Bali - Java
- Indonesien
- Japan
- Kalifornien & Westküste USA
- Kenya
- Malaysia - Singapore - Brunei
- Mexico
- Neuseeland
- Südostasien
- Südstaaten USA
- Thailand
- USA
- Vietnam - Kambodscha

**Stefan Loose Verlag • 10967 Berlin (Kreuzberg)
Hasenheide 54 • Tel. 030/691 37 89 • Fax 693 01 71**